博士论文出版项目

WTO体制中诸边协定问题研究

Research on Plurilateral Agreements in WTO System

钟英通　著

中国社会科学出版社

图书在版编目(CIP)数据

WTO 体制中诸边协定问题研究 / 钟英通著. —北京：中国社会科学出版社，2022.6
ISBN 978-7-5227-0044-1

Ⅰ.①W… Ⅱ.①钟… Ⅲ.①世界贸易组织—贸易协定—研究 Ⅳ.①F744

中国版本图书馆 CIP 数据核字（2022）第 057094 号

出 版 人	赵剑英
责任编辑	宫京蕾
责任校对	秦 婵
责任印制	郝美娜

出　　版	中国社会科学出版社
社　　址	北京鼓楼西大街甲 158 号
邮　　编	100720
网　　址	http://www.csspw.cn
发 行 部	010-84083685
门 市 部	010-84029450
经　　销	新华书店及其他书店

印刷装订	北京君升印刷有限公司
版　　次	2022 年 6 月第 1 版
印　　次	2022 年 6 月第 1 次印刷

开　　本	710×1000　1/16
印　　张	22.5
字　　数	319 千字
定　　价	128.00 元

凡购买中国社会科学出版社图书，如有质量问题请与本社营销中心联系调换
电话：010-84083683
版权所有　侵权必究

出 版 说 明

　　为进一步加大对哲学社会科学领域青年人才扶持力度，促进优秀青年学者更快更好成长，国家社科基金2019年起设立博士论文出版项目，重点资助学术基础扎实、具有创新意识和发展潜力的青年学者。每年评选一次。2020年经组织申报、专家评审、社会公示，评选出第二批博士论文项目。按照"统一标识、统一封面、统一版式、统一标准"的总体要求，现予出版，以飨读者。

全国哲学社会科学工作办公室

2021年

序

诸边协定是世界贸易组织（WTO）体制中一类重要的规则载体，但国内外学界的研究较为零散且不成体系，对其进行的理论分析尤为缺乏。随着超大型区域贸易协定（RTAs）的不断产生和谈判推进，以 WTO 为代表的多边贸易体制的发展和改革也成为学界广泛关注的研究内容。如何重振 WTO 多边贸易体制，不仅关系到其内部规则建设与改革，同时也关系到全球贸易体制的稳定与发展。美国政府与欧盟曾通过力推"两洋谈判"（TTIP 和 TPP）重塑国际经贸规则体系，但因美国政府的施政策略选择陷入困境。欧美学界与政府大都提出要改革 WTO 体制与规则，但在路径选择上差异较大。特别是美国特朗普当局奉行"美国优先"的外交与经贸战略，高树贸易保护主义、单边主义和霸凌主义的大纛，严重制约了包括 WTO 多边贸易体制在内的国际经贸规则的完善进程。

本书是我指导的博士钟英通同学的学位论文。其选题的前沿性与理论价值都是经过反复研究判定而成，以 WTO 体制中的诸边协定为对象展开系统性的梳理，借此有别于宽泛意义上的诸边协定，而将研究重心聚集于 WTO 体制内。

本书的研究具有较强的创新性。在国内属于较早的系统研究诸边协定的成果，也是对诸边协定规则设计所做的一项具有创新性的尝试。将诸边协定作为 WTO 与 RTAs 之间的桥梁是一个有创意和想象力的理论假设，但实践中能否有效用，还有待验证。

现阶段国内对诸边协定的研究成果多限于制度性评价，本书的研究将之提升到理论阐释的高度。本书厘清了诸边协定的概念，就其外延而言，将 TISA 和 RTAs 排除在外，将诸边贸易协定和《信息技术协定》(ITA) 式的诸边协定包括在内，是正确和客观的；阐明了诸边协定的法律性质，特别是通过对《WTO 协定》相关条文以及有关文件的详细分析，明确了诸边协定在 WTO 条约体系中的法律地位；对诸边协定的正当性进行了深刻解读，指出诸边协定可通过解决 WTO 规则供给难题来提升其自身的正当性；还利用国际政治的社会演化范式阐述了诸边协定的生成逻辑，具有一定的解释力。除理论研究部分外，本书还涵盖了制度分析部分，尤其是对诸边协定规则的设计具有前瞻性和实用价值。

本书对 WTO 体制中诸边协定相关的理论问题进行了探讨，但在后续研究中也有部分内容值得进一步挖掘。其一是既有的五个理论问题之间的关联有待进一步澄清。在结构上，本书以五个理论命题为线索展开研究，其优点是问题意识明确。但由此带来的问题是各章之间的逻辑联系有待界定。例如诸边协定正当性和生成逻辑之间的关系可以如此理解，即没有正当性的生成逻辑诸边协定是没有可持续性的，作者分两章分别讨论了上述两个命题，但没有对二者之间的关联进行深入探讨，这是需要进一步阐释的理论问题。其二是诸边协定的中国视角需要进行理论探讨，这既包括中国参与诸边协定的具体情况梳理，也包括中国利用诸边协定的策略选择问题。其三是具体的规则文本。本书对如何在 WTO 体制中规制诸边协定进行了主要的规则设计，并提供了一个较为宽泛的规则框架。作者可在后续研究中进一步提出一份规制诸边协定的规则文本的学者建议稿，这对中国参与 WTO 改革，贡献中国方案具有现实意义。其四是诸边协定的"桥梁作用"实现的具体路径有待明确。将诸边协定的功能定位为沟通 WTO 与 RTAs 之间的桥梁，是本书研究的一项创新，但本书并未对桥梁作用的具体实现路径进行详细的阐述和论证。这是值得进一步努力的方向。

钟英通同学从本科到博士研究生阶段均在我的指导下研究和学

习，已十年有余。在此期间，我深刻感受到他的求知欲和勤勉精神，特别是在攻读博士学位期间，按照学习规划扩展阅读，提升学习与研究能力，积累了不少成功的经验更有不少的辛酸过往。在博士学位论文的后期修改中，通过无数个夜晚的电话沟通和当面的交流，我们师生展开了富有成效的深度研讨。考虑到诸边协定理论解读的难度与深度，我们曾专门拜访国内知名学者，后又在多次学术研讨会上交流研究心得，使学位论文从体例到结构得到了新的完善。研究主题的挑战性不言而喻，跨学科知识谱系的弥补成为一个新课题。鉴于国际政治与国际关系学对国际经贸法律规则的生成具有双向互动的重要影响，我建议必须补足这一领域的知识。钟英通同学通过刻苦努力形成了一定的理论积累，并将其融通到论文的写作中。基于论文研究的开创性与理论阐释的原创性的要求，我也提出论文最终成果应当提出一整套中国对 WTO 体制中的诸边协定规则的学者案文建议稿，更能彰显研究成果的学术影响力，拘于论文答辩的需要，只能将此作为后续研究的一个重要领域留待今后推进。

  呈现在读者面前的书稿大体经历了两个阶段。一是作为博士学位论文的答辩稿；二是出版前的修正稿。答辩稿在匿名评审过程中得到了多位学界前贤的肯定，随后经推荐获评重庆市优秀博士学位论文。答辩后作者以评阅及答辩组意见为基准，进行了一定幅度的修改，为后来申请出版做了较好的铺垫。面对以 WTO 为代表的多边贸易规则体系日益暴露出的弊端，我们都感到这是一个重要的机遇，必须对书稿进行全方位的修补。这一阶段的修正，与其说是一种再完善，不如说是一次再创作。在结构的布局上，更加注重理论体系的完备，在论题上强化问题导向，在写作表达上强调学术规范性，在内容上增强具体章节间的关联性，突出结构严谨与理论阐释。其间我要求钟英通同学把握好三点：一是主题解读的系统性，二是聚焦问题的理论性，三是强化篇章结构的严谨性。此次修正不仅对选题背景再做全面的补正，而且在各章前面加上必要的导语，再辅以各章的结论，从整体上完善书稿质量，以期将最新研究的心得展现出来。上述工作能够达到何种效果，只有交给读者评判了。

今提笔为钟英通同学的新书作此小短文，忆及共同走过的往事，心中仍不免感慨。在多年的学习与研究中，我非常重视研读近年博士学位论文的出版成果。本人认为，与创作完成学位论文不同，最终成果的出版面世，修改补正工作必不可少，在做好"文章千古事"这方面，实际上仍大有可为。期待着钟英通同学在今后的学术研究上取得新的发展！

徐　泉

2021年2月18日于山城重庆

摘　　要

当国际格局进一步发生深刻复杂变化之际，WTO陷入前所未有的发展困境。在各国对国际贸易规则有迫切需求的情况下，由于WTO不能有效更新多边规则，致使WTO成员寻求通过诸边协定的方式在WTO体制内制定规则。本书认为，WTO体制中的诸边协定是指在WTO体制中由两个或两个以上的部分WTO成员就某个或某类议题进行谈判且仅对接受它的成员具有约束力的协定。本书第一章和第四章的研究表明，WTO内存在诸边贸易协定和ITA式诸边协定两种合法推进诸边模式的路径。第一种路径由《WTO协定》中关于诸边贸易协定的相关条款规定。通过该路径达成新的诸边协定难度较高，难以为多边贸易体制的发展提供灵活性。有成员跳出《WTO协定》为诸边贸易协定设定的刚性约束，借鉴多边贸易体制中的已有做法，在实践中摸索出第二种路径。该路径在现有条件下具有可实现性，不仅已形成了生效运行的协定，且该路径在实践中不断演化，其合法性也尚未受到WTO的整体性质疑。WTO体制中的诸边模式有其约束条件。诸边模式的存在以WTO框架的存续为前提，诸边协定本是为多边框架提供灵活性的工具，在使用这一工具时应当避免瓦解多边贸易体制。诸边模式的约束条件主要体现在其功能、生成逻辑和约束规则。

本书第二章的研究表明，随着WTO地位的转变，诸边协定的功能体现在为WTO的贸易规则提供供给渠道。这是诸边协定这一与多边主义要求有所差异的协定形式在WTO中能够获得正当性的基础。

具言之，诸边协定应作为 WTO 与 RTAs 之间的连接器，以相对软性的方式将 RTAs 下运行成熟且得到普遍认可的经贸规则纳入到 WTO 体制中来，逐步多边化，从而实现 WTO 与 RTAs 之间的同向性发展，最终实现协助 WTO 整合碎片化的国际贸易规则的功能。

本书第三章展示了诸边协定的生成逻辑。如前所述，WTO 自成立以来即在其内部存在诸边模式，但却长期受到忽视，直至近年来才重新受到重视。这表明诸边模式并非在任何条件下均宜被采用。只有当国际体系的演化创造出物质和观念两个维度的条件后，诸边模式的复归才成为可能。

现阶段被 WTO 成员使用的 ITA 式诸边协定的产生路径并未受到任何 WTO 多边规则的约束。与此相对应的是，这一产生路径愈发受到成员重视，表现出扩散的趋势。由于规则约束的缺失，诸边协定自身固有的局限性极易被放大，不仅可能造成 WTO 内部规则的混乱，甚至可能瓦解整个多边贸易体制。因此，本书第五章提出有必要设计一整套专门的多边规则，调整 WTO 体制内诸边协定的谈判、运行和适用。

关键词：WTO 诸边协定；全球贸易治理；WTO 改革；贸易规则制定；信息技术协定；WTO 电子商务谈判

Abstract

At a time when the international pattern is undergoing further profound and complex changes, the WTO is in an unprecedented development dilemma. In the case of the urgent need for international trade rules in various countries, since the WTO cannot effectively update multilateral rules, WTO members sought to make rules within the WTO system through plurilateral agreements. According to this book, a plurilateral agreement in the WTO system refers to an agreement in which two or more WTO members, not including the whole membership, negotiate and conclude on a certain issue or categories of issues, binding only on the members that accept it. Chapter I and Chapter IV of the book show that there are two legal paths to promote plurilateral approach in the WTO, naming plurilateral trade agreements and ITA – style plurilateral agreements. The first path is provided for in the relevant provisions of the WTO Agreement on plurilateral trade agreements. Concluding new plurilateral agreements through that path is difficult and can hardly provide flexibility for the development of the multilateral trading system. Some members jumped out of the rigid constraints set by the WTO Agreement for plurilateral trade agreements, learned from past practice in the multilateral trading system, and explored a second path through practice. This path is achievable under the existing conditions because not only has it formed an agreement that has entered into force and begun to operate, but also has been evolving in practice. Furthermore the legality of this path has not yet been questioned by the WTO as a whole. The plurilateral approach in the WTO system has its own constraints. The existence of the plurilateral approach must be on the premise of the continuation of the WTO framework, with the approach acting as a tool for providing flexibility to the multilateral framework. Therefore this approach shall not lead to the disintegration of the multilateral trading system.

Chapter II shows that the function of the plurilateral agreements is to provide a supply channel for the WTO's trade rules. This is the basis on which plurilateral agreements that differ from the requirements of multilateralism, can gain legitimacy in the WTO. In other words, the plurilateral agreements should serve as a connector between the WTO and the RTAs, incorporating the mature and universally recognized trade rules under the RTAs into the WTO system in a relatively soft manner, gradually multilateralizing them and assisting the WTO to integrate fragmented international trade rules. In doing so the WTO and the RTAs may develop in a harmonized way.

The third chapter shows the generative logic of the plurilateral agreements. The WTO has had a plurilateral approach within it since its establishment, but it has long been neglected and has not been re-emphasized until recent years. This indicates that the plurilateral approach is not suitable for adoption under all conditions. The restoration of this approach is possible only when the evolution of the international system creates conditions in both the material and ideational dimensions.

ITA-style plurilateral agreements represent a new path to making trade rules but has not been governed by any WTO multilateral rules. Correspondingly, this path has received more and more attention from members, showing a tendency to spread. Due to the lack of rules and constraints, the inherent limitations of the plurilateral agreements themselves are easily magnified, which may not only cause confusion in trade rules of the WTO, but may even disintegrate the entire multilateral trading system. Therefore, Chapter V of this book proposes the need to design a set of specific multilateral rules to govern the negotiation, operation and application of plurilateral agreements within the WTO system.

Keywords: WTO Plurilateral Agreement; Global Trade Governance; Reforming the World Trade Organization; the Rule - Making of International Trade; Information Technology Agreement; WTO Electronic Commerce Negotiations

目 录

导　　论 …………………………………………………………（1）
　一　研究的目的 ………………………………………………（1）
　二　研究综述 …………………………………………………（5）
　三　理论与实践意义 …………………………………………（24）
　四　研究方法 …………………………………………………（26）
　五　本书拟创新 ………………………………………………（26）
　六　本书的安排 ………………………………………………（27）

第一章　诸边协定的概念与法律性质 …………………………（32）
　第一节　诸边协定的概念厘定 ………………………………（32）
　　一　诸边协定概念的多样性 ………………………………（33）
　　二　本书对诸边协定概念的界定 …………………………（36）
　第二节　诸边协定与相关概念的界分 ………………………（41）
　　一　区域贸易协定、自由贸易协定与优惠贸易协定 ……（41）
　　二　临界数量协定 …………………………………………（46）
　第三节　诸边协定的法律性质 ………………………………（48）
　　一　诸边协定在《WTO 协定》中的地位 …………………（48）
　　二　诸边协定在 WTO 法律体系中的合法性分析 ………（51）
　　三　诸边协定的法律效力 …………………………………（54）

本章小结 ……………………………………………………（55）

第二章　诸边协定的正当性解析 ………………………………（57）
　第一节　正当性的理论分析 ……………………………………（57）
　　一　正当性的含义 ………………………………………………（58）
　　二　国际法中的正当性 …………………………………………（64）
　第二节　WTO的正当性问题 ……………………………………（69）
　　一　WTO正当性的分歧与争议 …………………………………（69）
　　二　WTO正当性论述的主要特点 ………………………………（73）
　　三　WTO正当性重塑 ……………………………………………（76）
　第三节　诸边协定正当性困境分析 ……………………………（81）
　　一　诸边协定正当性的分析框架 ………………………………（81）
　　二　诸边协定的正当性困境及其解决路径 ……………………（84）
　　三　提升诸边协定正当性的问题导向 …………………………（88）
　第四节　诸边协定正当性困境的克服 …………………………（89）
　　一　WTO贸易规则制定的补充手段 ……………………………（90）
　　二　诸边协定是整合贸易规则的有效路径 ……………………（97）
　　三　诸边协定谈判的进程作用 …………………………………（111）
　　本章小结 …………………………………………………………（113）

第三章　诸边协定的生成逻辑阐释 ……………………………（114）
　第一节　当前国际体系的基本特征 ……………………………（115）
　　一　研究视角的选择——社会演化 ……………………………（116）
　　二　国际体系演化形态 …………………………………………（120）
　　三　对社会演化范式的反思 ……………………………………（127）
　第二节　诸边协定生成的物质因素分析 ………………………（129）
　　一　国际结构含义 ………………………………………………（130）
　　二　国际结构的新变化 …………………………………………（132）
　　三　新结构对WTO的影响 ………………………………………（135）

第三节　诸边协定生成的观念因素分析 (139)
　　一　作为观念的多边主义 (139)
　　二　多边主义与多边贸易体制 (143)
　　三　多边主义的衰退及其困境 (145)
　　四　少边主义的兴起及其挑战 (149)
　　五　少边主义与诸边协定的生成 (153)
本章小结 (155)

第四章　诸边协定的演化趋向 (157)
第一节　诸边贸易协定 (158)
　　一　从东京回合到乌拉圭回合 (158)
　　二　《政府采购协定》的形成与发展 (164)
　　三　《民用航空器贸易协定》的形成过程 (172)
　　四　诸边贸易协定的主要特点 (176)
第二节　ITA 式的诸边协定 (178)
　　一　《信息技术协定》谈判与适用的基本情况 (178)
　　二　《环境产品协定》谈判的基本情况 (189)
　　三　ITA 式的诸边协定的主要特点 (209)
第三节　WTO 电子商务诸边谈判 (211)
　　一　电子商务诸边谈判的启动 (211)
　　二　WTO 电子商务规则制定的路径选择 (213)
　　三　WTO 电子商务诸边谈判启动前的主要工作 (216)
　　四　WTO 电子商务诸边谈判的主要内容 (219)
　　五　中国与 WTO 电子商务规则谈判 (220)
　　六　WTO 电子商务诸边谈判对诸边模式的新发展 (228)
第四节　WTO 体制外具有诸边性质的协定分析 (232)
　　一　TISA 谈判的基本概况 (233)
　　二　中国与 TISA 谈判 (243)
　　三　TISA 谈判的借鉴意义 (244)

本章小结 ……………………………………………………（248）
 一 诸边模式演化实践的主要特点 ……………………（248）
 二 诸边模式的扩散趋向 …………………………………（249）

第五章 诸边协定的主要规则设计 ………………………（252）
第一节 诸边协定的主要法律症结 ………………………（252）
 一 诸边协定的议题选择 …………………………………（253）
 二 诸边协定与最惠国待遇 ………………………………（255）
 三 诸边协定与俱乐部模式 ………………………………（256）
 四 诸边协定与发展中成员参与 …………………………（257）
第二节 诸边协定规则设计的指导原则 …………………（257）
 一 协商一致原则 …………………………………………（258）
 二 善意原则 ………………………………………………（267）
 三 开放原则 ………………………………………………（269）
 四 协调原则 ………………………………………………（269）
 五 规则设计的路径选择 …………………………………（270）
第三节 诸边协定的主要运行规则 ………………………（273）
 一 诸边协定谈判的主要规则 ……………………………（273）
 二 监督诸边协定运行的主要规则 ………………………（281）
 三 诸边协定适用的主要规则 ……………………………（283）
第四节 诸边协定临时适用的法律问题 …………………（285）
 一 国际条约临时适用的起源 ……………………………（285）
 二 国际条约的临时适用及法律约束力 …………………（287）
 三 《关税与贸易总协定》的临时适用实践 ……………（296）
 四 诸边协定的临时适用规则 ……………………………（299）
本章小结 ……………………………………………………（302）

结 论 …………………………………………………………（304）
 一 多边框架中的次级集团合作 …………………………（304）

二　诸边模式的约束条件 …………………………………（305）
　　三　全球贸易治理体系的未来 ……………………………（306）

参考文献 ………………………………………………………（309）

索　引 …………………………………………………………（328）

后　记 …………………………………………………………（332）

Contents

Introduction .... (1)

Chapter 1 The Definition and Legal Status of Plurilateral Agreements .... (32)

  Section 1 Defining Plurilateral Agreements .... (32)

    1.1 The Diverse Definitions on Plurilateral Agreements .... (33)

    1.2 The Definition of Plurilateral Agreements in This Book .... (36)

  Section 2 Plurilateral Agreements and Other Types of Agreements .... (41)

    2.1 Regional Trade Agreements, Free Trade Agreements and Preferential Trade Agreements .... (41)

    2.2 Critical Mass Agreements .... (46)

  Section 3 The Legal Status of Plurilateral Agreements .... (48)

    3.1 The Status of Plurilateral Agreements in the WTO Agreement .... (48)

    3.2 The Legality of Plurilateral Agreements in WTO Law .... (51)

    3.3 The Effect of the Legal Status of Plurilateral Agreements .... (54)

Summary ⋯⋯ (55)

Chapter 2　The Legitimacy of Plurilateral Agreements ⋯⋯ (57)

　Section 1　The Analysis of Legitimacy ⋯⋯ (57)
　　1.1　Understanding Legitimacy ⋯⋯ (58)
　　1.2　Legitimacy in International Law ⋯⋯ (64)
　Section 2　The Legitimacy of WTO ⋯⋯ (69)
　　2.1　The Divergence and Debate on WTO Legitimacy ⋯⋯ (69)
　　2.2　The Narrative of WTO Legitimacy ⋯⋯ (73)
　　2.3　Reshaping the Legitimacy of WTO ⋯⋯ (76)
　Section 3　The Legitimacy Dilemma of Plurilateral Agreements ⋯⋯ (81)
　　3.1　An Analytical Framework ⋯⋯ (81)
　　3.2　The Solution to the Legitimacy Dilemma ⋯⋯ (84)
　　3.3　Enhancing the Legitimacy of Plurilateral Agreements from a Problem-Oriented Angle ⋯⋯ (88)
　Section 4　Overcoming The Legitimacy Dilemma ⋯⋯ (89)
　　4.1　Plurilateral Agreements as Supplementary Tools of Providing Trade Rules in WTO ⋯⋯ (90)
　　4.2　Plurilateral Agreements as Effective Paths of Incorporating Trade Rules ⋯⋯ (97)
　　4.3　Plurilateral Agreements as Processes ⋯⋯ (111)
　Summary ⋯⋯ (113)

Chapter 3　The Generative Logic of Plurilateral Agreements ⋯⋯ (114)

　Section 1　The Essential Features of the Current International System ⋯⋯ (115)
　　1.1　The Social Evolution Paradigm ⋯⋯ (116)
　　1.2　The Evolution of the International System ⋯⋯ (120)
　　1.3　Rethinking the The Social Evolution Paradigm ⋯⋯ (127)

Section 2　The Generative Factor of Plurilateral Agreements from the Material Dimension ……………………………………（129）
　2.1　The International Structure ……………………………（130）
　2.2　The Changes of the International Structure ……………（132）
　2.3　The Influence of the Current International Structure on WTO ………………………………………………（135）
Section 3　The Generative Factor of Plurilateral Agreements from the Ideational Dimension ……………………………（139）
　3.1　Multilateralism as an Idea ……………………………（139）
　3.2　Multilateralism and the Multilateral Trading System …（143）
　3.3　The Declining and Dilemma of Multilateralism ………（145）
　3.4　The Rising of Minilateralism and Its Challenges ………（149）
　3.5　Minilateralism and the Generation of Plurilateral Agreements …………………………………………（153）
Summary ……………………………………………………（155）

Chapter 4　The Evolutionary Trends of Plurilateral Agreements …………………………………………（157）
Section 1　Plurilateral Trade Agreements ………………………（158）
　1.1　From the Tokyo Round to the Uruguay Round …………（158）
　1.2　The Formation and Development of the Agreement on Government Procurement ………………………………（164）
　1.3　The Formation of the Agreement on Trade in Civil Aircraft ……………………………………………（172）
　1.4　The Features of Plurilateral Trade Agreements …………（176）
Section 2　ITA-Style Plurilateral Agreements …………………（178）
　2.1　The Negotiations and Application of the Information Technology Agreement …………………………………（178）
　2.2　The Negotiations of the Environmental Goods Agreement …………………………………………（189）

  2.3 The Features of ITA-Style Plurilateral Agreements ……(209)
 Section 3 The Plurilateral Negotiations on Electronic Commerce
     in WTO ……………………………………………(211)
  3.1 The Commence of the Plurilateral Negotiations on
    Electronic Commerce ………………………………(211)
  3.2 The Path Selection of WTO Negotiations on Electronic
    Commerce ……………………………………………(213)
  3.3 The Main Work Prior to the Commence ……………(216)
  3.4 The Content of the Plurilateral Negotiations on
    Electronic Commerce ………………………………(219)
  3.5 China's Role in WTO Negotiations on Electronic
    Commerce ……………………………………………(220)
  3.6 The Contributions from the Plurilateral Negotiations on
    Electronic Commerce to Plurilateral Approach …………(228)
 Section 4 Trade Agreements with Plurilateral Features Beyond
     WTO Framework ……………………………………(232)
  4.1 Negotiations of Trade in Services Agreement
    (TISA) ………………………………………………(233)
  4.2 China and TISA Negotiations ………………………(243)
  4.3 Lessons from TISA Negotiations ……………………(244)
 Summary ………………………………………………………(248)
  1. The Main Features of Evolutionary Practice of the
    Plurilateral Approach ………………………………(248)
  2. The Spreading Tendency of the the Plurilateral
    Approach ……………………………………………(249)
**Chapter 5 The Design of Governing Rules on Plurilateral
     Agreements in WTO** ……………………………(252)
 Section 1 The Legal Problems of Plurilateral Agreements ……(252)
  1.1 The Issue-Selection in Plurilateral Agreements ………(253)

  1.2 Plurilateral Agreements and Most Favoured Nation Treatment ……………………………………………… (255)
  1.3 Plurilateral Agreements and the Club Mode ………… (256)
  1.4 Developing Countries' Participation in Plurilateral Agreements ………………………………………………… (257)
 Section 2 Guiding Principles on Rules Governing Plurilateral Agreements ………………………………………………… (257)
  2.1 The Principle of Consensus ……………………………… (258)
  2.2 The Principle of Good Faith …………………………… (267)
  2.3 The Principle of Openness ……………………………… (269)
  2.4 The Principle of Coordination ………………………… (269)
  2.5 The Paths Selection of Rule-Design …………………… (270)
 Section 3 The Main Operating Rules on Plurilateral Agreements ………………………………………………… (273)
  3.1 Rules on Negotiation of Plurilateral Agreements ……… (273)
  3.2 Rules on Monitoring Plurilateral Agreements ………… (281)
  3.3 Rules on Application of Plurilateral Agreements ……… (283)
 Section 4 The Legal Issues on Provisional Application of Plurilateral Agreements …………………………………… (285)
  4.1 The Origin of Provisional Application of International Treaties ……………………………………………………… (285)
  4.2 The Binding Force of Provisional Application ………… (287)
  4.3 The Provisional Application of GATT1947 …………… (296)
  4.4 Rules on Provisional Application of Plurilateral Agreements ………………………………………………… (299)
 Summary ……………………………………………………………… (302)
Conclusion ………………………………………………………………… (304)
Bibliography ……………………………………………………………… (309)
Postscript ………………………………………………………………… (332)

导　　论

一　研究的目的

当国际格局进一步发生深刻复杂变化之际，世界贸易组织（World Trade Organization，以下称为"WTO"）陷入前所未有的发展困境。一方面是各国对新的国际贸易规则的需求进一步上升，区域贸易协定（Regional Trade Agreement，以下称为"RTAs"）不断涌现；另一方面则是多边贸易谈判尚无重大进展，WTO无法回应成员对新一代贸易规则的需求。再加上少数国家不惜阻挠WTO争端解决功能的运行，WTO面临着离开国际经贸治理中心舞台的紧迫危险。以WTO为代表的多边贸易体制是第二次世界大战以来国际经济秩序的支柱之一，为促进贸易自由化发挥了巨大作用。迄今为止，WTO不仅在国际贸易治理中发挥着基石性作用，它本身还成为人类通过多边国际组织解决国际合作问题并和平解决国际争端的重要尝试，因此维护WTO在国际贸易治理中的相关性具有重要意义。寻求一种可行的改革方案成为了学界与实务界共同关注的问题。

在RTAs迅猛发展、WTO内多边贸易规则谈判陷入困境的同时，WTO体制中正在进行着一场贸易规则制定诸边化的试验。《信息技术协定》（Information Technology Agreement，以下称为"ITA"）的扩围谈判业已完成，《环境产品协定》（Environmental Goods Agreement，以下称为"EGA"）和电子商务诸边谈判已进行多轮。已有诸多WTO成员（中国、美国与欧盟均参与其中）开始自觉将诸边协定作为改革WTO贸易规则制定模式的一种方案。在实践先行的情况下，对诸边协定的理论关注却相对缺乏。有鉴于此，澄清关于诸边协定的一系列理论问题是必要的。

早在WTO成立10周年时，彼得·萨瑟兰（Peter Sutherland）等8位专家在《WTO的未来》中就提出应跳出多哈回合，重新审视曾在多边贸易体制中出现过的诸边进路（plurilateral approach），并建议设立一个专家小组对诸边进路在技术上和法律上的影响进行研究并给出建议。[①]

"诸边"是多边贸易体制中长期存在但在WTO成立后又隐而不发的现象。WTO以多边主义为指导性观念，是多边贸易体制发展的新阶段。仅就字面含义而言，"边数"反映的是国际经贸合作中的参与方数量。WTO体制中的"多边"指涉全体成员，而"诸边"则仅指部分成员。因此，所谓的"诸边进路"即指由部分WTO成员来制定贸易规则的方式和渠道。在多边贸易体制的发展历史上，诸边现象时有出现，尤以《关税与贸易总协定》（General Agreement on Tariffs and Trade，以下称为GATT）东京回合谈判中出现的"行动守则"最具代表性。WTO成立后，诸边进路依然在存在。《马拉喀什建立世界贸易组织协定》（以下称为"《WTO协定》"）的附件4列举了法定形式的"诸边贸易协定"；部分成员在信息技术产品等领域也进行了诸边实践。尽管如此，诸边进路并未被WTO成员大规模使用。

通过诸边协定来制定贸易规则是突破WTO困境的一条重要进路。现阶段WTO所面临的最大问题是贸易规则供给难，全体成员在多边贸易谈判场合无法取得广泛共识的情况下，通过诸边协定在WTO体制中进行贸易规则制定已经成为一些成员的现实选择，并成

---

① See Peter Sutherland et al., *The Future of the WTO: Addressing Institutional Challenges in the New Millennium*, Geneva: WTO, 2004, pp. 61-66.

为改革 WTO 贸易规则制定模式的可能选项。因此，对诸边协定相关的理论问题进行深刻剖析就越发显得必要。总体来看，国内外学界对诸边协定不乏关注，但既有研究整体上缺乏系统性，呈现出碎片化的特点。本书尝试对以下问题进行解答：

第一是诸边协定的概念问题。本书在梳理学界对诸边协定的研究情况后注意到，诸边协定的概念并不清晰，学界对这一概念的认知存在重大分歧。"诸边协定"这一标签被贴在 WTO 诸边贸易协定、《服务贸易协定》（Trade in Service Agreement，以下称为 TISA）乃至 RTAs 等各类国际贸易协定上。由此可见，实践中的诸边实践呈现多种样态，诸边协定概念的使用也表现出多元化特点。因此澄清诸边协定的概念是本书的首要研究目的。

第二是诸边协定在 WTO 体制中的正当性问题。该问题关涉 WTO 成员对诸边协定及其所代表的贸易规则制定模式的接受度。如果将诸边协定作为改革 WTO 贸易规则制定模式的一种手段，全体 WTO 成员对诸边模式的认可，是其在 WTO 体制中得以推行的前提。诸边协定被更加广泛的应用后，其带来的负面影响可能会逐渐显现，不可避免地会出现部分 WTO 成员对诸边协定的负面评价和反对意见的情况。例如，诸边协定的基本特征是由部分 WTO 成员组成次级集团制定贸易规则。这很可能造成"俱乐部模式"的出现，导致大多数成员被排除在核心决策圈之外，只能被动接受由少数成员制定的规则。这种贸易规则制定的方式极易遭到众多 WTO 成员的反对。在此情形下，WTO 成员对诸边协定的接受度影响着 WTO 的整体性和凝聚力。因此解决诸边协定的正当性问题十分必要。

第三是诸边协定如何在现有国际体系下生成的问题。诸边协定所代表的贸易规则制定模式在多边贸易体制的发展历程中曾被多次使用，但在 WTO 成立后长期不被重视。该模式缘何在近年来再度勃兴？本书试图跳出对 WTO 体制本身的制度探讨，从国际体系的演化角度阐释诸边协定在 WTO 体制内复归的条件。

第四是诸边协定在实践中呈现出何种样态的问题。近年来在

WTO 体制中出现的贸易规则制定的诸边化趋势是引发本书选题的重要因素之一，但现阶段学界对具体的诸边协定实践缺乏详尽的梳理和研究。WTO 成员的诸边协定实践对廓清诸边协定的概念、了解诸边协定在 WTO 体制中的真实情况、总结贸易规则制定诸边模式的发展趋向乃至最终在 WTO 体制中正式引入调整诸边协定谈判和运行的相关规则都具有重要意义。

第五是如何利用多边规则约束诸边协定的问题。在 WTO 现行法律框架内，除《WTO 协定》针对诸边贸易协定的零星规定外，并无涉及诸边协定运行的一套较为完整的规则。某些特定类型的诸边实践尚未受到多边规则的约束。如果诸边协定的数量在 WTO 体制中不断增加，设计相应规则对诸边协定进行调整十分必要。多边的贸易规则制定方式依然是主流，诸边协定只是 WTO 贸易规则制定的补充手段，本书研究的重要目的之一是为改革 WTO 的贸易规则制定模式探索一条诸边进路。诸边协定自身的缺陷以及其法律症结必须在 WTO 体制中予以关注和解决。这就要求 WTO 成员主动作为，通过部长级会议或总理事会制定相应的规则对诸边协定的谈判与适用进行全面的规定，从而最大限度地减轻诸边协定对 WTO 带来的负面影响，并发挥其决策效率高的优势。

究其本质，WTO 体制中的诸边协定实践是在成员数量较大的多边国际合作框架中，部分成员组成次级集团开展合作的现象。多边框架中的次级集团合作可以为整个体制带来必要的灵活性。这类现象在 WTO 中表现为诸边模式，在其他国际合作中亦存在类似情形。但是次级集团应当如何与多边框架整体兼容？对多边框架有何影响？其采用是否存在约束条件？均属值得探究的理论问题。尽管本书研究诸边协定的出发点是改革 WTO，但这并不意味着本书的研究目的局限于此。本书对 WTO 以及诸边协定的思考是以 WTO 为视角总结各国通过多边国际组织解决全球性问题的某类制度经验。这种制度经验不仅对 WTO 的改革具有意义，也将对今后各国设计相似国际合作制度框架时提供有益的借鉴。WTO 的发展会面临高潮或低潮，这个组织甚至可能在极端情况下解体。但 WTO 所产生的"观念遗产"对于未来的全球治理依然具有重要意义。WTO 的优势及其面临的问题都是人类在进行国际合作过程中创造的宝贵财富。

二 研究综述

（一）国内研究成果

1. 对诸边协定的整体性研究

赵维田教授在对 WTO 宏大的规则体系进行总括性介绍时对诸边贸易协定有所提及。他将"plurilateral"一词译为"复边"，认为复边是指"并非 WTO 全部成员都参加的'小多边'而言的"。他还介绍了诸边贸易协定在东京回合的起源及其在乌拉圭回合的形成过程，并特别强调了诸边贸易协定在 WTO 体制中微妙的法律地位，即这类协定只对签署的成员有效，并且拥有依据具体的诸边贸易协定设立的相应机构。[①]

傅星国将诸边协定理解为 WTO 决策机制的补充手段，是一揽子承诺以外的规则制定模式。他首先介绍了东京回合以来多边贸易体制内出现的诸边协定。他同时还注意到了多哈回合中的部门减让，并总结了部门减让的特点。ITA 是典型的部门减让协定。他指出，在推动诸边协定和部门自由化时应当掌握一个"度"的问题，即多少的诸边协定是合适的？这种方式最大的威胁在于，太多的诸边协定会造成 WTO 法律体系的分裂，形成 WTO 规则的分割现象，进而削弱多边贸易体制的统一性。尽管如此，他依然建议可以审慎地推行包括诸边协定在内的非一揽子协定。具体而言，推行诸边协定时应当考虑这些原则：第一，诸边协定的参与是自愿的。第二，采取分步走的模式，诸边协定的多边化要循序渐进。第三，采取临界数量模式（critical mass）。第四，给予发展中成员特殊与差别待遇。第

[①] 参见赵维田《世贸组织的法律制度》，吉林人民出版社 2000 年版，第 29—31 页；赵维田《最惠国与多边贸易体制》，中国社会科学出版社 1996 年版，第 243 页。

五,确保未参加协定的成员可以利用最惠国待遇享受诸边协定的好处。第六,允许未参加诸边协定的成员随时加入,并且不收取入门费(entry fee)。总体而言,傅星国将诸边协定定位为"WTO 决策机制的推进器",在决策机制上采取一种"一揽子承诺为主,非一揽子原则为辅"的策略。[①]

石静霞介绍了近年来出现的在发达国家主导下推动的规则制定的诸边化(plurilateralization)趋势,包括了《信息技术协定》扩围谈判、《环境产品协定》谈判和《服务贸易协定》谈判。过往的诸边协定采取了通过达到临界数量实现协定利益多边化的目的。该趋势表明美欧更注重吸引具有相同意愿的国家组成谈判团体,先绕开存在明显分歧的谈判对手,以掌握规则制定的先机。诸边协定被广泛使用的原因在于 WTO 不能满足成员对新规则的需求。同时,她也注意到诸边协定的缺陷,属次优选择。首先,诸边协定的自由化收益有限;其次,发展中国家的参与度较低;再次,现有的《服务贸易协定》谈判体现了不透明、不开放的特点;最后,诸边协定还可能降低或消除各国推动多边谈判的意愿,减少议题关联的机会。[②]

程大为将诸边主义(plurilateralism)作为解决多边主义危机的方法之一,并将其定义为:"三个或以上国家所签订的贸易协定。"解决多边主义危机的方案有区域主义和诸边主义两种,诸边主义相较于区域主义的不同点在于:第一,诸边协定不局限于某个区域。第二,诸边协定以特定议题为基础。第三,诸边协定便于在特定议题上具有共同利益的国家快速达成一致。第四,诸边协定可在 WTO 主导下进行。第五,WTO 中的诸边协定具有开放性。第六,诸边协定的政治目的并不显著。诸边主义只是全球贸易治理的次优选择,

---

① 参见傅星国《WTO 决策机制的法律与实践》,上海人民出版社 2009 年版,第 216—222、229、232、241 页。

② 参见石静霞《国际贸易投资规则的再构建及中国的因应》,《中国社会科学》2015 年第 9 期。

因此在推进诸边主义时应注意这些问题：其一，充分尊重 WTO 的基本原则和规则。其二，可采取某个议题上的市场多数原则，即临界数量。其三，以全球价值链为基础进行谈判。其四，关注发展中国家的问题。①

龚柏华注意到了 WTO 中规则制定的诸边模式，并将其分为封闭式诸边模式和开放式诸边模式。主张在保留 WTO 多边协商一致机制的前提下，从效率务实出发，探索逐步扩大采纳开放式诸边谈判模式，如在电子商务协定谈判中先试先行，形成 WTO 体制内多边模式与诸边模式共存兼容的形态，最终通过临界数量的开放式诸边模式迂回推动 WTO 回归多边谈判模式。② 谭观福从 WTO 改革的视角出发，在分析具体诸边协定实践的基础上认为开放式诸边协定是现阶段推进 WTO 改革最好、最可行的模式。③

2. 针对具体诸边协定实践的研究

（1）《政府采购协定》

WTO《政府采购协定》是 WTO "诸边贸易协定"之一。由于中国正在参与《政府采购协定》的谈判，因此国内学界对中国在加入《政府采购协定》的谈判策略和内容及其对中国的利弊给予了重点关注。④ 宋雅琴结合国际关系中国际制度相关理论对政府采购的理

---

① 参见程大为《诸边主义还是（大）区域主义？——解决 WTO 多边主义危机的两难选择》，《WTO 经济导刊》2014 年第 2 期。

② 参见龚柏华《论 WTO 规则现代化改革中的诸边模式》，《上海对外经贸大学学报》2019 年第 3 期。

③ 参见谭观福《WTO 改革的诸边协定模式探究》，《现代管理科学》2019 年第 6 期。

④ 相关文献包括但不限于：肖北庚《缔约国于〈WTO 政府采购协定〉之义务及我国因应》，《环球法律评论》2008 年第 4 期；袁杜鹃《国有企业纳入 WTO〈政府采购协定〉问题研究》，《上海大学学报》（社会科学版）2008 年第 5 期；石静霞、杨幸幸《中国加入 WTO〈政府采购协定〉若干问题研究——基于对 GPA2007 文本的分析》，《政治与法律》2013 年第 9 期；屠新泉《我国加入 GPA 谈判的焦点问题分析》，《中国政府采购》2011 年第 9 期；屠新泉、郝刚《政府采购市场自由化的新趋势与我国加入 GPA 谈判》，《国家行政学院学报》2012 年第 5 期；海闻等《中国加入〈政府采购协定〉国（转下页）

论基础、WTO《政府采购协定》的制度供给模式与内容、协定的有效性以及协定对中国政府采购制度变革的影响等进行了翔实的讨论。① 贾康等在对《政府采购协定》内容进行介绍的基础上，对中国加入协定的情况、国有企业纳入协定的问题以及其他国家加入协定的国际经验进行了研究，并对中国完善政府采购体制提出了建议。② 陈金池的博士学位论文《论 WTO 诸边协定中之政府采购协定》对政府采购协定的重要性、产生背景与协定内容以及协定对中国政府采购制度的影响进行了梳理和论证。③

（2）《信息技术协定》

ITA 是 WTO 体制中一项已经完成扩围谈判并生效适用的诸边协定。多位学者将 ITA 作为诸边化趋势的一个重要例证予以介绍，并较为详细地展现了该项协定的产生、适用以及扩围谈判等内容。④ 孙南翔在讨论 WTO 协定对互联网贸易自由的适用时关

（接上页）有企业出价策略研究》，《国际贸易问题》2012 年第 9 期；孟晔《中国加入 WTO〈政府采购协议〉谈判分析》，《世界贸易组织动态与研究》2013 年第 5 期；陈文《中国加入 GPA 的挑战及其对策研究》，《时代金融》2012 年第 12 期；赵勇、史丁莎《我国加入 GPA 的机遇与挑战》，《国际商务》2014 年第 3 期；翁燕珍等《GPA 参加方国有企业出价对中国的借鉴》，《国际经济合作》2014 年第 3 期；Wang Ping, "China's Accession to the WTO Government Procurement Agreement: Challenges and the Way Forward," *Journal of International Economic Law*, Volume 12, Number 3, 2009, pp. 663-706。

① 参见宋雅琴《中国加入 WTO〈政府采购协议〉问题研究：站在国家利益的角度重新审视国际制度》，经济科学出版社 2011 年版。
② 参见贾康等《中国加入〈政府采购协议〉的挑战与策略》，立信会计出版社 2015 年版。
③ 参见陈金池《论 WTO 诸边协定中之政府采购协定》，博士学位论文，中国政法大学，2005 年。
④ 参见石静霞《国际贸易投资规则的再构建及中国的因应》，《中国社会科学》2015 年第 9 期；李春顶《国际贸易协定谈判的新发展与新规则》，《金融评论》2014 年第 6 期。

注到了 ITA，并结合相关案例对该协定的内容与适用进行了论述。①

（3）《环境产品协定》

EGA 是 WTO 体制中一项正在谈判的诸边协定。龚清华对包括 EGA 在内的整个环境产品的贸易自由化进程进行了全面的研究，并对我国提升环境产品竞争优势给出了建议。② 张乃根对 EGA 的谈判内容、谈判对多哈发展议程的影响以及中国在协定谈判中的立场进行了详细而全面的论述。③ 屠新泉与刘斌结合谈判的最新进展，对协定谈判的背景与现状进行了介绍，结合相关数据着重对中国环境产品的贸易现状与竞争力进行了讨论，并分析了谈判对中国的影响以及中国的谈判策略。④

（4）《服务贸易协定》

TISA 的谈判在 WTO 体制外进行，亦被诸多学者视为一项诸边协定。学界对该协定的谈判与内容有较多关注。彭德雷在其研究中罗列了 TISA 法律性质定位的五种模式，包括《政府采购协定》模式、《信息技术协定》模式、《服务贸易总协定》（General Agreement on Trade in Services，以下称为"GATS"）附件模式、《反假冒协定》

---

① 参见孙南翔《认真对待"互联网贸易自由"与"互联网规制"》，《中外法学》2016 年第 2 期。

② 参见龚清华《环境产品贸易自由化研究》，华中师范大学出版社 2015 年版；龚清华、张建民《我国环境产品界定及清单完善思考》，《现代商贸工业》2012 年第 19 期；龚清华《WTO 环境产品贸易自由化问题的研究综述》，《经济研究导刊》2013 年第 2 期；龚清华《中国环境产品的国际竞争优势评估》，《对外经贸实务》2014 年第 2 期；张建民、龚清华《环境产品贸易自由化探析》，《国际贸易》2014 年第 6 期；龚清华、张建民《环境产品贸易自由化对进口国的效应分析》，《经济经纬》2014 年第 1 期。

③ 参见张乃根《试析环境产品协定谈判》，《海关与经贸研究》2014 年第 5 期。

④ 参见屠新泉、刘斌《环境产品谈判现状与中国谈判策略》，《国际经贸探索》2015 年第 3 期。

模式。① 屠新泉等梳理了 TISA 的起源、谈判内容及其对中国的影响。② 李伍荣等对 TISA 与 GATS 进行了比较研究，分析了协定的法律形式（特别是多边化的可能），并介绍了金砖国家对待该谈判的态度。③

（5）电子商务诸边谈判

2019 年 1 月 25 日，76 个 WTO 成员启动了 WTO 电子商务诸边谈判。④ 贺小勇与黄琳琳梳理了中国、美国、欧盟、日本、加拿大等 WTO 主要成员已经提交的提案。⑤ 石静霞着重分析了跨境数据流动和禁止本地化要求、源代码及算法规制和电子传输的免关税及数字税征收等核心争议问题。⑥

（二）国外研究成果

1. 对诸边协定的整体性研究

伯纳德·霍克曼（Bernard Hoekman）与罗伯特·劳伦斯（Robert Lawrence）均对 WTO 中的诸边协定进行了整体性研究，其研究范围涉及了诸边协定的定义、诸边协定在 WTO 体制中的法律依据以及在 WTO 体制中推动诸边协定所可能面临的问题等。

（1）霍克曼对诸边协定的研究

前文已经提及，萨瑟兰等 8 位专家将诸边进路定位为改进 WTO

---

① 参见彭德雷《国际服务贸易协定（TISA）谈判与中国路径选择》，《亚太经济》2015 年第 2 期；彭德雷《多边服务贸易规则的重构及其应对》，《北京理工大学学报》（社会科学版）2015 年第 9 期。

② 参见屠新泉、莫慧萍《服务贸易自由化的新选项：TISA 谈判的现状及其与中国的关系》，《国际贸易》2014 年第 4 期。

③ 参见李伍荣、冯源《〈国际服务贸易协定〉与〈服务贸易总协定〉的比较分析》，《财贸经济》2013 年第 12 期；李伍荣、周艳《〈服务贸易协定〉的发展取向》，《国际经济评论》2014 年第 6 期。

④ See Joint Statement on Electronic Commerce, WT/L/1056, 25 January 2019.

⑤ 参见贺小勇、黄琳琳《WTO 电子商务规则提案比较及中国之应对》，《上海政法学院学报》2020 年第 1 期。

⑥ 参见石静霞《数字经济背景下的 WTO 电子商务诸边谈判：最新发展及焦点问题》，《东方法学》2020 年第 2 期。

决策机制的一种可能手段，并对其利弊作了一些初步思考。① 但在诸边协定的研究方面，霍克曼却是关注时间最长、成果最丰富且思考最系统的学者。霍克曼所理解的诸边协定仅指《WTO 协定》附件 4 中的诸边贸易协定。

早在 20 世纪 80 年代，霍克曼就着重研究了多边贸易体制中的"守则方法（the codes approach）"。这里的"守则（codes）"是指东京回合中 6 个针对非关税措施的协定和民用航空器协定。因此，守则方法是指这些协定在谈判、协定内容、生效和适用方式等方面体具有显著特征的方法。守则方法的特点包括：第一，相较于 1947 年《关税与贸易总协定》的原有规则，该方法所制定的规则自由化程度更高。第二，守则方法下，协定只对签署方有效，但也存在协定利益适用于全体缔约方的情形。第三，每个守则都有其制度框架。守则规定缔约方共同派出代表成立相应的委员会以监督守则的执行情况、解决缔约方间因守则而产生的争端并对守则条文进行解释。第四，守则方法下的协定还具有不断更新的性质。②

在论及 WTO 的改革问题时霍克曼指出，进入 21 世纪之后，关于 WTO 改革的关注重心逐步转移到谈判程序和机制的有效性上。作为一种新的谈判模式，他认为诸边协定是一种"不适用最惠国待遇原则的'可变几何'（variable geometry without MFN）"，并将诸边协定视为"观点相似的国家在 WTO 尚未解决的领域进行合作的工具"，WTO《政府采购协定》是这类协定中现行有效的唯一实例。他同时注意到了大量运用诸边协定的弊端：造成承诺的多层体系，

---

① See Peter Sutherland et al., *The Future of the WTO: Addressing Institutional Challenges in the New Millennium*, Geneva: WTO, 2004, pp. 61-66.

② See Robert Stern and Bernard Hoekman, "The Codes Approach", in J. Michael Finger and Andrzej Olechowski, eds., *The Uruguay Round: A Handbook on the Multilateral Trade Negotiations*, Washington, D.C.: The World Bank, 1987, pp. 59-66.

侵蚀最惠国待遇原则。①

在这些思考的基础上，霍克曼与另一位 WTO 法专家佩特罗斯·马夫罗伊迪斯（Petros C. Mavroidis）共同对诸边协定进行了系统性的研究，主要观点可概括为以下三部分内容：②

第一是现行的法律规定。《WTO 协定》中涉及诸边协定的条款主要包括第 2 条第 3 款与第 10 条第 9 款。霍克曼从协定调整的范围（coverage）、协定的加入（accession）、透明度机制（transparency mechanism）以及争端解决四个方面将诸边协定与优惠贸易协定（preferential trade agreements）进行了比较。随后他详细地总结了诸边协定与优惠贸易协定的异同。根据霍克曼对"诸边协定"的狭义理解，ITA 式的"临界数量协定"并不是真正的诸边协定。其原因在于，临界数量协定具有"诸边约束、多边适用"的特点，因此在实质上是多边的。诸边协定与优惠贸易协定都属于最惠国待遇的例外，对二者进行比较是更有意义的。

第二是诸边协定的反对意见。对诸边协定的反对意见包括：一是诸边协定可能为部分国家在有争议的议题上（如劳工标准或环境标准）达成协定大开方便之门。二是诸边协定可能造成部分国家预先设定游戏规则，然后迫使其他国家接受。三是诸边协定可能造成 WTO 成员间的长期分裂，这一情况自关税与贸易总协定时期即已出现。四是诸边协定可能限制其他可替代手段的使用，例如通过"软法"进行的合作。五是如果诸边协定利用了 WTO 的"基础设施"，将会增加其他成员的成本。六是诸边协定还可能导致一些成员丧失在多边谈判中进行议题交换时的筹码。

第三是建议进一步扩大诸边协定的使用。霍克曼认为，在 WTO

---

① See Bernard Hoekman, "Proposals for WTO Reform: A Synthesis and Assessment", *Minnesota Journal of International Law*, Volume 20, 2011, pp. 349-350.

② 两位学者对诸边协定的研究在 2013 年形成了工作论文，经修改后于 2015 年分别发表于《欧洲国际法杂志》（the European Journal of International Law）和《世界贸易评论》（World Trade Review），因此本文将综合这两篇论文的内容进行介绍。

框架下追求更多的"可变几何"是有利的,但须遵循以下原则:其一,诸边协定的参与是自愿的;其二,协定的主题必须是明确与贸易有关的,即涉及的是对贸易成本和激励有直接影响的政策;其三,谈判中的议题应当受到全体 WTO 成员的支持;其四,不设入门费,即 WTO 成员加入已生效诸边协定的条件与创始成员相同;其五,反对诸边协定的成员必须解释其反对的实质理由,限制一些成员的策略性反对;其六,诸边协定参与成员间可以适用争端解决机制,报复只能限定于诸边协定所涉的议题;其七,诸边协定必须设置对能力有限的成员的贸易援助机制;其八,设置透明度机制,以确保非参与方的 WTO 成员充分了解诸边协定的信息。[1]

近年来霍克曼在与其他学者共同撰写的《重振 WTO 多边治理》的报告中,明确提出了开放的诸边主义(open plurilateralism)的概念,超越了其对诸边协定的狭义理解,认为临界数量协定所代表的开放的诸边主义可为 WTO 改革注入活力。[2]

(2) 作为"俱乐部"的诸边协定

WTO 坎昆部长级会议结束后,[3] 各方对大幅度使用诸边协定进行了讨论。在此背景下,劳伦斯提出了"俱乐部方法(the club approach)"。他将俱乐部理解为在某个国际组织中只约束部分成员的协定,在 WTO 中就是诸边协定。这种"俱乐部"的思想渊源是

---

[1] See Bernard Hoekman and Petros Mavroidis, "WTO 'à la Carte' or 'Menu du Jour'? Assessing the Case for Plurilateral Agreements", *EUI Working Paper*, RSAS 2013/58; Bernard Hoekman and Petros Mavroidis, "WTO 'à la Carte' or 'Menu du Jour'? Assessing the Case for Plurilateral Agreements", *the European Journal of International Law*, Volume 26, Number 2, 2015, pp. 319-343; Bernard Hoekman and Petros Mavroidis, "Embracing Diversity: Plurilateral Agreements and the Trading System", *World Trade Review*, Volume 14, Number 1, 2015, pp. 101-116.

[2] See Bernard Hokeman et al., "Revitalizing Multilateral Governance at the World Trade Organization", *Report of the High-Level Board of Experts on the Future of Global Trade Governance*, 2018, pp. 35-37.

[3] WTO 坎昆部长级会议以未能启动新加坡议题的谈判而告终,被认为是 WTO 成立以来多边谈判的一次重大挫折。

罗伯特·基欧汉（Robert Keohane）与小约瑟夫·奈（Joseph Nye Jr.）所论述的多边合作的俱乐部模式（club mode）。① 因此，在 WTO 语境下，劳伦斯以"俱乐部"作为诸边协定的标签而对其进行了研究。

劳伦斯将俱乐部描述为："有意愿的国家为达成共同目标而组建的自愿联合。俱乐部根据共同的价值和利益（而非强制）来设定成员的权利和义务。"他又将那些能够处理不同区域协定之间、不同议题之间的连接问题的"全球协调俱乐部（global coordinating clubs）"称为"俱乐部之俱乐部"。联合国、WTO、经济合作与发展组织等在某种程度上就属于可称为"俱乐部之俱乐部"的制度。劳伦斯认为，WTO 在过去拥有众多诸边性质的单独守则的时代，② 更接近于"俱乐部之俱乐部"。综合以上论述，劳伦斯所理解的俱乐部在 WTO 中就是诸边协定。这种俱乐部的外延并不局限于 WTO 中已有的诸边贸易协定，也包括未来可能出现的其他类型的诸边协定。

劳伦斯提出了在 WTO 中构建"俱乐部之俱乐部"的设想。WTO 面临的挑战来源于深化经济一体化的要求与 WTO 及成员执行能力之间的紧张关系。劳伦斯认为通过只约束部分成员的俱乐部来实现进一步的经济一体化，是应对这一挑战的可选方案。随着俱乐

---

① 根据基欧汉与奈的描述，俱乐部模式体现的是少数富裕国家的贸易部长们控制了多边贸易谈判的议程，并由这些国家之间直接达成协议，其结果由其他国家接受。俱乐部模式对少数富国以外的国家是封闭的，对其本国的其他官员和公众也是封闭的。除少数富国外，谈判的进程和各方立场不对外公开。WTO 就是一个贸易部长俱乐部。俱乐部模式对于更快捷、更有利的国际政策协调特别有效。WTO 中的俱乐部模式面临的最大问题是民主赤字，这主要源于发展中国家参与度提升、非政府行为体的扩散以及民主规则在越来越多的国家扩散。See Robert O. Keohane and Joseph S. Nye, Jr., "Between Centralization and Fragmentaion: The Club Model of Multilateral Cooperation and Problems of Democratic Democracy", *KSG Working Paper*, No. 01-004, 2001, p. 6；[美] 罗伯特·基欧汉、[美] 小约瑟夫·奈《多边合作的俱乐部模式与世界贸易组织：关于民主合法性问题的探讨》，门洪华、王大为译，《世界经济与政治》2001 年第 12 期。

② 由于大量的守则出现在 GATT 东京回合中，因此这里更为准确的描述应当为"多边贸易体制"。

部数量的增多，WTO 就成为了可以协调不同俱乐部的"俱乐部之俱乐部"。具言之，他认为应当在 WTO 核心协议的基础上补充一些只约束部分成员的"俱乐部"。这种方法是成员多样性与达成更广泛承诺之间的妥协。

劳伦斯进一步为如何选择俱乐部所涉的议题给出了建议。他认为，那些有助于促进 WTO 中心任务——降低贸易壁垒、减少国内政策的歧视性效应、通过贸易加强经济发展——的俱乐部将获选。但需注意的是，WTO 及相关成员（如在国内执行的能力）都应当做好接受新俱乐部的准备。俱乐部所涉的议题需获得 WTO 成员的广泛同意，且成员拥有是否加入俱乐部的自主选择权利。

劳伦斯还对俱乐部的运行规则（operating rules）提出了建议。他的设想是：第一，在协定谈判的参与方面，应当采取在 WTO 框架下允许 WTO 成员自愿加入。第二，俱乐部的谈判可以在 WTO 谈判回合之外启动。第三，在未参与成员的待遇方面，允许将协定利益延伸适用至未参与成员。第四，在争端解决方面，因俱乐部产生的争议应当适用 WTO 争端解决机制。第五，在报复方面，俱乐部成员只能在俱乐部所涉议题内进行报复，而不能适用 WTO 争端解决中的交叉报复机制。第六，俱乐部应当向发展中成员提供可能的特殊与差别待遇，并支持相关成员的能力建设。甚至对非俱乐部成员，也提供技术援助和能力建设的机会，从而将这些成员纳入俱乐部中来。第七，俱乐部对参与成员具有当然的法律约束力。劳伦斯也谈及了俱乐部方法可能引发的担忧，其观点与霍克曼基本重合。[①]

2. 在 WTO 中推行诸边协定的政策建议

有部分学者认为应当在 WTO 中推行诸边协定，故其研究重点是具体的政策建议。彼得·德雷普（Peter Draper）与梅莫里·杜布

---

① See Robert Z. Lawrence, "Rule Making Amidst Growing Diversity: A Club-of Clubs Approach to WTO Reform and New Issue Selection", *Journal of International Economic Law*, Volume 9, Number 4, 2006, pp. 823–835.

(Memory Dube)主要是从如何在WTO体制中推广诸边协定的角度出发对诸边协定进行研究的。关于诸边协定在多边贸易体制中的地位，他们明确指出，东京回合的数个诸边性质的守则最终能被打包进入乌拉圭回合一揽子承诺，得益于其所处的独特的历史环境：冷战的结束以及随之而来的美国权力和影响达到顶峰。因此，乌拉圭回合以及在该回合中达成的范围广泛的协定才是特殊的（sui generis）情形，诸边协定反而是多边贸易体制中既有的现象。在对待诸边协定的态度上，德雷普与杜布强调了发达国家与发展中国家的差异：发达国家更支持诸边的方法；诸多发展中国家认为诸边协定的增多可能损害其利益，倾向于采取反对的态度。

德雷普与杜布对诸边协定的理解是广义的，并进行了类型划分。第一类是包容性的诸边协定（inclusive）。包容性的诸边协定体现为有条件的、单边的且是部门的自由化。其典型代表就是ITA。第二类是排他性的诸边协定（exclusive）。这类协定的自由化只针对协定的签署方，其代表是《政府采购协定》。相较而言，达成包容性诸边协定的难度比排他性诸边协定的难度更小。

他们还建议制定一个约束诸边协定正式谈判程序的"行动守则（a code of conduct）"。首先，行动守则应当遵循以下原则：参与是自愿的；诸边协定的议题与贸易有关；诸边协定的参与方应当具有执行谈判结果的能力和方法（因此也就要求技术援助和特殊与差别待遇）；谈判中的议题应当获得WTO成员的广泛支持；适用辅助性原则（subsidiarity）以避免俱乐部规则对国家自主性的侵蚀。诸边协定还应受到以下规则的约束：只有协定的签署方才能就协定产生的争议诉诸争端解决机制，但不得进行交叉报复；只要证明具有足够的执行能力，任何成员都能自愿加入谈判；不要求协定利益适用于非参与成员；设置诸边协定的透明度机制。他们认为诸边协定涉及的潜在议题包括涉及气候变化的诸边协定、涉及全球价值链的诸边协定（如贸易便利化）、涉及服务自由化的协定以及涉及非农产品部门的协定。①

罗伯特·巴泽多（Robert Basedow）注意到了全球贸易治理中的诸边主义策略，该策略以诸边和临界数量协定为形式。WTO 可能发展成为一个"俱乐部的俱乐部"。诸边主义既带来机遇，也产生风险。转向诸边主义应当需要采取精心设计的实现路径。巴泽多发现了 WTO 中的诸边主义与欧盟差异性一体化（differentiated integration）实践的相似性，并提出欧盟在差异性一体化方面的制度和实践对 WTO 中的诸边主义具有借鉴意义。②

3. 其他学者的观点

（1）将诸边协定作狭义理解的观点

部分学者将诸边协定理解为诸边贸易协定，并以此为前提探讨了与诸边协定相关的理论问题。约翰·奥德尔（John Odell）在讨论"可变几何"时谈及了诸边协定。他认为，WTO 成员可能根据 WTO 协定第 2 条第 3 款批准新的诸边协定。全体成员可能首先要建立一个多边框架，以在解决诸边协定弊端的同时保护诸边协定非参与成员的利益。例如，这个多边框架可以要求新的诸边协定必须满足以下条件：第一，诸边协定自始对所有 WTO 成员开放。第二，涵盖了足够份额的相关贸易量或国内生产总值。第三，为了保证透明度，定期向 WTO 报告相关信息。第四，规定当因诸边协定的条款发生争议时，签署方将利用共同的 WTO《关于争端解决规则与程序的谅解》来解决。第五，建立一种非签署方嗣后加入的机制，允许将诸边协定多边化的选项存在。奥德尔也注意到了对诸边协定的反对意

---

① See Peter Draper and Memory Dube, "Plurilaterals and the Multilateral Trading System", *E15 Expert Group on Regional Trade Agreements and Plurilateral Approaches-Think Piece*, E15 Initiative. International Centre for Trade and Sustainable Development and World Economic Forum, 2013.

② See Robert Basedow, "The WTO and the Rise of Plurilateralism-What Lessons can we Learn from the European Union's Experience with Differentiated Integration?", *Journal of International Economic Law*, Volume 21, Issue 2, 2018, pp. 411-431.

见。对此他认为可以尝试诸边协定。首先全体一揽子的方式经尝试后并无结果，可以尝试其他选项。诸边协定虽有弊端，但可带来谈判效率的提升。其次，诸边协定若在发达国家间达成，不仅可以实现更高程度自由化、加速经济增长，收益可外溢至非签署方。最后，达成诸边协定可以强化 WTO 制度，有助于说服各政府不要进一步寻求优惠贸易协定。[1]

加里·赫夫鲍尔（Gary Hufbauer）与杰弗里·肖特（Jeffrey Schott）在讨论如何解决 WTO 多哈回合僵局时提出了一个"全盘交易（a grand bargain）"的方案，这个方案是通过在多哈发展议程中取得一些收获以换取 WTO 全体成员对某些诸边协定的支持。在全盘交易的一端，他们提出了可以在多哈发展议程中取得收获的 5 个相对容易的领域，包括：贸易便利化、免税免配额、农业出口补贴、食品出口管制以及争端解决体系。在交易的另一端，是诸边协定。他们提出了五个潜在的诸边协定，包括：服务自由化、货币低估、气候与能源、互惠基础上的具体部门的关税削减以及国有企业。[2]

乔·费尔德曼（Jo Feldman）与大卫·布莱特林（David Brightling）认为，诸边协定可以通过两种方式发挥作用。第一，提出"一揽子诸边协定（a package of plurilateral agreements）"的概念，即如果要在全体成员间以协商一致的方式通过诸边协定，就应当制定一系列的诸边协定，使得每个成员在这些诸边协定中的至少一个中具有利益。那么，每个成员方就有可能为了使某个或某些特定的诸边协定被加入附件 4 中从而同意将所有的诸边协定纳入附件 4 中。第二，对多边协定进行诸边的修改，修改后的内容诸

---

[1] See John S. Odell, "How Should the WTO Launch and Negotiate a Future Round?", *World Trade Review*, Volume 14, Number 1, 2015, pp. 117–133.

[2] See Gary Hufbauer and Jeffrey Schott, "Will the World Trade Organization Enjoy a Bright Future?", *Peterson Institute for International Economics Policy Brief*, PB12-11, 2012.

边适用。①

　　肯特·琼斯（Kent Jones）认为，多哈回合的一揽子承诺模式并不令人满意，这激发了人们拆解多哈发展议程，在更小的范围内处理议题的兴趣。这种方式的重要特点是：减少议题数量，缩限参与成员数量。进行 WTO 诸边协定谈判或可成为替代方案。琼斯对诸边协定的理解持狭义观点。他认为推动诸边协定谈判面临的巨大困难。其根本原因是《WTO 协定》要求，WTO 成员如欲在附件 4 中加入新的诸边协定，需由部长级会议或总理事会以协商一致的方式作出决定。许多拟议中的诸边协定，特别是那些从尚未完成的多哈谈判议题中抽出的协定，可能需要在其他领域中的议价筹码，以便获得必要的 WTO 成员的支持从而达到加入附件 4 的要求。因此，关于加入新的诸边协定的谈判与争议，可能演变为新版的多哈回合争论，无法有效破解谈判僵局。此外，在一些议题领域，未参与诸边协定的成员基于自身利益的考量，可能反对特定诸边协定加入附件 4。例如，当某些 WTO 成员未参加某个诸边协定的谈判，但又认为未来确有加入的可能，一旦这类成员认为，由于其未能在协定谈判期间对规则施加影响，其未来加入诸边协定所获得的利益可能受损害，这类成员很可能不会批准将这样的协定加入附件 4 中。基于此原因，涉及国有企业或其他相似议题的诸边协定就不具可行性。最后，一些拟议中的诸边协定包含了诸如货币估值贸易效应这样的议题，这类议题是非缔约成员可能在原则上予以反对的。当然，某些类型的协定有更大的可能达到获得 WTO 批准的条件，特别是当这些协定包含了共同承诺（特别是在新议题上），且对非缔约成员方没有歧视或其他负面影响。除非针对加入新的诸边协定需要协商一致的规则进行修改（当然要通过协商一致），否则大量新的诸边协定是不可能得到批准的。同时，区域贸易协定、

---

① See Jo Feldman and David Brightling, "Imaging a Post-Doha Future: The Future Stability of the Global Trading System", *New Zealand Journal of Public and International Law*, Volume 10, 2012, pp. 127–136.

双边投资协定以及 WTO 体系以外的协定很可能继续成为通向贸易自由化（与投资一起）的最快路径。①

史蒂夫·伍尔科克（Steve Woolcock）指出，WTO 多哈发展议程（DDA）谈判受到了阻碍。为求得进展，经过不断的尝试，贸易部长们已经提出探索新的谈判方法。这被一些人解读为为部分观点相似的 WTO 成员进行诸边谈判扫清道路，并且无须适用于全体 WTO 成员或由全体 WTO 成员受益。伍尔科克认为，鉴于 WTO 成员接受新的诸边协定非常低的可能性，关注重点应当转移到优惠贸易协定以及如何更好地与多边贸易体系相协调。②

（2）对诸边协定作广义理解的观点

卡迪·索米宁（Kati Suominen）认为诸边协定是将区域贸易协定诸边化的一种手段。各国已经展开了诸多诸边协定谈判，包括服务协定谈判、环境产品协定谈判，也有人提议就投资和数据流动等领域展开谈判。但为使诸边协定真正有效且起到整合的作用，应当进行三项改革。第一，改变谈判模式。在 WTO 内为诸边协定留下一条通道，可以使 WTO 在全球贸易体系中保持相关性和影响力。因此，应当改革现有的一揽子承诺和协商一致的决策模式，转向一种更为快捷的"临界数量"模式。第二，建立约束诸边协定谈判的行动守则，其内容与劳伦斯、德雷普与杜布等人的建议相似。第三，诸边协定向其他未参与成员开放。③

肯尼思·海登（Kenneth Heydon）认为，从经济合作与发展组织

---

① See Kent Jones, *Reconstructing the World Trade Organization for the 21st Century—An Institutional Approach*, Oxford: Oxford University Press, 2015, pp. 108-111.

② See Steve Woolcock, "Getting Past the WTO Deadlock: The Plurilateral Option?", *EUI Working Paper*, RSAS 2013/08.

③ See Kati Suominen, "Enhangcing Coherence and Inclusiveness in the Global Trading System in an Era of Regionalism", *E15 Expert Group on Regional Trade Agreements and Plurilateral Approaches-Policy Options Paper*, E15 Initiative. International Centre for Trade and Sustainable Development and World Economic Forum, 2016, p. 16.

（Organization for Economic Co-operation and Development，以下称为"OECD"）多边投资协定谈判失败得出的一个重要教训就是：如果国内没有针对开放市场的广泛共识，意在降低贸易和投资壁垒的尝试就会失败。此教训适用于蹒跚前行的多哈多边贸易谈判，导致僵局的原因是实现自由化过程中的集体行动的失败（the collective failure），而非通常所认为的"一揽子承诺"这种体制性因素或新兴大国崛起。多哈回合的僵局引发了对多边谈判替代性路径的探索。其结果就是诸边进路和优惠贸易协定在贸易外交中心地位的进一步稳固。海登提出了四种可能的贸易谈判模式。第一类是一揽子承诺下的多边、多议题谈判，这是乌拉圭回合与多哈回合的模式；第二类是单一议题的多边谈判，这包括作为GATS附件的《基础电信协定》和《金融服务协定》；第三类是单一议题的诸边谈判，这包括ITA、EGA乃至《服务贸易协定》谈判；第四类是多议题的诸边谈判，这就是优惠贸易协定。根据海登的描述，他对诸边协定采取了非常广义的理解，即只要不是WTO多边协定，即为诸边协定。[①]

雷蒙德·萨内（Raymond Saner）指出，在复杂的国际谈判中，行为体之间存在多个层次的互动：单边的、双边的、区域的、诸边的、多边的、多边制度性的和多边制度性-多行为体的谈判。他对单边主义、双边主义、诸边主义、区域主义和多边主义分别进行了定义。[②] 其中诸边主义（plurilateralism）可被定义为"存在于数量有限

[①] See Kenneth Heydon, "Plurilateral Agreements and Global Trade Governance: A Lesson from the OECD", *Journal of World Trade*, Volume 48, Number 5, 2014, pp. 1039–1056.

[②] 根据萨内的总结：单边主义（unilateralism）并不包含任何谈判。它之所以被认为是一个独立的层次，是因为在贸易谈判中单边自由化或保护主义可通过扩大或限制市场准入从而对其他经济体产生影响。双边主义（bilateralism）包括国家之间就广泛议题的非正式交易，或正式的双边贸易或投资条约。双边协定对于构建更复杂的协定（在区域或全球层面）有所助益。它们还可在如何解释区域或多边规则时起到作用。当没有其他主体正式参与，双边谈判还可以在多边的环境中进行。区域主义（regionalism）之所以在经济外交中具有相关性，是因为这个层次的协定通常是政治驱动，并为市场开放提供一条快捷的道路。该维度的重要性随时间而变化不一。在贸易谈判中，区域贸易（转下页）

的政府间，并将其联系起来的一种共同利益"。在诸边主义中，由于没有等级的或极化的权力安排使其稳定下来，国际体系是复杂且不稳定的。由于每一个行为体都是不同特征的结合，且具备重叠的成员身份，该体系在本质上是多元的。诸边主义有两个主要的目的：一是为各国政府通过自愿合作寻求国内与国际经济目标的协调提供平台。二是使观点相似的政府谋划出共同的立场以使他们可以在更广阔的多边环境中予以拓展。诸边谈判是多边谈判的一个亚变种，多边机构的一小部分成员达成交易，这种交易是他们希望在更广泛的层面被其他成员所接受的。萨内还介绍了现有诸边协定的基本情况，还详尽地罗列了 WTO 框架下允许诸边协定谈判的条款。[①]

4. WTO 改革方案中的诸边协定

随着布宜诺斯艾利斯部长级会议的无果而终，加之上诉机构面临停摆的困境，WTO 的改革已迫在眉睫。霍克曼等学者在其共同撰写的《重振 WTO 多边治理》的报告中认为，部分 WTO 成员可以通过临界数量协定与诸边贸易协定两种方式进行合作，其中临界数量协定属于开放的诸边主义。开放型诸边主义可以为 WTO 注入活力。[②] 在 WTO 成员中，欧盟率先抛出了 WTO 改革的概念性文件。针对规则制定方面的改革，该文件提出欧盟应追求诸边谈判，即对于

（接上页）协定必须与 GATT 第 24 条、GATS 第 5 条和"授权条款"所规定的要求相符。多边主义（multilateralism）包括两个以上的谈判主体。它规定所有参与的国家都是一个多边组织成员，并且由 WTO、国际货币基金组织、世界银行和联合国的机制组成。多边谈判和双边谈判具有根本的区别，这是因为谈判各方的最初地位并非对抗性的。根据定义，在双边谈判中，只有两个对手。而多边谈判的进程根据参与方、议题和参与方所扮演的不同角色而定。

[①] See Raymond Saner, "Plurilateral Agreements Key to Solving Impasse of WTO Doha Round and Basis for Future Trade Agreements within the WTO Context", *CSEND Policy Brief Number 7*, 2012.

[②] See Bernard Hokeman et al., "Revitalizing Multilateral Governance at the World Trade Organization", *Report of the High-Level Board of Experts on the Future of Global Trade Governance*, 2018, pp. 35-37.

无法在多边层面获得协商一致的领域，积极地支持和推进诸边谈判，谈判对所有成员开放，谈判结果在最惠国待遇的基础上适用；探索修改《WTO 协定》的可行性，以便增设新的附件 4b，用以涵盖一套在最惠国基础上适用的诸边协定，且该类协定可通过简化程序予以修改。① 2018 年 10 月，包括加拿大在内的 13 个 WTO 成员的贸易部长在渥太华发布共同声明，提出在 WTO 谈判中探索灵活性与开放性兼具的谈判方法。② 由此看来，部分成员已经注意到诸边协定及其所代表的规则制定方式在 WTO 改革中具备发挥作用的空间，对诸边协定的理论研究具有紧迫性。

须说明的是，受作者能力所限，本书对国外研究成果的梳理仅以英文文献为基础，这显然不能涵盖国外学界对诸边协定的全部研究成果。

（三）对国内外研究成果的评析

国内学界对诸边协定的现有研究大致可分为两种类型。第一种类型侧重于对诸边协定的各项情况进行全面介绍，包括其产生的历史过程、协定内容以及适用情况等。随着 ITA、EGA 以及电子商务诸边谈判的不断发展，近年来国内学界对这两项协定的研究有所升温。第二种类型则是将诸边协定作为 WTO 决策的补充机制进行研究，有学者注意到了贸易规则制定诸边化的趋势，但这些探讨尚不深入。现阶段对诸边协定的研究尚未受足够的重视。国外学界的研究成果相对更加丰富，他们也从改革 WTO 决策机制的角度提出了推

---

① 2018 年 9 月，欧洲理事会正式发布了名为《WTO 的现代化》概念文件。该文件由欧盟委员会起草，其目的是增强 WTO 的相关性，使 WTO 更加适应变化中的世界，提高 WTO 的实效性。See European Commission, EU Concept Paper on WTO Reform, 2018. Available at: http://trade.ec.europa.eu/doclib/press/index.cfm?id=1908.

② 包括澳大利亚、巴西、加拿大、智利、欧盟、日本、肯尼亚、韩国、墨西哥、新西兰、挪威、新加坡以及瑞士等 WTO 成员。See Joint Communiqué of the Ottawa Ministerial on WTO Reform, Available at: https://www.canada.ca/en/global-affairs/news/2018/10/joint-communique-of-the-ottawa-ministerial-on-wto-reform.html?from=timeline&isappinstalled=0。

广诸边协定的建议，同时提出了规制诸边协定谈判与运行的简要制度性建议。总体来看，WTO 现有的规则体系给予诸边协定的空间有限，诸边协定的反对意见亦较多。

总体而言，国内外学界对诸边协定的研究缺乏系统性。第一，诸边协定的概念没有得到系统的梳理，它在不同的文献中常与区域贸易协定、自由贸易协定、优惠贸易协定等概念相混淆。第二，现有研究成果尽管已经将诸边协定视为 WTO 贸易规则制定的补充手段，但尚未意识到诸边协定在改革 WTO 贸易规则制定模式、缓解 WTO 危机方面的重要作用，研究视域多局限于具体协定的谈判过程和协定内容本身。第三，现有研究虽然关注到了具体诸边协定的谈判与运行情况，但却未能在总结这些实践的基础上提炼出诸边协定实践的主要特点和演化趋势。第四，在对诸边协定的法律性质的解读上，许多学者将视野局限于《WTO 协定》的条文，却忽略了包括部长级会议宣言等在内的其他法律文件、WTO 成员和 WTO 官员的实践对诸边协定法律性质的影响。第五，对于诸边协定的发展取向，学者们多倾向于在《WTO 协定》既有框架内进行调试，未认识到新的诸边协定实践已经超出了《WTO 协定》对诸边贸易协定的简略规定，WTO 有必要根据诸边协定的新实践建立新的规则对诸边协定的谈判与适用进行规定。有的学者尽管在此问题上针对一些关键问题给出了原则性的建议，但却失于简略，亦缺乏理论阐释。

三　理论与实践意义

（一）理论意义

1. 全面梳理了现阶段学界对诸边协定的研究状况。尽管诸边协定已经得到了学界的充分关注，但尚无学者对学界在这一问题上的研究状况进行梳理。本书结合国内外中英文研究资料，对学界以这两种语言为载体的研究成果进行了总结，以期在一定程度上展现现阶段学界对诸边协定的研究状况。

2. 对诸边协定所涉及的相关理论问题进行了系统阐述。根据本书对学界研究情况的综述，诸边协定的基本理论问题并未得到系统性的阐述。本书在总结各方资料的基础上，结合对诸边协定实践的分析，对包括诸边协定的概念、特征、法律性质、类型划分、正当性以及演化趋向等内容进行了全面阐述。

3. 探究多边合作中的次级集团合作模式。WTO 成员通过诸边协定进行的合作，可被视为多边国际组织中的次级集团（sub-group）合作。多边主义与诸边协定不是"非此即彼"的关系，多边主义指导下的国际组织在提供制度统一性的同时也存在制度僵化、决策效率偏低的问题，这需要一些灵活性机制来解决迫在眉睫的问题。次级团体合作是可供选择的方案。WTO 是一个较为活跃且影响力巨大的多边国际组织，各成员在这一国际组织中的合作实践将对构建其他类似国际组织提供可资借鉴的经验。本书将诸边协定作为多边国际组织部分成员进行次级集团合作的样本进行分析研究，以期为其他国际组织处理类似情形提供借鉴。

（二）实践意义

1. 为 WTO 贸易规则制定模式的改革提供一个可选方案。为缓解 WTO 贸易规则供给困境与各国对新一代贸易规则的需求之间的紧张关系寻求解决之道，是本书研究的初衷之一。学界为如何改革 WTO 贸易规则制定模式提出了众多建议，诸边协定也被频繁提及。如果将诸边协定作为改革 WTO 的一种方式，则必然涉及由部长级会议或总理事会制定相应规则对诸边协定的谈判与适用进行调整。现阶段学界的相关规则设计相对缺乏。本书将在研究诸边协定的理论问题并进行实践分析的基础上，针对诸边协定的法律症结，提出关于诸边协定的主要规则设计，从而为 WTO 贸易规则制定模式的改革提供具有可操作性的学术建议。

2. 为中国全面参与 WTO 规则构建提供智力支持。中国是以 WTO 为代表的多边贸易体制的受益者，中国现有的诸多贸易利益正是在 WTO 规则的保证下得以实现的。但与此同时，WTO 的一些规则对中国也有不利的一面，这需要中国着力改变。提出可行的改革方案有利于维护中国利益。并且，提出切实可行且具有理论支撑的改革方案还能彰显中国软实力，有利于中国国际地位的提升。因此，为中国政府就 WTO 贸易规则制定模式的改革提出建议并提供可资参考的理论探索，也是本书研究的意义之所在。

四　研究方法

（一）规范分析法

WTO 是一个以规则为导向的国际组织。诸边协定的法律性质取决于 WTO 相关法律文件的具体规定。本书全面梳理了 WTO 现行法律体系内有关诸边协定的相关协定文本和其他法律文件，并以此为依据确定诸边协定的法律性质。

（二）比较分析法

为澄清诸边协定的概念，本书将其与其他相似或相关的概念进行了详细的比较，总结各自的异同，以彰显诸边协定作为一个单独概念的内涵、外延和特点。

（三）跨学科研究法

WTO 制度本身存在的问题并不能合理地解释诸边协定在近年来再次兴起的现象，因此须从国际体系层面寻找原因。本书在一定程度上借鉴了国际关系学的研究成果，从国际体系的层面解析诸边协定再度勃兴的原因。

五　本书拟创新

本书将诸边协定作为 WTO 条约体系中的一种类型进行系统性研究。本书将在全面梳理学界对诸边协定研究成果的基础上，力图澄清诸边协定所涉及的诸多理论问题，包括研究诸边协定的概念、法律性质、正当性、在当前国际体系中的生成逻辑等。同时全面梳理了已经或正在进行的诸边协定谈判，为研究诸边协定的理论问题提供经验支撑。

本书对诸边协定的功能定位有创新思考。本书不仅将诸边协定作为改革 WTO 贸易规则制定模式的一种手段,还结合 WTO 在演化的国际体系中的新定位,将诸边协定的功能定位为沟通 WTO 与 RTAs 之间的连接器,使诸边协定成为 WTO 从 RTAs 中吸纳成熟规则的渠道,从而保证 RTAs 与 WTO 的同向性发展,维护 WTO 在国际经贸治理体系中的重要地位。

为了保证诸边协定在 WTO 体制中合理合法地发挥作用,本书力图在总结多边贸易体制内诸边协定实践的基础上,提出在 WTO 体制中有关诸边协定的规则设计。这些规则主要涉及的是诸边协定的谈判、适用和监督。

六 本书的安排

本书拟在借鉴现有研究成果的基础上,整体梳理和重构对诸边协定的法律界定,提出 WTO 体制中诸边协定的概念,并将其作为本书的核心问题。本书受主客观因素的影响,尚无法穷尽诸边协定所涉及的所有问题,因此本书的研究重在通过理论与实践分析探讨诸边协定在 WTO 体制中生成的原因及其与 WTO 的适配性,全面梳理 WTO 体制内现有的诸边协定实践,总结其演化趋向,发现诸边协定存在的主要问题,进而探索 WTO 体制约束诸边协定的主要规则设计。具体而言,本书总共分为五章:

第一章是诸边协定的概念与法律性质。该章的首要目的是厘定 WTO 体制中诸边协定的概念,将其作为本书的研究对象,为后续研究奠定基础。本书认为,诸边协定系指在 WTO 体制中由两个或两个以上的部分 WTO 成员就某个或某类议题进行谈判且仅对接受它的成员具有约束力的协定。"诸边"首先具有数量上的含义,即两个或两个以上的部分 WTO 成员。诸边还具有实践中形成的含义,即自愿加入和志同道合者之间的合作。本书对诸边协定的理解应当是"在 WTO 体制中"。"在 WTO 体制中"包含五个方面的含义:其一,诸边协定是 WTO 条约体系的组成部分。其二,诸边协定谈判的参与方是 WTO 的成员。其三，诸边协定的谈判应当在 WTO 谈判场所下依照 WTO 相关规则展开与结束。其四，诸边协定的签署成员之间因诸边协定而产生的争端适用 WTO 争端解决机制予以解决。其五，诸边协定的运行接受 WTO 的监督，同时允许其他 WTO 成员的加入。将诸边协定置于 WTO 体制中予以理解的理由在于，诸边在 WTO 语境下才具有其独特的含义，并且诸边协定本身是 WTO 贸易规则制定的补充形式。学界对诸边协定概念的不同理解主要有三种类型：第一种类型是狭义的诸边协定，仅指《WTO 协定》附件 4 所列的"诸边贸易协定"。第二种类型是广义的诸边协定，除包含第一种类型外，还包括 RTAs 和其他在 WTO 体制外由多个国家达成的协定。第三种类型是以 ITA 为代表的诸边协定。《WTO 协定》并未对其法律地位作出明确规定。根据本书的定义，现阶段诸边协定的外延主要包括诸边贸易协定和以 ITA 式的贸易协定。为进一步明确诸边协定的概念，本书将诸边协定与 RTAs、自由贸易协定、优惠贸易协定以及临界数量协定进行了逐一比较，澄清了诸边协定与这些概念之间的重要区别。本书对诸边协定的法律性质进行了分析，认为现阶段两类诸边协定在《WTO 协定》中的地位存在差异，但均具备事实上的合法性。

　　第二章是诸边协定的正当性解析。诸边协定可能被成员认为带有"俱乐部模式"的痕迹，将大多数成员被排除在核心决策圈之外，由少部分成员预先制定规则，再由其他成员被动接受。这种贸易规则制定的方式极易遭到众多 WTO 成员的反对。将诸边协定作为改革 WTO 贸易规则制定模式的一种手段，需要全体 WTO 成员的认可，故必须对其正当性问题予以解决。该章试图从诸边协定的功能角度来证明其正当性。WTO 面临的紧迫问题是贸易规则供给不足，若能利用诸边协定所具备的决策效率高的特点解决 WTO 的危机，将可能解决诸边协定的正当性困境。该章对正当性概念进行了解析，认为正当性是一种评价，它包含了主体、客体和评价标准这三大要素。该章还梳理了学界对 WTO 正当性问题的论述，发现这类论述可划分为"结果导向型评价模式"与"程序导向型评价模式"这两种类型。这体现了输入正当性与输出正当性的分野。WTO 现阶段面临的正当性危机是输出正当性的缺失，体现为贸易规则供给困难。作为改革 WTO 贸易规则制定模式的一种手段，诸边协定的正当性困境来源于输入端，解决其正当性困境可考虑在控制输入端弊端的同时强化其输出端的作用，通过缓解 WTO 的困境来提升自身正当性。基于此，本书提出构建 WTO 与 RTAs 之间的新型关系，诸边协定在其中可发挥连接器的作用。WTO 与 RTAs 的新型关系表现为：RTAs 是国际经贸规则制定的先导，WTO 为规则基准，二者共同构建起动态的、双层次的国际贸易规则体系。诸边协定作为 WTO 与 RTAs 之间的连接器，以相对软性的方式将 RTAs 下运行成熟且得到普遍认可的经贸规则纳入 WTO 体制中来，逐步多边化，从而实现 WTO 与 RTAs 之间的同向性发展。WTO 的多边贸易规则将成为 RTAs 成熟规则的总结，形成国际贸易规则的"基准"，而 RTAs 则在 WTO 规则的基础上不断就更高水平的规则进行试验，为诸边协定提供素材。

第三章是诸边协定的生成逻辑阐释。诸边协定在近年来的再度勃兴，是 WTO 成员面对 WTO 规则供给难的问题时作出的选择，本可简单地将其归因于 WTO 自身存在的制度问题。但这一解释所不能回答的问题是，在 WTO 相关制度未出现重大变革的情况下，诸边协定及其所代表的贸易规则制定方式缘何在 WTO 成立后长期处于边缘地位，却在近年来再度兴起？本书认为，如果仅从 WTO 自身出发寻求答案，并不能为这一问题提供合理的解释。因此，有必要进一步扩展本书的研究视野，将目光集中到 WTO 所处的国际体系层面，解析国际体系的演化是如何为诸边协定的出现创造条件的。该章试图表明，新的诸边协定的生成是国际体系演化的内生性结果。该章选择国际政治研究中的社会演化范式为研究视角。根据社会演化范式，当前国际体系具有防御性现实主义的特征，既不是一个霍布斯式的进攻性现实主义世界，也远非一个以规则为基础的国际体系。诸边协定正是在这样的国际体系内应运而生。社会演化范式强调，物质力量与观念力量及其相互间的互动共同影响着国际体系的演化。导致诸边协定在当前国际体系中再度出现的物质因素集中体现为国际结构的演化，即主要国家之间的力量分布和对比的变化。这一演化的特征是美国实力的衰落和其他国家相对实力的上升。国际结构的新变化在 WTO 中得到映射，WTO 成员集体行动的难度提高，导致 WTO 多边贸易规则制定功能的缺失。与此同时，WTO 成员对国际贸易规则的需求依然存在，因此他们转而寻求其他方式进行贸易规则的制定。这是诸边协定的出现的物质因素。在观念层面，作为 WTO 的指导性观念，多边主义不适配于以防御性现实主义为主要特征的国际体系发展的现实诉求，少边主义因与当前国际体系相适应，故有勃兴之势。少边主义强调"解决问题所必要的最少数"，提高了决策效率，被许多国家所奉行。诸边协定恰为少边主义的表现形式之一。这是诸边协定生成的观念因素。

第四章是诸边协定的演化趋向。该章的研究目的有三：其一，对现有的诸边协定进行类型化梳理。其二，通过对各类诸边协定及其实践的研究，为前文进行的有关诸边协定的理论探索提供经验支撑。其三，总结现有诸边协定谈判和适用的实践，为设计约束诸边协定的有关规则奠定基础。WTO 体制中的诸边协定主要包含两种类型：诸边贸易协定与 ITA 式的诸边协定。该章首先对诸边贸易协定的历史渊源和谈判与适用情况进行了梳理，接着分析了 ITA 与 EGA 谈判与适用实践，随后对 WTO 电子商务诸边谈判进行了研究，最后介绍了 TISA 的基本情况。在前述研究的基础上本书认为诸边协定主要的演化趋向包括：贸易权重在诸边谈判中具有重要性；议题领域有所突破；诸边模式具有开放性；诸边模式制定的规则可持续更新。但是，更多的成员加入诸边谈判实践中，客观上造成了诸边模式的扩散趋势，主要表现为：诸边模式渐受成员重视；诸边模式形成了贸易规则于 WTO 内外联动的态势；诸边模式的约束缺位。通过 ITA 式诸边协定的规则生成路径缺乏 WTO 多边规则的约束，可能导致诸边模式的恶性扩散，进而对 WTO 产生体制性影响。在该路径下

WTO 成员可以不受节制地推动诸边协定谈判，如不尽快以多边纪律加以约束，不仅将降低诸边模式正当性，甚至可能产生瓦解 WTO 体制的负面作用。

第五章是诸边协定的主要规则设计。该章尝试提出有关诸边协定的初步规则设计。诸边协定本是改革 WTO 贸易规则制定模式的一种途径，但 ITA 式贸易规则生成路径潜在的恶性扩散趋势则可能导致 WTO 的瓦解，因此有必要设计相关规则来调整诸边协定从谈判到适用的全过程。本书认为，诸边协定的主要法律症结包括：议题选择上存在的问题、诸边协定对最惠国待遇造成侵蚀、可能带来俱乐部模式的弊端以及发展中国家对参与诸边协定的积极性低。它们构成了诸边协定相关规则所要解决的主要问题。与此同时，诸边协定规则设计还应当遵循以下指导原则：协商一致原则、善意原则、开放原则和协调原则。该章针对诸边协定所进行的主要规则设计包括：诸边协定谈判、运行和适用的主要工作。此外，本书还在诸边协定运行阶段和多边化阶段引入了临时适用的规则。该章所提出的规则设计需要 WTO 部长级会议或总理事会通过协商一致的方式形成 WTO 体制中的正式多边规则。理论上，通过本书的研究本应提出一套较为完整且可行的有关诸边协定的制度规则，但由于 WTO 自身规则的建设面临着复杂的发展进程，形成一套规则体系往往需要完善的理论作为指导和长期的实践作为检验，现阶段诸边协定仅有少数的实践且理论建构尚处于初步探讨阶段，很难短期内在 WTO 成员之间形成共识，故该章的规则设计是具有针对性而非涵盖所有问题。

第 一 章

诸边协定的概念与法律性质

本章的首要目的是厘定 WTO 体制中诸边协定的概念，从而限定本书的研究对象，为后续研究奠定基础。诸边协定愈发受到重视，但其概念却并未得到清晰的界定。实践中出现了对诸边协定概念的误用或混用，诸多类型的贸易协定都被贴上"诸边协定"的标签。本章将对诸边协定的不同理解进行类型化的梳理，并尝试在此基础上提出本书对诸边协定的定义。在明确诸边协定概念后，本章还将结合《WTO 协定》与其他法律文件对诸边协定的法律性质进行详细阐述，以证明诸边协定在 WTO 中的合法地位。

第一节 诸边协定的概念厘定

传统上，"诸边协定"是"诸边贸易协定"的简称。[①] 根据《WTO 协定》第 2 条第 3 款的规定，《WTO 协定》附件 4 所列的协定及相关文件被称为"诸边贸易协定"（Plurilateral Trade Agree-

---

① See Craig VanGrasstek, *The History and Future of the World Trade Organization*, World Trade Organization, 2013, p. 310.

ments），这些协定对于接受的成员也属《WTO 协定》的一部分，并对这些成员具有约束力。但诸边贸易协定对于未接受的成员既不产生权利也不产生义务。现行有效的诸边贸易协定包括《民用航空器贸易协定》与《政府采购协定》。① 晚近以来，WTO 体制中出现了贸易规则制定的诸边化趋势，② 这一趋势体现为部分志同道合的 WTO 成员于正在进行的 WTO 多边谈判之外，针对特定议题展开贸易谈判，相关谈判结果（如 ITA）也被称为"诸边协定"。通过这种诸边协定来制定规则的路径被称为"诸边进路"。诸边协定的外延被进一步扩展。

随着多哈回合陷入僵局，学界就"通过诸边协定解决 WTO 决策困境"这一问题展开了讨论，诸边协定逐渐受到重视。诸边协定概念的使用呈现多元化状态，容易造成歧义。随着诸边协定的类型和实践不断增多，且被越来越多的学者和政策制定者视为解决 WTO 决策困境的手段之一，因此从理论上对这一概念作出澄清显得殊为必要。

一　诸边协定概念的多样性

本书是在 WTO 语境下使用"诸边协定"这一概念的。迄今为

---

① 《WTO 协定》附件 4 中原有的《国际奶制品协定》与《国际牛肉协定》已于 1997 年年底终止。负责处理这两项协定相关事务的协定项下的机构（由签署成员的代表组成）认为，两项协定的目的通过农业委员会和卫生与植物卫生措施委员会等其他 WTO 机构能够更好的实现。See Bernard M. Hoekman and Michel M. Kostecki, *The Political Economy of the World Trading System: the WTO and Beyond*, New York: Oxford University Press, 2009, p. 513.

② 近年来在多边经贸谈判中呈现出发达国家主导的诸边化（plurilateralization）特征。ITA 扩围谈判作为一项 WTO 内进行的诸边谈判已经完成，EGA 谈判是另一项正在进行中的诸边谈判。值得一提的是，《服务贸易协定》也被认为是"诸边协定谈判"，但该谈判在 WTO 体制外进行，足见"诸边协定"这一概念被泛化使用。参见石静霞《国际贸易投资规则的再构建及中国的因应》，《中国社会科学》2015 年第 9 期。

止，学界对诸边协定这一概念的使用缺乏规范性和统一性，[①] 诸边协定的使用情况归纳起来主要有三类：

（一）狭义的诸边协定

第一种类型是狭义的诸边协定，它仅指《WTO 协定》第 2 条第 3 款所规定的"诸边贸易协定"，[②] 通常被简称为"诸边协定"。[③] 该类协定的核心特点是协定对非参与成员既不产生权利，亦不产生义务。诸边贸易协定被列于《WTO 协定》附件 4 中。如果某协定要获得 WTO 体制中诸边贸易协定的地位，应当依据《WTO 协定》第 10 条第 9 款的规定将其纳入《WTO 协定》的附件 4。[④]

（二）广义的诸边协定

广义的诸边协定不仅包括诸边贸易协定，还涵盖了我们通常所称的 RTAs 和其他在 WTO 体制外由多个国家或经济体达成的协定。[⑤] 例如，格雷格·范格拉斯泰克（Craig VanGrasstek）指出，除

[①] 有的学者使用了"plurilateral"这一英文简写来直接指代诸边协定或诸边贸易协定。或许是出于行文方便的考虑，采用此种用法的学者不在少数，WTO 官网在介绍诸边贸易协定是也采用了此种简写，各方在诸边协定这一概念使用上的不严谨程度可见一斑。See Steve Woolcock, "Getting Past the WTO Deadlock: The Plurilateral Option?", *EUI Working Paper*, RSAS 2013/08.; Peter Draper and Memory Dube, "Plurilaterals and the Multilateral Trading System", *E15 Expert Group on Regional Trade Agreements and Plurilateral Approaches-Think Piece*, E15 Initiative. International Centre for Trade and Sustainable Development and World Economic Forum, 2013; https://www.wto.org/english/thewto_e/whatis_e/tif_e/agrm10_e.htm.

[②] See Bernard Hoekman and Petros Mavroidis, "Embracing Diversity: Plurilateral Agreements and the Trading System", *World Trade Review*, Volume 14, Number 1, 2015, pp.101-116.

[③] 例如，在 WTO 官方出版物中，诸边协定即被用以指代诸边贸易协定。参见世贸组织《乌拉圭回合多边贸易谈判结果法律文本》，对外贸易经济合作部译，法律出版社 2000 年版，第 i 页。

[④] 该款规定：应属一贸易协定参加方的成员请求，部长级会议可决定将该贸易协定加入附件 4，但此种决定只能经协商一致作出。应属一诸边贸易协定参加方的成员请求，部长级会议可决定将该协定从附件 4 中删除。

[⑤] 如《反假冒贸易协定》（Anti-Counterfeiting Trade Agreement）；《服务贸易协定》（Trade in Services Agreement）谈判在 WTO 之外进行，在未通过法定程序纳入 WTO 体制中之前，该项协定一旦达成，也属此类。

了诸边贸易协定，诸边协定还被用以指代 WTO 中或 WTO 外达成的协定，只要其参与方范围大于双边但小于全球（more than bilateral but less than global）。① 从基本特征来看，如果某个 RTA 的全体参与方均为 WTO 成员，则此类协定与诸边协定具有高度的相似性，仅以参与方的数量为标准，难以对诸边协定和 RTAs 作出区分。

显然，这种对诸边协定过于宽泛的理解是不恰当的。应当对诸边协定与 RTAs 作出明确的区分。首先，二者之间的差异性远超相似性。② 其次，RTAs 还常与其他一些概念在外延上出现重合（如优惠贸易协定），因此如不作出明确的区分，再用诸边协定来指代 RTAs 将造成概念使用上的进一步混乱。最后，在 WTO 既有的话语体系下，诸边协定通常被理解为《WTO 协定》附件 4 所列的诸边贸易协定，如果将 RTAs 与诸边协定混用，与 WTO 多边规则不符。

（三）以《信息技术协定》为代表的诸边协定

《WTO 协定》并未明确该类协定的其法律地位。前两类诸边协定的一个重要共性是它们仅对接受它的成员具有约束力，而第三类诸边协定正是在约束力上与前两类存在差异。该类诸边协定以 ITA 为代表，协定虽然只有 WTO 中的部分成员参与，但协定所产生的收益根据最惠国待遇原则由全体 WTO 成员享有。并且，此类诸边协定的谈判与执行均在 WTO 体制中，全体参与方均为 WTO 成员。现阶段，以 ITA 为代表的诸边协定的另一个重要特点是协定所涉议题相对单一，仅聚焦于特定部门，且现阶段还限于工业制成品的关税。③

---

① See Craig VanGrasstek, *The History and Future of the World Trade Organization*, World Trade Organization, 2013, p.310.
② 二者的概念比较将在后文详述。
③ 例如，ITA 所涉及的是信息技术产品的关税减让，谈判中的 EGA 涉及的是环境产品的关税减让，非关税措施尚未进入谈判阶段。

二　本书对诸边协定概念的界定

（一）关于概念界定的方法

概念界定的方法是首先要解决的问题。通过前文的简要介绍，在对诸边协定的概念作出界定之前，有一个事实是明确的，即在真实世界中确实存在一类具有相似属性——WTO 中只约束部分成员——的协定，因此通过一个特定概念来指涉这类协定是可能的。由于在实践中已经出现了用以描述这类协定最重要特性的词语——诸边，因此本书在概念界定时沿用该词。

诸边协定的语词结构是利用"诸边"一词对"协定"进行限定，从而缩小其外延。仅就语义而言，"诸边协定"的限定条件依然较少，还不足以达到进一步缩限其外延范围的作用。因此，接下来的问题便是阐明"诸边协定"与其他概念的区分（demarcation），其核心内容是列明可以用以将诸边协定与其他协定相区分的性质或属性。

（二）"诸边"的含义

在国际法的语境下，协定一词的含义即是条约，故理解"诸边"成为了界定"诸边协定"的关键。与"多边"相似，"诸边"并不是一个直接表明具体数量的词语，从其字面难以推断其确切含义。故要明确"诸边"的含义，需从使用者的角度结合语境加以理解。

1. 数量上的含义

"诸边"首先具有数量上的含义，它在 WTO 的语境下表示某个诸边协定的签署方是 WTO 全体成员中的一部分，其数量的下限为两个成员，上限须少于 WTO 全体成员数量。[①] 《WTO 的未来》

[①] 尽管能够明确"诸边"所涉及的是数量问题，但仅从"诸边协定"本身的语词结构无法推断出"诸边"的修饰对象具体是什么。本书将"诸边"修饰的对象直接限定为签署诸边协定的主体，是基于 WTO 的特定语境。由于诸边是与多边相对应的词语，且《WTO 协定》多边贸易协定中的"多边"特指签署协定的主体为 WTO 全体成员，因此诸边的修饰对象是签署诸边协定的 WTO 成员，其含义是这类成员的数量。

的作者认为"诸边"包含数量和选择性这两个要素。① 赵维田教授在谈及诸边贸易协定时指出,"在世贸组织协定中使用此词(plurilateral)有其固定含义,指:该类贸易协定的接受者(签约者、成员方)的数目,多于双边(bilateral)而少于多边(multilateral)者。换言之,即只有世贸组织部分成员接受,因为在这里'多边'是世贸组织全体成员的同义语"。② 因而,他将诸边更为形象地称为"小多边"。③ 在 WTO 的语境下,由于"多边"实际指代全体成员,那么"诸边"应当是指在数量上少于 WTO 全体成员方数目的多个成员。关于"诸边"一词,贾格迪什·巴格沃蒂(Jagdish Bhagwati)虽未在 WTO 语境下使用,但也认为诸边代表了"全数中的部分"。④

诸边协定在性质上是国际条约,国际法学者从条约法角度对诸边性质的条约进行了阐述,印证了上文提及的"诸边"的含义。李浩培教授在介绍条约的分类时,将"plurilateral treaty"译为"有限性多边条约",此种条约与双边条约和一般性多边条约并列,分类标准是缔约方数目。他认为有限性多边条约是指"数目有限的缔约方参加的、其规定旨在处理只与这些缔约方有利害关系的事项的条约"⑤。安东尼·奥斯特(Anthony Aust)认为诸边条约这一概念主要是在探讨条约的保留时使用的。"诸边"一词表述一项在有限数目的国家之间谈判的条约,这些国家在该条约事项中具有特别利益。⑥ 两位学者对诸

---

① See Peter Sutherland et al. , *The Future of the WTO: Addressing Institutional Challenges in the New Millennium*, Geneva: WTO, 2004, p. 65.

② 参见赵维田《最惠国与多边贸易体制》,中国社会科学出版社 1996 年版,第 243 页。

③ 参见赵维田《世贸组织的法律制度》,吉林人民出版社 2000 年版,第 28 页。

④ 参见[美]贾格迪什·巴格沃蒂《贸易体制中的白蚁——优惠贸易协定如何蛀蚀自由贸易》,黄胜强译,中国海关出版社 2015 年版,前言脚注 1。

⑤ 参见李浩培《条约法概论》,法律出版社 2003 年版,第 30—31 页。

⑥ 参见[英]安东尼·奥斯特《现代条约法实践》,江国青译,中国人民大学出版社 2005 年版,第 123 页。

边条约的关注聚焦于缔约方的数量,且是从与多边条约相比较的角度对诸边条约进行的理解。因此,赵维田教授将诸边称为"小多边"颇为形象。

2. 实践中产生的含义

首先,"诸边"隐含了签署成员自愿选择加入的含义。WTO 条约体系主要由约束 WTO 全体成员的多边协定构成,诸边协定只是该体系中的一种例外情形。在乌拉圭回合谈判中,参与谈判的国家或单独关税区以一揽子的方式签署了所有多边协定,是否加入诸边贸易协定则由其自行选择。在某国或单独关税区加入 WTO 的过程中,接受多边协定的约束是题中应有之义,而对诸边协定的接受则依据该国或单独关税区的自愿。①

其次,"诸边"还隐含了"观点相似者之间的合作"的含义。有学者描述了诸边主义(plurilateralism)的两个主要目的:其一,为各国政府通过自愿合作寻求国内和国际经济目标的协调提供场所。其二,使观点相似的(like-minded)的政府达成共同的立场,从而由这些政府将其共同立场在更广泛的多边环境中予以推广。②

(三) 诸边协定与 WTO 体制

作为本书研究对象的诸边协定仅存在于 WTO 体制中。这包含五个层面的含义:其一,诸边协定是 WTO 条约体系的组成部分。其二,协定的参与方是 WTO 的成员。其三,诸边协定的谈判应当在 WTO 谈判场所下依照 WTO 相关规则启动、进行和终结。其四,诸边协定的签署成员之间因诸边协定而产生的争端适用 WTO 争端解决机制予以解决。其五,诸边协定的运行接受 WTO 的监督,在谈判与适用阶段允许其他 WTO 成员的加入。

---

① 从理论上讲,有些成员在其加入 WTO 的法律文件中选择签署或承诺签署"诸边贸易协定"也属自愿选择的结果。

② See Raymond Saner, "Plurilateral Agreements: Key to Solving Impass of WTO/Doha Round and Basis for Future Trade Agreements within the WTO Context," *CESND Policy Brief No. 7*, 2012, p. 3.

将诸边协定理解为 WTO 体制中的协定主要基于两点理由：第一，"诸边"一词在 WTO 体制中才具备其独特含义。从历史上看，在多边贸易体制内，约束关税与贸易总协定（以下称为"GATT"）[①] 全体缔约方的多边协定先于具有诸边性质的协定（如东京回合守则）出现，后者是在多边协定已存在的情况下才产生的。多边协定不仅在数量上更多，且多边协定是反应多边贸易体制本质属性的规则载体，因此其较之诸边性质的协定具有显著的优先性。诸边协定这一概念在文字的构成上属简单的偏正短语，其中"协定"为中心词，"诸边"为定语。协定（agreement）的含义是较为丰富的，只有当其被限定于 WTO 体制中时，则在特定的层次上具备了和《WTO 协定》及其附件中的各项协定相同的含义，即国际法上的条约。WTO 体制中的诸边协定意味着某个协定是 WTO 条约体系的组成部分。

第二，诸边进路是 WTO 贸易规则制定方式的补充形式，在强调诸边协定的作用时不能忽视对 WTO 整体性的维护。尽管有诸多不足，以 WTO 为代表的多边贸易体制具有合理性。首先，WTO 在成员广泛性上具有无可比拟的优势，尽管这也导致了其决策机制的举步维艰，多数成员因此获得了平等发声的平台，得到了大多数成员的认可。其次，WTO 争端解决机制在其陷入瘫痪前已成功运行多年，其裁决水平质量较高，执行情况良好，有力地维护了多边规则，和平解决了贸易争端。此外，自由贸易协定的争端解决机制基本上是 WTO 争端解决机制的复制品。WTO 的争端解决具有基础性和最终性的争端解决作用。[②] 最后，面对 RTAs 激增的现状，WTO 具有作为基准规则（baseline）的重要作用。RTAs 在规则创新上发挥作用，

[①] 如无特别说明，本书将使用"关税与贸易总协定（GATT）"指代作为国际制度的关税与贸易总协定；使用"1947 年《关税与贸易总协定》（GATT1947）"和"1994 年《关税与贸易总协定》（GATT1994）"来指代作为国际条约的《关税与贸易总协定》。

[②] 参见韩立余《自由贸易协定基本关系论》，《吉林大学社会科学学报》2015 年第 5 期。

WTO 则可以构成国际贸易规则的"底线"。① 基于以上原因,本书所称之诸边协定应当存在于 WTO 体制中。

(四) 本书对诸边协定概念的界定

综合以上论述,本书将诸边协定定义为:在 WTO 体制中由两个或两个以上的部分 WTO 成员就某个或某类议题进行谈判且仅对接受它的成员具有约束力的协定。现阶段诸边协定的外延主要包括诸边贸易协定和以 ITA 为代表的诸边协定。

应当说明的是,本书所界定的诸边协定概念具有概括性。"诸边协定"的概念并非先验存在的,本书的研究方法是根据 WTO 体制中已有的诸边协定进行的归纳,因此诸边协定概念的内涵和外延并非处于确定状态,正在 WTO 体制中进行的诸边协定实践很可能进一步丰富诸边协定的概念。本书的界定只是一种学理意义上的尝试,这一概念很可能因 WTO 成员的条约实践而出现变化。未来既可能出现 WTO 成员签订新类型的诸边协定的情形,也可能出现 WTO 通过法律文件的形式对现有的诸边协定进行法定定义或分类。

诸边协定概念本身的结构只限定了协定的约束力和参与范围,却并未涉及协定所涉议题的范围。就现阶段而言,诸边协定所涉的议题仅限于特定部门,尚未出现调整多重议题者。正在进行的 WTO 电子商务诸边谈判不仅涉及传统的关税和贸易便利化内容,也包含了边境后措施,议题领域呈现出综合性的发展趋向。如果 WTO 成员发起了议题领域更为丰富的诸边协定谈判,则该类协定将很容易与 WTO 法律所允许的 RTAs 相混淆。加之诸边协定的概念具有"在 WTO 体制中"的含义,这可能进一步加剧对诸边协定概念的误解。

---

① 托马斯·科蒂尔 (Thomas Cottier) 指出,当今的优惠贸易协定与新兴的区域间协定均以 WTO 法的某些方面为基础。它们享有相同的主题。这些协定的结构与组织均遵循了 WTO 的基本模式。See Thomas Cottier, "The Common Law of International Trade and the Future of the World Trade Organization", *Journal of International Economic Law*, Volume 18, Issue 1, 2015, p. 7.

第二节　诸边协定与相关概念的界分

一　区域贸易协定、自由贸易协定与优惠贸易协定

区域贸易协定（Regional Trade Agreement，以下称为"RTAs"）、优惠贸易协定（Preferential Trade Agreement）[①]和自由贸易协定（Free Trade Agreement）常被用以指代数量少于 WTO 全体成员的国家或单独关税区之间在 WTO 之外达成的互惠性贸易协定，此类贸易协定所体现的开放水平往往较 WTO 相关协定更高。此外，还有一些称谓被小范围地使用，如"经济伙伴协定（Economic Partnership Agreement）"（例如日本与蒙古之间于 2016 年达成的经济伙伴协定）和"贸易促进协定（Trade Promotion Agreement）"。

（一）诸边协定与三类协定的总体关系

就相似性而言，如果 RTAs、自由贸易协定以及优惠贸易协定的参与方同时均属 WTO 成员，那么其在成员构成上与诸边协定是一致的，同时诸边协定也可能在议题上与上述三类协定出现重叠。从 WTO 的角度而言，与诸边协定类似，三者都是对最惠国待遇原则的突破。

诸边协定相较于三者最大的区别在于诸边协定是 WTO 体制中的贸易协定。具言之，诸边协定的谈判在 WTO 框架内进行，协定的谈判及运行均受到 WTO 的监督和管理，并且因诸边协定的适用和解释产生的争端适用 WTO 争端解决机制。诸边协定可以广泛地使用 WTO 的"基础设施"。反观其他三类协定，其谈判、执行乃至争端

[①] 对于 preference 一词的汉译亦有其他意见，赵维田教授认为，"特惠（preference）一词极易汉译为'优惠'，如现在国内流行的关贸总协定译本那样。这种'优惠'的译词容易使人产生一种错觉，似乎它还不如最惠国优惠。因此，我认为应考虑予以更正。"参见赵维田《最惠国与多边贸易体制》，中国社会科学出版社 1996 年版，第 70 页。

解决均在 WTO 体制外，《WTO 协定》中的有关条款和其他法律文件对这三类协定的约束力是有限的。此处将三类协定作为整体与诸边协定进行了比较，但三类协定与诸边协定具有各自独有的差别，后文将予以详述。

此外，现有的诸边协定所涉议题均限于单一部门或产品，其他三类协定多为涉及多重议题的全面性贸易协定。但需指出的是，这一区别并不能构成诸边协定与其他三类协定的本质区别。这是因为诸边协定的外延随时存在扩展的可能，实践中一旦出现多议题的诸边协定，将很难实现与其他三类协定的区分。

（二）诸边协定与自由贸易协定

在 WTO 中的法律依据不同，是诸边协定与自由贸易协定的本质区别。就诸边协定而言，有的诸边协定的法律地位由《WTO 协定》第 2 条第 3 款所确立。以 ITA 为代表的一类诸边协定则以诸边协定参与成员共同签署的部长级会议宣言为法律依据。①

自由贸易协定是《WTO 协定》中的法定概念。多边贸易体制视角下的自由贸易协定来源于 1948 年对 GATT1947 的第一次修改，在第 24 条中增加了"自由贸易协定"，与"关税同盟"并列。② GATT1947 第 24 条第 8 款（b）项将"自由贸易区"理解为"在两个或两个以上的一组关税领土中，对成员领土之间实质上所有有关产自此类领土产品的贸易取消关税和其他限制性贸易法规"。自由贸易协定在类型上不能囊括对外适用统一关税的关税同盟，其外延稍显狭隘。并且它强调的是协定参与方之间实现贸易自由化的用意，但在实质上对协定以外的国家或单独关税区构成了歧视，一定程度上阻碍了这些国家与自由贸易协定签署方之间的自由贸易。自由贸

---

① 例如，《信息技术协定》的法律依据是《信息技术产品贸易部长宣言》[Ministerial Declaration on Trade in Information Technology Products, WT/MIN (96) /16]。

② 参见韩立余《自由贸易协定基本关系论》，《吉林大学社会科学学报》2015 年第 5 期。

易协定在协定的签署方之间取消关税的同时，却增加了对非签署方的贸易壁垒，其实质上是针对非签署方的保护主义措施，这意味着自由贸易协定具有双重属性，即在实现贸易自由化的同时实行着保护主义。①

（三）诸边协定与区域贸易协定

RTAs 是区域经济一体化现象的法律载体，按照传统区域主义的观点，它主要指在地理上相邻国家之间进行的旨在于这些国家之间形成优惠贸易安排的协定。这种理解更为强调协定签署方的地域属性。随着实践的发展，现阶段诸多贸易协定已经超出某个地理上的区域之外，此概念较难涵盖这些新型的协定。当然，随着新区域主义的出现，RTAs 已经超越了原来的自然地理区域范围，形成了更具开放性、跨区域合作增多、成员结构异质程度更高等特点。② 对 RTAs 的广义理解已经出现。WTO 官网将 RTAs 定义为"两个或两个以上缔约方之间的互惠贸易协定"，其外延包括自由贸易协定和关税同盟。③ 范格拉斯泰克认为 RTAs 包含五种不同的类型的协定，分别是 GATT1994 第 24 条规定的关税同盟和自由贸易协定，GATS 第 5 条规定的经济一体化协定（Economic Integration Agreement），另外两种协定是只针对部分产品贸易自由化的贸易协定和一体化程度最高的建立共同市场的协定。④

诸边协定与 RTAs 的本质区别也体现为其各自在 WTO 法中的法律依据的不同。如果采取对 RTAs 最宽泛的理解，RTAs 的法律依据

---

① 参见［美］贾格迪什·巴格沃蒂《今日自由贸易》，海闻译，中国人民大学出版社 2004 年版，第 110 页。

② 参见余楠《新区域主义视角下的〈跨太平洋伙伴关系协定〉——国际贸易规则与秩序的动态演变及中国之应对》，《法商研究》2016 年第 1 期。

③ 参见 https：//www.wto.org/english/tratop_e/region_e/rta_pta_e.htm。

④ See Craig VanGrasstek, *The History and Future of the World Trade Organization*, World Trade Organization, pp. 464-465.

为 GATT1994 第 24 条、GATS 第 5 条以及"授权条款"。① 有学者径直将诸边协定等同于 RTAs，将二者不加区别地使用。② 这种做法仅着重关注了二者在成员数量上的相似性，却忽略了二者在法律依据上的本质区别。

（四）诸边协定与优惠贸易协定

从字面含义来看，优惠贸易协定（PTA）更具一般性（generic），涵盖的范围相对更广，包括 RTAs 和自由贸易协定，是一个可以统摄前述各类相似协定的概念。③ 然而，根据 WTO 官方的分类，PTA 这一英文缩写通常指代的是优惠贸易安排（preferential trade arrangement）。WTO 将优惠贸易安排定义为单方的贸易优惠（unilateral trade preferences），在 WTO 中包括普遍优惠制（Generalized System of Preferences）和其他由总理事会给予豁免的非互惠的优惠计划。④ 因此，当使用优惠贸易协定的英文缩写"PTA"时，

---

① "授权条款"是东京回合的重要谈判成果，其全名为"Decision on Differential and More Favourable Treatment, Reciprocity and Fuller Participation of Developing Countries"，它允许有利于发展中国家的对非歧视待遇的减损，其中第 2（c）款还允许发展中国家之间在货物贸易方面的优惠性安排。其作为 GATT1994 的一部分而在 WTO 时代依然适用。

② See Jagdish Bhagwati and Mathias Hirsch (ed.), *The Uruguay Round and Beyond: Essays in Honour of Arthur Dunkel*, Springer, 1998, p. 230.

③ 巴格沃蒂更倾向于使用优惠贸易协定而非区域贸易协定，其原因在于优惠贸易协定从多种意义上并不全都具有区域性。而之所以 RTAs 依然在 WTO 中被广泛使用是因为"国际官僚和政治用词往往落后于现实"。他还指出，绝大多数优惠贸易协定都采用自由贸易协定的形式，偶尔有极少数附带有一个共同关税税则，使其转变为关税同盟。WTO 官方出版的 2011 年《世界贸易报告》使用优惠贸易协定来囊括 RTAs 与自由贸易协定。朱斯特·鲍威林将双边和区域协定均称为"这些优惠性协定"。参见［美］贾格迪什·巴格沃蒂《贸易体制中的白蚁——优惠贸易协定如何蛀蚀自由贸易》，黄胜强译，中国海关出版社 2015 年版，第 1 页；WTO, *The WTO and Preferential Trade Agreements: From Co-existence to Coherence*, World Trade Report 2011, p. 43; Joost Pauwelyn, "New Trade Politics for the 21st Century", *Journal of Internationnl Economic Law*, Volume 11, Issue 3, 2008, p. 567。

④ See Craig VanGrasstek, *The History and Future of the World Trade Organization*, World Trade Organization, pp. 464-465.

容易与具有显著单向授惠的优惠贸易安排相混淆。

关于诸边协定与优惠贸易协定之间的关系，霍克曼与其合作者有较为全面的梳理与总结。他们指出二者的相同点包括：均属非最惠国待遇；都包含了可实施的且有约束力的承诺；都不是解决主要市场准入议题的有效方式。不同点则包括：诸边协定与WTO的联系更为紧密；诸边协定涉及的范围更窄。[①] 霍克曼等人实质上也是抓住了诸边协定"在WTO体制中"的特征，这是其与优惠贸易协定最本质的区别。

（五）区域贸易协定、优惠贸易协定及自由贸易协定之间的关系——标签游戏

这三类协定的关系错综复杂，且存在内容上相互交叉重叠的现象：从不同的角度出发，其中一个概念都可以涵盖另外两个类型的协定。[②] 在没有对三类协定作出严格定义的情况下来讨论各自的关系，极易陷入各说各话的局面，使得相关讨论沦为毫无意义的标签游戏。必须追问的是：是否有必要找到一个概念来统摄上述三个协定？如果要作出这样的努力，就应明确真实世界中是否存在某些具有相似性并可能被归为同一概念下的协定，其次是找出能够将这类协定与其他协定区分开来的本质属性。但当下对三类名称的使用还较为随意，缺乏严格的定义。

[①] See Bernard Hoekman and Petros Mavroidis, "WTO 'à la Carte' or 'Menu du Jour'? Assessing the Case for Plurilateral Agreements", *EUI Working Paper*, RSAS 2013/58, pp. 10-11.

[②] RTAs 和优惠贸易协定涵盖其他两类协定的情形前文已经论及。仅从 WTO 相关法律条款的角度出发，RTAs 与优惠贸易协定实质上也可被归为自由贸易协定的范畴之内。尽管 GATT1994 第 24 条中只有"自由贸易协定"与"关税同盟"的表述，但实践中RTAs、自由贸易协定与优惠贸易协定如果符合 GATT1994 第 24 条与 GATS 第 5 条之规定，即属于获得了 WTO 最惠国待遇原则豁免的歧视性条约，因此这两个条款构成了 WTO 成员签署 RTAs、自由贸易协定或优惠贸易协定的法律依据。

二 临界数量协定

(一) 临界数量协定的含义

彼得·加拉格（Peter Gallagher）与安德鲁·斯托勒（Andrew Stoler）对国际贸易法中的临界数量协定（critical mass agreement）进行了深入研究。① 他们认为，这类协定的核心性质是：参与贸易谈判的 WTO 成员在某一产品上的贸易权重总额足以使这些成员认为其他未参与谈判的成员不会对他们正在谈判的协定的有效性构成阻碍，并且这类协定的参与成员愿意在最惠国待遇的基础上执行协定。② 具有前述性质的贸易协定即可称为"临界数量协定"。值得一提的是，关于临界数量协定所涉及的议题，加拉格与斯托勒强调了"产品"与谈判的联系。尽管工业制成品、矿产品及农产品一直以来是国际贸易的主要对象，③ 但不宜将该类协定可涵盖的议题范围局限于此。

罗伯特·沃尔夫（Robert Wolfe）对"临界数量"作如下理解，"在 WTO 中，临界数量隐含的意思是一项议价必须满足那些市场权重（market weight）足以使交易产生实效的成员的同意，同时，他还应获得某些成员的默许，以使交易具备合法性"④。他的观点不仅关照了拥有一定权重的成员，同时也将其他成员的意见纳入了考量，从一定程度上削弱了临界数量与生俱来的武断性和非平等性。

---

① 对 critical mass 亦有"关键多数"的中文译法。参见杨国华《丛林再现？——WTO 上诉机制的兴衰》，人民出版社 2020 年版，第 182 页。

② See Peter Gallagher and Andrew Stoler, "Critical Mass as an Alternative Framework for Multilateral Trade Negotiations", *Global Governance*, Volume 15, Number 3, 2009, p. 385.

③ 例如，根据保罗·R. 克鲁格曼与茅瑞斯·奥伯斯法尔的描述，从全世界范围来看，国家间主要相互交换工业制成品，如汽车、计算机、服装等。参见 [美] 保罗·R. 克鲁格曼、[美] 茅瑞斯·奥伯斯法尔德《国际经济学：理论与政策》（上册），中国人民大学出版社 2011 年版，第 19 页。

④ See Robert Wolfe, "The WTO Single Undertaking as Negotiating Technique and Constitutive Metaphor", *Journal of International Economic Law*, Volmue 12, Number 4, 2010, p. 850.

由以上定义可见，临界数量协定极具现实主义色彩，将谈判参与者在国际贸易中的权重作为其核心要素。不可否认的是，只要临界数量确定的足够高，这类协定一旦达成，其在相关领域对于国际贸易的影响是决定性的，甚至可能吸引其他原本没有意愿参与的成员加入协定。但在国际贸易领域，特别是在 WTO 框架内，由于临界数量协定带有强烈的以实力为导向的痕迹，它势必会引发类似于"民主赤字"或"不平等"的质疑。

临界数量协定涉及的另一个重要问题是：谁来决定那个作为评判标准的"临界数量"？在谈及 ITA 时，史蒂夫·伍尔科克（Steve Woolcock）指出临界数量解决了搭便车和最惠国待遇的问题。ITA 确定的临界数量是 90%，即协定在签署成员达到了信息技术产品 90% 的贸易量时生效。WTO 秘书处负责证明信息技术贸易的 90% 被涵盖。[1] 即便在标的相同的情况下，统计方法的差异可能对统计结果造成影响。同时，原始信息的获取也会造成统计结果的不同。WTO 每年会对当年的国际贸易状况进行数据统计。对 WTO 成员而言，这项统计或许具有一定的说服力，但从《WTO 协定》及其他官方文件来看，该项统计的法律地位尚未明确，WTO 秘书处是否具有相应的权限对贸易量作出判断并以此作为某协定是否生效的条件，均存疑问。因此，临界数量的确定不仅是一个有待解决的技术性问题，在 WTO 法律体系中也尚存障碍。

（二）诸边协定与临界数量协定

根据本书对诸边协定的理解，ITA 式诸边协定在性质上属于临界数量协定。就概念本身而言，临界数量协定和诸边协定关注的侧重点存在差异。"临界数量"聚焦协定的生效要件；诸边协定则主要关注参与协定的 WTO 成员的数量。这意味着，临界数量的性质可以与诸边协定兼容。诸边协定既可以采用临界数量的生效方式，也可

---

[1] See Steve Woolcock, "Getting Past the WTO Deadlock: The Plurilateral Option?", *EUI Working Paper*, RSAS 2013/08, p. 5.

以采取其他生效方式。外延上的部分重合并不能掩盖两个概念的本质属性上的差异。从目的论的角度来看，诸边协定与临界数量协定的关联度较高。这是因为在 WTO 体制中，只有当某个协定不能约束全体成员时，临界数量所力图解决的搭便车问题才会出现。

第三节　诸边协定的法律性质

一　诸边协定在《WTO 协定》中的地位

(一) 诸边贸易协定与《WTO 协定》的关系

1. 确立诸边贸易协定的法律地位。在 1994 年 4 月举行的 GATT 马拉喀什部长级会议上，乌拉圭回合谈判的最终结果以及随后的相关决定被整体纳入《WTO 协定》中，形成了以《WTO 协定》为正文，其余各项协定、谅解等文件作为《WTO 协定》附件的条约体系。4 个诸边贸易协定进入《WTO 协定》附件 4，成为了 WTO 条约群的组成部分。[①]

《WTO 协定》第 2 条第 3 款明确了诸边贸易协定的法律地位和基本含义。首先，对于接受诸边贸易协定的成员而言，诸边贸易协定及相关法律文件均属《WTO 协定》的一部分。其次，诸边贸易协定只对接受的成员具有约束力，而对未接受的成员既不产生权利，亦不产生义务。《WTO 协定》第 3 条第 1 款规定，WTO 的机构与人员同样可为诸边贸易协定谈判和适用服务。

2. 赋予参与成员自治权利。《WTO 协定》在组织机构、决策规则、协定加入以及协定不适用等方面都给予了诸边贸易协定参与成员高度的自治权利。第 4 条第 8 款允许各诸边贸易协定拥有其各自的机构，特别强调了这些机构在 WTO 组织机构内运作，履行诸边贸易协定所规定的职责。该款要求诸边贸易协定项下机构需定期向总

[①] 参见赵维田《世贸组织的法律制度》，吉林人民出版社 2000 年版，第 26—28 页。

理事会报告其活动。第 9 条第 5 款将诸边贸易协定项下的决策规则制定权赋予了具体的诸边贸易协定，充分尊重诸边贸易协定签署成员的意志。第 10 条第 9 款、第 12 条第 3 款、第 13 条第 5 款、第 14 条第 4 款、第 15 条第 2 款和第 16 条第 5 款则分别对协定的修正、加入、协定参与成员之间的不适用、协定的接受、生效、退出和保留等事项作出规定。

在争端解决方面，作为《WTO 协定》的一部分，《关于争端解决规则与程序的谅解》（以下称为"DSU"）的附录 1 与附录 2 也涉及诸边贸易协定。根据附录 1 的规定，诸边贸易协定属于 DSU 适用的协定。但这种适用并不是自动的，需要每个诸边贸易协定的参与成员依据具体协定各自的规定作出接受 DSU 适用的决定。由于《民用航空器贸易协定》的参与成员尚未作出这样的决定，因此 DSU 尚不能适用于参与成员之间就《民用航空器贸易协定》而产生的争议。附录 2 列举的是 DSU 各涵盖协定（covered agreements）中所规定的特殊或附加规则与程序。诸边贸易协定的这类规则由这些协定项下的机构决定，只需通报争端解决机构即可。

3. 抑制新协定产生。《WTO 协定》相关条款对附件 4 采取"严进宽出"的态度。《WTO 协定》第 10 条第 9 款就附件 4 中协定的增减作出规定。如果某贸易协定的参与成员提出请求，部长级会议只能通过协商一致的方式通过将该协定加入附件 4 的事项。如果某诸边贸易协定的参加成员提出请求，则部长级会议可以决定将该诸边贸易协定从附件 4 删除，这种决定并无协商一致的要求。由以上规定可见，《WTO 协定》对新增诸边贸易协定的态度较为谨慎，在决策方面采取了最为严格的要求；对从附件 4 中删除协定则未作协商一致的要求。

从前述条款来看，协定谈判者的最终目的可能是使诸边贸易协定这一协定类型最终消失。这可由诸边贸易协定的产生过程予以解释。诸边贸易协定的前身是 GATT 东京回合的行动守则，这类行动守则仅对签署方具备约束力。在乌拉圭回合谈判中，诸多的行动守则经过谈判后成为了《WTO 协定》多边协定，约束 WTO 全体成员。涉及政府采购、民用航空器贸易、奶制品和牛肉贸易的四项协定未能在乌拉圭回合完成多边化谈判，同时谈判各方也不愿放弃已有的谈判成果，故在《WTO 协定》中将这类协定归类为"诸边贸易协定"。① 因此，设置诸边贸易协定这一协定类型实为 WTO 成员保留乌拉圭回合未决问题的一种方式，WTO 成员似无允许新的诸边贸易协定产生的意图，因此对附件 4 采取了"严进"的立法态度。另一方面，《WTO 协定》的相关条款给予了两种删除诸边贸易协定的方式。第一种是经诸边贸易协定的参与成员提请，由部长级会议决定，但这一决定的作出并未要求采取协商一致的方式。第二种是诸边贸易协定随着参与成员数量的积累实现多边化。从实际效果看，四个诸边贸易协定中有两项已按第一种方式从附件 4 中删除，仅剩《政府采购协定》与《民用航空器贸易协定》。《政府采购协定》自 WTO 成立以来一直在试图吸纳更多成员参与，其最终目的是实现多边化，很可能遵循第二种方式。《民用航空器贸易协定》的情况较为特殊，在实践中未得到大量适用，其后续发展还有待观察。

（二）ITA 式诸边协定与《WTO 协定》的关系

《WTO 协定》并未对 ITA 式的诸边协定作出规定。在 1996 年 12 月举行的新加坡部长级会议上，29 个 WTO 成员②共同达成了《关于信息技术产品贸易的部长宣言》，该宣言即为 ITA 文本。③ ITA 于 1997 年 3 月 26 日正式生效。④ 在 2015 年 12 月的内罗毕部长级会议上 ITA 扩围谈判完成，54 个 WTO 成员达成了《关于信息技术产品

---

① See Bernard M. Hoekman & Michel M. Kostecki, *The Political Economy of the World Trading System: the WTO and Beyond*, Oxford University Press, 2009, p. 512.

② 若将欧盟视为单一成员，则参与成员数量为 14。

③ See Information Technology Agreement — an explanation, https://www.wto.org/english/tratop_e/inftec_e/itaintro_e.htm, visited on 11 November 2018.

④ See European Communities and its Member States — Tariff Treatment of Certain Information Technology Products, WT/DS377/R, para. 7.17.

贸易扩围的部长宣言》，此为新版 ITA。ITA 是一项仅对参与成员产生约束的诸边协定，它的谈判、生效以及执行均在 WTO 体制中进行。

在 WTO 成立之时，《WTO 协定》及其附件即为 WTO 条约体系的全部内容。WTO 成立后，仅有《贸易便利化协定》作为一项新的多边贸易协定协定被纳入《WTO 协定》的附件 1A。① 由于《WTO 协定》未对 ITA 式诸边协定作出规定，并且在 WTO 中并无任何经全体成员批准的法律文件对此类诸边协定的法律地位进行说明，因此该类诸边协定的谈判发起与进行、协定的生效、执行等问题均由参与成员自行协商一致确定。

二 诸边协定在 WTO 法律体系中的合法性分析

（一）协定形式与诸边协定的合法性

诸边贸易协定被列于《WTO 协定》的附件 4 中，其在 WTO 法律体系中的合法性不成疑问。但《WTO 协定》对 ITA 式的诸边协定未作规定，这类诸边协定的合法性问题需进一步探讨。

在协定形式上，ITA 并未采用标准的国际条约形式，而是选取了部长宣言的方式。首先，作为 ITA 协定文本的两份部长宣言名实相符。由于部长级会议是 WTO 的最高权力机关，WTO 中的部长宣言法律意义重大。就 ITA 而言，《关于信息技术产品贸易的部长宣言》与《关于信息技术产品贸易扩围的部长宣言》均被冠以"部长宣言"之名。但应指出的是，两部宣言的签署者仅限于 ITA 参与成员的部长，而非 WTO 全体成员的部长。其次，其他因素可间接证明

---

① 根据 WTO 成员在 2014 年 11 月 17 日在巴厘岛作出的决定，各方达成了一项《修正马拉喀什建立世界贸易组织协定的议定书》（Protocol Amending Marrakesh Agreement Establishing the World Trade Organization，WT/L/940），根据《WTO 协定》第 10 条第 4 款对附件 1A 进行了修正，将《贸易便利化协定》加入其中，构成了一项新的多边贸易协定。参见 https：//www.wto.org/english/tratop_e/tradfa_e/tradfa_e.htm。

诸边协定的合法性。前述两个宣言拥有 WTO 部长级会议官方文件的文号,① 这至少表明该宣言是在 WTO 部长级会议这一正式场合下作出的,也体现了 WTO 官方对该宣言的认可。此外,作为秘书处的行政首脑,WTO 总干事在 ITA 扩围谈判完成后的新闻发布会上对该协定作出支持性表态,② 并且尚无任何 WTO 官方文件显示 WTO 成员对此提出了明确的异议。综合以上因素,可以认为采取部长宣言形式的这类诸边协定具有事实上的合法性。

(二) 谈判的授权与诸边协定的合法性

一项贸易谈判是否得到 WTO 的正式授权是其在 WTO 框架内具备合法性与否的重要标志。授权直接影响着谈判活动本身,也决定了作为谈判结果的相关协定的法律定位。诸边贸易协定的谈判是乌拉圭回合的组成部分,其谈判的合法授权不成疑问。因此本部分着重探讨以 ITA 为代表的诸边协定。就 ITA 而言,1996 年 12 月新加坡部长级会议的《新加坡部长宣言》第 18 段明确指出,"我们注意到一部分成员已经就一份信息技术产品宣言达成一致,我们欢迎一部分 WTO 成员和其他已经申请加入 WTO 的国家或单独关税区采取的这项动议,他们同意在最惠国待遇的基础上削减信息技术产品的关税……"③ 从该部分的措辞来看,宣言表达了 WTO 全体成员对 ITA 谈判的认可,承认其在 WTO 中的合法地位。由于 ITA 谈判的启动早在新加坡部长级会议之前,其谈判过程未获得 WTO 的正式授权。WTO 部长级会议选择在 ITA 谈判业已达成之际作此表态,可视为对 ITA 谈判合法性的追认,故可以认为 ITA 最终具备了 WTO 的正式授权。

---

① 分别为:WT/MIN (96) /16 和 WT/MIN (15) /25。

② 时任 WTO 总干事阿泽维多特别提到"该协定是 WTO 自 1996 年以来首个主要的关税削减协议。……并且,由于它是一项 WTO 协定,所有 WTO 成员将会在最惠国待遇原则下受益"。See Information Technology Agreement press conference:Remarks by Director-General Roberto Azevêdo, https://www.wto.org/english/news_e/spra_e/spra104_e.htm.

③ See Singapore Ministerial Declaration, WT/MIN (96) /DEC, para. 18.

正在进行中的 EGA 谈判并无正式授权，但是否可以得到 ITA 式的追认授权，有待 WTO 成员的进一步实践。2001 年 12 月通过的多哈《部长宣言》（以下称为《多哈宣言》）第 31 段第（iii）项规定："为了加强贸易与环境间的相互支持，我们同意在不预判结果的前提下，就以下方面进行谈判：……（iii）削减或酌情消除环境产品和服务的关税与非关税壁垒。"[①] 有观点认为该段之规定可作为对 EGA 谈判的明确授权。但需指出的是，《多哈宣言》中的谈判特指以《多哈宣言》授权议题为内容的多边贸易谈判，对谈判的议题范围和参与谈判的成员范围进行了明确的约束。多哈回合谈判的参与成员应当是 WTO 的全体成员。2014 年启动的 EGA 谈判具有诸边性质，尽管其议题范围与前述第 31 段的规定有重叠，但参与成员仅有 17 个，这显然不符合《多哈宣言》中的谈判定义，因此引用《多哈宣言》作为 EGA 谈判的正式授权存在瑕疵。未来相关 WTO 成员可以借鉴 ITA 的处理方式对 EGA 谈判进行嗣后授权与合法性追认。

（三）贸易规则制定方式的革新与诸边协定的合法性

诸边协定代表了一种异于多边的贸易规则制定方式，它强调由部分成员制定仅约束签署成员的规则。WTO 官方文件对诸边的贸易规则制定方式的认可，可间接证明 ITA 式诸边协定在 WTO 中的合法性。在一些 WTO 的官方文件中，成员间虽然存在不同意见，但并未对诸边的贸易规则制定方式予以明确的禁止。《多哈宣言》第 47 段明确提及：除了对 DSU 的改进和澄清，谈判结果的进行、订立与生效均应被视为一揽子承诺的一部分。然而，早期达成的协定可以通过临时或确定的方式得到执行。[②] 在 2011 年日内瓦部长级会议上，为了完成多哈回合谈判并加快进度，部长们认为 WTO 成员需要在尊重透明度和包容性原则的基础上寻求不同的谈判方法。当然，有的成员表达了对不同谈判方法的开放态度，部分成员则对诸边方法持

---

① Ministerial Declaration，WT/MIN（01）/DEC/1, 20 November 2001, para. 31.
② See Ministerial Declaration，WT/MIN（01）/DEC/1, 20 November 2001, para. 47.

保留意见。①《内罗毕部长宣言》第 19 段亦提及，WTO 全体成员的贸易部长注意到了 WTO 成员已经成功地通过诸边的方式达成了协定。② 2018 年 10 月，包括加拿大在内的 13 个 WTO 成员的贸易部长在渥太华发布共同声明，提出在 WTO 谈判中探索灵活性与开放性兼具的谈判方法，体现了部分成员对诸边方式的开放态度。③ 根据上述文件的表述，可以认为 WTO 允许通过诸边方式进行贸易规则制定的尝试，诸边的贸易规则制定方式是可供讨论的谈判方法之一。

三 诸边协定的法律效力

由于在 WTO 法律体系中地位的不同，诸边贸易协定与 ITA 式的诸边协定存在较大差异。对非签署成员而言，诸边贸易协定既不产生义务也不产生权利。在争端解决方面，诸边贸易协定适用 DSU 并非自动的，需由签署成员就此事项单独作出决定。

ITA 式诸边协定尽管也不对非参与成员产生义务，但却产生权利。现阶段而言，该类协定的议题局限于工业制成品，④ 对非参与成员产生权利的方式是由参与成员对其关税减让表进行修改，这是 ITA 为参与成员设定的义务。根据 GATT1994 第 2 条第 7 款的规定，关税减让表是 GATT1994 的组成部分，因此关税减让表中的承诺将依据最惠国待遇原则适用于 WTO 全体成员。因而，ITA 式诸边协定

---

① See Chairman's Concluding Statement of the Eighth Ministerial Conference, WT/MIN (11) /11, 17 December 2011, pp. 3, 6.

② See Nairobi Ministerial Declaration, WT/MIN (15) /DEC, 19 December 2015, para. 19.

③ 这些成员具体包括澳大利亚、巴西、加拿大、智利、欧盟、日本、肯尼亚、韩国、墨西哥、新西兰、挪威、新加坡以及瑞士。See Joint Communiqué of the Ottawa Ministerial on WTO Reform, Available at：https://www.canada.ca/en/global_affairs/news/2018/10/joint_communique_of_the_ottawa_ministerial_on_wto_reform.html?from=timeline&isappinstalled=0.

④ ITA 涉及的是信息技术产品的关税削减问题；正在谈判中的 EGA 涉及的是环境产品与环境服务的贸易自由化问题。

的义务仅约束参与成员，协定产生的利益由全体成员享有。

在争端解决方面，因 ITA 式诸边协定而产生的争议可间接适用 DSU。由于 ITA 式诸边协定的执行是通过参与成员的修改关税减让表完成的，而关税减让表属于 GATT1994 的组成部分。因此此类协定的非签署方也可因协定的适用问题向 WTO 争端解决机制提起争端，只是诉求中的法律依据是 GATT1994。已有涉及 ITA 式诸边协定的争端出现，相关案件的专家组已经引用 ITA 的相关规定对案件进行了裁决。[1] 但应当指出的是，如果新的诸边协定不能通过修改减让表的方式改变参与成员的相关义务，还需根据诸边协定的具体领域设计新的方法解决其他成员的可接受度与争端解决机制适用的问题。

本章小结

WTO 体制中的诸边协定是 WTO 内的一种条约类型，但其概念界定尚不清晰。随着 WTO 体制中诸边协定的越发丰富，澄清诸边协定的概念十分必要。学界对诸边协定概念的理解存在分歧，不同的理解主要有三种类型。第一种类型是狭义的诸边协定，仅指《WTO 协定》附件 4 所列的"诸边贸易协定"。第二种类型是广义的诸边协定，除包含第一种类型外，还包括区域贸易协定和其他在 WTO 体制外由多个国家达成的协定。第三种类型是以 ITA 为代表的 WTO 体制中的诸边协定。《WTO 协定》并未对其法律地位作出明确规定。

本书认为诸边协定是指 WTO 体制中由两个或两个以上的部分 WTO 成员就某个或某类议题进行谈判且仅对接受它的成员具有约束力的协定。诸边首先具有数量上的含义，即两个或两个以上的部分 WTO 成员。诸边还具有实践中形成的含义，即自愿加入和志同道合

---

[1] See European Communities and its Member States — Tariff Treatment of Certain Information Technology Products, WT/DS377/R.

者之间的合作。应当将诸边协定理解为一类在 WTO 体制中的贸易协定。其中，"WTO 体制中"包含五个方面的含义：其一，诸边协定是 WTO 条约体系的组成部分；其二，诸边协定谈判的参与方是 WTO 的成员；其三，诸边协定的谈判应当在 WTO 谈判场所下依照 WTO 相关规则展开与结束；其四，诸边协定的签署成员之间因诸边协定而产生的争端适用 WTO 争端解决机制予以解决；其五，诸边协定的运行接受 WTO 特定机构的监督管理，同时允许其他 WTO 成员的加入。将诸边协定置于 WTO 体制中予以理解的理由在于诸边在 WTO 语境下才具有其独特的含义，并且诸边协定本身是 WTO 贸易规则制定的补充形式。诸边协定的外延主要包括诸边贸易协定和以 ITA 为代表的贸易协定协定。

本章对诸边协定的法律性质进行了分析，并证明了诸边协定在 WTO 体制中的合法性。不同类型的诸边协定在《WTO 协定》中的地位存在差异，其中诸边贸易协定是《WTO 协定》的组成部分，以 ITA 为代表的诸边协定却无此地位。通过以上分析，本章认为前述两种类型的诸边协定均属 WTO 条约体系的组成部分，在 WTO 中具有合法性。

第 二 章

诸边协定的正当性解析

本章试图回答的是诸边协定为何应被 WTO 成员接受的问题。本书其他部分通过理论与实证分析探讨了 WTO 成员的诸边协定实践，并总结了诸边协定的概念和主要法律性质。这些努力只是解决了诸边协定客观存在的问题，但无法解决价值上的接受度问题。作为一种偏离 WTO 多边主义要求的协定形式，诸边协定的出现与存续需要进行理论上的证成。诸边协定因其自身的"俱乐部"[①]特质在 WTO 体制中极易陷入正当性困境。本章试图从诸边协定的功能角度来证明其正当性。WTO 面临的紧迫问题是贸易规则供给不足，若能利用诸边协定决策效率高的特点解决 WTO 的现有危机，这将成为解决诸边协定的正当性困境的可能路径。

第一节 正当性的理论分析

正当性（legitimacy）[②]是一个在社会科学领域使用频率颇高的

[①] "俱乐部"的特点主要表现为 WTO 中的部分成员在某个领域先行制定贸易规则，然后在多边场合由其他成员接受，这在实质上剥夺了其他成员的规则制定权。

[②] 在中文学界，legitimacy 的汉译主要有"合法性"与"正当性"两类，（转下页）

词语。学界对正当性的讨论十分丰富,讨论的内容早已超出了正当性这一概念本身。除正当性的含义以外,关于正当性的论述还包括正当性的来源、正当性的判断乃至正当性的实践,如不对讨论对象予以划定,将可能陷入与正当性问题相关的广博的内容中。因此,要首先划定本节的讨论范围。本节将首先讨论正当性的含义,梳理正当性概念所包含的核心要素,为本章其他部分的分析提供理论框架。

一 正当性的含义

(一) 演变中的正当性

政治学家一般认为,正当性是一种赋予命令以权威或约束力的特性,从而将权力转化为权威。① 正当性的含义经历了漫长的演变过程。② 从语源学的角度而言,正当性一词来自于拉丁语 *legitimus*,③ 该词又源于表示法或法律的 *lex*,故正当性概念在本源上与法律有较强的关联性,其最初的含义即为"与法律、原

(接上页) 且"合法性"的译法具有较高的接受度,在理论研究中被大量使用。如将 legitimacy 径直译为"合法性",则可能与 legality 的汉译出现一定程度的重合,容易造成混淆。根据学者的总结,二者的关系是以法秩序或具体的法律为连接点的,legitimacy 是对该法律或法律秩序正当或适当与否的评价,legality 则指该法律秩序之下的行为或制度是否符合具体的法律规定。再者,从语义上讲,legitimacy 除包含"合法的"这一含义外,还具有"正统的""正确的"等多重含义,合法性的汉译无法包含 legitimacy 的全部含义。因此,本文将 legitimacy 译为"正当性"。参见刘毅《"合法性"与"正当性"译词辨》,《学术评论》2007年第3期;周濂《政治正当性与政治义务》,《吉林大学社会科学学报》2006年第2期。

① 参见[英]安德鲁·海伍德《政治学的核心概念》,吴勇译,中国人民大学出版社 2014 年版,第 17 页。

② See Ian Clark, *Legitimacy in International Society*, Oxford: Oxford University Press, 2005, p. 13.

③ 也有学者认为来源于拉丁文"*legitimare*",其含义为"声明合法(to declare lawful)"。参见[英]安德鲁·海伍德《政治学的核心概念》,吴勇译,中国人民大学出版社 2014 年版,第 17 页。

则或规则相符"。① 因此，有学者认为，对正当性最早的使用与合法性（legality）的使用是重合的。② 如果正当性的含义仅限于此，也就不会引发后世关于正当性的诸多讨论。legitimus 的含义在中古时期出现了变化，从"合于法律（lex）"演变为合于"习俗（consuetudo）"或"习惯程序（customary procedure）"。此外，正当性还和权力相联系，由于政治现实需要对君主或教皇统治进行理论上的证成，正当性问题就和权力的有效性联系起来。③ 这样一来，对正当性的讨论就超出了法律的范畴，正当性的判断标准就不再局限于"法"，它更多涉及的是统治（或政治秩序）与服从的问题。

（二）对正当性含义的理解

1. 正当性的评价对象

无论以何种词语进行表述，正当性在性质上是一类主体对某个事物的评价，如果这一评价达到一定程度，就表现为接受和承认。因此确定这种作为评价对象的事物成为理解正当性概念的重要组成部分。

有观点认为正当性的评价对象是"某个政治秩序"。如尤尔根·哈贝马斯（Jürgen Habermas）认为，正当性意指某个政治秩序的诉求被认为是正当和公正的充分理由；一个正当的秩序理应获得认可。正当性意指某种政治秩序值得被认可。这一定义强调了如下事实：正当性是一种可以争论的有效性主张，统治秩序的稳定性（至少）取决于对其事实上的认可。④ 帕特里奇亚·南兹（Patrizia

---

① See James Crawford, "The Problems of Legitimacy-Speak", *Proceedings of the Annual Meeting of American Society of International Law*, Volume 98, 2005.

② See Martti Koskenniemi, "Miserable Comforters: International Relations as New Natural Law," *European Journal of International Relations*, Volume 15 Issue 3, 2009.

③ 参见刘毅《现代性语境下的正当性与合法性：一个思想史的考察》，博士学位论文，中国政法大学，2007年，第2页。

④ See J. Habermas, "Legitimation Problems in the Modern States", *in J. Habermas, Communication and the Evolution of Society*, trans. Thomas McCarthy, Cambridge: Polity Press, 1991, p. 178.

Nanz)与延斯·斯泰菲克（Jens Steffek）也持有类似观点。他们认为，正当性可以被理解为人们对某个政治秩序所作决定的普遍服从，而这种服从是超越于强制或利益代表机制以外的。民主的正当性来源于自由和平等的公民之间达成的理性协定。① 阿兰·海德（Alan Hyde）则对社会秩序的正当性进行了进一步的阐述，他认为对某个社会秩序的正当性最通常的理解是对该社会秩序约束性或强制性的笃信。具言之，它是一种对国家的结构、程序、行为、决定、政策、官员或政治领导人具备正确性、恰当性、道德之善的笃信，且因这些性质而应当被认可。②

也有观点将这一对象表述为"政治体制"。罗伯特·格拉夫斯坦（Robert Grafstein）认为，正当性意指对某个政治体制的规范性评价，评价对象具体包括该体制程序的正确性、该体制的决定的正当化以及其对待被统治者的公平性。③

有的学者所理解的评价对象则是某种规则。斯蒂文·伯恩斯坦（Steven Bernstein）等人认为，正当性是共同体对共同规则的接受和认可。④ 加布里埃尔·A. 阿尔蒙德等人则认为接受或承认的对象是"当权者所实施的法律"。托马斯·弗兰克（Thomas Franck）则将正当性定义为"某项规则或规则制定的制度所具有的这样一种性质，它使受其调整的人们对规则或规则制定的制度予以遵守，其遵守的原因是他们相信规则制度是根据被普遍接受的正当程序原则而产生

---

① See Patrizia Nanz and Jens Steffek, "Global Governance, Participation and the Public Sphere", *Government and Opposition*, Volume 39, Number 2, 2004, p. 315, footnote 4.

② See Alan Hyde, "The Concept of Legitimation in the Sociology of Law", *Wisconsin Law Review*, 1983, pp. 380-381.

③ See Robert Grafstein, "The Failure of Weber's Conception of Legitimacy: Its Causes and Implications", *The Journal of Politics*, Volume 43, Number 2, 1981, p. 456.

④ 参见［加拿大］斯蒂文·伯恩斯坦、［加拿大］威廉·科尔曼《不确定的合法性：全球化时代的政治共同体、权力和权威》，丁开杰等译，社会科学文献出版社 2011 年版，第 5 页。

和运行的"①。

2. 正当性的经验主义理论与规范性理论

为了便于对正当性进行学理分析，学者们对正当性的研究理路作了区分。其中一种区分是正当性的规范性理论（normative theories of legitimacy）和正当性的经验主义理论（empirical theories of legitimacy）。前者为评判统治权利设定普遍性标准，后者则聚焦于被统治者的信念体系（belief systems）。在马克斯·韦伯的影响下，对正当性的理解逐步转移到了被统治者的信念，即经验主义理论。②

有诸多学者认为正当性体现了人们对某种政治秩序或权威的承认与接受。这一理解容易导致如下极端化的结论：人们（或被统治者）对政治秩序或权威的认可本身即可构成该政治秩序或权威的正当性。因而对政治秩序的正确性有所忽略。韦伯即认为，只有当被统治者认为某个统治是正当时，这个统治才是正当的。③ 哈贝马斯认为，正当性意指某种政治秩序应被承认的程度。④ 伊恩·赫德（Ian Hurd）亦认为，正当性是指行为体对一项规则或制度应当被遵守的规范性信念。⑤ 阿尔蒙德等人则从其他角度进行分析，特别强调了正

---

① See Thomas M. Franck, *The Power of Legitimacy Among Nations*, Oxford: Oxford University Press, 1990, p. 24.

② See Ian Clark, *Legitimacy in International Society*, Oxford: Oxford University Press, 2005, p. 18.

③ See Robert Grafstein, "The Failure of Weber's Conception of Legitimacy: Its Causes and Implications", *The Journal of Politics*, Volume 43, Number 2, 1981, p. 456.

④ See J. Habermas, "Legitimation Problems in the Modern States", in *J. Habermas, Communication and the Evolution of Society*, trans. Thomas McCarthy, Cambridge: Polity Press, 1991, p. 178.

⑤ 赫德认为，正当性具有主观性，它存在于行为体与制度之间，受限于行为体对制度的认知。行为体的认知可能来自于规则的实质内容，也可能来自于该规则构成的程序或来源。由于这种认知被行为体所内化，并且它限定了行为体如何看待其利益，因此它影响着行为体的行为。他强调其讨论的正当性严格意义上讲是行为体认为某项规则是正当的一种主观感受，而不涉及特定国际规则的道德诉求或价值。在此意义上，一项规则被某行为体认为是正当的并不涉及该项规则在外在观察者眼中的正义。并且，（转下页）

当性与国家强制力的区隔。他们认为，正当性体现为某一社会中的公民具有遵守当权者制定和实施的法规的意愿，且这种遵守并非出于不遵守带来的不利结果（这种不利结果通常是通过国家强制力来施行的），而是他们确信遵守是应该的。如果权威的正当性得到了大多数公民的确信，则法律就能比较容易地和有效地实施。①

根据前述理解，"信念"是正当性的重要内容，但不能忽视对正当性的理解的规范性理论这一进路。持有这类观点的学者认为，正当性所探讨的是国家、统治或政治秩序的道德证成基础是什么，即人们在何种条件下接受他人的统治。② 正当性的规范性理论强调评价政治秩序的外在评判标准。这一内容对于理解正当性的概念也是不可或缺的。

3. 程序性正当性与实体性正当性

正当性研究中的另一种研究理路的区分是：程序性正当性与实体性正当性。这里的正当性以特定政治秩序中的规则为评价对象，因此这一区分的出现以规则或法律的存在为前提，区分标准是正当性的来源。前者强调规则或法律因为符合某种恰当的程序（这种程序往往是由规则或法律所设定的）而具有正当性；后者强调规则或法律与超越于法律之上的基本价值。③

（接上页）行为体对某一规范的正当性的信念，以及行为体对该规范的遵守，都无须与行为体"遵守法律"或"服从权威"相关联。通常，恰恰相反的情况常会发生：当法律被认为与某种对正当性的规范性确信相冲突时，这种确信可能导致不遵守法律的情况。See Ian Hurd, "Legitimacy and Authority in International Politics", *International Organization*, Volume 53, Issue 2, Spring 1999, p. 381.

① 参见 [美] 加布里埃尔·A. 阿尔蒙德、[美] 小 G. 宾厄姆·鲍威尔《比较政治学：体系、过程和政策》，曹沛霖等译，上海译文出版社1987年版，第35—36页。

② 参见周濂《从正当性到证成性：一个未完成的范式转换》，《华东师范大学学报》（哲学社会科学版）2007年第6期。

③ See Ian Clark, *Legitimacy in International Society*, Oxford: Oxford University Press, 2005, p. 18.

(三) 正当性的基本要素

通过前文的简要分析我们可以发现，尽管学者们的具体观点有所不同，但正当性的概念至少包含以下内容：

1. 正当性是一种评价

在特定的政治秩序中，被统治者对政治秩序（即评价对象）的评价是正当性的核心要素。当政治秩序达到某个标准时，被统治者就会对其表现出认可与接受，这时我们就可以认为评价对象是正当的，或者说评价对象具备正当性。但需强调的是，这种认可与接受并非出于外在的强制，而是一种内心的确信，包括韦伯在内的学者将其表述为信念。此外，由于正当性包含了评价，那么评价标准是正当性概念不可或缺的内容之一。

当然，如果仅将正当性理解为一种信念，似乎有失偏颇。这种观点容易陷入一种循环论证。同时，这种理解还将正当性仅作为一种特定存在的事实，却忽略了价值层面的意义。这实质上反应的是正当性的经验主义理论对价值规范的忽视。

2. 存在评价对象

正当性代表了特定主体对某种事物的评价，评价对象是正当性概念不可缺少的要素。当然，学者们对评价对象的观点并不相同。这种评价对象可以是政治秩序、权威、权力、规则或者制度。

3. 正当性概念的双重二元结构

根据前文的总结，正当性概念体现了一种双重二元结构。第一重来自于正当性的经验性理论和规范性理论的划分。有学者将这种划分表述为正当性的经验维度和理性维度。正当性概念的经验维度体现为评价对象符合某种客观的标准或规范，通常体现为道德价值；理性维度则体现为人们对评价对象的普遍认同和尊重。[1]

第二重结构出自程序正当性与实体正当性的划分。这一划分的前提是将已经存在的特定的规则或法律作为正当性的评价对

---

[1] 参见刘杨《正当性与合法性概念辨析》，《法制与社会发展》2008 年第 3 期。

象。对以何种标准来评判规则或法律是否正当就成为了两类正当性的分歧点。程序正当性强调规则制定程序的恰当性带来了规则的正当性；实体正当性则着重关注规则是否与特定的价值规范相符。

二 国际法中的正当性

在传统的政治学语境下，对正当性的讨论多以国内政治为背景。当正当性用于国家间层面（或如英国学派所称之"国际社会"）时，一个显著的不同点出现了：国际社会处于无政府状态。由此导致这一层面的正当性更为强调非强制因素，这是因为国际社会并不像国内社会这样以国家主权为背景。[①]

（一）国际法学界关于正当性的讨论

国际法学者詹姆斯·克劳福德（James Crawford）在谈及"正当性"时指出，"对法律人而言，正当性应当交由他者去评判"。[②] 或许正因如此，正当性的概念长期以来都被国际法学界所忽视，其主要原因有四。其一，暴力是传统上证成权力的主要因素，国际法在传统上缺乏具有强制性的制裁手段，因此学者们未给予过多的讨论。其二，随着第二次世界大战后国际制度数量的激增和影响力的扩大，国际制度拥有了更多的权力，在国际层面权力的行使不再仅基于国家的同意。尽管国家同意依然占据着主导地位，人们开始转而寻求传统的"国家同意"以外的证成模式。其三，国际法本身的相关性增强，违反国际法的后果愈加严重，国家很难游离于任何国际制度以外行事。其四，实证主义法学理论长期占据着主导地位，它证明国际法不仅仅是"实证的道德

[①] See Thomas Franck, "Legitimacy in the International System", *American Journal of International Law*, Volume 82, No. 2, 1988, p. 710.

[②] See James Crawford, "The Problems of Legitimacy-Speak," *Proceedings of the Annual Meeting of American Society of International Law*, Volume 98, 2005, p. 273.

(positive morality)"，这种主导地位使得学者们不太关注"人们为什么应当遵守国际法"相关的问题。①

1. 对国际法上正当性的理解

托马斯·弗兰克（Thomas Franck）是国际法学界较早对国际法的正当性问题进行系统性论述的学者，他的研究同时也促进了学界在国际法的视野下对正当性问题的讨论。他探讨正当性的目的是要确定"为何以及在何种情形下某项特定的规则被遵守"。故而他所讨论的主要是"规则的正当性"。如此一来，弗兰克的研究理路就自然进入了前文提及的程序性正当性与实体性正当性的二元结构中。弗兰克对正当性的理解同样经历了演变过程。根据他的总结，正当性是指一项规则对于那些受到这种规则调整的人而言已经根据正当的程序（right process）而出现所产生的性质。② 弗兰克在另一部著作中更为详细地阐释了这种"性质"。他指出，正当性是指某项规则或规则制定的制度所具有的这样一种性质，它使受其调整的人们对规则或规则制定的制度予以遵守，其遵守的原因是他们相信规则制度是根据被普遍接受的正当程序原则而产生和运行的。③ 正当的程序不仅包括有效来源，还包含了文字上的、社会人类学的以及哲学上的洞见。④ 由于弗兰克认为如果某项规则或制度根据正当的程序而产生，那么该规则或制度自其产生时即具有了正当性，⑤ 因此他对正当

---

① See Christopher A. Thomas, "The Uses and Abuses of Legitimacy in International Law", *Oxford Journal of Legal Studies*, Volume 34, Number 4, 2014, pp. 730-731.

② See Christopher A. Thomas, "The Uses and Abuses of Legitimacy in International Law", *Oxford Journal of Legal Studies*, Volume 34, Number 4, 2014, p. 706.

③ See Thomas M. Franck, *The Power of Legitimacy Among Nations*, Oxford: Oxford University Press, 1990, p. 24.

④ See Thomas M. Franck, "Legitimacy in the International System", *American Journal of International Law*, Volume 82, 1988, p. 706.

⑤ See Christopher A. Thomas, "The Uses and Abuses of Legitimacy in International Law", *Oxford Journal of Legal Studies*, Volume 34, Number 4, 2014, p. 711.

性的讨论主要就转入了正当的程序。①

马蒂亚斯·库姆（Mattias Kumm）并未对正当性进行定义，而直接讨论了如何获得国际法上的正当性。他认为，讨论国际法的正当性问题，其核心要点是国际法道德力量的问题，或者说遵守国际法的义务（the duty to obey international law）问题。② 他依然强调通过恰当的程序来提升国际法的正当性，并对此提出了详尽的建议。③ 从库姆的阐述来看，他对正当性的理解体现了对价值规范

---

① 关于正当程序，弗兰克进行深入的研究。他认为，在国家之间的共同体中，规则的正当性通过四项便于观察的指标来衡量，即确定性（determinacy）、符号确认（symbolic validation）、一致性（coherence）以及（对规则等级体系和共同体的）遵守（adherence）。确定性严格来说是指文本上的确定性，主要是指文本传递清楚信息的能力，即人们可通过语言而直接理解其意欲传达的含义。符号确认是正当性的文化与人类学的维度，当某个信号被用以引发对某个命令的遵守时，符号确认就产生了。这一信号的作用是代替遵守命令的确切理由。吟唱国歌就是典型的符号确认。符号确认体现的是某种事实的存在自然地体现甚至强化了人们对某项规则的认同和遵守，这类事实是较容易观察的。弗兰克借用德沃金的观点认为一致性要求一项规则在每一个相似或可适用的情况下统一适用，而无论其内容如何。此外，一致性还要求规则应当通过某种普遍的原则与其他规则相联系。关于对规则等级体系和共同体的遵守，弗兰克认为通过确定的程序和制度框架制定的规则更能获得遵守。See Christopher A. Thomas, "The Uses and Abuses of Legitimacy in International Law", *Oxford Journal of Legal Studies*, Volume 34, Number 4, 2014, pp. 713, 725, 741, 750, 752.

② See Mattias Kumm, "The Legitimacy of International Law: A Constitutional Framework of Analysis", *The European Journal of International Law*, Volume 15, Number 5, 2004, p. 908.

③ 首先，在库姆看来，当下的国际法不再局限于涉及外交事务的法律。国际法的义务不再仅以国家的同意为基础，对国际法义务的解释和实施也不再专属于国家。当代国际法的范围已经扩大，其与国家同意之间的联系不再那么紧密，强制性的司法裁决与实施机制得到了加强。国际法的这种从国家控制中解放出来的趋势意味着，作为一种为国际法提供正当性的方式，国内问责机制的效用正变得越来越低。相应的，国际法的正当性在国内层面遭受了越来越强烈的挑战，这种挑战以民主和宪政自治为名义。为了应对这种挑战，库姆即提出了一种宪政主义的框架。该框架由四个核心原则组成：国际合法性原则（the principle of international legality）、辅助性原则（the principle of subsidiarity）、充分参与和问责原则（the principle of adequate participation and accountability）、获得合理结果（转下页）

的重视，在试图兼顾两个维度的前提下偏重于正当性的理性维度。

克里斯托夫·托马斯（Christopher A. Thomas）对国际法正当性进行了解构，既分解了正当性的概念结构，也区分了正当性的不同类型。从概念结构而言，托马斯认为正当性概念包含三个元素：客体（object）、主体（subject）和基础（basis）。正当性的客体指的是那些被我们描述为正当或不正当的客体，即评价对象。正当性的主体是指那些被认为应当服从于或支持某个正当对象的主体。正当性的基础是指正当性的客体被认为是正当的理由。① 托马斯的这一努力与前文提及的政治学中的正当性概念相似。

托马斯将国际法上的正当性分为三种类型，并对各类正当性进行了定义。第一类为法律正当性（legal legitimacy），它可被定义为某个行为、规则、行为体或体系所具备的一种性质，这种性质表明

（接上页）（achieving reasonable outcomes）。国际合法性原则被库姆称为"形式正当性（formal legitimacy）"，它构成了国际法的表面（prima facie）正当性，该原则要求国际法的接受者应当遵守国际法。国际法的某条规范一旦产生，那么该规范作为国际法而存在的事实就构成了遵守它的理由。辅助性原则被称为"管辖的正当性（jurisdictional legitimacy）"，该原则要求，任何在更高层面制定的拥有优先效力的规范，如果对国内或地方层面的自主权造成侵犯（infringement），都应当拥有足够的理由对这种侵犯进行证成。对国际法规范的证成仅有实体上的理由（例如这种侵犯可以普遍提高福利）并不足够。它还应当明确：如果对相关政策关切的评估交由更低层面作出，将会产生何种损失。充分参与和问责原则被称为"程序正当性（procedural legitimacy）"，该原则聚焦于法律生成过程在程序上的质量。程序是否充分透明，是否具有充分的参与性，是否存在可以确保决策者在事实上回应民众关切的问责机制，都属衡量程序正当性程度高低的标准。获得合理结果被称为"结果正当性"，作者提及该原则的原因主要在于，一般认为坏的结果影响着某个决策正当性，并会削弱决策者的权威；但在评判法律的正当性时，一项结果相关的原则的作用十分有限，这是因为法律本来就是一种用权威方式解决意见分歧的方式。如果受到法律调整的主体依据结果来对法律进行评判，进而依据该结果来选择是否遵守该法律，那么这将导致无政府状态的出现。See Mattias Kumm, "The Legitimacy of International Law: A Constitutional Framework of Analysis", *The European Journal of International Law*, Volume 15, Number 5, 2004, pp. 907-931.

① See Christopher A. Thomas, "The Uses and Abuses of Legitimacy in International Law", *Oxford Journal of Legal Studies*, Volume 34, Number 4, 2014, pp. 746-749.

了对该等行为、规则、行为体或体系予以服从或支持的法律义务。第二类为道德正当性（moral legitimacy），它可被定义为某个行为、规则、行为体或体系所具备的一种性质，这种性质表明了对该等行为、规则、行为体或体系予以服从或支持的道德义务。它所涉及的是谁有"统治的权利（right to rule）"的问题，即怎样在道德上证成某个行为体对另一个行为体行使权力。"正当性"一词被直接作为"民主正当性"的同义词。法律正当性与道德正当性常被归为"规范正当性（normative legitimacy）"，它们均强调根据特定规范框架来评判某个客体。第三类对正当性的理解与前两者有所不同，这类被称为社会正当性（social legitimacy），意指某个行为、规则、行为体或体系因行为体的某种信念（belief）而具有的性质，这种信念是行为体认为该行为、规则、行为体或体系在道德上或法律上是正当的。[①] 从托马斯的三种分类来看，他对正当性的理解依然没有超出政治学上对正当性的理解，是一种对各类正当性观点的大综合。其中"规范正当性"和"社会正当性"实质是前述正当性双重二元结构中，第一重二元结构的另一种表述。

（二）本书的研判

综合以上讨论我们可以看到，从来源上讲，国际法学者对正当性的讨论大多直接从政治学家对正当性的论述中追寻源头，他们对正当性的理解均未超出前文提及的正当性概念的双重二元结构。从概念的结构上，本书接受托马斯的观点，认为正当性由主体、客体和评价标准构成。

就探讨的内容而言，国际法学者在讨论正当性时将焦点放在国际法的程序性问题、实体性问题以及结果问题。其中程序性问题主要包含了国际法的制定程序及国际纠纷的解决程序。实体性问题主要涉及的是具体的国际法规则内容是否符合受这些规则调整的国家

[①] See Christopher A. Thomas, "The Uses and Abuses of Legitimacy in International Law", *Oxford Journal of Legal Studies*, Volume 34, Number 4, 2014, pp. 735, 738–741.

的意愿或被各国普遍接受的特定原则。结果问题所涉及的是国际法规则实际产生的效果是否符合各国的预期，是否能被受这些国际法规则调整的主体所接受的问题。国际法的前述三类问题，都在不同程度地影响着国际法主体乃至其他主体对于国际法规则的认知和接受度，进而传导到这些主体对国际法的遵守上，最终影响着国际法本身能否有效地发挥其作用，成为真正的"法"。

值得一提的是，国际法学界对国际法正当性的讨论往往绕不开国际法中的民主问题，这成为了国际法学界研究正当性问题的一个重要趋势。正如托马斯所言，当代学界对道德正当性的论述被民主正当性（democratic legitimacy）这一概念所统治，相应涉及的概念包括个别的同意（individual consent）、社会契约（the social contract）和协商（deliberation）。这一趋势影响非常广泛，以至于"正当性"一词成为了"民主正当性"的简称。[①]

第二节 WTO 的正当性问题

一 WTO 正当性的分歧与争议

作为本书研究焦点的诸边协定深嵌于 WTO 体制中，诸边协定的正当性问题与 WTO 密切相关，我们有必要考察学界在 WTO 这一研究视域下是如何对正当性进行讨论的，这将有助于对诸边协定正当性的理解。在 21 世纪初，随着反全球化浪潮的出现，西雅图部长级会议的混乱局面成为了 WTO 出现正当性危机的最直观体现。此后，学界逐步开始了对 WTO 正当性的深刻反思，其角度多样，内容丰富，尽管已事过近 20 年，仍值得深刻总结。

---

① See Christopher A. Thomas, "The Uses and Abuses of Legitimacy in International Law", *Oxford Journal of Legal Studies*, Volume 34, Number 4, 2014, p. 739.

(一) 基于个别成员国内体制的正当性论述

前WTO上诉机构主席詹姆斯·巴克斯（James Bacchus）认为WTO的正当性来源于WTO的成员。具言之，WTO的正当性的来源是每个作为WTO成员的"国家"的个别正当性（individual legitimacy）。[①] 他认为WTO正当性危机最显著的表现是民主赤字（democratic deficit），而这种民主赤字更多地来源于成员内部的民主治理的不足，因此建议各成员采取美国式的民主宪政模式。[②] 巴克斯的观点在方法论上有还原主义倾向，与通常在国家间层面探讨的民主问题观点存在显著差异。

(二) 基于宪政理论的正当性论述

WTO正当性论述中还存在一种"宪政"论述，持有这类观点的学者就WTO是否应当体现一种宪政秩序而展开的讨论。迈克尔·法克利（Michael Fakhri）对国际经济法学界中两位主张将WTO视为宪法（constitution）的著名学者——约翰·杰克逊（John Jackson）与恩斯特—乌尔里希·彼得斯曼（Ernst-Ulrich Petersmann）——的观点进行了梳理。杰克逊的宪政理论强调WTO是一个以规则为导向的国际组织，他认为通过WTO这样的国际制度来对全球经济运行进行

[①] 须说明的是，WTO成员不限于国家，巴克斯的表述系泛指。See James Bacchus, "A Few Thoughts on Legitimacy, Democracy, and the WTO", *Journal of International Economic Law*, Volume 7, Number 3, 2004, p. 669.

[②] 巴克斯认为，为了确保WTO内的民主治理，最为急迫的议题是个别成员国内的代议制民主不足。他的逻辑是，只有当每一个单独的成员内部拥有真正的民主，同时国内贸易政策的制定更加民主，那么这些单独的成员结合起来构成的WTO才会变得更加民主。最后，巴克斯特别强调，通过增进国际贸易政策制定中的民主来改善WTO正当性的努力不应当聚焦于创设任何旨在补充那些在WTO中已有的和正在改进过程中的手段的新机制。相反，这种努力应着重于通过WTO成员国内更加有效的"民主治理"机制来确保各国贸易政策制定的"民主治理"。关于如何改善国内的"民主治理"，巴克斯体现出了极强的倾向性，认为应该借鉴美国的宪政制度。See James Bacchus, "A Few Thoughts on Legitimacy, Democracy, and the WTO", *Journal of International Economic Law*, Volume 7, Number 3, 2004, pp. 668, 670, 672-673.

协调是必要的，国家根据自身需求签订国际条约，国际条约反过来对国家行为进行约束，从而确保各国政府之间的合作并恪守自由贸易的经济政策。① 彼得斯曼的论述以人权为核心，强调 WTO 的正当性就在于 WTO 是一份保护个体自由与自主权（在贸易领域体现为"贸易自由"）免受政府侵犯的宪法。②

（三）解决 WTO 正当性危机的综合考量

丹尼尔·艾斯蒂（Daniel C. Esty）将 WTO 的正当性理解为公众对 WTO 的权威和决定的接受。在治理的语境下，治理主体的正当性可以来自于选举与代议制中的多数，也可来自于理性与该主体所产生的效果。历史上，国际贸易体制的正当性来自于其对国际贸易所产生的管理效果，但国际经济和贸易政策的制定由一小部分未经选举而产生的技术官僚负责。至 20 世纪末，公众对贸易与贸易政策制定的看法已经发生改变，对贸易议题的关注和讨论越来越多。在此

---

① 当今世界处于一个全球市场一体化的进程中，诸如 WTO 这样的国际经济制度（international economic institutions）在管理文化与制度多样性方面是必要的。在创造连贯且统一的国际规则以确保全球经济具有效率地运行方面，国际经济制度也是必要的。这些通过国际条约制定的规则确保了国内政府根据市场经济的原则行事，而非受个人利益或特殊利益集团的驱使来作出选择。各国政府谈判达成的国际条约创造了国际制度，这些条约反过来对各国政府构成了一种纪律约束机制，以确保各国政府之间的合作并恪守自由贸易的经济政策。根据前述理念的递进关系，经济学家负责建立规范性框架，外交人员负责对政策进行谈判，法律人负责制定技术性和制度性的细节。See Michael Fakhri, "Reconstructing WTO Legitimacy Debates", *Notre Dame Journal of International & Comparative Law*, 2001, p. 78.

② 他认为，一般国际法、国内宪法、区域协定、多边协定以及政府间的宣言反复重申着这样一个事实：人类拥有普遍的和不可剥夺的人权。人权包含了自由、非歧视、法治、社会福利、获取信息的自由、新闻自由、财产权和缔结合约的自由。这些人权保护的个人的自主性和自由的人权构成了"贸易自由（freedom of trade）"。WTO 体现了对这种贸易自由的追求。因此，为了确保其正当性，WTO 必须在更加广泛的人权语境下来解释，WTO 必须被视为一种在其他国际宪法和国内宪法之中的宪法（即"世界贸易宪法"）。彼得斯曼宪政理论的核心目的是要保护个体自由（individual liberty）和自主权，解决的是怎样使个体免受政府侵犯的问题。See Michael Fakhri, "Reconstructing WTO Legitimacy Debates", *Notre Dame Journal of International & Comparative Law*, 2001, pp. 81-82.

情况下，多边贸易体制过往基于技术官僚理性与贸易治理成就的正当性面临问题，WTO 的正当性来源需重构。为此，艾斯蒂提出应从以下三个方面入手：其一，人民主权（popular sovereignty）。WTO 的官员并非由公众直接选举产生，因此缺乏直接的问责机制。WTO 要增强其正当性，应当加强与公众的"联系"，比如可充分发挥非政府间国际组织的作用，也可由 WTO 直接邀请国内立法者监督 WTO 的运行。其二，理性（reason）。WTO 应当提高其治理效果，输出更好的结果。首先要避免就贸易以外的议题作出决定，其次要完善其决策机制，最后要注重从实体和程序上维护公平与正义。其三，通过与其他国际组织合作，建立起与其他国际组织之间的制衡机制，实现系统性的强化（systemic reinforcement）。①

曼弗瑞德·艾尔西格（Manfred Elsig）对 WTO 正当性的讨论也没有离开民主的论述，其隐含的观点是：解决 WTO 正当性危机就是要解决 WTO 的民主赤字问题。他使用了输入正当性（input legitimacy）与输出正当性（output legitimacy）这两个概念。输入正当性关注的是政体或组织的过程和结构。就过程而言，最著名的民主观点即为协商与多元模式（the deliberative and pluralist models）。协商模式关注的是体系的准入，一个开放且信息丰富的决策环境与无等级的辩论环境。该模式特别关注通过增加协商的手段来提升体系的正当性。在对某一事项进行判断的过程中，对事实与观点进行仔细的反思，且与这些事实与观点相关的信息充分披露，那么这种判断的正当性就可以得到提升。协商模式非常强调包含了公共理性过程的重要性以及对不同观点的包容。具体到 WTO，协商的观点可能主张建立 WTO 大会（WTO assembly）或议会，以缩小治理者与被治理者之间的距离。这种观点还可能主张提升两个层面的透明度。其一是提高最不发达国家和低收入国家的参与度，其二是提高非政府

---

① See Daniel C. Esty, "The World Trade Organization's Legitimacy Crisis", *Faculty Scholarship Series*, Paper 433, 2002, pp. 9-10, 16-19.

组织的参与度。多元模式强调利益集团之间的竞争,指向民众代表的问责机制。就 WTO 而言,多元模式主张这样一种制度环境,即允许不同利益具有各自的代表,并且可以制裁那些不受控制的代表或官员。规则制定的过程应当能够包含相互竞争的价值与针锋相对的选民。

输出正当性强调的是对政治体系能够提供何种公共产品,以及此种公共产品的效率和效果如何的问题。自由主义模式(liberal model)和社会民主模式(social-democratic model)都属于这种结果导向的立场。自由主义模式强调对权利的保护,在 WTO 领域,前文提及的彼得斯曼即为其主要代表。社会民主模式则认为,体系的目的是要消除权利的不对称并修正这种不平衡。在 WTO 领域,这种观点强调在对 WTO 进行改革时,需要帮助自由化进程中的"失败者"。[1]

二 WTO 正当性论述的主要特点

(一)结果导向与程序导向的评价模式

WTO 正当性论述呈现出"结果导向型评价模式"与"程序导向型评价模式"二元划分的特点。综合前文的讨论可以认为,WTO 的正当性的问题实质就是人们如何评价 WTO 的问题,评价的结果体现了评价者对 WTO 的基本看法,进而决定了其对 WTO 这一国际组织的认可程度。我们可将这种类型的论述称为"WTO 正当性的评价模式"。

在 WTO 正当性评价模式中,对评价标准的不同选择是学者们在 WTO 正当性问题的讨论上出现分歧的主要原因。有的学者将 WTO 的目的或功能作为评价的标准,有的学者则将 WTO 的程序与过程作为标准,因此学界对 WTO 正当性的论述大致可分为"结果导向型"

---

[1] See Manfred Elsig, "The World Trade Organization's Legitimacy Crisis: What Does the Beast Look Like?", *Journal of World Trade*, Volume 41, Number 1, 2007, pp. 81-86.

与"过程导向型"。学者们在二者之间往往有不同的侧重,有的更为强调结果,有的则更注重过程,同时也不乏将二者兼顾起来的折中观点。

结果导向型的标准大致包括:"WTO 是否对国家的经济增长和繁荣有所贡献""WTO 是否对稳定和平的国际关系有所贡献""WTO 能否提供有效的规则供给""WTO 是否有效解决了国际争端""WTO 是否公平地分配了收益"等。过程导向型的标准则包括:"WTO 决策机制的参与度""WTO 的各项制度是否保证了透明度""WTO 是否实现了规则导向""WTO 是否保障了国家或公民的基本权利"以及"WTO 是否有问责机制"等。其中过程导向型论述中最常被提及的问题即为 WTO 中的民主问题,也有学者称之为宪政民主问题。这甚至导致了一些学者在行文过程中不自觉地将 WTO 正当性问题与 WTO 的民主问题不加区别地对待。

除此之外,有学者注意到了前述"WTO 正当性的评价模式"是学界的主流趋势,提出要重构 WTO 正当性的论述。他认为,学者们对 WTO 正当性的讨论多是将 WTO 的功能或目的作为一个评价标准,再通过事实来评判 WTO 在运行过程中是否达到了预设的目的或发挥了预设的功能,进而得出关于 WTO 正当性的结论。如果 WTO 意欲提高其正当性,就应当通过改革手段更好地为实现这种功能或达成这种目的服务。[①] 而他所提出的重构模式则是要探讨 WTO 的功能或目的本身,即 WTO 究竟应当发挥什么样的作用,WTO 的定位到底是什么。该学者的努力实质上就是要探讨前述"评价模式"中的评价的标准。

(二) 正当性论述的理论跳跃

应当注意的是,有部分学者在处理 WTO 的正当性问题时进行了

---

① See Michael Fakhri, "Reconstructing WTO Legitimacy Debates", *Notre Dame Journal of International & Comparative Law*, 2001, p. 66.

理论跳跃，将其讨论焦点引入既定轨道中，客观上起到了模糊 WTO 正当性问题焦点的作用。具言之，这类学者所进行的理论跳跃至少包含两个层次。

第一层跳跃是将 WTO 的正当性直接与"民主"挂钩，进而混淆了 WTO 正当性危机的焦点。首先，WTO 正当性危机所涉及的民主面向主要是发达成员和发展中成员的利益格局问题和分配性问题，这是成员间的民主问题，是国际关系民主化趋势的必然要求。在国际格局发生深刻变化的情况下，多边贸易体制长期由发达成员主导的特质势必遭受冲击和质疑，WTO 未来的改革必须予以回应。其次，WTO 正当性危机还涉及该国际组织主要功能和价值追求的问题。例如，自 WTO 成立以来，《WTO 协定》前言中所列明的"提高生活水平""保证充分就业"以及"保证发展中国家在国际贸易增长获得与其经济发展需要相当的份额"等方面的目标其实现程度如何，是解决 WTO 正当性危机的关键问题。

第二层跳跃是将 WTO "民主正当性" 问题的出现归咎于各成员内部的民主治理问题，或 WTO 因缺乏问责机制而存在正当性困境。在关于 WTO 正当性研究中，有一种观点认为应当提高各成员内部的民主正当性来提升 WTO 的整体正当性。这一观点的缺陷在于其未能论证是否存在其设想的正当性的累积机制，遑论该机制的运转原理。该观点还忽视了各成员在 WTO 中面临的分配性结果可能造成其公众对 WTO 产生不同看法，很难说这与某成员自身的宪政体制有很强的因果关系。即便在单个成员内部，公众对 WTO 的看法也会存在分歧。还有一种观点提到了 WTO 的问责机制问题，即由于 WTO 是由未经选举的官员进行治理的，故对于各成员的公众而言是缺乏正当性基础的。上述的理论处理忽略了研究国家间关系时不可忽视的研究层次问题，带有显著的还原主义倾向。这类略显武断的理论跳跃须以批判地态度看待。

三 WTO 正当性重塑

（一）WTO 正当性来源问题

在追问 WTO 的正当性危机时，我们首先应该解决的问题是：WTO 的正当性来源是什么？根据前文引述的内容，学界对这一问题已有众多讨论。综合既有讨论和多边贸易体制的发展历程，WTO 的正当性来源主要包含三个方面。其一，在 WTO 成立前，GATT 自第二次世界大战以来所达成的贸易壁垒的减让效果有目共睹，各国关税大幅度降低，事实上促进了国际贸易，为 GATT 的缔约方带来了收益。其二，WTO 本身较之 GATT 具有成员上的广泛性，囊括了世界上主要的贸易国家，具有较强的代表性。其三，WTO 的制度设计增强了其正当性。从决策程序来看，由于协商一致是最为主要的决策原则，因此在决策时每个成员都拥有平等且权重相等的一票，这保证了实力相对弱小的发展中成员与最不发达成员在 WTO 中具备影响力，避免了被彻底边缘化的境地。WTO 有制度性的监督机制，能较好地确保协定的执行。从争端解决来看，WTO 的争端解决机制成为了通过法律手段和平且有效地解决国际争端的一项重要成果，其创造性的设计了上诉机制及争端解决机构通过上诉机构与专家组报告时的"反向一致"模式，确保了争端解决机制相对高效地运转。特别是在 WTO 的决策机制面临僵局的情况下，争端解决机制曾使 WTO 始终处于国际贸易治理的中心。但由于美国的阻挠，上诉机构的运转已陷入瘫痪，WTO 陷入前所未有的危机。从组织架构来看，WTO 设有包括秘书处在内的较为完善的各类机构，这保证了 WTO 能够高效运转。

（二）实然状态下 WTO 正当性缺失

1. 规则供给难的问题

WTO 在实然状态下出现了正当性缺失的问题，这导致 WTO 面临离开国际贸易治理舞台中心的危险。造成这种情况的原因是多方面的，首当其冲的是规则供给问题。WTO 的规则供给困难，也是多重因素导致的。第一，WTO 本身的决策机制为多哈回合取得突破设置了较高的门槛，协商一致的决策原则和一揽子承诺的接受方式使得谈判达成的难度较高，但这只是制度因素。第二，从 WTO 成员的相关实践来看，他们并非对新的国际贸易规则没有需求，而是不愿意在 WTO 这样广泛的范围内接受刚性规则的约束。因此诸多成员转而选择通过 RTAs 来实现小范围的自由化。第三，就实体内容而言，由于 WTO 成员范围广泛，各方的分歧较大，增加了达成一致的难度。

2. 实体规则公平性问题

WTO 规则公平性的问题并未得到解决，在根本上影响着 WTO 的正当性。乌拉圭回合谈判是在美国为首的主要发达国家的主导下完成的。[1] 该回合的一项重大交易发生在发达成员与发展中成员之间，即发展中成员同意知识产权、服务贸易以及与贸易有关的投资措施进入 WTO 的调整范围，但发达国家需在农业补贴、非农产品市场准入等方面作出让步。但自 WTO 成立以来，发达国家致力于推动政府采购、竞争政策、劳工标准和环境保护符合其贸易利益的议题，却未对发展中成员的核心关切进行有价值的回应，致使 WTO 成立后的前三次部长级会议无疾而终。[2] 直至 2001 年的多哈回合才启动新一轮的多边贸易谈判，并以"发展"为回合冠名，体现对发展中国家权益的重视。但事实上多哈回合依然分歧巨大，直至 2020 年亦未完成。这意味着，发展中成员自 WTO 成立以来所提出的主要诉求并未得到满足。

---

[1] See Craig VanGrasstek, *The History and Future of the World Trade Organization*, World Trade Organization, 2013, pp. 56-73.

[2] 陈安教授把这种现象称为"口惠而实不至的空头支票"。参见陈安《中国加入 WTO 十年的法理断想：简论 WTO 的法治、立法、执法、守法与变法》，《现代法学》2010 年第 6 期。

3. WTO 内的民主问题

WTO 中的民主问题主要体现在两个层面。第一个层面是 WTO 成员之间的民主问题，集中表现在 WTO 决策机制中。该层面是 WTO 民主问题的主要方面。基于协商一致与一揽子承诺的双重效果，发展中国家在 WTO 决策中具有话语权，一定程度上缓解了过去多边贸易体制中的不民主问题。新的谈判机制中，多元化的谈判集团逐步形成，绿屋会议有所改进，也使 WTO 成员的决策参与权得到了一定程度的保障。当然，贸易大国作为 WTO 谈判主要推动力量的现实情况并未改变，WTO 尚需设计更具透明度和开放性的机制来促进发展中成员的参与和观点表达。第二个层面涉及的是非国家行为体对 WTO 各项事务的参与，这既包含各成员内部的政治制度，也包括非国家行为体直接介入 WTO 的活动。对此，WTO 举办了诸如公共论坛（public forum）或研讨会（workshop）等向非国家行为体开放的活动，既向这类主体传递了相关信息，同时也在某些具体问题上听取各方面的意见，体现了 WTO 主动作为，力图解决 WTO 在这一层面民主问题的良性趋势。

（三）基于功能定位演化的 WTO 正当性重塑

1. 关于正当性评价模式的选择

WTO 在当前国际体系中的功能定位出现了重大变化，采取以结果导向为主的正当性评价模式可以为 WTO 的改革提供符合现实需求的短期措施。WTO 的正当性论述主要是为了解决 WTO 的改革和发展问题。WTO 是人类处理国际贸易的重要公共产品，是全球治理的重要组成部分。探讨 WTO 正当性时应当首先明确 WTO 的基本定位及其主要功能，即确立判断 WTO 正当性的评价标准。唯其如此，针对 WTO 改革的各种建议才能够有的放矢。

在这个价值多元的时代，很难有一种制度设计满足所有国家所有公民的价值观，人们应当思考的是在价值多元的情势下如何自处、共处和共进，实现差异中的相生相长。① 要试图在价值多元的基本情势下寻求价值的"公约数"是否可能尚存疑问，即便可能，这一过程也较为漫长。为了解决现实亟须解决的问题，应当及时而审慎地作出一定的选择。当然，这种选择又不应当是武断的，而是要考虑问题的各个方面，既要有长远的价值追求，又要能够适应现实的情况，抓住事物发展的主要矛盾。具体到WTO领域，应当在已有的制度成果基础和价值共识的基础上，采取一种以结果考量为主的方式重塑WTO的正当性论述，从而在短期内为WTO的进一步发展找到出路。

2. 规则供给能力不足是当下WTO最大的正当性危机

（1）走出单纯以"民主"为主的正当性评价模式

应当跳出单纯以"民主"讨论为主的现有框架，注重WTO作为一个治理主体治理能力的提高。如前所述，WTO中所谓的民主问题主要包含两个方面的内容。第一类是WTO成员之间的民主问题，这着重体现在WTO的决策机制。WTO的决策机制以协商一致为基本原则，较好地修正了GATT时期少数国家主导决策过程的情形，实现了一定程度上的形式民主。但也正是由于这种民主决策机制，再叠加一揽子承诺的谈判手段，多哈回合的进展十分缓慢，迄今未能结束谈判取得预期成果。第二类是指各成员的公民以及其他非政府组织这些受到WTO治理影响的主体对WTO的影响力较弱的问题，它主要体现在这类主体不能通过直接的问责机制对WTO施加影响，这导致了WTO所作出的某些决策或决定不能获得广泛认可。可以说，这种对民主的理解是直接建立在西方宪政民主体制的基础之上的，它试图直接将部分国家国内政治制度套用于WTO，并以此为标准来判断WTO是否具有正当性。这样的方式或有其合理性，WTO成员间的平等也是推动国际关系民主化的题中应有之义。但应当注

---

① 参见任晓《论国际共生的价值基础——对外关系思想和制度研究之三》，《世界经济与政治》2016年第4期。

意的是，在不考虑长、短期目标区别的情况下，单纯从民主的角度来思考 WTO 的改革，将无助于解决 WTO 面临的迫切问题。①

（2）规则供给能力不足造成正当性危机

规则供给能力不足是造成 WTO 正当性危机最重要的阶段性原因。前述第一类民主问题对于 WTO 体制来说具有根本性的意义，现有的协商一致原则确实体现了对弱小国家的保护，具有正义的一面。并且，协商一致原则非常有利于成员对相关决策结果的认可和执行。这正是协商一致原则不可被取代的原因。然而，也正因为过于强调对这种形式民主的追求，WTO 的决策效率得不到保障，致使 WTO 在国际贸易规则供给方面难有作为，这无疑大大削弱了多边贸易体制在国际贸易治理中的作用，也为区域主义的盛行创造了条件，WTO 的正当性亦未见有所提升。并且，如果不能对规则进行更新，既有多边规则中的不公平内容以及分配性问题也无法得到解决。由于在规则供给上的弱势，WTO 越发遭到各方诟病，甚至使一些人对其在未来国际贸易中的作用渐渐持怀疑态度，这恰恰体现了 WTO 正当性的削弱。因此，在思考如何对 WTO 进行改造时，不妨转变观念，跳出这种单纯以"民主"为内容的框架，更加注重对结果的考察，认真思考 WTO 能够为各成员带来什么，或许可以找到一条可行的发展道路。

此外，由此引发的另一个值得深思的问题是：强调国家之间的绝对平等是否是恰当的？如所周知，主权平等原则是国际法的基本原则，此种平等曾长期存在于少数西方国家之间。随着第二次世界大战结束之后的民族独立浪潮来临，越来越多的前殖民地以独立国家的身份步入国际社会，主权平等原则成为了弱小国家的立国之本和维护自身权益的利器。按常理观之，这一原则似乎无须作过多思

---

① 民主转型国家的民主化进程所导致的复杂结果，对我们理解对 WTO 的民主化改革方案有所启发。See Jack Snyder, *From Voting to Violence: Democratization and Nationalist Conflict*, W. W. Norton & Company, 2000.

考。但现实中，对主权平等原则中"平等"要素的片面强调似乎是导致某些国际合作机制的停滞不前的原因，WTO 决策机制的困境从体制上来说正是源于协商一致原则在保护了弱小国家发言权的同时给予了所有国家一票否决的权力。此时，决策效率的问题就凸显出来。国与国之间具有高度的异质性，这体现在政治、经济与文化等诸多方面。此时一对看似矛盾的问题旋即出现：在国际组织的决策领域，主权平等与决策效率如何协调。增强弱小国家的决策参与权并不仅仅体现在赋予所有国家一票否决权，对决策过程的参与，观点的表达和沟通，也是其参与权的表现。

3. 以结果为导向的正当性评价

在明确了规则供给能力不足、决策效率低下是造成 WTO 现阶段正当性危机的紧迫原因之后，要解决这一问题，就应当选择以结果为导向的正当性评价。具言之，正当性的判断标准应当以结果导向为主，注重考察 WTO 是否有效提供了规则，以实际效果为基础来评判 WTO 已有的相关制度。这是在 WTO 面临紧迫危机条件下的务实选择。

第三节 诸边协定正当性困境分析

WTO 现阶段面临的正当性危机是输出正当性的缺失，从结果上体现为贸易规则供给不能。WTO 成员对贸易规则的更新具有重大需求。诸边协定作为改革 WTO 贸易规则制定模式的一种手段，可以更有效率地供给规则，其正当性困境来源于输入端，解决其正当性困境可考虑在控制输入端弊端的同时强化其输出端的作用，通过解决 WTO 的问题来提升自身正当性。

一 诸边协定正当性的分析框架

综合前文的梳理和分析，诸边协定的正当性可被理解为 WTO 成员对诸边协定这一协定类型的认可与接受，就性质上讲是 WTO 成员对该类协定的评价。本部分之目的是提供一个诸边协定正当性的分析框架。

(一) 诸边协定正当性概念的结构

本部分借鉴托马斯所提出的正当性结构对诸边协定的正当性进行分析，故诸边协定的正当性包括了主体、客体和基础。

1. 诸边协定正当性的主体

诸边协定正当性主体是诸边协定的评价者，本应为所有受到诸边协定直接约束的行为体，即 WTO 诸边协定的参与成员。但其具体范围还需从横向与纵向两个方向进行分析。首先探讨主体的横向推论。按照本书对诸边协定的定义，虽然这类协定只约束签署成员，但基于各种原因，诸边协定将在实质上对 WTO 全体成员造成影响，并存在最终多边化进而约束 WTO 全体成员的可能，因此诸边协定正当性的主体首先应推及 WTO 全体成员。进一步，由于 WTO 是一个影响力巨大的全球性的国际组织，成员数量非常广泛，诸边协定的影响可能延伸到 WTO 成员以外的其他国家和地区。然而，诸边协定乃至 WTO 对这类国家或地区的影响是间接的，因而将其排除在诸边协定正当性的主体范围之外。

其次是主体的纵向推论。在将诸边协定正当性的主体限定为 WTO 成员之后，进一步的问题随即产生，即包括公民、企业以及非政府组织在内的非国家行为体同样受到诸边协定的影响，此类行为体是否属于诸边协定正当性的主体？这类行为体对正当性做出评价在逻辑上是可行的，因而并不存在将其作为诸边协定正当性主体的障碍。但需指出的是，WTO 贸易规则的实施依赖于 WTO 成员的国内法，因此包括诸边协定在内的 WTO 贸易规则对这类行为体的约束是间接的。并且，如果此处进一步探讨非国家行为体对诸边协定的评价，将会使本部分的讨论焦点转移至 WTO 成员国内的政治制度，超出本书的研究范围。此外，非国家行为体在多数情况下是通过 WTO 成员来施加对 WTO 的影响。基于以上理由，本部分将诸边协定正当性的主体限定为 WTO 成员。

2. 诸边协定正当性的客体

诸边协定是作为 WTO 条约体系内的一种条约类型成为诸边协定正当性的客体的。在内容上，该客体不仅包含了诸边协定本身，还囊括 WTO 体制内约束和调整诸边协定谈判和运行的一系列规则。在此需澄清的一种情况是，此处的诸边协定正当性并不完全等同于具体诸边协定（如 ITA）的正当性，虽然具体诸边协定的正当性影响着其所属的协定类型的正当性，但因客体本身的差异，故不在本书讨论之列。

3. 诸边协定正当性的基础

诸边协定正当性的基础是诸边协定被 WTO 全体成员认为是正当的理由。由于正当性本质上是一种评价，故正当性的基础涉及的就是评价标准的问题。当然，这里的评价涉及一个三段论的逻辑推理问题，即在 WTO 全体成员那里存在客观的判断标准，此为大前提；与诸边协定相关的实际情况，此为小前提。

（二）评估诸边协定正当性的两项内容

根据正当性的经验维度和理性维度的划分，评估诸边协定正当性需要重视两项内容：第一，是否存在着 WTO 成员对诸边协定的普遍认同。第二，诸边协定是否符合某种客观的标准或规范。前者是一个事实问题，对成员的实践进行量化考察或许是更为恰当的研究方法，故不在本书讨论的范围之内。本部分以定性分析为主，故主要关注诸边协定是否与某种客观的标准或规范相符。

（三）诸边协定的输入正当性和输出正当性

本部分采用了艾尔西格在讨论 WTO 正当性时采取的输入正当性与输出正当性的区分。因此诸边协定的输入正当性可定义为 WTO 成员因诸边协定谈判与运行的相关程序规则是恰当的而对诸边协定的认可与接受。诸边协定的输入正当性要求，相关的程序规则本身应当公开透明，并且这些规则应当确保 WTO 成员的平等参与的权利、表达观点的权利、参与决策的权利、自主选择加入或退出的权利。

诸边协定输出正当性则是指 WTO 成员因对诸边协定的效果满意而对诸边协定的认可与接受。诸边协定的效果是多方面的，这取决于 WTO 成员在特定环境下的判断，诸边协定是否满足了 WTO 成员的普遍需求。

还需说明的是未选择前文论及的正当性的第二重二元结构的原因。这种二元结构隐含的前提是，正当性以特定的规则为评价对象。具体的诸边协定本身正是一套国际法规则，因此可以在诸边协定正当性研究时借用这种划分。由于诸边协定是 WTO 条约体系的一部分，诸边协定的程序正当性主要涉及的应当是诸边协定的制定程序是否恰当；诸边协定的实体正当性则关注的是诸边协定这一协定类型是否与 WTO 成员间共同持有的特定价值规范相符。从内容上看，诸边协定的实体正当性与诸边协定正当性的理性维度相重合；诸边协定的程序正当性与前述的输入正当性重合。

综合以上分析，通过输入正当性与输出正当性的综合分析，诸边协定正当性的理性维度被融入其中，接下来将着重从输入正当性与输出正当性的角度来展开对诸边协定正当性的论证。

二 诸边协定的正当性困境及其解决路径

（一）诸边协定的正当性困境分析

诸边协定正当性的困境来源于输入端，解决其困境则要着重从输出正当性入手。诸边协定的正当性受到多重因素的影响，输入正当性与输出正当性只是同一事物的两个方面，系本书为解析诸边协定正当性从而依据特定的标准进行的人为划分，因此本书的基本分析方法是结合输入正当性与输出正当性以综合考量诸边协定的正当性问题。由于研究水平所限，本部分暂无法对两类正当性进行量化分析，从而得出关于诸边协定正当性总体结论，因此只能尝试作出定性判断。

1. 输入正当性的缺失是诸边协定正当性困境的主要来源

诸边协定的基本特征是由部分 WTO 成员制定的只约束该部分 WTO 成员的贸易规则，属于多边国际组织中部分成员展开的次级集团合作。但在 WTO 的法律体系中，诸边协定很可能对全体 WTO 成员产生影响，极有可能出现的问题是由小部分成员通过诸边协定制定的贸易规则最终约束了全体成员，这在实质上剥夺了部分成员的规则制定权。这一俱乐部特点是部分 WTO 成员对诸边协定十分警惕的原因。

2. 提升输出正当性是诸边协定正当性困境解决的切入点

诸边协定的另一项特点是可以相对高效率地进行贸易规则制定。诸边协定的正当性与 WTO 的发展与改革密切相关。WTO 作为一个以规则为导向、以多边主义为指导观念建立起来的国际组织，以多边方式进行贸易规则的制定和适用是题中应有之义，具备天然的正当性。在正常情况下，通过诸边协定制定贸易规则在 WTO 体制中是难以自动获得全体 WTO 成员的接受的。但 WTO 当下面临的紧迫危机是决策效率低下，无法进行有效的规则供给，事关 WTO 的存亡和成员的收益。在此情形下，诸边协定若能在实际效果上缓解 WTO 规则供给不力的局面，从而缓解 WTO 的危机，这将使诸边协定在特定条件下逐步获得在 WTO 体系内的正当性。因此，从输出正当性着手，是解决诸边协定正当性困境的突破口。

(二) 诸边协定输入正当性缺失的表现

1. 诸边协定具有俱乐部模式的非民主特征

由于诸边协定先天地带有俱乐部模式的特征，其面临的最大的正当性问题就是对俱乐部模式的质疑。根据罗伯特·基欧汉与约瑟夫·奈的描述，俱乐部模式体现的是少数富国控制多边贸易谈判的议程，并由这些国家之间直接达成协议，其结果由其他国家接受。这种俱乐部模式对小圈子以外的国家是封闭的，对这些富国除贸易谈判团队以外的其他官员和公众也是封闭的。谈判的进程和各方立场亦不对外公开。① 俱乐部模式可以起到由少数国家设定谈判议程、预先制定规则的作用，实质上剥夺了非俱乐部成员的规则制定权，具有显著的非民主特征。

俱乐部模式是 GATT 决策机制的主要特点。由于 GATT 与 WTO 的决策机制都采用协商一致原则，因此对于可能引起争议的问题，部分缔约方或成员首先选择在小范围内进行排他性的磋商，就相关问题在少数缔约方或成员间达成共识，然后再扩大到全体缔约方或成员。在 GATT 运行初期，由于缔约方数量有限，且这些缔约方均为经济较为发达的资本主义国家，此时俱乐部模式具有高效性，但又不会引发从民主角度发出的正当性质疑。但随着 GATT 缔约方的增多，特别是大量发展中国家的加入，俱乐部模式实质上将发展中国家排除在了核心决策圈之外，使其在多数情况下只能作为规则的被动接受者而存在，因而受到了诸多质疑。这种小范围的会议随后逐渐被称为"绿屋会议"，逐步成为了 WTO "民主赤字" 主要表征。

诸边协定在参与成员的特征上表现为 WTO 中的部分成员制定规则，这与俱乐部模式具有表面的相似性，较易遭受成员的正当性质疑。如若某项已经达成的诸边协定进入多边化阶段，该协定所涉议题范围和条款设计已基本定型，嗣后加入的成员只能被动接受既有规则，可能导致这类成员的规则制定权被剥夺。部分 WTO 成员可能通过诸边协定来实施其俱乐部实践。

2. 诸边协定是对多边主义的侵蚀

诸边协定本身还构成了对多边主义的侵蚀，这将加剧对诸边协定的正当性质疑。多边主义是 WTO 的基石性观念，由于多边贸易体制在多边主义的指导下运行多年，且多边主义因其自身含义获得了较强的规范意涵，故全体 WTO 成员对这一观念的接受度颇高，因而

---

① See Robert O. Keohane and Joseph S. Nye, Jr., "Between Centralization and Fragmentaion: The Club Model of Multilateral Cooperation and Problems of Democratic Democracy", *KSG Working Paper*, No. 01-004, 2001, p. 6.

任何对多边主义指导下建立的制度和规则造成侵蚀的行为均易遭受正当性质疑。多边主义强调多边规则对全体成员统一适用，诸边协定正是一种在形式上与多边主义的要求相违背的协定类型，在 WTO 体制中推行诸边协定可能引发多边主义遭到侵蚀的担忧。

（三）输入正当性缺失的解决思路——具有透明度的俱乐部模式

强调以输出正当性为突破口来解决诸边协定的正当性困境，并不意味着不考虑如何提升输入正当性。诸边协定在输入正当性上的缺失是与生俱来的，通过一定的规则设计对诸边协定进行约束，减轻或控制输入正当性缺失的程度，有利于诸边协定正当性的提升。提升诸边协定谈判与运行的过程中的透明度，是一种可能的解决思路。

诸边协定是由部分 WTO 成员在 WTO 体制中通过谈判达成且仅对该部分成员具有约束力的协定。从形式上来讲是一种俱乐部模式，与 GATT 时期的决策模式具有较高的相似性。如果在"民主赤字"问题已经较为严重的 WTO 中再加入"更加不民主"的俱乐部模式，势必会引发 WTO 成员特别是发展中成员的强烈反对。

但事实上，本书所界定的诸边协定与 GATT 时期的俱乐部模式具有显著的区别，是一种具有较高透明度的俱乐部模式。诸边协定这种具有俱乐部模式特点的路径，可以发挥俱乐部模式在决策中较为高效的特点。但与此同时，我们注意到了旧有的俱乐部模式在实践中引发的民主赤字的问题，因此 WTO 有必要制定规制诸边协定的相关规则，这类规则既要保留俱乐部模式的优点，又要克服其缺点。

首先，从解决封闭性问题的角度出发，这种具有透明度的俱乐部模式从诸边协定谈判的启动就完全纳入到 WTO 的监督之下，谈判的各项进展都应当定期向 WTO 及全体成员披露。其次，诸边协定的谈判结果并非直接强加于全体成员，这与 GATT 时期的俱乐部模式区别显著。诸边协定谈判达成后，该协定仅对诸边协定的签署方具有约束力。如果全体成员有意愿将某个诸边协定多边化，还应当经全体成员协商一致通过。在如此的制度设计之下，诸边协定就能够在较大程度上克服民主赤字的问题。

三 提升诸边协定正当性的问题导向

通过强化诸边协定输出正当性来解决 WTO 规则供给难的问题，从而破解诸边协定正当性困境，是基于 WTO 的现实状况所得出的一种解决思路。在强化输入正当性方面有一些关键的问题值得特别关注。

（一）解决 WTO 贸易规则制定困境是诸边协定正当性的指针

WTO 面临的困境是多种因素造成的，WTO 不能有效的提供新的规则在现阶段众多诱因中起主要作用。WTO 如果不再能够为成员的经济增长提供助力，主要成员不能从 WTO 中获得收益时，就会转而寻求其他规则制定场所。从维护多边贸易体制的角度出发，WTO 若想避免被彻底被边缘化，就必须摆脱现阶段立法进程处于僵局的现状，力图在国际贸易规则的制定上有新的贡献，方能维持其摇摇欲坠的地位。此外，多边贸易体制特别是 WTO 的运行已经积累了不少的成功经验和制度构建，如能有效发挥作用，客观上是能够继续提供新的规则，并有效执行相关规则的。

（二）诸边协定能否供给新的规则

要解决 WTO 贸易规则供给困难的问题，唯有在全体成员形成共识的基础上对 WTO 的贸易规则制定模式进行改造。现阶段，大量 RTAs 的出现使其逐渐成为了国际经贸规则制定的主要渠道，WTO 已不再是贸易自由化的引擎，它更多地承担起了维持贸易自由化现状的稳定器的作用。[①] WTO 应当因势利导，主动寻求与各类 RTAs 规则进行融合，利用诸边协定将 RTAs 中某些运行成熟且有共识基础的

[①] See Joost Pauwelyn, "New Trade Politics for the 21st Century", *Journal of International Economic Law*, Volume 11, Number 3, 2008, p. 565.

规则纳入到 WTO 中来，使 WTO 这一稳定器发挥作用的范围越来越广，能够积极地反映各国通过 RTAs 制定国际经贸规则的新成果。基于此，虽然 WTO 并未在第一时间提供新的规则但却在更广泛的范围内提高了贸易自由化的基准，或可从整体上提高全球国际贸易自由化程度。现实中，WTO 成员利用诸边协定进行规则制定的探索一直没有停止。ITA 谈判自 1995 年启动，并在 2015 年年底正式完成了扩围谈判，协定的执行情况良好，促进了信息技术产品的贸易便利化。EGA 谈判和电子商务诸边谈判正在进行。WTO 成员从未停止通过诸边的方式渐进式推动 WTO 贸易规则的更新。

（三）诸边协定能否有助于缓解 WTO 所面临的挑战

诸边协定及其相关制度能够在一定程度上使某些贸易规则的制定重新回归到 WTO 框架内，但并不能改变 WTO 本身功能定位已经发生重大转变的事实。如果说 WTO 变身为了一种"稳定器"，那么诸边协定的作用在于将其他场所制定的贸易规则中符合条件的部分引入到 WTO 中，使这些规则成为国际贸易规则基准的新要素。因此，诸边协定虽不能使 WTO 回到它成立时的重要地位，但却能使转型后的 WTO 更好的发挥作用。

第四节　诸边协定正当性困境的克服

提升诸边协定的输入正当性归根结底是要找到适于诸边协定的功能定位，发挥其决策效率高的特点，进而能够解决 WTO 规则供给困境，减缓 WTO 被逐步边缘化的趋势。WTO 成立已 20 余年，国际体系已经发生了重大变化，WTO 已经无法承担起国际贸易规则制定"引擎"的作用。诸边协定的功能定位必须与 WTO 的地位变化相适应，也应与当下国际经贸规则制定的实际情况相适应，如此方能最大限度发挥其最大作用，从而产生相对更优的效果。

一 WTO贸易规则制定的补充手段

(一) WTO贸易规则制定的主要模式

协商一致原则（consensus）、一揽子承诺（single undertaking）以及成员驱动（member-driven）是WTO决策模式的三大支柱。《内罗毕部长宣言》重申了WTO决策模式的价值，这种模式即通过一个透明、包容、以协商一致为基础且由成员驱动的过程作出决策。[1] 尽管如此，内罗毕会议和布宜诺斯艾利斯会议均未完成久拖不决的多哈回合，现阶段而言，WTO的决策模式依然变得不可持续。[2]

1. 协商一致原则

协商一致原则对WTO决策机制而言具有基石性作用。[3] 协商一致并不意味着全体WTO成员的明示同意。关于协商一致的具体含义，《WTO协定》第9条的脚注1有如下表述，"如在做出决定时，出席会议的成员均未正式反对拟议的决定，则有关机构应被视为经协商一致对提交其审议的事项作出了决定"。该规定意味着协商一致并非全体成员的正式同意，而是出席会议的成员中并无一成员正式反对。弃权、缺席会议或没有参加某一特定投票程序并非否定行为。[4] 由于多哈回合的僵局，该原则遭受了诸多的批评，但它对WTO的基石作用是毋庸置疑的。"以协商一致原则作为其决策的一般性要求，WTO这一以规则为基础的多边框架对于国际贸易规制的

---

[1] See Nairobi Ministerial Declaration, WT/MIN (15) /DEC, para. 3.

[2] See Manfred Elsig and Thomas Cottier, "Reforming the WTO: the Decision-Making Triangle Revisited", in Manfred Elsig and Thomas Cottier eds., *Governing the World Trade Organization: Past, Present and Beyond Doha*, Cambridge: Cambridge University Press, 2011, p. 291.

[3] 参见傅星国《WTO决策机制的法律与实践》，上海人民出版社2009年版，第238页。

[4] 参见［美］约翰·H. 杰克逊《国家主权与WTO变化中的国际法基础》，赵龙跃等译，社会科学文献出版社2009年版，第134页。

发展作出了积极的贡献。该原则对主权平等的强调保障了国际贸易框架中的法律之治。"① 协商一致原则在 WTO 决策机制中的基础性地位还较为稳固。② 也正由于协商一致原则的高要求，导致了在所有分歧没有全部得到解决的情况下，WTO 是难以做出有效决策的。

有必要指出的是，除协商一致以外，《WTO 协定》诸多条款还规定了通过投票作出决定的方式。③ 然而在现实中，WTO 决策实践基本排除了投票方式的使用。④ 这可能是基于以下三个原因。首先，协商一致的规则有助于确保输入正当性（input legitimacy），投票方式反而会使其降低。其次，采取投票的方式以成员具有同质性为前提，但异质性是 WTO 成员结构的主要特征之一。最后，协商一致有利于 WTO 成员对其所承担的国际义务的履行。⑤ 正如约翰·杰克逊所言，"协商一致的问题及其更加普遍的投票所面临的问题，揭示了一般国际法中国家平等原则所具有的而且有争议的影响组织功能的观点。但如何才能够在增加价值而不是负担的前提下解决有关问题，

---

① See Wenwei Guan, "Consensus Yet Not Consented: A Critique of the WTO Decision-Making by Consensus", *Journal of International Economic Law*, Volume 17, Issue 1, 2014, p. 82.

② 在 2000 年和 2002 年，WTO 成员集中讨论了协商一致的相关问题，其核心议题是"协商一致是否应该坚持下去？是否有必要对其进行改革？"包括美国、新西兰、挪威、乌拉圭、牙买加、非洲集团、东盟、日本、韩国、捷克、墨西哥等成员均认为应当坚持协商一致原则。傅星国总结道："总之，迄今为止没有一个 WTO 成员要求废除协商一致原则，一些成员对落实协商一致提出了意见。可以说，完全改变协商一致原则在 WTO 成员中缺乏共识。"参见傅星国《WTO 决策机制的法律与实践》，上海人民出版社 2009 年版，第 116—117 页。

③ 如《WTO 协定》第 7 条第 3 款，第 9 条第 1、2、3 款，第 10 条第 1、3、4、5 款以及第 12 条等。

④ See John H. Jackson, William J. Davey and Alan O. Sykes, Jr., *International Economic Relations Cases: Cases, Materials and Text on the National and International Regulation of Transnational Economic Relations*, Saint Paul: West Academic Publishing, Sixth Edition, 2013, p. 248.

⑤ See Jamie Tijmes-Lhl, "Consensus and Majority Voting in the WTO", *World Trade Review*, Volume 8, Issue 3, 2009, p. 435.

仍然是一个难解之谜"①。

2. 一揽子承诺

WTO体制中的一揽子承诺尚无确切定义,② 它常被总结为"在所有事项全部达成一致之前,不达成任何一致",体现了各议题谈判间的不可分割性。③ 它具有三个层面的法律性质,即它是一种谈判模

---

① 参见［美］约翰·H. 杰克逊《国家主权与WTO变化中的国际法基础》,赵龙跃等译,社会科学文献出版社2009年版,第137页。

② 一揽子承诺的含义在乌拉圭回合中历经了变化。这一词语正式出现在《埃斯特角宣言》第I.B.2段之中,其原文为"谈判的启动、进行以及谈判结果的执行应当被视为一揽子承诺之部分"。但宣言并未对一揽子承诺进行明确的定义。一揽子承诺被理解为仅指"乌拉圭回合将以这样的方式进行:所有的议题同时谈判,在就所有议题(topic)达成一致之前不能就任何一个议题达成一致"。在乌拉圭回合的收尾阶段,对于一揽子承诺的理解,四方(美国、欧盟、加拿大和日本)首先达成一致,并最终由全体GATT缔约方所接受,即一揽子承诺不仅涉及前面提及的谈判的顺序问题,还涉及谈判结果的不可分割性(indivisibility),故全体WTO成员将被要求接受乌拉圭回合中达成的所有协定。一揽子承诺的方式最早是由欧盟与加拿大提出,他们担心在接受和实施有关新议题的纪律时GATT体制过于赢弱且碎片化,并且这个体制还是临时性的,因此提议建立新的制度。美国也接受了这样的观点,但美国提出的方式却不是一套完善的制度,而是将正在谈判的贸易协定统一打包进一揽子中。美国在1990年9月发布了一份名为《结束乌拉圭回合并执行谈判结果》的非正式文件,在该文件中,美国重申了对发展中国家在执行东京回合时采取的"点单式"方法的失望,并声称在乌拉圭回合中继续这种方式将不符合《埃斯特角宣言》的决定,因此建议将谈判结果和现行的GATT1947整合进一个新的协定中。这就是《WTO协定》最终形式的由来。然而,吊诡的是,尽管"一揽子承诺"对乌拉圭回合的完成至关重要,但其僵化的弊端在WTO多哈回合中体现无余。前美国贸易谈判官员安德鲁·斯托勒(Andrew Stoler)就认为一揽子承诺是乌拉圭回合最大的错误。《埃斯特角宣言》中的用语体现的是和现有含义完全相反的意图,但四方在1993年认为可以利用成立后的WTO迫使其他乌拉圭回合的参与方接受一揽子承诺的其他含义。约翰·杰克逊(John Jackson)则指出,一揽子承诺是一个严重的错误,因为它为贸易体系造成了一些问题。采用一个完全的一揽子承诺根本没有必要。See Craig VanGrasstek, *The History and Future of the World Trade Organization*, Geneva: World Trade Organization, 2013, pp. 48-50.

③ See Matthew Kennedy, "Two Single Undertakings-Can the WTO Implement the Results of a Round?", *Journal of International Economic Law*, Volume14, Issue 1, 2011, p.79.

式、一种谈判工具以及一项法律原则。[①] 一揽子承诺给予了成员和不同的谈判集团利用"议题关联"来讨价还价的空间，这一方面为消除分歧提供了路径，另一方面也为某些成员阻碍谈判进程提供了手段。例如，《贸易便利化协定》在 2014 年 7 月遭到印度阻挠，印度因为其在农产品支持方面的关切，采取了标准的"议题关联"的策略来达到自己的目的，这对支持制定贸易便利化多边规则的成员来说是重大挫折。

在多边贸易体制的历史上，一揽子承诺偏离了 GATT 体系中长期存在的谈判实践。针对单独的协定展开谈判在多边贸易体制中具有悠久的历史。这种实践的早期例证是 1962 年的《执行第 16.4 条的宣言》（the Declaration Giving Effect to the Provisions of Article XVI: 4），在当时 GATT 的 42 个缔约方中，只有 17 个接受了该协定，但协定的利益根据最惠国待遇原则适用于所有缔约方。其他更显著的例子就是东京回合中的各项只对签署方具有约束力的单独协定，即东京回合守则。

3. 成员驱动

成员驱动主要体现在 WTO 成员于 WTO 决策机制中的主导作用，这意味着 WTO 总干事、谈判委员主席乃至 WTO 整套机构并不能作为一个独立的主体实质性地推进 WTO 决策进程。例如，WTO 总干事并无正式的设定议程的权利，并且在全体成员的指导下工作。[②] 由此可见，WTO 机构并不具备极高的独立性，WTO 成员依然是 WTO 决策的源动力。当然，WTO 机构在 WTO 日常运行过程中的事务性作用是毋庸置疑的。在 WTO 的决策层面，WTO 总干事虽无直接参与决策的法定权力，但其在贸易谈判中的协调作用对于谈判的进行

---

① 参见徐泉《WTO "一揽子承诺"法律问题阐微》，《法律科学》2015 年第 1 期。

② See Manfred Elsig and Thomas Cottier, "Reforming the WTO: the Decision-Making Triangle Revisited", in Manfred Elsig and Thomas Cottier eds., *Governing the World Trade Organization: Past, Present and Beyond Doha*, Cambridge: Cambridge University Press, 2011, p. 292.

具有不可忽视的影响,这与成员驱动的根本特点并不相悖。WTO 成员才是多边贸易谈判能否取得进展的最终决定者。

如果说成员是推动 WTO 决策机制的力量之源,那么由哪些成员实质推动则成为了决策机制的指南针。成员驱动所蕴含的另一层意涵是 WTO 决策机制中的大国主导。贸易大国的政治意愿是推动 WTO 决策机制的重要动力。WTO 决策机制陷入僵局,除了协商一致与一揽子承诺的双重效果外,从成员驱动的角度而言,WTO 主要成员缺乏推动 WTO 谈判的动力是重要原因。①

成员集团化是成员驱动的一种重要体现。WTO 谈判集团是成员集团化的重要表现形式。谈判集团是拥有相同立场的国家之间进行的一种外化的协调。② 谈判集团内成员间的连接因素是其在某个议题上的相似观点。谈判集团的积极作用在于其有助于整合不同成员间的立场,提高决策机制的透明度,同时有利于发展中成员通过抱团的方式维护自身利益,当然发展中成员也可利用这一方式强力推动其主张。③ 截至目前,WTO 官方统计的较有影响力的、非临时性的谈判集团共有 24 个。④

---

① 首先,美国缺乏在多边贸易体制中寻求突破的动力。大国在国际经贸规则制定方面具有极大的引领作用,美国是当今世界唯一的超级大国,因而对于多边贸易体制的发展而言具有至关重要的作用。美国国内反对自由贸易的呼声不低,"公平贸易"理念大行其道。从更宏观的角度而言,美国国内的孤立主义抬头,很可能进一步降低美国参与和推动 WTO 谈判的意愿。其次,欧盟作为一个整体是全球最大的贸易体,在 WTO 中同样具有举足轻重的作用。从欧盟委员会的贸易政策宣示情况来看,欧盟既追求继续发挥 WTO 的作用,同时也在不遗余力地进行各类 RTAs 的谈判,积极参加 ITA 和 EGA 等诸边协定的谈判。同时,与中国等重要发展中国家的双边经贸关系也是其贸易战略的重要组成部分。可以说,欧盟把主要精力放在了 WTO 多边谈判以外规则制定方式上。

② See Amrita Narlikar, "A Theory of Bargaining Coalitions in the WTO", in Amrita Narlikar and Brendan Vickers, eds., *Leadership and Change in the Multilateral Trading System*, Dordrecht: Martinus Nijhoof Publishers, 2009, p. 184.

③ 参见傅星国《WTO 决策机制的法律与实践》,上海人民出版社 2009 年版,第 200—203 页。

④ 参见 https://www.wto.org/english/tratop_e/dda_e/negotiating_groups_e.htm。

（二）通过诸边协定制定贸易规则是 WTO 贸易规则制定的补充方式

诸边协定是 WTO 中部分成员制定之贸易规则的载体，这并非 WTO 贸易规则制定方式的主流，具有补充性质。这种补充性质主要体现在：

1. 诸边协定是多边贸易规则制定陷入僵局时的补充手段

现阶段造成 WTO 多哈回合谈判僵局的因素是多方面的，如果仅就相关规则而言，一揽子承诺所采取的"全有或全无"的谈判方式是最为直接的原因。如前所述，WTO 决策模式由协商一致、一揽子承诺和成员驱动这三大支柱所构成。协商一致是 WTO 决策模式的基石，尚未有 WTO 成员正式主张废除这一原则，其依然具备较高的正当性，欲以此为突破口寻求规则制定的进展并不现实。成员驱动是 WTO 决策模式的根本特征，如果 WTO 在短时间内无法发展成为了一个具有极强影响力的超国家机构，那么成员依然是 WTO 决策机制的动力之源。因此，三大支柱中的一揽子承诺自然可成为推动 WTO 贸易规则制定的突破口。由于涉及议题众多、成员的利益错综复杂，一揽子承诺所造成的"大而全"的多边谈判尚未取得具有突破性的进展，多边贸易规则的制定陷入僵局。那么在议题和成员上进行缩限，就成为了 WTO 内贸易规则制定的一条新路。如果多边贸易规则的制定能够顺利进行，WTO 成员寻求达成诸边协定的意愿将会降低。

2. 部分诸边协定顾及非参与成员的利益

以 ITA 为代表的一类诸边协定均采取"诸边约束，多边受益"的模式。已经完成扩围谈判的 ITA 所设定的义务仅约束参与成员，其约束的具体方式是由参与成员依据相关规定修改作为 GATT1994 一部分的其各自的关税减让表，这种减让便以最惠国待遇为基础适用于 WTO 全体成员。现有的诸边协定及诸边协定谈判均十分注重吸纳新的 WTO 成员成为诸边协定的参与成员。从 ITA 于 1997 年生效至 2015 年年底扩围谈判完成达成新的 ITA，参与成员数量已经扩展至 54 个。正在进行中的 EGA 谈判的也将采取"诸边约束，多边受益"的模式，其参与成员数量由最初的 14 个成员扩展为 18 个。① 在第 13 轮谈判中，EGA 谈判主席为尚未参与 EGA 谈判的 WTO 成员举办了一场扩大的透明度会议，其目的是主动地向这些成员通报 EGA 谈判的进展情况。这样一方面可降低一些反对诸边协定的成员的忧虑，另一方面可展现诸边协定谈判不同于绿屋会议的决心。②

3. 诸边协定均具有多边化的倾向

诸边协定是 WTO 体制中的贸易协定向多边协定转换过程中的中间形态。就诸边贸易协定而言，《政府采购协定》自其前身东京回合政府采购守则起，就将吸引更多国家或单独关税区的参与以实现多边化作为目标。而以 ITA 为代表的诸边协定而言，其采取的"诸边约束、多边受益"的模式在实质上实现了协定利益的多边化，加之诸边协定采取了"临界数量"作为生效门槛，参与成员在某部门的贸易量已经超过该部门全球贸易量的 90%，特定产品或部门的主要市场已经开放。这样一来，无论是否在参与成员数量上实现多边化，这类协定在效果上已经接近多边化。在实践中，一些成员始终将多边化作为诸边协定的最终任务，这表明诸边协定实际上是某项协定在成为多边协定过程中的阶段性产物，诸边协定始终处于一种未完成的样态，其以实现多边化为最终目的。

不能排除一种可能出现的情形：如果 WTO 在多边场合的贸易规则制定依然不能取得进展，而诸边协定的谈判同时又不断增多，那么这种量变的积累就会导致质变，即贸易规则制定的诸边模式从一种补充手段逐步转变为一种主要的模式。因此在 WTO 框架内开展诸边协定的谈判必须是审慎的。

---

① 其中欧盟被视为单一成员。

② See European Commission, *Report from the 13th Round of Negotiations for an Environmental Goods Agreement（EGA）*, p. 1.

二 诸边协定是整合贸易规则的有效路径

(一) WTO 的新定位

在国际格局发生重大变化的当下，WTO 面临转型。诸边协定是 WTO 体系中的一种条约类型，深嵌于 WTO 体制中，其功能与 WTO 在新时期的定位密切相关。

1. WTO 原有的定位与实际效果

(1) WTO 的原有定位

在乌拉圭回合结束时，WTO 曾经被视为国际贸易规则制定的"引擎"。这是因为《WTO 协定》不仅包含了对 GATT 项下各项协定的更新，同时还拓展了多边贸易体制的涵盖领域，将与贸易有关的投资、知识产权和服务贸易纳入其中。与此同时，WTO 还设置了强有力的争端解决机制以保证《WTO 协定》的执行。尽管 WTO 中的南北分歧依然明显，但在乌拉圭回合结束之际，谈判者给予 WTO 的期望是巨大的，其态度也是较为乐观的。

(2) WTO 运行的实际效果

第一，贸易规则制定功能严重缺失。在谈及 WTO 决策机制的僵局时，我们通常将焦点置于 2001 年启动、迄今尚未结束的多哈发展回合。事实上，2001 年的多哈部长级会议已是 WTO 成立之后的第 4 次部长级会议，在此之前已经举行了 3 次部长级会议，[①] WTO 内多边贸易谈判的曲折过程在多哈回合启动之前已经显现出来。多哈部长级会议前的谈判围绕着两个相关联的问题展开：是否需要启动新的谈判回合？如果启动新的谈判回合，该回合谈判的议题是什么？

关于回合制谈判是否继续适用的问题，WTO 成员展开了激烈的

[①] 在这 3 次部长级会议中，1996 年的新加坡部长级会议是 WTO 成立之后的首届部长级会议，其后相继举行了 1997 年的日内瓦部长级会议和 1999 年的西雅图部长级会议，其中西雅图部长级会议遭遇了严重的反全球化游行示威活动，致使整个多边贸易体制都陷入了困境。

讨论。GATT 乌拉圭回合是多边贸易体制中最后一次完成了的大规模的多边贸易规则制定活动。乌拉圭回合结束后，关于多边贸易体制中回合制贸易谈判是否合理的讨论大量出现。有论者指出谈判回合的时代已经结束了，面对国际经济关系中不断出现的亟须解决的问题，两个回合间十年或更长的时间显得太长。并且回合谈判本身也难以控制，应当让位于新的谈判和规则制定方式。[①] 多边贸易谈判的回合制时代并未如一些人认为的那样结束，相反，WTO 成立后的第一个回合谈判——多哈发展回合——在 WTO 成立 15 年后依然未能完成，回合制变得更加艰难。

WTO 中的贸易谈判对 GATT 时代既有延续也有改变。WTO 贸易谈判延续了 GATT 时代将"多议题、长时间"谈判回合作为谈判主要组织原则的做法。同时，WTO 还延续了 GATT 乌拉圭回合所采取的一揽子承诺的原则。WTO 贸易谈判的改变则主要体现在议题范围的扩展。[②]

第二，成员具有广泛性。WTO 素有"经济联合国"之称，现有 164 名成员，[③] 成员代表范围广泛，几乎涵盖了当今世界主要国家和地区，这赋予了 WTO 较强的代表性、权威性和正当性。当然，WTO 所体现出的优势在特定情况下往往会对其自身造成困境。就成员的广泛性而言，WTO 的成员具有高度的异质性，体现在了政治、经济、文化、自然禀赋等各个方面。正因如此，各成员在 WTO 多哈回合谈判中的诉求就会出现巨大分歧。由于 WTO 的谈判采取了一揽子承诺方式加协商一致原则的模式，要在非常广泛的议题范围内达成一致殊为不易，多哈回合的停滞不前就是明证。

[①] See John H. Jackson, William J. Davey and Alan O. Sykes, Jr., *International Economic Relations Cases: Cases, Materials and Text on the National and International Regulation of Transnational Economic Relations*, Saint Paul: West Academic Publishing, Sixth Edition, 2013, p. 248.

[②] See Craig VanGrasstek, *The History and Future of the World Trade Organization*, World Trade Organization, pp. 303-304.

[③] 参见 https://www.wto.org/english/thewto_e/whatis_e/tif_e/org6_e.htm。

第三，争端解决机制在一定时期内运行良好。WTO 争端解决机制是人类和平解决国际争端的一项重要尝试，且已经取得了重要成果，甚至被认为是国际法治的一项重要体现。总体而言，WTO 争端解决机制在其正常运行期间，以较为刚性的制度设计促使成员遵守《WTO 协定》，确实起到了维护 WTO 内的法纪统一的作用，避免了贸易争端的升级，有助于维护相对稳定和可预期的国际贸易环境。WTO 争端解决机制的成功主要体现在两个方面。其一，WTO 裁决水平较高，更易为 WTO 成员所接受。具体而言，首先，上诉程序与常设的上诉机构不仅降低了错误裁决发生的可能性，还提高了 WTO 法的稳定性和可预测性。其次，专家组和上诉机构在案件审理过程中注重法律推理，严守"涵盖协定"的约束，其裁决基本上能够做到以理服人。最后，专家组和上诉机构均具备较高的中立性和政治上的独立性，过往的国际关系中"以强凌弱"的状况有所减少。其二，WTO 争端解决机制的执行机制较为有效。"在国际法规范中，遵守与实施的问题永远都非常重要，这是因为国际法律制度与大多数的国家法律制度并不相同，它并不控制对武力的使用，而且对于要求遵守通常几乎没有什么强制性的手段。"[①] WTO 裁决执行及其监督程序正是 WTO 制度设计者们改变这一现状的一项重要尝试。正如学者所言，"与不存在裁决执行程序的争端解决机制相比，与靠道德力量执行裁决相比，WTO 的争端解决机制更具有'法治'色彩"。[②]

当然，WTO 争端解决机制自身依然存在诸多缺陷，成员对争端解决机制的批评不绝于耳，[③] 这是任何制度设计都可能出现的情况，关

[①] 参见［美］约翰·H. 杰克逊《国家主权与 WTO 变化中的国际法基础》，赵龙跃等译，社会科学文献出版社 2010 年版，第 225 页。

[②] 参见韩立余《既往不咎——WTO 争端解决机制研究》，北京大学出版社 2009 年版，第 110 页。

[③] 美国贸易代表办公室详细列举了其认为上诉机构违反 WTO 规则、削弱多边贸易体制的具体方面。See United States Trade Representative, *Report on the Appellate Body of the World Trade Organization*, Feburary 2020.

键是如何通过规则的修改或订立新的规则对这些缺陷加以完善。于是问题又回到了推动 WTO 决策机制上来。值得一提的是，作为 WTO 争端解决机制核心的 WTO 上诉机构近来面临着自 WTO 成立以来的最大危机，它体现出争端解决机制的良好运转可能带来的副作用。WTO 争端解决机制确实为 WTO 的多边贸易规则注入了强烈的刚性因素，维护了多边贸易规则的统一，但这也在一定程度上构成了各成员在谈判中达成一致的阻却因素。某些成员可能会担心刚性的争端解决机制会将不利于己的规则被严格执行，因而在谈判中寸步不让，避免最终得到执行的多边贸易规则伤害自身利益。这在一定程度上加大了谈判中达成妥协的难度。此外，WTO 争端解决机制的巨大作用也迫使有些成员寻求法律以外的手段来破坏上诉机构的独立性和权威性，进而在根本上削弱 WTO 争端解决机制的效用。[①] 截至 2021 年年初，上诉机构已经瘫痪。部分 WTO 成员于 2020 年 3 月同意设立一个多方临时上诉仲裁安排（Multi-Party Interim Appeal Arbitration Arrangement，简称"MPIA"）作为解决贸易争端的临时机制，试图缓解上诉机构停

[①] 美国干扰 WTO 上诉机构成员张胜和（SeungWha Chang）连任的问题体现出上诉机构时刻面临的威胁。这位 WTO 韩国籍大法官的第一个任期将于 2016 年 5 月 31 日届满。按照以往的惯例，在没有成员正式反对的情况下，上诉机构成员是可以连任一次的。2016 年 5 月 11 日，美国发表声明，声称将不会支持张胜和的连任，并且也将反对任何关于张胜和连任的建议。美国认为上诉机构成员的连任并不是自动的，并对张胜和在涉美案件中的做法和立场表示了担忧。美国的这一举动在 WTO 内引起了轩然大波。成员们最主要的担心是这种做法会影响上诉机构成员的中立性，即如果上诉机构作出了不利于某个成员的裁决，相关的上诉机构成员就可能在连任时面临这个 WTO 成员的报复。包括欧盟、中国、韩国、巴西等在内的多个 WTO 成员与上诉机构的其他成员都对美国行为表达了不同程度的不满。美国的这一政治化举动严重削弱了上诉机构的权威性和对 WTO 争端解决机制以规则为基础裁决案件的信心，毕竟上诉机构是 WTO "以规则为导向" 理念的最集中体现。此外，张胜和的连任风波也引发了人们对上诉机构成员连任问题的思考，这次事件之所以会发生，正是由于没有明确的规则规定连任的程序和条件。张胜和在自己的告别演讲中也建议争端解决机构设立相应的规则明确连任的程序，包括不能连任的正当理由。See Farewell speech of Appellate Body Member Seung Wha Chang, 26 September 2016, available at: https://www.wto.org/english/news_e/news16_e/changfarwellspeech_e.pdf.

摆而造成的困局。

第四，以总干事为首的行政团队作用巨大。尽管 WTO 是一个成员驱动的国际组织，但从国际组织本身的运行来看，秘书处的作用显著，"WTO 秘书处人员总体上非常精干，专业素质高"[①]。这有利于 WTO 的日常运转，从而使 WTO 这个国际组织具有了较强的执行能力和协调能力。随着 WTO 成员的增多和 WTO 的政策范围不断拓宽，现实对 WTO 秘书处的要求不断增多。WTO 秘书处在 WTO 的所有活动中向全体成员提供独立和专业的支持，其主要角色是为各类理事会和委员会提供专业的支持和建议，为发展中国家提供培训和技术支持，监督和分析世界贸易的发展，向公众和媒体提供信息，组织部长级会议。WTO 秘书处还越来越多地在争端解决程序中提供法律协助，为希望成为 WTO 成员的政府提供咨询，对成员的具体贸易措施和世界贸易流量的相关数据进行整理和分析。随着 WTO 的政策范围不断扩展，秘书处也将其专业领域延伸到了服务、知识产权、卫生检验检疫措施以及贸易与环境等领域。[②]

2. WTO 新定位——国际贸易规则的基准

经过多年的实践，各国对国际贸易规则逐步形成了内容相对稳定的共识。托马斯·科蒂尔（Thomas Cottier）认为存在一种国际贸易的"普通法（common law）"。他指出，WTO 内外大多数贸易协定同出一源。它们以发端自 GATT1947 的市场准入、透明度和非歧视的渐进式自由化理念为基础。它们都致力于通过增进包容性和开放性来实现比较优势和提高福利。优惠贸易协定和正在兴起的跨区域协定都以 WTO 法的观念为基础。它们享有共同的主题事项。这些协定的构造都遵循了 WTO 的基本模式，如经典的货物、服务和知识产权保护的划分以及关税和非关税壁垒的区分，这是与货物相关的

[①] 参见孙振宇《日内瓦倥偬岁月》，人民出版社 2011 年版，第 72 页。

[②] See WTO, *The WTO at Twenty: Challenges and Achievements*, World Trade Organization, 2015, p. 16.

所有 WTO 协定所关注的核心问题。① 显然，科蒂尔注意到了大量的国际贸易协定间在议题和条款上存在高度的相似性，为这类协定寻求某种"公约数"是可能的。

朱斯特·鲍威林（Joost Pauwelyn）认为 WTO 有两个新角色需要扮演。首先，WTO 应当也必须从渐进式贸易自由化的"引擎"转变为保持现状免受保护主义侵蚀的"稳定器（stabilizer）"。如此一来，WTO 的核心功能就不再是组织连续的谈判回合，而是做好争端解决工作。其次，WTO 还应当从"引擎"转变为"清算所（clearing house）"。如果自由化大多是由单边驱动或通过双边和区域协定实现，WTO 就应当实现这一转变。这一角色的功能体现在，各国可以通过 WTO 来实施和保护其通过双边或区域方式达成的市场开放成果，这些成果既要通知 WTO，也要在 WTO 中形成法律约束。这样一来，WTO 就应该抛弃传统的一揽子承诺方式，而允许"可变几何（variable geometry）"的增多。例如，某区域协定的参与成员通过 WTO 来约束彼此，利用 WTO 来实施这些承诺。②

综合两位学者的讨论，WTO 转型可以围绕"为国际贸易规则提供基准"这一新定位而展开。一个较为明显的趋势是，多边以外的贸易自由化实现方式已经对 WTO 造成冲击，在这一背景下承认这些方式的合理性并主动应对是 WTO 改革应当采取的务实态度。前述学者的建议都特别强调了 WTO 的角色转换问题，WTO 不仅要针对自身的问题进行改革，还要主动地应对外部世界对该组织形成的挑战。

（二）区域贸易协定与 WTO 的新型关系

随着 WTO 的定位发生转变，WTO 与 RTAs 之间的关系也面临着新的调整。

---

① See Thomas Cottier, "The Common Law of International Trade and the Future of the World Trade Organization", *Journal of International Economic Law*, 2015, Volume 18, Issue 1, pp. 6-7.

② See Joost Pauwelyn, "New Trade Politics for the 21st Century", *Journal of international Economic Law*, Volume 11, Issue 3, 2008, pp. 565-567.

1. WTO 现行多边纪律无法约束 RTAs 的激增

WTO 现行多边纪律中，关于 RTAs 的规定包括 GATT1994 第 24 条以及《关于 GATT 第 24 条解释的谅解》，GATS 第 5 条和"授权条款（the Enabling Clause）"①。WTO 中还设立相关的机构和制度来进一步约束 RTAs。WTO 总理事会还于 1996 年设立了区域贸易协定委员会（the Committee on the Regional Trade Agreements，CRTA），主要职责是审查已向 WTO 报备的 RTAs，考察 RTAs 对多边贸易体制的体制性影响及 RTAs 之间的相互关系。其主要目的是确保 RTAs 的透明度并使全体成员可以评估某项区域协定与 WTO 规则的相符性。迄今为止，由于未能满足协商一致的要求，CRTA 还未发布任何一份审查报告。② 多哈回合启动以后，WTO 成员愈发意识到要加强对 RTAs 的约束。2006 年 12 月，WTO 总理事会作出《关于区域贸易协定透明度机制的决定》③，建立起了一套"区域贸易协定透明度机制"，旨在增强 WTO 成员间所达成的 RTAs 的透明度。④ WTO 内罗毕部长级会议进一步要求 CRTA 讨论 RTAs 对多边体制的影响及其与 WTO 规则之间的关系。同时，全体成员同意将"区域贸易协定透明度机

---

① "授权条款"是东京回合的重要谈判成果，其全称为"Decision on Differential and More Favourable Treatment, Reciprocity and Fuller Participation of Developing Countries"，它允许有利于发展中国家的对非歧视待遇的减损，其中第 2（c）款还允许发展中国家之间在货物贸易方面的优惠性安排。他作为 GATT1994 的一部分而在 WTO 时代依然适用。

② 参见 https://www.wto.org/english/tratop_e/region_e/regcom_e.htm。

③ WTO, Transparency Mechanism for Regional Trade Agreements, Decision of 14 December 2006, WT/L/671.

④ "区域贸易协定透明度机制"是 WTO 多哈议程中规则议题项下的内容，因此在多哈发展回合结束之前，该项决定临时适用。全体成员将会以 WTO 提供的信息为事实基础对报备的 RTA 进行审查。CRTA 负责对归属于 GATT1994 第 24 条和 GATS 第 5 条项下的 RTAs 进行审查，贸易与发展委员会（the Committee on Trade and Development）负责审查归属于"授权条款"项下的 RTAs。WTO 秘书处所准备的关于 RTAs 的信息与数据将分发至全体成员，他们有机会提起书面或口头的问题或发表评论。随后，将召开正式会议，对每一个报备的 RTA 进行讨论。参见 https://www.wto.org/english/tratop_e/region_e/trans_mecha_e.htm; https://www.wto.org/english/news_e/news16_e/rta_02jun16.htm。

制"由临时机制确立为永久机制。①

尽管有关条款在 GATT 时期已经存在于多边贸易体制中，但 RTAs 的发展势头从未得到遏制。或者说，从历史根源来看，RTAs 在多边贸易体制建立之前即已存在，② 其作为既定的事实直接进入多边贸易体制成为最惠国待遇的例外情形，自 GATT 建立之初就已经略过了讨论 RTAs 在多边贸易体制中是否应当存在的问题，直接涉及的是如何对 RTAs 进行规制。前述的有关条款为 RTAs 设置了相应的条件，但这种规则由于没有得到刚性的执行，GATT 缔约方和 WTO 成员在签订 RTAs 方面的自由度非常高。

WTO 对 RTAs 的态度具有包容性。这种包容性或许是源于 WTO 对 RTAs 约束无力的无奈境地。WTO 成立以来，尽管出台了《关于 GATT 第 24 条的谅解》，RTAs 的激增趋势并未放缓。WTO 成员随后作出的种种努力均不是从法律上阻止 RTAs 的产生，而是着重搜集 RTAs 的相关信息，强调 RTAs 的透明度。其背后的真正动因是 WTO 成员对 RTAs 有现实的需求。WTO 已经承认了 RTAs 在鼓励 WTO 成员间实现更紧密的经济一体化的作用，也承认 RTAs 对于成员的经济增长有所贡献。③ 在 WTO 内罗毕部长会议前夕，《跨太平洋伙伴关系协定》（Trans-Pacific Patrlership Agreevnet，以下称为"TPP"）谈判完成，对此 WTO 总干事阿泽维多谈道："TPP 谈判的成功证明，只有具备政治意愿和决心，具有多元性的国家集团可以在广泛而复杂的贸易协定上达成一致。我希望亚特兰大的结果将激励 WTO 成员在内罗毕取得实质性结果。"④ TPP 被美国作为建立新一代国际经贸

---

① 参见 https：//www.wto.org/english/thewto_e/minist_e/mc10_e/briefing_notes_e/brief_rta_e.htm。

② 如英国的帝国特惠制。

③ 参见 https：//www.wto.org/english/thewto_e/minist_e/mc10_e/briefing_notes_e/brief_rta_e.htm。

④ See WTO, DG Azevêdo congratulates TPP ministers, available at https：//www.wto.org/english/news_e/news15_e/dgra_05oct15_e.htm.

规则的载体，由于其成员范围集中于当今世界最具经济活力的亚太地区，如果再与美欧之间的《跨大西洋贸易与投资伙伴协议》（Transatlantic Trade and Investment Partnership，以下称为"TTIP"）谈判相结合，WTO 将被置于极度边缘化的境地。面对如此危险的态势，时任 WTO 总干事阿泽维多不但没有公开表示强烈的忧虑，反而对该项协定的谈判完成表示祝贺。显然，WTO 对以 TPP 为代表的正在兴起的超大型 RTAs 几无约束能力。随后达成的《美墨加协定》（USMCA）和《区域全面经济伙伴关系协定》（RCEP）表明这一现状并未改变。

2. RTAs 成为新型经贸规则的主要载体

随着 WTO 贸易规则供给出现困境，RTAs 就成为了贸易规则制定的主要渠道。截至 2021 年 2 月，在成员向 WTO 通报的 548 个 RTAs 中，有 341 个已经生效。[①] 其中部分 RTAs 被视为引领新一代国际经贸规则协定，主要包括美国退出后的《全面与进步跨太平洋伙伴关系协定》（CPTPP）、用以替代《北美自由贸易协定》的 USMCA、具有重要区域影响的 RCEP 以及集中反映欧盟立场的各类 RTAs。[②] 如果说历史上 WTO 的规则体系受到美式的《北美自由贸易协定》的重大影响，那么新一代的国际经贸规则很可能将以已经达成或正在谈判的超大型 RTAs 为蓝本而呈现。在这些 RTAs 中，WTO 中某些已有的规则得到了进一步深化，在 WTO 规则尚未涉及的领域，RTAs 则进行了新的拓展。[③]

3. RTAs 的有限性

最惠国待遇原则是多边贸易体制的基石，[④] RTAs 是最惠国待遇

---

① 参见 https：//www.wto.org/english/tratop_e/region_e/region_e.htm。

② 如与加拿大之间达成的《综合性经济贸易协定》、与日本间的《经济伙伴关系协定》、与越南间的《欧越自由贸易协定》等。

③ 这些新的议题包括但不限于投资与竞争、环境保护、劳工标准、国有企业以及投资者与东道国争端解决机制等。参见韩立余《自由贸易协定新议题辨析》，《国际法研究》2015 年第 5 期。

④ 参见赵维田《最惠国与多边贸易体制》，中国社会科学出版社 1996 年版，第 1 页。

原则的例外，其泛滥可能会侵蚀 WTO。尤其值得注意的是，RTAs 的谈判与订立并未得到多边贸易规则的有力约束，这使得至少从法律上讲，各国或单独关税区在进行 RTAs 谈判是完全自主而不受限制的。① 然而，签订 RTAs 作为一个政策选项本身并不必然为参与的国家带来利益，RTAs 的有限性将会在一定程度上带来负面效应，这也构成了我们寻求协调 WTO 与 RTAs 关系的主因。此外，对于 WTO 而言，这种情势的蔓延将会带来较为严重的后果，这导致我们需要在多边主义与区域主义之间寻求某种平衡。

第一，区域自由化能否带来正面的经济效应尚存疑问，这直接影响各成员签订 RTAs 的经济目的是否能够达到。关于 RTAs 的经济效应，雅各布·维纳（Jacob Viner）的"贸易转移"和"贸易创造"的分析以及保罗·克鲁格曼（Paul Krugman）的"天然伙伴（natural partner）"的理论分析从不同视角给出了分析框架。但有学者指出，这些分析所面对的对象是浅层次的一体化，针对的是以关税削减为中心任务的 RTAs。随着时代的发展，现有的 RTAs 的自由化焦点已经转移到非关税壁垒上来，② 同时涉及的是对缔约方国内政

---

① 当然，任何一个国家都不可能身处在一个毫无约束的国际环境之中，此处我们只强调多边贸易规则对各国签订 RTAs 的约束不力，但这并不意味着他们订立 RTAs 的决策不受各类政治和经济因素的影响。

② 例如，霍克曼在研究大西洋两岸的贸易与投资概况时指出，20 世纪 60 年代以来一直存在一个稳定的削减平均关税、消除数量限制和资本管制的过程。根据 OECD 的数据，该组织成员的平均税率已经降至 3%。因此降低关税（少数产品的关税依然高企，如欧盟对初加工食品和汽车零部件的关税和美国对服装的关税）已不是大西洋两岸签订 RTAs 要着力解决的问题。欧盟与美国和加拿大开展大西洋两岸的经贸谈判的主要目的是消除非关税措施（non-tariff measures，NTMs），正是 NTMs 在限制着大西洋两岸货物、服务、知识和专业人员的流动。此处的 NTMs 既包括歧视外国产品和生产者的非关税壁垒，也包括非歧视性的国内规制措施，这些规制措施提高了企业涉足跨大西洋贸易的成本。NTMs 包括如产品的监管（以满足卫生和安全目的）、服务提供者的许可条件以及产品和服务的认证程序等。See Bernard Hoekman, "Fostering Transatlantic Regulatory Cooperation and Gradual Multilateralization", *Journal of International Economic Law*, 2015, Volume 18, Issue 1, p. 610.

策的约束，侵入了通常属于一国的内政领域。传统的理论不能对这些新的现象加以解释，它们对国际生产网络的增长与国家间更深层次政策安排的形成之间的关系尚无结论。①

第二，区域自由化加剧"面碗效应"，造成规则的碎片化，提高成本。规则的碎片化可能使企业和个人面临更加复杂的规则迷宫，在考虑降低自身成本时，不得不在诸多 RTAs 形成的规则网络中选择成本更小的生产和销售链条。中间贸易（intermediate trade）在全球化时代大量出现。现代企业，特别是跨国公司的生产链是在全球布局的，中间产品的跨国转运，以及诸多产品的零部件和劳动投入来源于多个不同的国家。RTAs 的作用本来是降低跨境交易的成本，但对于利用全球价值链进行生产和销售的企业而言，数量众多且重叠的 RTAs 将会提高交易成本。此外，由于原产地规则缺乏统一，这导致海关官员在考虑是否给予某项产品或服务以优惠待遇显得更加困难。②

第三，区域自由化为某些国家绕开多边贸易规则提供了场所，不仅不利于维护多边贸易体制的法纪统一，更从体制上威胁 WTO 的地位。如前所述，RTAs 泛滥所带来的规则碎片化可能带来诸多的负面效应，侵蚀了 WTO 的最惠国待遇原则。但更应引起我们注意的是，近年来出现超大型 RTAs 所带来的效应将是体制性的，这类 RTAs 的参与方不仅涵盖了较为庞大的经济体量，同时还起到了整合各类经贸规则的作用，从而较为系统地将新一代经贸规则呈现出来，直接在体制上出现了取代 WTO 的趋向。现阶段主要的超大型 RTAs

---

① See WTO, *The WTO and Preferential Trade Agreements: From Co-existence to Coherence*, World Trade Report 2011, p. 114.

② See Kati Suominen, "Enhangcing Coherence and Inclusiveness in the Global Trading System in an Era of Regionalism", *E15 Expert Group on Regional Trade Agreements and Plurilateral Approaches–Policy Options Paper*, E15 Initiative. International Centre for Trade and Sustainable Development and World Economic Forum, 2016, p. 13.

包括 TPP①、TTIP② 与 RCEP③，这些 RTAs 所涵盖的经济体量、贸易量和投资额度都相当庞大，如果都能顺利生效并运行，其综合效应将直接威胁 WTO 在国际贸易中的中心地位。美国虽已退出 TPP，但缔约方协定更名为 CPTPP 后生效。RCEP 也已生效实施，由于其所涉区域是近年来全球经济较为活跃的地区，未来产生重大影响的可能性较大。未来主要国际贸易规则产生于区域层次的趋势愈发明显，WTO 的转型迫在眉睫。

第四，区域自由化具有极强的政治属性，容易沦为某些国家的政治工具。一直以来，RTAs 常被各国政府作为政治工具加以使用。首先，国内利益集团深刻地影响着各国在利用 RTAs 方面的态度。其次，国际政治形势的变化从外部影响着各国在 RTAs 战略上的决策。美国在第二次世界大战以后对区域主义态度的变化体现了极为显著的政治因素。尽管欧盟认为自身的一体化是一种多边主义，但欧洲的区域一体化从法律上讲是多边贸易体制最为重大的一项例外，这在当时显然与美国这一多边贸易体制的重要推手的理念不相符合。但冷战时期，以美欧为主要成员的西方阵营面临的最迫切问题是遏制以苏联为首的共产主义阵营，西欧处于双方对峙的最前沿。为了

---

① 2015 年，TPP 成员的 GDP 总量约 27 万亿美元，占全球 GDP 总量的 37%，2014 年贸易量达到全球贸易总量的 43%。See Jeffrey J. Schott, Cathleen Cimino-Isaacs, and Euijin Jung, "Implications for the Trans-Pacific Partnership for the World Trading System", *Peterson Institute of International Economics Polici Brief*, PB16-8, p. 2.

② 美欧之间的经济关系已经是全球最大的双边关系，它涵盖了全球货物和服务贸易的三分之一，经济体量接近 GDP 的一半。See The Office of the U.S. Trade Representative, Fact Sheet: United States to Negotiate Transatlantic Trade and Investment Partnership with the European Union, available at https://ustr.gov/about-us/policy-offices/press-office/fact-sheets/2013/february/US-EU-TTIP.

③ RCEP 是一项前所未有的、由域内发达国家、发展中国家和最不发达国家参与的大型区域贸易安排。该协定涵盖了拥有 22 亿人口（占全球将近 30%）的市场、26.2 万亿美元 GDP（占全球约 30%）和将近 28% 的全球贸易（基于 2019 年数据）。参见《〈区域全面经济伙伴关系协定〉（RCEP）领导人联合声明》，2020 年 11 月 15 日，available at http://images.mofcom.gov.cn/www/202011/20201118100500957.pdf.

确保西欧有足够的抵御能力，恢复欧洲的战后建设，增强欧洲盟友的实力是美国最为重要的战略考量，其重要性显然超出了主要存在于西方阵营国家内部的多边贸易体制的法纪统一问题。因此，美国对欧洲实现深度的一体化持支持的态度，多边贸易体制的统一显然要让位于更重要的战略利益。

4. 新型关系——RTAs 与 WTO 的同向性发展

关于 WTO 与 RTAs 之间的关系，学界论述颇多，被普遍接受的一种观点是"互补性竞争关系"。[①] 这类折中观点在逻辑上避免了偏颇，似乎是一种较为精准的描述。然而，对这一问题的理解如果只停留在此处，无助于我们深刻理解当下 WTO 与 RTAs 各自所处的位置及其应当发挥的作用，也无益于我们思考切实可行的方案以解决 WTO 决策机制停滞不前与 RTAs 激增所带来的一系列问题。

WTO 与 RTAs 新型关系的最重要特征是二者的同向性发展。事实证明，WTO 与 RTAs 之间以 GATT1994 第 24 条、GATS 第 5 条以及其他相关法律文件为基础的旧有关系已经不能适应新的发展趋势，事实上也未完全起到维护国际贸易规则统一的作用。因此，构建 RTAs 与 WTO 之间的新型关系成为可行且必要的选项。在同向性的新型的关系中，RTAs 是国际经贸规则制定的先导，WTO 为规则基准和稳定器，二者共同构建起动态的、双层次的国际贸易规则体系。具言之，渐进的关税削减和消除、数量限制与配额的使用、技术规章和标准的互相承认是 RTAs 的关注的核心内容。针对贸易救济的专门规则、以原产地和国籍为基础的服务准入方面的选择性自由化乃至政府采购都更适合采用优惠贸易。对于一些未在 WTO 法中出现的其他领域的规则，如投资保护、竞争政策、劳工关系、自然人流动之外的移民、贸易援助、电子商务等，很可能在跨区域协定中取得重大进展。RTAs 将在这些新领域先行试错，为随后在 WTO 谈判中

[①] 参见庄惠明《多边贸易体制的理论与实践》，厦门大学出版社 2014 年版，第 99 页。

实现最终的多边化作准备。①

构建这种新型关系是可行的。首先，RTAs 与 WTO 在内容与理念上出自同源。二者均以实现自由贸易为主要目标，且涉及的领域大致相同。其次，RTAs 与 WTO 之间的关系历经反复，呈现出螺旋形发展的态势，但却尚未出现其中之一取代另一者的情况。历史上多边贸易体制的诞生是以打破旧有的 RTAs 所构筑的国际贸易格局为主要目标的。WTO 的成立是多边贸易体制在国际贸易规则制定上占据主导地位的特殊时刻。即便在此时，RTAs 也未曾因此而退出历史舞台。随着时代的发展，多边贸易体制在贸易自由化方面的成果渐趋减少，RTAs 在 WTO 相关规则的基础上进行了深化，建立了更高的标准；与此同时，RTAs 还触及到 WTO 中尚未涉及或已经涉及但未启动或完成谈判的领域，将国际贸易法的边界进一步拓展。尽管如此，RTAs 也难以取 WTO 而代之。WTO 规则与 RTAs 规则无论在内容还是形式上紧密联系。RTAs 本身的有限性与 WTO 的优势也导致前者完全取代后者的可能性并不大。

（三）诸边协定在构建 RTAs 与 WTO 新型关系中的功能分析

在构建 RTAs 与 WTO 新型关系的过程中，WTO 体制中的诸边协定可作为 WTO 与 RTAs 之间的连接器，以相对软性的方式将 RTAs 下运行成熟且得到普遍认可的经贸规则纳入 WTO 体制中来，逐步多边化，从而实现 WTO 与 RTAs 之间的同向性发展，最终实现协助 WTO 整合碎片化的国际贸易规则的效果。

诸边协定的功能发挥可按照"RTAs—诸边协定—多边规则"的路径展开。首先是对 RTAs 中特定规则的总结。如前所述，WTO 已经建立起一套区域贸易协定透明度机制，这一机制虽不能减少 RTAs

---

① See Thomas Cottier, "The Common Law of International Trade and the Future of the World Trade Organization", *Journal of International Economic Law*, 2015, Volume 18, Issue 1, pp. 14-15.

的数量，但却能大量搜集与 RTAs 有关的各类信息。如果 WTO 能够进一步掌握相关 RTAs 的运行情况，就更容易总结 RTAs 中运行良好的规则，这类规则就可能成为诸边协定选择的对象。其次是以诸边协定的方式将前述规则纳入 WTO 体制中。进入诸位协定只是这些规则发展的中间阶段。这些规则在 WTO 体系内运行，并经一定程度的修正，将在 WTO 成员协商一致同意之后转化为多边规则，最终实现相关规则的多边化。

在上述过程中，诸边协定发挥了 RTAs 与 WTO 之间的连接器的作用，它始终将相关规则置于全体 WTO 成员的监督之下，并始终以协商一致作为关键决策的基本原则，既能打破 RTAs 与 WTO 之间的壁垒，同时又提供了二者联系的通道，从而将 RTAs 在规则制定上取得的成果纳入多边贸易体制中，保证 RTAs 始终处于与 WTO 同向发展的轨道。如此一来，WTO 的多边贸易规则将成为 RTAs 成熟规则的总结，形成国际贸易规则的"基准"，而 RTAs 则在 WTO 规则的基础上不断就更高水平的规则进行试验，为诸边协定提供素材。WTO 与 RTAs 之间的新型关系可能在诸边协定的助推下更加和谐与稳固。

三　诸边协定谈判的进程作用

正如政策定向学派（亦称"纽黑文学派"）对国际法制定进程的强调，诸边协定谈判作为一项进程（process）具有重要意义，独立于作为规则实体的诸边协定条文。[1]

---

[1] 纽黑文学派是国际法的法律现实主义流派。由于该学派重视规则与社会进程（social process）之间的互动，因此国际法秩序就应当是过程。他们的现实主义背景又导致他们将国际关系现实主义的权力因素被引入法律进程之中。该学派注重分析某个事件所涉及的各种不同的进程，这就是政策科学的研究方法。See Harold Hongju Koh, "Is there a 'New' New Heaven School of International Law", *the Yale Journal of International Law*, Volume 32, 2007, pp. 559-573；刘志云《纽黑文学派：冷战时期国际法学的一次理论创新》，《甘肃政法学院学报》2007 年第 9 期。

诸边协定谈判的进程为各国在某个议题进行沟通提供了平台。在讨论国家安全问题时，国际关系进攻性现实主义认为其他国家的意图是不确定的，这导致该理论假定所有国家都是以增强自身相对权力、削弱其他国家相对实力为目的的。但事实上，国家是可以通过某种手段与其他国家进行接触，从而了解并解读其他国家的意图同时向其他国家传递自身的意图，甚至评估其他国家如何解读自己的行为，从而避免在没有任何信息交换的情形下就盲目地将其他国家视为敌人。① 与此类似，在国际贸易领域，诸边协定谈判就是成为一种国家之间进行信息交换的进程。这种信息交换的进程不仅对于具体的诸边协定的达成具有积极意义，同时也能使参与方能明确各自的基本立场，寻求共识，从而为可能出现的其他场合的国际合作做好铺垫。

除此之外，国内政治因素还会在谈判进程中对国际层面的诸边谈判产生影响。② 具体而言，这一进程还可以展现具体国家国内不同利益集团在某个具体议题上的政策偏好，国内利益集团可以据此影响谈判进程，国家负责谈判的机构也能够充分了解国内的政治气候，其他国家还能据此了解特定议题在某个国家国内引发的总体反应。

综上所述，在诸边协定谈判中，国际与国内两个层面的多种类、多层次行为体（包括国际组织、国家、政党、个人等）之间形成了复杂而丰富的互动。因此诸边协定谈判的作用并不仅仅是产生具体的诸边协定，其作为一个进程的独特作用是不应被忽视的。

---

① 参见［美］罗伯特·杰维斯《系统效应：政治与社会生活中的复杂性》，李少军等译，上海人民出版社2008年版，第IX页。

② 海伦·米尔纳（Helen V. Milner）展示了国内政治在国际关系研究中的重要作用，强调国内政治与国际政治的互动，同时通过详尽的案例对其理论进行了说明。参见［美］海伦·米尔纳《利益、制度与信息：国内政治与国际关系》，曲博译，上海人民出版社2015年版，第131—200页。

本章小结

　　本章对诸边协定的正当性问题进行了分析，其目的是解决诸边协定被 WTO 成员认可和接受的问题。本章对正当性概念进行了解析，认为正当性是一种评价，它包含了主体、客体和评价标准这三大要素。本章还梳理了学界对 WTO 正当性问题的论述，发现这类论述可划分为"结果导向型评价模式"与"程序导向型评价模式"这两种类型。这体现了输入正当性与输出正当性的分野。WTO 现阶段面临的正当性危机是输入正当性的缺失，体现为贸易规则供给不能。作为改革 WTO 贸易规则制定模式的一种手段，诸边协定的正当性困境来源于输入端，解决其正当性困境可考虑在控制输入端弊端的同时强化其输出端的作用，通过解决 WTO 的问题来提升自身正当性。基于此，本书提出构建 WTO 与 RTAs 之间的新型关系，诸边协定在其中可发挥连接功能。WTO 与 RTAs 的新型关系表现为：RTAs 是国际经贸规则制定的先导，WTO 为规则基准和稳定器，二者共同构建起动态的、双层次的国际贸易规则体系。在构建 RTAs 与 WTO 新型关系的过程中，WTO 体制中的诸边协定作为 WTO 与 RTAs 之间的连接器，以相对软性的方式将 RTAs 下运行成熟且得到普遍认可的经贸规则纳入 WTO 体制中来，逐步多边化，从而实现 WTO 与 RTAs 之间的同向性发展。WTO 的多边贸易规则将成为 RTAs 成熟规则的总结，形成国际贸易规则的"基准"，而 RTAs 则在 WTO 规则的基础上不断就更高水平的规则进行试验，为诸边协定提供素材。

第 三 章

诸边协定的生成逻辑阐释

诸边协定在近年来的再度勃兴，是 WTO 成员面对 WTO 规则供给困难的问题时作出的选择，本可简单地将其归因于 WTO 本身存在的制度问题。但这一解释所不能回答的问题是，在 WTO 相关制度未出现重大变革的情况下，诸边协定及其所代表的贸易规则制定方式缘何在 WTO 成立后长期处于边缘地位，却在近年来再度兴起？如果仅从 WTO 自身出发寻求答案，并不能为这一问题提供合理的解释。因此，有必要进一步扩展本书的研究视野，将目光集中到 WTO 所处的国际体系层面，解析国际体系的演化是如何为诸边协定的出现创造条件的。

本章试图表明诸边协定在当前国际体系中的生成是国际体系演化的内生性结果。当下呈现防御性现实主义特征的国际体系构成了诸边协定生成的重要外部条件。WTO 体制中的诸边协定相对于整个国际体系而言是一个殊为微观的事物。如果我们借助国际关系学的概念，将 WTO 视为一套治理国际贸易的国际制度，那么诸边协定及其相关规则则属该制度的一部分。[①] WTO 的制度变迁深受国际体系演

---

① 通常来讲，WTO 既是一个国际组织，也是一套国际制度（institution）。这样的区分并不矛盾，它所体现的是观察者视角的不同。国际制度与国际组织是两个不同的概念。制度是人为制定的、用以规范人们互动行为的约束条件，是一种社会规则。社会规则有正式规则（如宪法、法律、国际规制）和非正式规则（如规范、禁忌、习俗）（转下页）

化的影响。由于诸边协定是 WTO 条约体系中的一种类型，因此贸易规则制定诸边化趋势的出现与国际体系的演化联系紧密。国际体系的演化是物质力量和观念力量互动的结果，因此本章将从物质和观念两个维度来探讨诸边化趋势出现的原因。需说明的是，囿于主客观原因，本章的阐释仅限于对物质与观念因素的揭示，两种因素内部的演化及相互间的互动尚需结合定量与定性的研究方法进行进一步探讨。

第一节 当前国际体系的基本特征

按照国际法学的经典定义，国际法的调整对象是具有国际法律人格的主体之间的关系。[①] 这些具有国际法律人格的主体（主要是

（接上页）之分。制度与组织存在区别。组织是制度变迁的行为体或工具。因此，尽管组织几乎总是有制度或规则作为支撑，它们实际上却是制定和执行规则的行为体，而非规则本身。国际制度可定义为"一些列主要行为者在协调（coordination）环境下形成的准则（conventions）和在协作（collaboration）环境下创立的规约（contracts）构成的"。这一定义排除了"组织"的含义。回到 WTO 的问题，从不同角度出发对 WTO 的理解是不同的。若从 WTO 的功能出发对其进行的描述，WTO 具有三位一体的功能：国际组织、国际贸易条约群体和多边贸易谈判的场所。如果从国际制度与国际组织的角度来看待 WTO，那么当 WTO 作为一个行为体出现时，它属于国际组织；当它作为一套规则时（即"国际贸易条约群"），则属于国际制度。相较于国际制度而言，国际组织是行为体，它以规则为支撑，是规则的执行者。参见 [美] 道格拉斯·诺斯《制度、制度变迁与经济绩效》，杭行译，上海人民出版社 2016 年版，第 3 页；唐世平《制度变迁的广义理论》，北京大学出版社 2016 年版，第 4—5 页；苏长和《全球公共问题与国际合作：一种制度的分析》，上海人民出版社 2009 年版，第 85—86 页；赵维田《世贸组织的法律制度》，吉林人民出版社 2000 年版，第 25 页；John Duffield, "What Are International Institutions?", *International Studies Review*, Volume 9, Issue 1, 2007, pp. 1—22。

① 汉斯·凯尔森（Hans Kelsen）认为，"根据通常的定义，国际法或万国法是调整国家相互交往过程中行为的规则。……国际法，这类通行于国家间关系的规则是否是国内法意义上的法呢？"王铁崖教授认为，"国际关系包括政治关系、经济关系以及文化关系等等。国际法律关系也就是以法律形式表现出来的国际关系"。See Hans Kelsen, *Principles of International Law*, Clark: The Law Book Exchange, LTD., 2012, p. 3；王铁崖《国际法》，法律出版社 1995 年版，第 1 页。

主权国家）又构成了国际关系中的行为体，我们据此可以推论国际法在多数情况下是调整大多数（如果不是全部）国际关系的法律。① "在脱离国际关系的背景或现象的情况下，国际法是无法理解的。"② 因此，在探讨国际法问题时不能忽略国际关系的现状。③ 如何看待特定的国际体系将直接影响我们对国际法问题的判断，并且国际体系的演化可能引起国际法的变化。本节将首先介绍一种社会科学研究中的社会演化范式（social paradigm）。在此范式的指导下，我们将看到适于理解现阶段国际关系现状的国际政治理论，后文将借此理解特定成员在 WTO 的制度变迁及其过程中的国家行为。当然，作为法学类研究，本节的这种展现将力求简要和明确，它所提供的是本书观察国际关系的一种视角。

一 研究视角的选择——社会演化

国际关系的宏理论（grand theories）是指导我们观察国际关系现实的理论工具。WTO 中的诸边协定处在一个更为宏大的国际体系中，因此有必要寻求一套合适的理论作为认识研究对象的指南。显然，一种完善的宏理论将保证前后逻辑的一致性。④

---

① 关于何为国际关系，雷蒙·阿隆（Raymond Aron）就持有一种相对狭义的观点，他认为，"从定义上来说，国际关系看起来是国家间（relations among nations）的关系。……在国际关系这一措辞中，国家（nation）相当于任何领土上组织化的政治集体（political collectivity）。我们暂且认为，国际关系是政治单元（political unit）之间的关系。……我们必须确定关注的中心，确定构成国际关系这一具有具体领域核心的现象或行为的特有含义——国际关系的重心是我们所称的国家之间的关系，是那些使这些实体相互斗争的事情"。参见［法］雷蒙·阿隆《国际关系理论》，朱孔彦译，中央编译出版社 2013 年版，第 5—6 页。

② See Judith Goldstein, Miles Kashler, Robert O. Keohane and Anne-Marie Slaughter, "Introduction: Legalization and World Politics", *International Organization*, Volume 54, Issue 3, 2000, p. 386. 汉译直接引用了刘志云教授的译本。参见刘志云《现代国际关系理论视野下的国际法》，法律出版社 2006 年版，第 2 页。

③ 本书假定，相较于国际法，国际关系具有本体论上的优先性。

④ 在引用国际关系理论方面，本书力图避免在文中采取一种被学者称为（转下页）

现实主义、新自由制度主义和建构主义是 20 世纪国际关系三大主流宏理论。在回顾国际关系理论发展史时我们可以发现，现实主义与新自由制度主义先后在一定时期内主导了西方国际关系理论的研究，出现时间相对靠后的理论则是在与在先理论的论战中产生的，新的理论总能针对在先理论的不足提出新的主张和解释，而这些主张和解释也在一定程度上符合了一定时期出现的国际政治现实。① 因此，需要找到一个能够跨越时代解释国际体系演化的宏理论。

本书将借用唐世平教授提出的"社会演化范式（the social evolution paradigm）"② 来观察当下的国际体系和 WTO 诸边协定。

（接上页）"三大主义式"方法的写作方式。周方银与王子昌注意到一种在国际关系研究领域中"三大主义式方法"，这种方法的基本步骤是：第一步提出问题和现象；第二步是指出三大主义在某些方面涉及第一步提出的问题并提供解释，同时也指出三大主义均不能完全的解释第一步提到的问题；第三步是各取三大主义之所长，综合性地解释问题；第四步是结论，即综合三大主义来解释问题。因此，本书将简化分析模式，仅在社会演化范式的指导下理解当下的国际体系。参见周方银、王子昌《三大主义式论文可以休矣——论国际关系理论的运用与综合》，《国际政治科学》2009 年第 1 期。

① 例如，秦亚青教授即指出，新自由主义在国际政治学思想发展史上的作用和意义不仅是对新现实主义提出了严肃的挑战，而且还启迪和激发了建构主义国际关系的诞生。参见秦亚青《西方国际关系学——知识谱系与理论发展》，秦亚青《权力·制度·文化：国际关系理论与方法研究文集》，北京大学出版社 2005 年版，第 8 页。

② 关于"evolution"一词的译法，本书将使用"演化"，而非通常使用的"进化"。进化一词不可避免地带有"改进"的含义，暗示进化后的事物较之前的事物"更好"。然而，社会演化与生物进化都没有真正的方向性（directionality）。有人认为生物或社会进化就是一种向更高级阶段和更大的复杂性的有方向性的运动，这种看法实质上反映了我们将自己的物种和社会放置在生物和社会进化顶端的认识倾向，这是一种人类中心式的（anthropocentric）尝试，而非严谨的科学方式。相反，使用"演化"一词则避免了某种隐含的价值判断，能够较为客观地描述这一关于社会系统变化的范式和相应的理论。也有其他学者在观察人类发展历程时采取了类似于"演化"的观点。例如，弗朗西斯·福山（Francis Fukuyama）从生物进化论的角度来看待人类社会的发展。他提出，人类的发展历史是不断演化的过程。这种演化并非线性，也并不必然意味着是一种进步。"政治发展在许多方面与生物进化相似。生物进化以变异和选择两个原则的互动为基础，政治也是如此：由于相互竞争以及与物质环境的互动，政治制度的性质会有变异；随着时（转下页）

(一) 生物进化与社会演化

生物学上的进化理论[①]是社会演化范式的起点，这是因为最初的演化理论来自于生物进化论，同时人类本身也是生物进化的结果。当生物进化论出现后，社会科学家们开始将其运用于人类社会，也引发了诸多误解。[②]

(二) 社会演化的双重面向——现象与范式

1. 作为现象的社会演化

社会演化中的观念力量（ideational forces）及其与物质力量（material forces）之间的互动促进了社会演化，也使社会演化比生物进化更为复杂。生物进化与社会演化有相似性，但不能将达尔文主义机械地、简单地运用到人类社会。[③] 社会演化具有更高复杂性的原

（接上页）间的推移，某些制度生存下来，其他的证明不再适宜。恰如某些物种无法适应环境变化，制度也会变得无法适应，就此产生政治衰败。生物进化的变异是随机的，但人类在制度设计上能发挥一定程度的能动性。"See Shiping Tang, *The Social Evolution of International Politics*, Oxford：Oxford University Press, 2013, p. 29; ［美］弗朗西斯·福山《历史的终结与最后的人》，陈高华译，广西师范大学出版社 2014 年版，代序第 10 页；［美］弗朗西斯·福山《政治秩序与政治衰败：从工业革命到民主全球化》，毛俊杰译，广西师范大学出版社 2014 年版，第 477 页。

① 尽管生物进化与社会演化都使用了"evolution"一词，但由于"生物进化论"的译法已在中国广泛传播，为避免理解上的障碍，本书将在涉及生物进化时使用这一约定俗成的译法。

② 本文所展示的对生物进化论的误解或批评是不完全的，其他的一些批评观点可参见［美］恩斯特·迈尔《进化是什么》，田洺译，上海科学技术出版社 2009 年版，第 270—275 页。

③ 将生物进化论机械且简单地运用于人类社会的研究，可能是造成进化论被误解的一个重要原因。例如，赫伯特·斯宾塞（Herbert Spencer）把进化理论（特别是自然选择）应用于社会学研究中，提出了"社会达尔文主义"。社会达尔文主义强调在人类社会中，生存竞争会对人类进行淘汰，因此它有助于人类的进步和发展。这种理论或思潮很容易被用来对种族主义、社会不平等和帝国主义等进行证成（justify），也与优生学（由此而产生的种族清洗，如纳粹德国对犹太人的迫害）联系紧密。这类对进化论的适用被有的学者称为"神秘的类比"。参见［英］彼得·狄肯斯《社会达尔文主义：将进化思想和社会理论联系起来》，涂骏译，吉林人民出版社 2005 年版，导言第 1 页。

因在于观念力量。① 社会演化的选择压力有两个来源：物理环境和人类自身，因而社会演化中就包含了物质和观念两类选择压力。社会演化中的选择较之只有物理环境这个单一选择压力来源的生物进化更为复杂。

2. 作为范式的社会演化

利用社会演化范式研究人类社会具有悠久的历史，甚至在达尔文的《物种起源》一书出版之前就出现了。② 但唐世平认为，学者们对演化范式的适用具有误导性，其关键原因在于：这些学者都未能在对社会演化是什么进行系统陈述的基础之上，系统研究人类社会的恰当的演化方法。③

（1）社会演化范式的本体论

在本体论上，社会演化范式具有以下核心原则。首先，人类社会是一个演化的系统；其次，社会演化在根本上不同于生物进化。在社会演化那里，物质与观念维度并存，并且时间是社会演化范式的重要维度，它强调社会系统随着时间的推移而发生变化。④

（2）社会演化范式的认识论

在认识论上，社会演化范式具备三个原则。第一，人类社会可利用演化的方法进行研究，这种方法的核心是人工"变异—选择—遗传"机制。第二，将社会演化的思考方式适用于人类社会决不能是形象的比喻，也不能照搬生物进化论。第三，社会演化范式的中心解释机制是人工"变异—选择—遗传"机制。⑤

---

① See Shiping Tang, *The Social Evolution of International Politics*, Oxford: Oxford University Press, 2013, p. 20.

② 参见［英］彼得·狄肯斯《社会达尔文主义：将进化思想和社会理论联系起来》，涂骏译，吉林人民出版社2005年版，第1页。

③ See Shiping Tang, *The Social Evolution of International Politics*, Oxford: Oxford University Press, 2013, p. 30.

④ 参见唐世平《社会科学的基础范式》，《国际社会科学杂志》2010年1期。

⑤ 参见唐世平《社会科学的基础范式》，《国际社会科学杂志》2010年1期。

(3) 社会演化范式的作用

社会演化的理论化是在社会演化确实发生后进行的，同时社会演化也承认意外情况的存在。因此，社会演化范式的作用既不是证明过去，也不是预测未来。相较于非进化的理论，演化理论在四个方面更胜一筹：第一，更为有效且简化地组织和综合大量的证据。第二，对更加多样化的观察结果提供更为连贯、整合且根本性的解释。第三，对社会变迁和稳定提供更为内生性的解释。第四，预测已经产生但尚未被发现的演化结果。综上所述，社会演化范式在理解人类社会方面具有巨大的作用。[1]

二　国际体系演化形态

(一) 国际体系演化的阶段性

在国际关系领域，通过"演化"的方式来看待人类社会的发展阶段的学者并不少见，亚历山大·温特（Alexander Wendt）关于三种无政府文化的描述具有代表性。[2] 社会演化范式首先强调了时间的作用，国际关系领域其他宏理论之间的争论无法得到解决，其中重要原因在于这些理论都试图去解释所有时代的人类社会形态。与此不同的是，社会演化范式则通过强调不同理论适应不同时代来解决这种争论。在社会演化范式下，一个特定的人类社会形态孕育着向下一个形态演化的条件。可以说，社会演化范式为我们提供了人类社会演化形态的另一个版本，这将有助于理解当下国际体系的性质。

回顾历史，国际体系经历了三个阶段。第一阶段处于人类社会

---

[1]　See Shiping Tang, *The Social Evolution of International Politics*, Oxford: Oxford University Press, 2013, pp. 32-33.

[2]　亚历山大·温特划分的三种无政府文化分别是：霍布斯文化（The Hobbesian culture）、洛克文化（The Lockean culture）和康德文化（The Kantian culture）。See Alexander Wendt, *Social Theory of International Politics*, Cambridge: Cambridge University Press, 1999, pp. 246-312.

发展的早期，相对和平。①

第二个阶段被称为"进攻性现实主义国际体系"，是一个由进攻性现实主义国家所组成的无政府状态下的世界。由于进攻性现实主义国家有意识地寻求降低其他国家的安全程度，因此国际政治总是完全冲突的，防御性现实主义国家在这种世界中要么很少，要么因无法生存而消失。

第三阶段是防御性现实主义国际体系，当前国际体系主要具有防御性现实主义的特征。当今世界中的大多数国家都已经通过选择和社会化而成为了防御性现实主义国家。② 第二次世界大战结束之后，激烈的国家消亡状况已经停止了，国家数量甚至增加了。许多在进攻性现实主义国际体系中几乎没有生存机会的弱国和小国在今天都得以生存下来。在国际体系中，国家的征服正变得比以往更加困难，甚至征服本身都已经被许多国家认为是不正当的。③ 大国之间发生战争的可能性降低。④ 因此，我们生活在一个更加安全的世界。防御性现实主义国际体系的大体特征是：领土扩张已基本过时，故国家生存受到的挑战将主要是因为内部腐烂，而不是外来威胁；大多数国家都希望和平，但和平仍需武力保证；安全合作很多时候比扩军和联盟对国家安全更重要。⑤

（二）防御性现实主义国际体系的影响

防御性现实主义国际体系首先是一个更加安全的世界，对于大

---

① See Shiping Tang, *The Social Evolution of International Politics*, Oxford: Oxford University Press, 2013, pp. 56–63.

② 参见唐世平《我们时代的安全战略理论：防御性现实主义》，北京大学出版社2016年版，第259页。

③ 唐世平将这个变化描述为"国际政治已坚定地由米尔斯海默的世界转化为杰维斯的世界"。参见唐世平《国际政治的社会进化：从米尔斯海默到杰维斯》，《当代亚太》2009年第4期。

④ See Charles L. Glaser, *Rational Theory of International Politics*, Princeton: Princeton University Press, 2010, p. 1.

⑤ 参见唐世平《国际政治理论的时代性》，《中国社会科学》2003年第3期。

多数国家来说，国家的生存不再属于非常紧迫的问题，或者说国家不必普遍担心面临其他国家的武力征服。在这一基本前提下，军事安全议题（尽管这一议题具有基础性质）的重要性会相对降低，经济议题会暂时被置于突出位置。当然，这样的情形也可能使一些人错误地忽视了军事安全议题的重要性。现阶段经济的相互依赖尚不足以构成抑制战争的根本性因素。

由于大多数国家是防御性现实主义国家，因此国际合作是可能的也是可欲的。就可能性而言，如前所述，防御性现实主义并不认可寻求相对权力的最大化是实现安全的唯一可行方式，由于国家间的利益冲突并不都是不可调和的，当避免一些不必要的冲突成为了防御性现实主义国家之间的共同利益时，合作就成为了可行的自助方式。① 换言之，合作可以解决国家之间那些可以调和的利益冲突。之所以强调国际合作是可欲的，是因为防御性现实主义国家也可能相信合作是有利可图的。这种认识的形成既可能是国家进行成本收益分析的结果，也可能是从其他国家成功的国际合作中获取的经验，还可能是对国际合作可以带来收益的一种信念。

人类社会具备了向更加规则化的国际体系转化的可能，但这并非确定无疑的发展方向，也不是短期内能够实现的。防御性现实主义国际体系中，国家间和平性质的互动逐步增多乃至常态化，明确的国际规则所带来的多数国家行为的稳定性和可预期性进一步加深了国家间的信任，② 同时也促进了国际合作，甚至有的国际规则被国家内化，③ 因此人类社会迈向更加规则化的国际体系成为可能。利用国际规则来处理国家间事务，试图寻求国际规则的制定权，已经成

---

① 参见唐世平《我们时代的安全战略理论：防御性现实主义》，北京大学出版社2016年版，第167页。
② 既包括国际规则指导国家的行为，也包括利用国际规则和平解决国家间的争端（如国际法院与 WTO 争端解决机制）。
③ 例如 WTO 成员为履行 WTO 义务对本国法律作出的符合 WTO 规则的修改。

为诸多国家的现实选择。但是，在社会演化范式下，基因突变随时存在，[1] 偶然情况出现的可能性不能排除。此外社会演化范式也从未否认强大外力的作用对人类社会发展方向的影响。[2]

美国作为防御性现实主义国际体系中唯一的超级大国，依然是一个必须予以单独关注的行为体。这么做的根本原因是美国远超其他国家的物质力量，相对紧迫的原因是美国有时是进攻性现实主义的国家。我们说当今世界是防御性现实主义的世界，并不意味着进攻性现实主义国家不会出现，也并不意味着不会有国家采取进攻性的行为。美国在冷战结束后已经在伊拉克（两次）、科索沃和阿富汗发动了战争，其中推翻萨达姆政权的伊拉克战争是典型的预防性战争（preventive war），[3] 具有鲜明的进攻性现实主义特征。有鉴于此，在面对这个随时可能转变为进攻性现实主义国家的超级大国时，崛起中的地区性大国采取直接的军事对抗战略是不甚明智的。通过与其他国家结成安全联盟，同时试图影响美国国内政治以降低美国转变为进攻性现实主义国家的可能性，[4] 似乎是更为可行且代价相对较低的战略。[5]

（三）防御性现实主义之后的国际体系

当下国际体系正面临深刻复杂变化，是否会走出防御性现实主义的特征以及嗣后状态具备怎样的特征是值得追问的问题。由于国家越来越多地将那些有利于和平与合作的规则制度化，因此防御性

---

[1] 例如，超级大国转变为进攻性现实主义国家。

[2] 美国电影《2012》提供了一个外力作用的合理想象。这部电影所展现的灾难后的世界，物质条件（如地理环境、人口数量等）已发生根本性改变，既有的国际体系与国内系统已然被摧毁，人类社会的形态已经改变。

[3] 小布什总统将伊拉克战争称为"先发制人的打击（a pre-emptive strike）"，但并不改变其作为"预防性战争"的实质。

[4] 例如，令政策制定者相信采取进攻性现实主义的战略是无利可图乃至得不偿失的。

[5] 参见唐世平《我们时代的安全战略理论：防御性现实主义》，北京大学出版社2016年版，第263—264页。

现实主义的国际体系蕴含了一个更加规则化的国际体系的种子。[1] 然而，尽管人类社会普遍来说已经变得更加规则化，但不会出现一个和谐式制度化（harmoniously institutionalized）[2] 的"世界国家"或"世界社会"。这是因为制度通常是由权力所造就和支撑的。制度的观念蕴含了利益的冲突、争斗和权力。[3] 国际体系的未来发展方向更有可能延续防御性现实主义的基本特征，难以产生剧变，也更难以在短时间内呈现出更加规则化的世界。

（四）更加规则化的国际体系并非必然发展阶段

正如社会演化范式对时间的强调，人类社会自第二次世界大战结束后进入防御性现实主义国际体系起至今不过70余年，在如此短暂的时间内就要完成阶段的转换是较为困难的。社会演化范式的时间维度强调的是利用单个理论去解释整个人类历史的不正确性，不同的理论适于解释不同时代的世界。但事实上，社会演化范式的时间维度同时还强调：人类社会演化需要足够的时间。我们假设一些国际规则最终会被国家乃至其他行为体内化，这一过程也要经过漫长的"变异—选择—遗传"机制。

"更加规则化的世界"并非国际体系发展的必经阶段。"更加规则化"缺乏明确定义，它所描述的只是国际体系在发展中的一种趋

---

[1] See Shiping Tang, *The Social Evolution of International Politics*, Oxford: Oxford University Press, 2013, p. 185.

[2] 有必要对"和谐（harmonious）"一词进行特别的说明。唐世平在讨论社会科学的基础范式时提出了冲突范式与和谐范式这一对基础性范式。和谐范式在本体论上有3个核心假定：（1）行为体之间的的共同利益多于冲突利益，即利益总体上是和谐的；（2）即使出现了利益冲突，行为体倾向于避免冲突，选择协调与合作解决冲突；（3）由以上两点可得出，社会结果是行为体之间通过协调与合作解决利益冲突以增进个人或集体福利的结果。和谐范式在认识论上假定，行为体之间的利益是普遍和谐的，且能最终导致合作与协调，经由这个假定来理解社会结果是最有成效的。参见唐世平《社会科学的基础范式》，《国际社会科学杂志》2010年1期。

[3] See Shiping Tang, *The Social Evolution of International Politics*, Oxford: Oxford University Press, 2013, p. 110.

势，而非一个具体的人类社会的形态。甚至可以认为，如果不对"更加规则化"作出更为精确的解释，当今世界较之第一次世界大战期间的世界也是一个更加规则化的国际体系。① 诸多经验事实似乎都可以作为衡量规则化程度的指标。第一，可以从国际规则的数量来界定；第二，可以从国家或其他行为体对国际规则的遵守情况来衡量。② 然而，上述的经验事实只是国家或其他行为体对国际规则态度的间接反映。国际规则的数量可以在一定程度上反映国家或其他行为体使用国际规则来约束自身行为。但这种反映是不完全的。例如，一个国家愿意在小范围内接受高标准贸易规则的约束（如TPP），但却不愿意在多边层面接受相同标准规则的约束（如WTO）。那么在这种情况下，我们应当如何判断这个国家对国际规则的态度？这是一个有待回应的问题。此外，现阶段国际合作制度化程度较高的领域十分有限，能否断言整个国际体系发生根本性变化是存在疑问的。

"更加规则化的国际体系"这种观念，很可能只是人类社会演化过程中出现的一种突变（mutation），由此而带来的大量的国际制度的出现就是表型（phenotype）。③ 突变与表型都需要接受我们所处时代所特有的社会选择。在社会演化中，由于权力是选择的关键力量，而权力是掌握在具体的行为体手中的，因此掌握更多权力的行为体偏好的观念更易于被它的表型表达出来。典型的例证是美国在第二次世界大战结束后与冷战结束后对多边贸易体制强有力的推动。多

---

① 严格而言，在未进行系统性地分析前，这一判断本身是缺乏支撑的。
② 如果不进行严格的界定，国家内部的规则化程度似乎也可能被纳入考量范围，例如具体国家的法治指数。
③ 理查德·内德·勒博（Richard Ned Lebow）似乎提出了一个更具现实意义的可能形态，他将其称为"国际关系的性质"。他认为尽管当今世界不乏冲突和暴力，但和平世界的远景也是可能出现的，国际关系的性质可能朝更加接近于有序且复杂的国内社会发展。See Richard Ned Lebow, *A Culture Theory of International Relations*, Cambridge University Press, 2008, p. 570.

边贸易体制进展幅度最大的两个时期正是美国相对权力最为强大的时期。在我们的时代，美国权力的相对衰落致使其偏好的观念得到选择的可能性降低。因此，权力分布情况的变化将会深刻影响社会演化中对观念的选择。这就能够解释，为什么弗朗西斯·福山的"历史终结论"① 在冷战刚结束时"回答防御性现实主义的世界的下一个阶段是怎样的"的这个问题时似乎很具有说服力。而在当下权力分布状况扁平化的时代，回答这一问题的难度增加了。特别是当崛起大国与超级大国之间对抗趋势越发明显的时代，如果"更加规则化"这种观念没有形成广泛的共识，那么更加多元化的观念被权力碎片化地在国际体系中推行将是更为可能出现的情形。

除了权力这一关键变量，社会演化范式中物质维度和观念维度，以及多层次的选择，都极大地增加了社会演化过程的复杂性。将更加规则化的国际体系作为一种确定性的方向即便不是不明智的，也是非常大胆和冒险的。综合以上的讨论，似乎可以理解，预测未来是一个巨大的陷阱。

---

① 许多学者都将福山的"历史终结论"作为一个反面例证加以引用，但应当注意到福山理论的变化。他在随后的研究中依据 30 余年来的经验事实，对自己的观点作了大幅度地修正，甚至开始反思被他作为自由民主制度标杆的美国的政治衰败。从这个角度来看，他似乎在利用一种演化的方法在不断回看自己的理论，并对其作出符合时宜的修正。他经过反思后发现，简单地强调自由民主制已经不能解释冷战结束后诸多民主国家失败的现象，进而他概括了现代政治制度的三大重要组件：国家建设（state-building）、法治和负责制政府（民主问责制，accountability）。当然，他这样做的问题在于，其理论建基于整个人类社会发展历程之上（但 30 余年的历史对他理论的影响似乎更大），但他所预言的却是人类社会的最终形态。由此看来，他的证据似乎过少，而这种"最终形态"不可避免地导致的一种停滞论似乎与他所研究的整个人类社会发展至今的演化的特性（福山自己甚至都将人类社会的发展与生物进化进行了类比）相违背。参见 [美] 弗朗西斯·福山《历史的终结与最后的人》，陈高华译，广西师范大学出版社 2014 年版；[美] 弗朗西斯·福山《政治秩序的起源：从前人类时代到法国大革命》，毛俊杰译，广西师范大学出版社 2014 年版；[美] 弗朗西斯·福山《政治秩序与政治衰败：从工业革命到民主全球化》，毛俊杰译，广西师范大学出版社 2014 年版；[美] 弗朗西斯·福山《大断裂：人类本性与社会秩序的重建》，唐磊译，广西师范大学出版社 2014 年版。

三 对社会演化范式的反思

尽管本章借用了社会演化范式的视角,应当注意到社会演化范式不可避免地存在问题,这些问题能否得到解决还有待于社会演化范式的支持者更为深入的研究。

(一) 理论建构尚需完善

社会演化范式在一些具体问题上还有待进一步阐述。巴里·布赞(Barry Buzan)在他为《国际政治的社会演化》一书撰写的书评中认为,唐世平观察到主流国际关系理论适应于不同的历史阶段,因此将它们作为相互竞争的范式适用于同一个历史阶段是没有意义的。唐世平利用建基于生物进化的社会演化范式解释了国际体系为什么以及如何从一个阶段向另一个阶段演化,即特定类型系统的运行为向另一个类型的系统的演化创造了条件。但在该书中,作者对一些具体问题的阐述并不完整和充分。特别是对制度主义的讨论。唐世平并未清晰地对防御性现实主义国际体系与更加规则化的国际体系作出区分。他有时似乎认为更加规则化的国际体系只是防御性现实主义国际体系的派生物(derivative),有时似乎又认为更加规则化的国际体系是防御性现实主义国际体系的接替物(successor)。[①] 布赞实际上是认为,唐氏对国际政治的社会演化尚有许多未竟之言。对于这类情况,有的可能是基于一种科学的态度,有的则可能是由于社会演化范式本身还有待进一步细化。

从研究层次而言,社会演化范式属宏观层次的理论。现有的社会演化范式避免不了采取宏大叙事,确实可能出现旁观者对某些具体问题的疑问无法一一得到回答的情形。这意味着,社会演化范式指导下的中观与微观层次的研究有待进一步深入。例如,在社会演化范式下,当人类社会处于两个形态的交替期或转换期时,国际体

[①] See Barry Buzan, Book Review on the Social Evolution of International Politics, *International Affairs*, Volume 89 Number 6, 2013, pp. 1304–1305.

系和国家行为的复杂性很可能高于某个稳定的时期。复杂性的提高可能会导致偶然情况的增多，这在一定程度上会削弱社会演化范式的解释力，甚至某些事例会成为反对者反驳的经验支撑。社会演化范式本身还需要在理论上进行更为深入的阐述，同时也需要更多的学者将其运用到对人类社会实践的解释活动中去。

（二）将自然科学理论适用于人类社会研究须谨慎对待

社会科学家对于自己所从事的研究究竟为何物，并不如物理学家那样自信。[①] 在自然科学中，人们对于实在（reality）的性质以及应该怎样研究它存在广泛的共识。但在社会科学领域，这样的共识是不存在的。[②] 因此，从自然科学领域寻找理论指导是许多社会科学家的选择。[③] 这种方式恰好在生物进化论被用于研究人类社会时被曲解和异化得最为严重，甚至对人类历史上诸多灾难性的后果具有推波助澜的作用。学者们对这样一种应用具有高度的警惕性。有学者即指出，"利用达尔文的理论将国际政治和社会科学构建为精确科学的主张是有争议的，因为国际政治中的变迁是情境性的，而非科学

[①] See Alexander Wendt, *Social Theory of International Politics*, Cambridge: Cambridge University Press, 1999, p. 48.

[②] 对于这一现象的原因，温特的解释是：与化学元素和岩石不同，社会现象是依赖于心灵的（mind-dependent），它们并不能直接被感知。因此，在社会科学家"看到"他们的研究对象之前，他们必须对心灵作出哲学上的假设，这种假设很容易被持有不同假设的人所反对。See Alexander Wendt, *Quantum Mind and Social Science: Unifying Physical and Social Ontology*, Cambridge: Cambridge University Press, 2015, pp. 1-2.

[③] 温特（尽管温特别声明他的这项研究是纯哲学的，并非是国际关系这一特定领域的）也采取了与唐世平类似的方式。在《量子心灵与社会科学：物理学与社会学的本体论统一》（*Quantum Mind and Social Science: Unifying Physical and Social Ontology*）一书中，温特将量子理论引入社会科学的争论。在量子理论的启发下，他对"社会生活接受经典物理学的调整"这一根本性假设提出了疑问，并进而认识到量子理论可能对社会科学的哲学争论具有推动作用。See Alexander Wendt, *Quantum Mind and Social Science: Unifying Physical and Social Ontology*, Cambridge: Cambridge University Press, 2015.

的，并且实际上自然科学与社会科学的性质是相当不同的"①。但社会演化范式并不是进化论的机械应用，社会演化范式与生物进化论的区别甚至多于它们的相似性，观念维度的引入使得社会演化范式相较于生物进化论产生了根本性差异。历史上一些社会科学家对生物进化论的不当使用，与其说是演化方法或进化论之恶，不如说是他们对演化方法本身和人类社会认识的不足。

第二节 诸边协定生成的物质因素分析

正如社会演化范式所揭示的那样，物质力量与观念力量及其相互间的互动共同影响着国际体系的演化。尽管人们对于"物质力量还是观念力量对人类社会的影响何者更大"的问题尚存分歧，但不能否认的是，物质力量在本体论上是优先于观念力量的，并且物质力量常常构成了对行为体的制约。② 就物质力量而言，特定时期的国际结构（即物质力量的分配）深刻影响着 WTO，国家权力分布情况的变化在很大程度上（如果不是完全）将在 WTO 这一国际组织内得到映射，③ 由此带来的 WTO 内部权力结构的变化将影响 WTO 中成员

---

① See Mithilesh Kumar, "Book Review", *Political Studies Review*, Volume 13, Issue3, 2016, p. 442.

② 关于单纯的物质力量的对于国际政治的作用，温特认为还表现在三个方面：行为体物质力量的分配影响到某些结果产生的可能性；物质力量的组成，特别是物质力量包含的技术特征，也具有同样的制约行为体行为和促成行为体行为的功能；地理位置和自然资源的影响。参见［美］亚历山大·温特《国际政治的社会理论》，秦亚青译，上海人民出版社2014年版，第110—111页。

③ WTO 决策机制采取的是一国一票的方式，并无"加权表决"这样的制度设计来维持大国对决策进程的掌控力。由于实践中重大决策均以协商一致的方式进行，实际上赋予了所有国家以一票否决权。因此，在 WTO 决策机制中，成员实力的此消彼长将得到较为直接的体现。物质力量的制约作用在 WTO 中体现的较为明显：在乌拉圭回合中，随着苏联解体和东欧剧变，美国成为当时世界上唯一的超级大国，其相对实力（转下页）

间的合作，进而为诸边协定的生成创造条件。

一 国际结构含义

首先需要明确的是国际结构的含义。国际政治学经典的定义来自于肯尼思·华尔兹（Kenneth Waltz），根据他的方法，在承认国际社会无政府状态这一不变事实的前提下，结合其提出的结构定义的三个方面，[①] 国际结构可定义为：无政府状态下国家间的能力分配。[②] 在"行动—结构"问题上，[③] 华尔兹认为国际体系结构决定国

（接上页）处于顶峰，此时美国对于乌拉圭回合谈判具有巨大的推动力，即便该回合采取了一揽子承诺的谈判方式，最终也达成了一致；自 WTO 成立之后，特别是多哈发展回合以来，美国的相对实力一直处于下降趋势，它也无法再如其在乌拉圭回合中那样推动 WTO 的谈判。具有讽刺意味的是，在具有贸易保护主义倾向的特朗普当局的领导下，美国深感 WTO 相关规则严重约束了其在贸易政策方面的施展空间，自 2016 年起开始对 WTO 的上诉机构成员进行强有力的政治干预（由于 WTO 传统的协商一致的决策模式，在任命上诉机构成员等重大问题上，美国拥有一票否决权）。以上事实表明，自乌拉圭回合结束至今，美国所掌握的物质力量，特别是相对于其他国家的物质力量处于下降趋势，美国对多边贸易谈判的推动力相应地出现下降。这表明，物质力量的变化制约着美国在多边贸易体制内的议程设置和谈判推动能力。

① 三个部分是：首先，结构根据系统的排列原则来界定。结构的概念建立于这样一个事实基础之上，即以不同方式排列和组合的单元具有不同的行为方式，在互动中会产生不同的结果。如果一种排列原则被另一种原则所替代，就意味着系统发生了变化。其次，结构根据不同单元的特定功能来界定。如果功能的定义和分配发生变化，那么等级制体系也随之变化。对于处在无政府状态的系统，这一标准不具意义，因为该系统是由同类单元构成的。最后，结构根据单元能力的分配来界定。无论等级制的还是无政府性质的系统，能力分配的变化就是系统的变化。参见 [美] 肯尼思·华尔兹《国际政治理论》，信强译，上海世纪出版集团 2008 年版，第 106 页。根据华尔兹的描述，在上述三个部分中，无政府状态是给定的常数，单元的功能具有相似性，因此只有权力分配这个变量才可能造成国际体系中的变化。参见 [美] 亚历山大·温特《国际政治的社会理论》，秦亚青译，上海人民出版社 2014 年版，第 99—100 页。

② 参见宋伟《国际结构与国际格局》，《国际政治研究》2014 年第 2 期。

③ "行动—结构"问题是指：行为体的行动如何塑造了结构以及结构如何塑造了行为体的行动。

家的行为。① 华尔兹式定义的可取之处是它描述了国家权力或能力在结构中的重要性，因此它是一种典型的物质主义的定义。② 该定义同时强调了结构这一层次的作用，尽管这种作用并非如华尔兹所认为的那样是单向的。③ 当然，这种带有"结构决定论"的观点存在不可忽视的缺陷，④ 并且由于该定义以"无政府状态"为前提，因此华尔兹所论的结构是静止的。⑤ 经验事实告诉我们，结构的变化是确实存在的。因此本书所理解的国际结构具有不断变迁的性质，既有稳定也有变化，既有渐变也有突变。⑥ 本节的目的是要表明物质力量

---

① 参见秦亚青《权力政治与结构选择——现实主义与新现实主义评析》，秦亚青《权力·制度·文化：国际关系理论与方法研究文集》，北京大学出版社2005年版，第31页。

② 温特对华尔兹的结构主义进行了较为深入的评析，参见［美］亚历山大·温特《国际政治的社会理论》，秦亚青译，上海人民出版社2014年版，第99—109页。

③ 华尔兹将国际政治分为了三个层次，他认为，"人、国家和国际体系在努力理解国际关系中是如此重要，以至于一个分析家，无论他怎样重视一种基本概念，也很少忽视两种其他基本概念"。"人性是战争的根源。……国家的内部结构决定它们的外部行为……战争的根源在于国家共存的环境。……这三个层次的每一个层次所分析的根源都是重要的。我试图表明，要充分阐述国际政治就需要把第三种基本概念视为一种结构，其他两个层次上的根源正是在这一结构之内起作用的。"参见［美］肯尼思·华尔兹《人、国家与战争——一种理论分析》，倪世雄等译，上海译文出版社1991年版，序言第1—2页。

④ 阿米塔·阿查亚即指出，"结构主义的透镜对于理解世界秩序并不是非常可信的向导，因为它经常忽视国内政治、国际机制和规范力量在塑造世界和平与稳定中扮演的角色。"参见［加］阿米塔·阿查亚《美国世界秩序的终结》，袁正清等译，上海人民出版社2016年版，第25页。

⑤ 关于结构理论的局限性，罗伯特·基欧汉与小约瑟夫·奈指出，"任何系统层次的分析必定是不完整的。如我们所强调的，理解诸如复合相互依赖的系统进程，我们必须知道国内政治如何影响相互依赖的模式与机制形成。这就需要对经济相互依赖和国际机制等制度如何影响国内政治的对等理解。但是，结构理论和我们试图在《权力与相互依赖》中建构的、更为宽泛的、具有进程倾向的系统理论本身并不能满足这些要求"。参见［美］罗伯特·基欧汉、［美］约瑟夫·奈《权力与相互依赖》，门洪华译，北京大学出版社2012年版，第316—317页。

⑥ 如果我们接受一种广义的制度变迁理论，那么结构是指社会的制度体系，这是一种制度化的定义。制度变迁体现出两对同时存在的特征。其一是"稳定与变（转下页）

分配情况的变化对 WTO 的影响。①

二 国际结构的新变化

(一) 单极格局的终结

在人类文明数千年的历史长河中,自第二次世界大战而始的美国主导时代是非常短暂的,尽管人类在这一期间取得的科技进步令人惊叹。当时间来到 21 世纪的第二个十年时,国际结构与第二次世界大战结束时已发生了巨大的变化,尽管以物质力量为标准来衡量,美国依然是头号强国。在冷战后作为唯一超级大国的美国逐步失去了成为一极的能力,包括欧盟、中国及其他新兴国家在内的行为体的相对实力已经大幅提升,美国的相对实力显著下降,国际结构已经改变。②

现阶段国际结构呈现出权力逐步分散至各类行为体的特征,国

(接上页) 化"。制度变迁不仅是可能的,而且是不可避免的。人类的生存本能和对幸福 (或福利) 永不满足的渴求必然促生制度的变迁。但与此同时,由于制度变迁的过程是较为艰难的,因此我们看到 (相对) 更多的是制度的稳定性。其二是"渐变与剧变"。在多数情况下,制度变迁是缓慢的,因为有多重因素保证制度的稳定。但与此同时剧变是确实存在的。参见唐世平《制度变迁的广义理论》,北京大学出版社 2016 年版,第 9—10、98、67—73 页。

① 本节选取物质主义的结构定义并不意味着对其他结构定义的忽视,正如社会演化范式包含了物质维度和观念维度,本书认为物质与观念均属不可忽视的。如果说华尔兹式的结构定义是物质主义的一极,那么温特的定义则是观念主义的一极。温特认为,物质条件虽然是结构理论研究的重要起点,但物质条件本身却没有什么解释力。他更加强调结构的观念的一面。任何社会体系的结构都包含物质条件、利益和观念这三个相互关联的因素。没有观念就没有利益;没有利益就没有具意义的物质条件;没有物质条件也就根本不可能有客观事实。结构理论研究就是要展现结构中不同因素如何结合成一个整体。显然,在温特看来,这个整体中的观念部分具有决定性的作用。See Alexander Wendt, *Social Theory of International Politics*, Cambridge: Cambridge University Press, 1999, p. 139.

② 有学者观察到一个现象:当美国出现严重问题之时,国际关系学界就会出现格局变化的讨论。参见陈玉刚《金融危机、美国衰落与国际关系格局扁平化》,《世界经济与政治》2009 年第 5 期。

际结构处于寻找新平衡的过程中。如果仅以当下作为时间节点,我们可以假设渐变中的国际结构处于一个人为设定的静止状态。此时的国际结构所呈现出来的特征是:单极格局逐步解体,新的结构正在形成中。关于国际结构的变动过程,理查德·哈斯(Richard N. Haass)提出了"无极化(nonpolarity)"的概念用以描述,他认为,"21世纪国际关系最重要的特征将会是无极化:一个并非由一个或两个甚至几个国家统治的世界,而是由拥有并实施多种权力的行为体统治"。[1] 阿查亚则将当下世界的新秩序称为"复合世界(multiplex world)"。[2] 刘建飞与秦治来则使用了"非极化"这一概念,它主要是指作为"极"的大国的相对力量呈相对下降的趋势,这来源于中小国家或非国家行为体相对力量的上升。[3] 无极化与非极化的根本区别在于,非极化认为国际结构中依然有极的存在,而无极化则排除了极。陈玉刚则使用"扁平化"来描述当下的国际格局的力量分配,这种"扁平化"主要体现为:行为体的实力差距缩小;国际体系被高度依赖;小国通过集团化的方式分享大国权力。[4] 这种描述较为形象地展现了当前国际体系中国家力量对比的变化趋势。

---

[1] See Richard N. Haass, "The Age of Nonpolarity", *Foreign Affairs*, Vol. 87, Issue 3, 2008, pp. 44−56.

[2] 阿查亚提出,在承认当今世界的高度复杂性的前提下,从高度、长度、深度和时间4个维度来理解国际秩序。其中"高度"强调的是权力分配并非唯一影响因素;"长度"强调的是地区性秩序的重要性;"深度"则强调的是国际秩序中的主要行为体在引领国际秩序构建过程中的领导力与合法性问题;"时间"表明应当以发展的眼光看待当下国际秩序的发展,跳出一些学者的"宿命论"或"循环论"的狭窄视野。参见[加拿大]阿米塔·阿查亚《美国世界秩序的终结》,袁正清等译,上海人民出版社2016年版,第1、180页。

[3] 参见刘建飞、秦治来《"非极化"的挑战:世界格局走势及其对大国关系的影响》,国家行政学院出版社2013年版,自序第3页。

[4] 参见陈玉刚《金融危机、美国衰落与国际关系格局扁平化》,《世界经济与政治》2009年第5期。

(二) 国际结构的新变化与国际合作

1. 新的国际结构意味着国际合作的重要性增强

基于防御性现实主义对国际关系的理解，国家间的合作是可能的。无论我们怎样描述国际结构的新变化，一个显而易见的事实是，以美国为唯一超级大国的"单极世界"已经逐渐解体，各类其他行为体（主要是国家）的权力正在不断增强。尽管非国家行为体能力有所增强，体现了权力分散的趋势，但暂未构成直接影响国际结构的主要力量，或者说它们的力量并不能成为国际结构所反映的力量对比中的变量单元。[1] 如此一来，国际事务的处理将更依赖于国际合作，并且数量更多的行为体将在国际合作施加其影响力。

2. 国际合作难度的提高

国际合作复杂性的提高首先来源于具有重大影响力的国家数量上升。大国的衰落会导致一定程度的权力真空，一些国家可能会寻求更大的影响力。在国际合作中，当具有话语权的国家数量增多时，合作过程中对同一问题的不同立场就可能增加，产生的分歧就会随之扩大。在此情况下，多个国家之间意欲对某个问题作出决策以采取共同行动时就会面临相对严重的效率问题。其次，大国的衰落也可能导致国际合作中的领导缺位，在各方分歧严重的情况下，国际合作可能面临失去重要推动力和明确方向的问题。此类情况将会进一步造成国际合作难度的上升。

3. 衰落的大国更依赖于国际制度实施其权力

制度是经权力选择后的观念的集合，因此国际制度中权力的作用不容忽视，并且这种作用并非次要的。美国在战后建立的国际制度是为了维护美国主导的国际体系的稳定和发展。当美国这样的国

---

[1] 这类行为体中有代表性的是大型跨国企业，特别是在信息时代拥有巨大影响力的科技巨头；还包括了民族国家内的州或省乃至大型城市、军事团体（如哈马斯、黎巴嫩真主党、迈赫迪军以及塔利班）和非政府组织。See Richard N. Haass, "The Age of Nonpolarity", *Foreign Affairs*, Volume. 87, Issue 3, 2008, pp. 44-56.

家实力衰退时,其可通过国际制度来维持既有秩序,弥补实力的不足。① 这种现象很可能会导致衰落的"霸权国"②更依赖于国际制度来维持其利益。

如果依照这一逻辑,美国在国际贸易领域绕开 WTO,选择在其他场所制定贸易规则的行为似乎解释不通,毕竟 WTO 是在美国的主导下建立起来的。在这一问题上 WTO 的特殊性必须予以强调,即它在制度上将最核心的决策程序设计为以协商一致为原则,并且在多哈回合中与一揽子承诺相结合,这实际上使得美国不具备通过正常程序推动决策进程的能力。因此,当出现对新规则的需求时,如果 WTO 长时间不能提供规则供给,美国转而寻求其他场所就是可以理解的选项。一个可资比较的例证是国际货币基金组织(IMF)的决策机制。美国在这一采取加权表决制的国际组织中具有了一票否决权,这是美国尚未寻求其他场所解决国际货币问题的重要因素。

三 新结构对 WTO 的影响

(一) 美国相对权力的下降削弱了 WTO 多边贸易规则制定功能

新的国际结构所呈现的单极弱化的特征导致 WTO 中的权力结构发生变化。当然,国家权力是具有复杂面向的概念,不同领域所侧重要求的权力面向有所不同。在国际贸易领域,较大的、发育成熟

---

① 参见秦亚青《国际制度与国际合作——反思新自由制度主义》,载秦亚青《权力·制度·文化:国际关系理论与方法研究文集》,北京大学出版社 2005 年版,第 108—109 页。

② "霸权国"的表述暗含了两层含义:其一,霸权国会被用来描述希特勒统治下的纳粹德国与拿破仑治下的法国这样的寻求统治国际体系的国家。其二,它还会被用以描述强大到足以强有力地影响到全世界大部分范围内的经济实践的国家。本书所避免暗示的是第一层含义。See Robert Jervis, "International Primacy: Is the Game Worth the Candle?", *International Security*, Volume 17, Number 4, 1993, p. 52.

的市场比较小的市场在贸易谈判中更具优势。① 尽管我们并不完全赞同"霸权稳定论"所认为的那样,霸权国的存在是维持国际合作的根本性力量,但霸权国在国际合作中的领导作用是不可忽视的。在过去,第二次世界大战后建立起来的多边贸易体制一直是在美国的主导下推动的。② GATT 乌拉圭回合起始于 1986 年,于 1994 年最终完成。这项谈判的难度之大首先表现为参与方众多,该数字从最初的 103 个增至谈判结束时的 123 个。③ 其次是谈判内容广泛但各方观点又殊为复杂。GATT 缔约方不仅在东京回合的基础上对已有的贸易规则进行了更新谈判,同时还拓展了服务贸易和知识产权等新的领域,并设置了具有"强制管辖权"且含有常设上诉机构的争端解决机制。再次,在谈判结果的接受方式上,乌拉圭回合采取了一揽子承诺的方式。④ 谈判难度极大的乌拉圭回合谈判最终能够顺利结束,离不开美国的主导,尽管欧盟的作用同样不可忽视。值得一提的是,在乌拉圭回合进行过程中,一系列深刻影响国际政治格局的事件——苏东剧变——发生了。国际结构中的两级体系土崩瓦解,作

---

① 参见[美]约翰·H. 巴顿等《贸易体制的演进:GATT 与 WTO 体制中的政治学、法学和经济学》,廖诗评译,北京大学出版社 2013 年版,第 12 页。

② 参见李扬、黄艳希《中美国际贸易制度之争——基于国际公共产品提供的视角》,《世界经济与政治》2016 年第 10 期;[美]朱迪斯·哥尔德斯坦《制定 GATT 的规则:政治、制度与美国的政策》,载[美]约翰·鲁杰主编《多边主义》,苏长和等译,浙江人民出版社 2003 年版,第 254 页。

③ 参见 https://www.wto.org/english/thewto_e/whatis_e/tif_e/fact5_e.htm。

④ 美国之所以敢于在此时提出一揽子承诺的方式有两方面的原因。第一,在乌拉圭回合进行时,支持贸易(pro-trade)、支持市场(pro-market)的华盛顿共识盛行,这降低了发展中国家接受一揽子承诺方式难度。第二,对于包括美国在内的四方(Quad,包括美国、欧盟、日本与加拿大)而言,尽管战后相对实力下降,但在 20 世纪 90 年代初期其对发展中国家的优势相较于 20 年前增强了,他们自信能在 WTO 中保持以权力为基础的议价能力,而那时的当务之急是如何让发展中国家全面接受乌拉圭回合谈判成果,美国的一些资深贸易官员甚至不惜以退出 GATT 相威胁。关于一揽子承诺的具体内容及其相关问题,本书在第二章专门予以讨论。See Craig VanGrasstek, *The History and Future of the World Trade Organization*, Geneva: World Trade Organization, 2013, p. 51.

为唯一一极的美国又一次达到了其国际地位（或者说相对权力）的高峰。① 显然，美国此时在国家权力分配中的绝对优势极大地增强了其在乌拉圭回合谈判中的议价能力。

然而，WTO 成立后，美国相对权力开始进入下降趋势，② 美国国内因素亦是多哈回合进展甚微的重要原因之一。③ 美国在战后大力推动贸易自由化，在 20 世纪 70 年代之后又着重推行金融自由化。如此一来，传统的制造业逐步外移，由此造成了国内制造业的衰落，大量的制造业工人面临失业的压力。主张降低贸易自由化程度的唐纳德·特朗普在美国总统竞选中胜出，并逐步展现在自由贸易上的后撤立场，以公平贸易为名行贸易保护之实。美国不仅对上诉机构成员的选任进行政治干预，直接导致上诉机构瘫痪，④ 并且对 WTO 现行体制有诸多批评。⑤ 美国贸易代表办公室甚至认为，多哈发展议

---

① 基欧汉即指出，"在 20 世纪 90 年代，美国的霸权比过去要更加明显，其霸权从经济、政治和军事上讲，比冷战时期更具主导能力"。[美] 罗伯特·基欧汉《霸权之后：世界政治经济中的合作与纷争》，苏长和等译，上海人民出版社 2001 年版，中文版前言第 23 页。许多国家或主动、或被动的融入美国主导下的新自由主义国际体系中。相似的情形也出现在国际投资领域，在苏东剧变发生后，诸多"转型经济体"以接受美国模板的方式与美国签订了双边投资协定。参见 [美] 肯尼斯·J. 范德威尔德《美国国际投资协定》，蔡从燕等译，法律出版社 2017 年版，第 2 页。

② 当然，这一下降趋势与 WTO 决策困境在时间上并非完全吻合。WTO 成立之初，世界依旧处于单极格局之中。在 2001 年之前，尽管美国是国际结构中唯一的一极，但 WTO 自 1996 年起的数次部长级会议均未取得预期效果，甚至在 1999 年美国本土举行的西雅图部长级会议上遭遇了严重的抵制。2001 年的多部长级会议之所以能取得突破，也与美国在 9·11 事件后所获得的短暂的影响力上升（这或多或少地来源于他国在道义上的同情）关系密切。

③ 美国权力的衰落并非多哈回合陷入僵局的主要原因，其他成员的行为同样产生了作用。但是不同成员的能力大小并不相同，美国的影响是较为显著的。

④ 美国引发 WTO 上诉机构危机的过程可参见杨国华《丛林再现？——WTO 上诉机制的兴衰》，人民出版社 2020 年版，第 108—152 页。

⑤ 莱特希泽在 2017 年年末于布宜诺斯艾利斯举行的 WTO 第 11 届部长级会议上指出，谈判不再是 WTO 的核心关注点，WTO 正在成为一个以诉讼为中心的组织。Robert Lighthizer, "*Opening Plenary Statement of USTR Robert Lighthizer at the*（转下页）

程是过时和失败（outdated and failed）的框架。①

（二）其他成员的相对实力上升增加了集体行动的难度

除美国以外，其他 WTO 成员相对实力的上升使多哈回合进展的困难程度进一步提高，但这些成员之所以能在谈判中发挥重要作用与 WTO 的决策模式分不开。尽管拥有投票机制，但 WTO 的决策（特别是在多边规则的制定方面）基本上遵循了协商一致的实践。与此同时，多哈回合依然采取了一揽子承诺的方式。两个因素的叠加导致在多哈回合中取得完全的一致具有极高的难度。这种决策模式给予了其他成员（特别是数量庞大的发展中成员）更大的话语权，美国既无能力也无意愿如其在乌拉圭回合中那样相对顺利地推动规则制定过程，WTO 自成立之后再无重大的多边谈判成果也在情理之中。如果说在过去多边贸易体制中的谈判取决于少数几个大国（即便是在这些贸易大国内部，美国的主导地位是明显的），那么如今在 WTO 中越来越多的成员拥有了话语权。

综合以上讨论可以认为，国际结构的演化在 WTO 体制内得到映射，美国不再具有主导多边贸易谈判进程的能力，其他成员相对实力的上升使得 WTO 内集体行动的难度进一步增大，由此带来的结果是 WTO 多边贸易谈判不能取得重大成果，WTO 贸易规则制定功能几乎处于停滞状态。在此背景下，为了继续促进经济发展，各成员很可能倾向于寻求多边以外的其他路径实现更高标准的贸易自由化。与 RTAs 相类似，诸边协定正是可能的政策选项。因此国际结构的演化为诸边协定在 WTO 体制中的生成奠定了物质基础。

（接上页）*WTO Ministerial Conference*", available at: https://ustr.gov/about-us/policy-offices/press-office/press-releases/2017/december/opening-plenary-statement-ustr.

① Office of the United States Trade Representative, 2018 Trade Policy Agenda and 2017 Annual Report, 2018, p. 82. Available at: https://ustr.gov/sites/default/files/Press/Reports/2018/AR/2018%20Annual%20Report%20FINAL.PDF.

第三节　诸边协定生成的观念因素分析

国际结构的演化从物质维度为诸边协定的生成创造了条件，促成诸边协定生成的观念因素同样不可忽视。在新的国际结构下，国际合作中的行为体数量问题将首先呈现。如前所述，国际结构演变的新趋势是具备影响力的行为体逐步增多，这种行为体数量上的增加将引发我们思考行为体的多寡对于国际合作的影响。当论及数目较多的行为体之间的国际合作时，"多边主义"这一概念进入了我们的视野。

多边主义是 WTO 的指导性观念。以 WTO 为代表的多边贸易体制是美国这一具有国际主导地位的国家领导下所供给的国际公共产品，是多边主义在 20 世纪中叶兴起的主要代表，它在 1995 年 WTO 成立时达到了顶峰。但在进入 21 世纪以后，随着多哈回合僵局的持续，作为贸易领域多边主义代表的 WTO 却陷入了困境。

一　作为观念的多边主义

（一）多边主义的含义

多边主义一词由"多边"与"主义"两部分构成。"多边"作为一种边数现象，其蕴含普遍性的意涵已成共识。因此，对多边主义性质理解的重点落脚于"主义"。据学者考证，现代汉语中的"主义"是对英文后缀"-ism"的汉译。该后缀的含义亦有多种，至少包括：一种理论、学说或主张、行为、状态、精神或气质、恶习等。[①] 多边主义至少体现了理论学说、行为和状态的意涵，故其在性质上存在多重面向。

---

① 参见董乐山《〈主义〉何其多》，《边缘人语》，辽宁教育出版社 1995 年版，第 2—3 页。

多边主义受到了国际关系学者的充分关注。约翰·鲁杰（John Ruggie）认为，"多边主义是一种在广义的行动原则基础上协调三个或者更多国家之间关系的制度形式"。它包含了"集团成员行动范围上的不可分割性"和"扩散的互惠性（diffuse reciprocity）"等内容。① 多边主义是一种制度形式。② 詹姆斯·A. 卡帕拉索（James A. Caporaso）认为多边主义是"规范性原则"和"现实性的信念"的混合。这意味着多边主义既是一种关涉世界如何运转的观念，它也体现为活动的组织原则，即任何活动都应该在一种普遍的基础上组织起来。③ 米尔斯·卡勒（Miles Kahler）则强调多边主义在追求普遍原则和多数参与外还强调一种使相关行为体更加平等的"调平功能（leveling impulse）"。④

约翰·彼得森与卡罗琳·布沙尔界定了一种"披着 21 世纪外衣的现代多边主义：三个或者更多的行为体进行自愿和（基本是）制度化的国际合作，并得到规范和原则的管理，而规则（大体上）同等地适用于所有国家"⑤。"多边主义可以被理解为融合了规则、制度性合作与包容性的互动体系。它被认为是国际关系中明确的合作方式，植根于参与者做出的自愿决策、涉及多元的行为体，以对规

---

① ［美］约翰·鲁杰：《对作为制度的多边主义的剖析》，载［美］约翰·鲁杰主编《多边主义》，苏长和等译，浙江人民出版社 2003 年版，第 12—13 页。

② 秦亚青认为，多边主义有两种基本含义。第一种是单位层次的多边主义，它所展现的是一个国家的外交行为取向。第二种是体系层次上的多边主义，它将多边主义理解为一种国际互动方式。制度性多边主义即属此类。参见秦亚青《多边主义研究：理论与方法》，《世界经济与政治》2001 年第 10 期。

③ ［美］詹姆斯·A. 卡帕拉索：《国际关系理论和多边主义：根本原则之探寻》，载［美］约翰·鲁杰主编《多边主义》，苏长和等译，浙江人民出版社 2003 年版，第 61 页。

④ ［美］米尔斯·卡勒：《小数目和大数目中的多边主义》，载［美］约翰·鲁杰主编《多边主义》，苏长和等译，浙江人民出版社 2003 年版，第 337 页。

⑤ ［英］约翰·彼得森、［英］卡罗琳·布沙尔：《使多边主义有效——全球治理的现代化，载［英］卡罗琳·布沙尔等主编《欧盟与 21 世纪的多边主义》，薄燕等译，上海人民出版社 2013 年版，第 19 页。

范和/或标准的确认而不是临时的或者不对称的安排为基础。"① "随着现代'世界社会'观念的逐步显现及其对国家中心视角所形成的调整，多边主义的概念得到了扩展，将非国家行为体和源自国家之外的利益容纳进来。"②

罗伯特·基欧汉（Robert Keohane）基于新自由制度主义的角度提出，多边主义是"通过临时性的安排（ad hoc arrangements）或者制度在三个或者更多国家之间协调国际政策的实践"③。他对自己在多边主义方面的研究限定于政府间的多边安排，特别是多边制度（multilateral institutions）。多边制度是"拥有持续性规则的多边安排"。④ 基欧汉认为多边制度可以增进国内民主程序的质量。⑤ 基欧汉还与其合作者从制度竞争的角度共同提出了"竞争的多边主义（contested multilateralism）"，它强调的是国家、多边组织乃至非国家行为体利用现有的或新建立的多边制度来挑战现行多边制度的规则、实践和任务。⑥

约翰·伊肯伯里（G. John Ikenberry）强调了多边主义中的权力因素。他认为，权力并未在这种多边秩序中缺位，而是在一个规则

---

① ［英］约翰·彼得森、［英］卡罗琳·布沙尔、［英］娜萨利·托茨：《导言：21世纪的多边主义》，载［英］卡罗琳·布沙尔等主编《欧盟与21世纪的多边主义》，薄燕等译，上海人民出版社2013年版，第4页。

② 埃琳娜·拉扎罗等：《21世纪的多边主义——"准则"的演变》，载［英］卡罗琳·布沙尔等主编《欧盟与21世纪的多边主义》，薄燕等译，上海人民出版社2013年版，第52页。

③ See Robert Keohane, "Multilateralism: An Agenda for Research", *International Journal*, Volume 45, Issue 4, p.731.

④ See Robert Keohane, "Multilateralism: An Agenda for Research", *International Journal*, Volume 45, Issue 4, p.732.

⑤ See Robert Keohane, Stephen Macedo and Andrew Moravcsik, "Democracy-Enhancing Multilateralism", *International Organization*, Volume 63, Issue 1, 2009, pp.1—31.

⑥ See Julia C. Morse and Robert Keohane, "Contested Multilateralism", *The Review of International Organizations*, Volume 9, Issue 4, 2014, pp.385—412.

和制度（包括权力）相互作用的议价体系中运作。①

（二）多边主义的主要内容

从性质上讲，本文将多边主义视为一种观念。鲁杰倾向于将多边主义定义为一种制度形式，但这种制度形式实际上只是被选择的观念的条文化。② 例如，在国际贸易领域，多边主义只是一种观念，而 GATT 及 WTO 中的贸易规则才是由多边主义转化而来的制度。就内容而言，多边主义包含了以普遍的原则与规则为基础的制度化、规则的不可分割性、参与方的广泛性、以及平等化③等基本因素。

综上所述，多边主义的主要内容包括：第一，行为体数量在三个或以上，且在特定领域强调成员的广泛性。就现阶段的多边主义的而言，由于在全球范围内已经出现了成员数量众多的多边制度，致使多边主义在某些领域指向了特定的多边制度（如 WTO）。第二，制度化的国际合作。在多边制度中，相应的规则在适用上具有普遍性，制度的运行以这些普遍适用的规则为基础。规则具有了不可分割性。第三，行为体地位平等，弱国应受保护。第四，传统的多边主义还隐含着一种乐观主义的因素，即国家间的冲突是可以调和的，至少多边主义的支持者们倾向于一种和谐的范式。④ 第五，与权力密切相关，是国家在需要时可以选择推行的观念。当今世界中的多边体系本身只是历史中罕见的偶然情况。⑤ 物质力量超强的主导国的存

---

① See G. John Ikenberry, "Is American Multilateralism in Decline?", *Perspectives on Politics*, Volume 1, Number 3, 2003, p. 536.

② 参见唐世平《制度变迁的广义理论》，北京大学出版社 2016 年版，第 58—59 页。

③ 这种平等化的内容与广大发展中国家在民族独立解放浪潮之后寻求主权独立和平等参与国际事务的要求相契合，从而使多边主义在一定程度上具有了正当性。

④ 对社会科学的基础范式中的冲突范式与和谐范式的讨论参见唐世平《社会科学的基础范式》，《国际社会科学杂志》2010 年 1 期。

⑤ 彼得·德雷普（Peter Draper）与梅莫里·杜布（Memory Dube）认为，东京回合的数个诸边性质的守则最终能被打包进入乌拉圭回合一揽子承诺，得益于其所处的独特的历史环境：冷战的结束以及随之而来的美国权力和影响达到顶峰。因此，（转下页）

在是造就国家间大范围合作的原因。① 在第二次世界大战结束之初，美国将多边主义视作一种手段，其目的在于建立一个西方式的自由国际秩序。②

二 多边主义与多边贸易体制

(一) 多边主义下的国际合作

多边主义意味着参与国际合作的合作方数量较多。数量较多的合作方可能引发集体行动的问题。曼瑟尔·奥尔森（Mancur Olson）对集体行动的困境有经典的描述："除非一个集团中人数很少，或者除非存在强制或其他某些特殊手段以使个人按照他们的共同利益行事，有理性的、寻求自我利益的个人不会采取行动实现他们共同的利益或集团的利益。""相对较小的集团更具有有效性。"③ 奥尔森的这种思想在国际关系中得到了应用。肯尼思·奥耶（Kenneth Oye）认为，行为体数量可能在三个方面影响合作的可能性：第一，合作要求识别增进共同利益的机会以及当这样的机会出现时的政策协调。随着合作方数量增多时，交易和信息成本都增加了，因而识别这种机会和政策协调的难度就增加了。第二，合作方数量的增加，将导致自动背叛的可能性增加，也会导致识别与控制问题出现的可能性增加。第三，制裁的阻吓性也会随着合作方数量

（接上页）乌拉圭回合才是特殊的（sui generis），而非诸边协定。See Peter Draper and Memory Dube, "Plurilaterals and the Multilateral Trading System," *E15 Expert Group on Regional Trade Agreements and Plurilateral Approaches–Think Piece*, E15 Initiative. International Centre for Trade and Sustainable Development and World Economic Forum, 2013, p. 1.

① Chris Brummer, *Minilateralism: How Trade Alliances, Soft Law, and Financial Engineering are Redefining Economic Statecraft*, New York: Cambridge University Press, 2014, pp. 10–11.

② 参见埃琳娜·拉扎罗等《21世纪的多边主义——"准则"的演变》，载［英］卡罗琳·布沙尔等主编《欧盟与21世纪的多边主义》，第51页。

③ 参见［美］曼瑟尔·奥尔森《集体行动的逻辑》，陈郁等译，格致出版社、上海人民出版社2014年版，第2、51页。

的增加而降低。① 简而言之，合作方数量越大，单个合作方分享的利益就越小，组织的成本同时也会提高。②

依据这样的逻辑，减少合作方的数量似乎成为了更好的选择。但这一方法也有其局限性。一方面，合作方数量的减少会降低合作的收益。同时，数量的减少还会对第三方造成成本的上升。③ 尽管如此，减少合作方数量作为一种策略被许多国家在国际合作中予以适用，特别是当多边主义遭遇困境的时候，这成为了现实选择。

(二) 多边贸易体制中的多边主义

多边主义是 WTO 的核心概念之一。学者们通常用 "多边贸易体制"来描述自 GATT 起并发展至 WTO 的国际贸易体制。WTO 语境下的多边主义与前文提及的国际关系中的多边主义虽有共同的要素，但并非等同的概念，它在内容和表现形式上均有差异。

第一种表现形式是规范意义上的多边主义，它是指导国际贸易制度的观念。鲁杰指出，在国际贸易领域论及多边主义时，其特指国家基于在确定原则（特别是非歧视原则）的基础上组织的贸易活动。④ 沃尔特·古德（Walter Goode）则认为多边主义是进行国际贸易的一种方式，它以合作、同等权利和义务、非歧视、以及众多国家平等参与为基础，不论国家大小或在国际贸易中占的份额多少。这是 WTO 及 WTO 各协定的基础。⑤ WTO 中规范意义上的多边主义具有两层含义。第一层含义是指 WTO 是一个 "以规则为基础" 的国

---

① See Kenneth A. Oye, Explaining Cooperation under Anarchy: Hypotheses and Strategies, *World Politics*, Volume 38, Number 1, 1985, p. 19.

② 当然，一个明显的反例是：由于存在搭便车的情况，对于单个合作方而言，合作方数量的增多并不必然意味着其分享的利益减小。

③ See Kenneth A. Oye, "Explaining Cooperation under Anarchy: Hypotheses and Strategies", *World Politics*, Volume 38, Number 1, 1985, p. 21.

④ [美] 约翰·鲁杰：《对作为制度的多边主义的剖析》，[美] 约翰·鲁杰主编《多边主义》，苏长和等译，浙江人民出版社 2003 年版，第 7 页。

⑤ [澳] 沃尔特·古德：《贸易政策术语词典》，张伟华等译，上海人民出版社 2013 年版，第 338 页。

际组织。这表明 WTO 拥有一整套"透明""非歧视""开放"和"包容"的国际贸易规则，覆盖的领域包含了货物贸易、服务贸易和知识产权。并且 WTO 还拥有贸易政策评审机制和争端解决机制监督和保证这些规则的实施。第二层含义是指 WTO 成员的广泛代表性。迄今为止，WTO 已有 164 名成员，占全球贸易量 90% 以上。[①]

第二种表现形式是行为意义上的多边主义，它是指导 GATT 缔约方或 WTO 成员行动的观念。这一意义上的多边主义是指导行为体把相关问题放置在多边贸易体制中处理的观念。这种处理方式既包括将相关议题的谈判放置在 WTO 中，也包括将贸易争端提交 WTO 争端解决机制解决。常与之相对的概念是"区域主义"[②]，它所体现的是将问题的处理放置在多边贸易体制以外的区域性场所进行。然而，区域主义并不能完全地概括多边主义以外的方式，近年来出现的"少边主义（minilateralism）"[③] 的概念，则比"区域主义"更具包容性。

三 多边主义的衰退及其困境

（一）多边主义的衰退及其工具主义转向

多边主义的衰退体现为其规范意涵已逐步让位于潜在的工具主

---

① 参见 https：//www.wto.org/english/thewto_e/whatis_e/tif_e/org6_e.htm。

② 在叙述多边主义的危机时，区域主义往往成为其最大的"对手"之一。当 TPP 谈判完成时，不少人惊呼以 WTO 为核心的多边主义将进一步式微。然而，如果我们结合奥巴马行政当局推动 TPP、TTIP 以及 TISA 等经贸谈判的行为就会发现，其主要意图是在 WTO 多哈回合陷入僵局的情况下抢先主导新一代国际经贸规则的构建。这类规则的最终归宿是约束更多的国家，从而实现多边化。因此，美国的这一系列行为实际上是将以往在 WTO 内一步走的方式改为在 WTO 外进行两步走或多步走。由此观之，是否应将 TPP 与 TTIP 这类超大型区域协定划归区域主义的观念之下，似乎也存在讨论的空间。

③ 对"minilateralism"的汉译，本文采用了苏长和教授的译法。参见苏长和《全球公共问题与国际合作：一种制度的分析》，上海人民出版社 2009 年版，第 238 页。

义意涵。当下的多边主义正处于其生命周期的下行通道。① 第二次世界大战后国际秩序本以多边主义为基础，由联合国、国际货币基金组织及多边贸易体制等国际制度予以实现。近年来，个别国家积极奉行单边主义，对既有国际秩序造成冲击。② 由于获得了超级大国的支持，多边主义在国际经贸领域具备了某种正统地位。但这种地位在近年来已被解构和祛魅，多边主义已不再是不可逾越的规则，其工具性质日渐明显。③

（二）多边主义不适配于当下国际体系的原因分析

多边主义陷入困境的原因表面看是其本身的高要求，但究其根源则在于既往对多边主义的理解超前于我们所处的时代。多边主义对规则的强调与更加规则化的国际体系相契合，或者说，多边主义更适于一个更加以规则为基础的国际体系。因此，规则之治的国际社会到来前，多边主义在当下面临的严重危机主要是由这种超前性所造成的。

当某种观念与国际关系的现实不相符时，将会产生一些列严重的问题。首先，它将不能为相关的经验事实提供有力的解释。多边主义所展现出的美好图景大致是这样一个更加规则化的国际体系：大多数国家将依据普遍的规则行事，因而国家的行为将具有稳定性和可预期性；国际制度将拥有更大的影响力以协调国家之间的利益；利益冲突将能在多边制度中得到和平解决。但由于这些内容与防御性现实主义国际体系的基本特征并不相符，因此现实世界中的国家实践与多边主

---

① See Harlan Grant Cohen, "Multilateralism's Life-Cycle", *American Journal of International Law*, Volume 11, Number 1, pp. 47-66.

② 参见廖凡《从〈美墨加协定〉看美式单边主义及其应对》，《拉丁美洲研究》2019 年第 1 期。

③ 甚至有学将多边主义喻为一种保险，美国预先支付一定的成本以建立起多边制度并保持其运转，当出现某种失败或挫折时这种多边制度将使美国的损失降至最低。See Dominic Tierney", "Multilateralism: America's Insurance Policy against Loss", *European Journal of International Relations*, Volume 17, Issue 4, 2010.

义所展现的这个世界存在差距。主权、国家利益、民族主义等因素是现实存在的。我们所处的国际体系依然是一种无政府状态，国家的首要目的依然是自保。在当今这个防御性现实主义的世界中，被他国消灭或许已不是国家最为紧迫的威胁，即便是一些全球性的问题对于大多数国家而言也不是迫在眉睫，而如经济放缓、失业率上升、移民等国内问题对国家的影响显得越发显著。国际合作本身并不是目标，它只是国家要解决这些问题所采取的手段中的一种。英国与美国近来所展现的孤立主义倾向正是体现了一种"自扫门前雪"的实用主义态度。维护国家利益依然是国家最终极的政策考量。

其次，依照这种观念行事的行为体将会面临挫败。特朗普为了保证美国的国内就业和经济增长，不惜退出奥巴马行政当局耗费巨大成本谈判而成的 TPP，鼓励甚至逼迫制造业回归美国，但并未声称要终止体现美国利益的服务贸易自由化努力。自诩为多边主义倡导者的欧盟，为了达到增加就业和促进经济增长的首要政治目的，也不遗余力地选择了"两条腿走路"的实用主义策略：一方面尽力维护多边贸易体制的存在，另一方面全力进行 RTAs 的谈判。当中国被排除在 TPP 之外时，寻求与其他合作伙伴之间的经贸合作是维护中国国家利益的合理选项。作为 WTO 的受益者，[①] 中国自然是维护 WTO 这一多边主义代表的主要力量之一。但是，当 WTO 在短时间内不能带来增量效益时，为了维护国家利益，中国就必须寻求其他替代方式。[②] 如果这些行为体都谨守多边主义的信条而放弃其他选

---

① 中国借助 WTO 规则的保障，不仅彻底改变了不利于自身经济发展的外部环境，还有力地推动了国内改革。中国加入 WTO 已有 20 年，深度融入国际贸易体系为中国的快速发展奠定了坚实的制度保障前提与基础。过去 20 年间，中国一直是全球航运、贸易、金融等产业发展最快的国家。2001 年中国 GDP 为 11 万亿元，到 2015 年中国 GDP 的总量达到 67.67 万亿元，现已成为全球第二大经济体。WTO 在一定程度上为中国带来了巨大的发展红利。

② 包括但不限于："一带一路"倡议的推行（这其中也包括签订自由贸易协定和对外投资）、与其他国家之间的各类自由贸易协定、参与 WTO 诸边协定谈判（ITA 扩围谈判和 EGA 谈判）、外资监管体制的改革、国内自贸试验区建设。

项,都可能使自身处于不利的境地。

最后,如果将 WTO 视为一项国际制度,那么其本身的独立作用是相当有限的。与新自由制度主义不同,防御性现实主义认为制度只是国家利益的反应,是国家实现国家利益的一种工具。① 尽管我们承认 WTO 具有一定的独立作用(如 WTO 上诉机构对 WTO 条约的解释),但在防御性现实主义的世界中过分夸大这样的作用则是不明智的。寄望于 WTO 发挥其无法发挥的作用,不仅会导致 WTO 面临困境,相关国家也会因此而错失通过其他方式进行贸易自由化的机会。成员驱动依然是 WTO 的根本性特征之一。②

(三) 多边主义的再造

各方对多边主义的既有理解蕴含了相对固定的内容,但这些内容与当下国际体系的防御性现实主义特征不适配,多边主义面临再造。既有多边主义中的一些合理因素是应当得到坚持的。例如,多边主义对规则秩序的坚持和强调国家间的协调与合作是未来多边主义不可或缺的内容。但是,旧有的多边主义所隐含的权力因素和刚性的制度化特征则有待改造。多边主义的权力因素在事实上导致了多边合作中的等级制。实力较强的国家在多边合作或制度中占据核心地位,实力较弱的国家则处于相对边缘的位置。这不仅表现带来了决策权力的不平等,也产生了分配格局的不公平。刚性的制度化程度自然可以带来稳定性和可预期性,但如果刚性制度所执行的规则本身具有不公平的特质,则其产生的实际效果是否公平、是否具有可持续性是存在疑问的。因此,再造多边主义的进程应当回应各国发展程度不均衡、自身异质性程度较高的事实,注重实现真正的

---

① See Robert Jervis, "Realism, Neoliberalism, and Cooperation", *International Security*, Volume 24, Number 1, 1999, p. 63.

② See Manfred Elsig and Thomas Cottier, "Reforming the WTO: the Decision-Making Triangle Revisited", in Manfred Elsig and Thomas Cottier eds., *Governing the World Trade Organization: Past, Present and Beyond Doha* Cambridge: Cambridge University Press, 2011, p. 291.

国际关系民主化，同时适度降低制度化程度。①

四　少边主义的兴起及其挑战

在国际贸易领域，多边主义与其他非多边主义观念之争已非常激烈，它最典型的表象是解决贸易议题的场所之争。由于长时间的共存和相互影响，多边主义与非多边主义的政策选项具有共通的内容，例如二者所调整的议题是大体重合的，并且在两种观念指导下所产生的规则具有相似性。然而，多边主义与非多边主义之间的差异却是非常显著的。

非多边主义观念的两个重要组成部分包括单边模式与少边（minilateral）模式。单边主义强调的是行为体不考虑其他国家的意愿和国际规则，通过单方面行为解决国际贸易问题。美国利用301条款单方面采取的贸易措施就是典型的例证。② 少边模式则具有相对意义，它所体现的是在多边主义存在的前提下，部分行为体寻求组成次级集团来处理国际贸易问题，因此这种模式的实质就是大团体中的部分成员组成小团体来解决具体问题。

（一）少边主义的内涵

少边主义是一个在与多边主义的比较过程中出现的概念。莫伊塞斯·纳伊姆（Moisés Naím）认为，"首先，我们要忘记试图让地球上近200个国家达成一致。我们需要抛弃这种愚蠢的任务，迎接一个新的概念：少边主义。我认为少边主义是一种更聪明、更有目标的方法，即我们应当将在解决某个具体问题上具有最大影响力的最小数量的国家拉到谈判桌上。……当然，未参与到其中的国家会批评这种方式是不民主的，是具有排他性的。但这种方法会打破僵

---

① 参见郑宇《21世纪多边主义的危机与转型》，《世界经济与政治》2020年第8期。

② 参见韩立余《当代单边主义与多边主义的碰撞及其发展前景》，《国际经济法学刊》2018年第4期。

局，由解决问题所必要的少数国家所达成的协定可以为随后更具包容性的协议提供基础。少边协议可以也应当向任何其他愿意遵守创始成员所达成的规则的国家开放"①。他不断强调，少边主义在当下不是最好的解决方式，但它一定优于那种寻求大规模同意的方式。采取少边主义的原因是多边方式已经导致国际合作陷入了僵局。

克里斯·布拉默（Chris Brummer）认为，国际合作不是"全有或全无"的，它并不意味着一种二元结果：要么达成一个大型的、雄心勃勃的国际协定，要么国际经济系统将陷入混乱与无序。新的国际合作模式的目标是既要使全球经济自由化，也要对其进行监管。因此全球治理体系将出现一个由多边向少边转换的趋势。少边的治理体系具有三个重要特征。第一，在解决问题所必要的最少国家之间进行合作。第二，在合作方式上将不限于正式的国际条约，一些非正式的规则（即软法）也将发挥重大作用。第三，在金融领域，政府要更多的借助金融工程来进行管理。②布拉默的观点与纳伊姆相似，但由于他主要关注的是金融监管方面的国际合作，因此他还着重强调了非国家行为体与非正式规则的介入。其实这两点在"新多边主义"已有体现，因此并不构成其与多边主义之间的根本区别。

少边主义与多边主义最显著的区别在于具有决定性意义的合作方的数量，少边主义强调"解决问题所必要的最少数"，提高了决策效率。近来兴起的少边主义是多边主义面临困境时的替代性方案。在规范意义上，少边主义显然是具有歧视性的，在成员的广泛性上低于多边。从行为意义而言，少边主义意味着行为体在多边场合之外寻求部分成员之间的合作。

---

① See Moises Naimi, "Minilateralism: The Magic Number to Get Real International Action", *Foreign Policy*, 2009. Available at: http://foreignpolicy.com/2009/06/21/minilateralism/.

② See Chris Brummer, *Minilateralism: How Trade Alliances, Soft Law, and Financial Engineering are Redefining Economic Statecraft*, New York: Cambridge University Press, 2014, pp. 17-21.

(二) 国际贸易领域的少边主义

与多边主义类似，我们可以从规范意义和行为意义两个角度对国际贸易领域中的少边主义进行理解。在规范意义上，少边主义显然是具有歧视性的，在成员的广泛性上低于多边，但依然应当是透明且具有包容性的，不能因此而形成封闭的俱乐部。从行为意义而言，在多边贸易体制存在的前提下寻求部分成员之间的合作以推动贸易规则的制定。

WTO 中少边主义的表现形式最集中地体现在 GATT1994 第 24 条、GATS 第 5 条以及"授权条款"等法律文件中，这当中包含了关税同盟、自由贸易区、经济一体化协定、以及发达国家给予发展中国家单方面优惠待遇等形式。此外，WTO 体制中的诸边协定也是少边主义的表现形式。

(三) 少边主义暂时适宜于当下国际体系的原因

少边主义强调通过减少合作方数目以提高国际合作的效率。重要国家间的协调一致与合作可以减弱权力转移和多极化趋势带来的危险，为主要博弈者提供持续相互理解的框架。[1] 采取少边主义的方式可以有效减少利益冲突的数量和烈度，从而更有效率地解决分歧。在国家间的权力分布呈现扁平化趋势的当下，如果失去了一个足以推动多边合作的具有国际主导地位的国家，[2] 在解决某个问题所必需的最少数量的国家间进行合作是较有效率的。

少边主义只是一种手段，不能奢望以此解决国际经济关系中的所有问题，[3] 并且其与当下国际体系相匹配的情形是暂时性的。首先，少边主义解决国际问题的能力有限。合作方数量只是导致国际

---

[1] 参见 [英] 安德鲁·赫里尔《第四版序言》，[英] 赫德利·布尔《无政府社会：世界政治中的秩序研究》，张小明译，上海人民出版社 2015 年版，第Ⅶ页。

[2] See Robert Jervis, "International Primacy: Is the Game Worth the Candle?", *International Security*, Volume 17, Number 4, 1993, p. 52.

[3] See Chris Brummer, *Minilateralism: How Trade Alliances, Soft Law, and Financial Engineering are Redefining Economic Statecraft*, p. 165.

合作出现困境的因素之一，利益冲突是否可调和、合作模式的设计以及合作结果的利益分配等因素都将影响国际合作的成败。少边主义只能减少合作方数量，相关问题能否得到解决依然是未知数。其次，少边主义可能引发正当性质疑。多边主义在国际经贸合作中已具有了某种正统地位，少边主义是对多边主义基本要求的违反，它在事实上确实可能导致封闭俱乐部（closed clubs）的出现，因而可能引发一些国家的正当性质疑。

（四）少边主义潜在的负面影响

1. 少边主义的泛滥可能造成的规则碎片化

规则的碎片化将可能使企业和个人生产与经营的成本提高。以国际贸易为例，由于企业或个人面临更加复杂的规则迷宫，RTAs 的作用本来是降低跨境交易的成本，但对于利用全球价值链进行生产和销售的公司而言，数量众多的重叠的 RTAs 将会提高交易成本。①

2. 少边主义泛滥可能导致利益冲突激化

国家间的利益冲突是现实存在的，少边主义是国家维护自身利益的工具，因而具有不可控性。如果国家一味追求少边主义而忽略在多边层面上的沟通与融合，将可能导致国家间乃至国家集团间利益冲突的激化，进而使冲突超出经济层面从而引发军事冲突。

3. 少边主义可能使制度供给能力不足的国家被边缘化

少边主义可能导致俱乐部模式的出现，造成由少数国家制定规则的局面。制度供给能力不足的国家面临被边缘化的可能。在国际贸易秩序面临重构的大背景下，各国都竞相参与到新规则的制定过程，尽力避免成为完全的规则接受者。但须指出的是，如果

---

① See Kati Suominen, "Enhangcing Coherence and Inclusiveness in the Global Trading System in an Era of Regionalism," *E15 Expert Group on Regional Trade Agreements and Plurilateral Approaches-Policy Options Paper*, E15 Initiative. International Centre for Trade and Sustainable Development and World Economic Forum, 2016, p. 13.

意欲成为新的规则制定者，既要有足够的物质力量，还要有规则的供给能力，更要能够承担制度供给成本的能力。规则供给能力往往要求一国在其国内即已建立起一套运行成熟的规则，这类规则只有在拥有较高的合理性时，才具备在国际层面被输出的可能。承担制度供给成本则是对国家综合国力的考验。综上所述，大国更可能成为规则制定者，相对实力弱小的国家则更可能成为规则的接受者。

4. 少边主义往往带有短视的效应

少边主义在晚近的兴起是一种针对多边主义困境的"应激反应"，其目的是要解决眼前的现实问题。少边主义的这一性质往往会导致受这种观念指导的国家更为注重短期利益。一个典型的例证是第二次世界大战前夕，主要资本主义国家之间的贸易战。以邻为壑的贸易战在很大程度上都是各国为了维护短期利益的手段，它们被普遍认为是导致第二次世界大战爆发的原因之一，但战争实际上导致了大多数国家中长期利益的损失。

少边主义所代表的是国家在多边主义面临长期困境时提出的一种替代性选项，尽管少边主义的一些表现形式（如 RTAs）一直存在于国际合作之中。少边主义在当下之所以被强调，是国家面临"多边主义已经陷入了困境且有持续衰落之势"这一情况时的一种反应，各国依然有通过国际合作解决国际与国内问题的需求。因此，少边主义之所以能对多边主义形成巨大的挑战并非少边主义本身是完美无缺的，只是因为多边主义对许多国家（至少在特定的议题上）已愈发缺乏吸引力。

五　少边主义与诸边协定的生成

（一）同向性发展：多边主义与少边主义的关联

多边主义与少边主义之间的张力在国际贸易领域体现的较为明显。鉴于少边主义的局限性，我们有必要思考如何调和二者之间的紧张关系。

多边主义与少边主义可以共存与互动。多边主义与少边主义之间不是"非此即彼"的关系，二者的关键区别在于行为体数量而非对问题实质观点的不同。多边主义通常会被作为一种需要追求的目标，其实现的过程漫长而曲折，因许多现实因素需要被考虑，呈现出来的阶段性制度样态很可能和纯粹的多边主义不符，少边主义因而具有了存在的空间。

多边主义中诸多要素是值得追求的。首先，多边主义强调规则的统一适用，这要求大多数国家遵守多边规则，意味着国家的行为将会更具有稳定性和可预期性，从而有利于构建相对稳定的国际秩序。在既有的规则下，多边主义还强调国家间冲突的和平解决，这将在一定程度上降低了战争的风险，有利于实现和平，从而为人类的发展营造相对安全和稳定的环境。其次，多边主义蕴含着国家间平等的观念，这不仅意味着更多的国家在国际合作中拥有话语权，也意味着一些后进国家需要得到特别的援助。多边主义的这一意涵使其具备了一定的道德正当性。最后，多边主义拥有诸多可资利用的制度成就。追求多边主义这一目标的过程本身将会为我们带来诸多制度成果。WTO 即是通过法律手段解决国家间争端的范例。[①]

保持少边主义指导下的政策选项与多边主义的同向性发展是约束少边主义的原则。如前所述，少边主义的泛滥可能引发诸多的负面影响，其优势在于效率较高地达成新的规则和制度成果，如果能够设计相应的机制将这些制度成果中运行较好且具备普遍适用价值的内容推广至多边层面，那么少边主义的正向作用就将得到放大，多边主义的困境也将在一定程度上得到缓解。

(二) 少边主义与诸边协定的生成

综合以上论述，作为少边主义的表现形式之一，诸边协定的出现是少边主义兴起与多边主义面临困境的结果，其根本原因在于少

[①] 参见［美］约翰·H. 杰克逊《国家主权与WTO变化中的国际法基础》，赵龙跃等译，社会科学文献出版社 2009 年版，第 189—190 页。

边主义在一定时间范围内与当前国际体系的基本特征相契合。多边主义不适于当下的国际体系现状。少边主义是一种与多边主义相比较而出现的概念，它强调解决某个问题所必要的最少数国家之间的合作，有利于通过国际合作有效率地解决现实问题。少边主义所代表的是国家在多边主义面临长期困境时提出的一种替代性选项。在各国依然有通过国际合作解决国际与国内问题的需求的情况下，少边主义成为了许多国家的选择。因此，少边主义之所以能对多边主义形成巨大的挑战并非少边主义本身是完美无缺的，只是因为多边主义对许多国家（至少在特定的议题上）已愈发缺乏吸引力。并且，少边主义自身的局限性依然存在一定程度的负面影响。尽管多边主义和少边主义在内容上有冲突，但其各自均有其存在的理由。多边主义如果可以在实践中被再造，依然是一种值得追求的目标，通过设定相应机制实现多边主义与少边主义之间的融合是可行的。

本章小结

本章试图证明诸边协定是国际体系演变的内生性结果。根据国际政治研究中的社会演化范式，当前国际体系具有防御性现实主义的特征，既不是一个霍布斯式的进攻性现实主义世界，也远非一个以规则为基础的国际体系。诸边协定正是在这样的国际体系内应运而生。社会演化范式强调物质力量与观念力量及其相互间的互动共同影响着国际体系的演化。导致诸边协定在当前国际体系中生成的物质因素集中体现为国际结构的演化，即主要国家之间的力量分布和对比。这一演化的特征是美国实力的衰落和其他国家相对实力的上升。国际结构的新变化在 WTO 中得到映射，WTO 成员集体行动的难度提高，导致 WTO 多边贸易规则制定功能的缺失。与此同时，WTO 成员对国际贸易规则的需求依然存在，因此它们转而寻求其他方式进行贸易规则的制定。这是诸边协定生成的物质因素。在观念层面，作为 WTO 的指导性观念，多边主义不适配于以防御性现实主义为主要特征的国际体系发展的现实诉求，少边主义因与当前国际体系相适应，故有较大的施展空间。少边主义强调"解决问题所必要的最少数"，提高了决策效率。诸边协定恰为少边主义的表现形式之一。这是诸边协定生成的观念因素。

第 四 章

诸边协定的演化趋向

　　本章试图对现有的诸边协定及诸边谈判实践进行梳理,以总结 WTO 贸易规则制定诸边模式的演化趋势。作为 WTO 条约体系的一部分,现阶段诸边协定主要有两种类型。第一种类型为诸边贸易协定,现行有效的包括《政府采购协定》和《民用航空器贸易协定》;第二种类型是 ITA 式的诸边协定,包括 ITA 与正在谈判中的 EGA。此外,部分 WTO 成员于 2019 年年初启动了电子商务诸边谈判,对诸边模式有了新发展。在 WTO 体制外尚有 TISA 正在谈判中。该协定的法律地位尚未确定,最终可能以诸边协定的方式进入 WTO 体制中。一旦这种情况出现,将进一步丰富诸边协定实践,对于理解诸边协定具有潜在意义。本章研究的目的主要有三:其一,对现有的诸边协定进行类型化梳理。其二,为前文进行的有关诸边协定的理论探索提供经验支撑。其三,总结现有诸边协定谈判和适用的实践,为设计调整诸边协定的有关规则奠定基础。须说明的是,基于前述的研究目的,本章的研究将主要关注相关协定生成的谈判过程、适用情况以及正式或非正式的制度现状。

第一节　诸边贸易协定

诸边贸易协定是诸边协定的重要类型，包含了《政府采购协定》《国际奶制品协定》《国际牛肉协定》和《民用航空器贸易协定》，其被列于《WTO 协定》的附件 4 中。其中只有《政府采购协定》与《民用航空器贸易协定》处于生效状态。《政府采购协定》与《民用航空器贸易协定》起源于东京回合，在乌拉圭回合谈判结束之后正式成为诸边贸易协定。梳理这两个协定的形成过程以及运行情况对于探讨 WTO 诸边协定具有重要的借鉴意义。

一　从东京回合到乌拉圭回合

《政府采购协定》与《民用航空器贸易协定》的形成过程经历了东京回合与乌拉圭回合，两个谈判回合的背景对于协定的塑造具有深刻的影响。

（一）东京回合的"守则方法"

在 GATT 历史上，总共进行了 8 轮回合制贸易谈判，其中第 7 轮谈判因启动于日本首都东京而被称为"东京回合"（the Tokyo Round），该轮谈判也被称为"多边贸易谈判"（Multilateral Trade Negotiations）。东京回合于 1973 年开始，最终于 1979 年结束。[①] 东京回合的谈判结果包括了 9 个协定、[②] 4 个谅解、1 个议定书以及其

[①] 1973 年 9 月 12 日至 14 日，GATT 部长级会议在日本东京举行。102 个国家的代表出席了此次会议，包括 GATT 非缔约方。在会议结束时，全体参会方一致通过了《东京宣言》，正式启动多边贸易谈判，即东京回合。See Gilbert R. Winham, *International Trade and the Tokyo Round Negotiation*, Princeton：Princeton University，1986，p. 91.

[②] 9 个协定包括：《关于解释和适用 GATT 第 6、16 和 23 条的协定》（补贴与反补贴措施）、《关于执行 GATT 第 6 条的协定》（反倾销）、《关于执行 GATT 第 7 条的协定》（海关估价）、《进口许可程序协定》、《政府采购协定》、《民用航空器贸易协定》、《国际奶制品协定》、《关于牛肉的安排》、《技术性贸易壁垒协定》。

他多边和双边协定。① 在9项协定中,6项涉及非关税措施的协定又被称为"行动守则（codes of conduct）",② 具有只约束签署这些协定的国家或单独关税区的性质。因此在东京回合中大量使用的这种规则制定方式又被称为"守则方法（the codes approach）"。③ 在乌拉圭回合谈判中,9个协定在进行修订或补充的基础上,5个被纳入《WTO协定》附件1A中构成多边贸易协定,4个被列入附件4成为了诸边贸易协定。④ 由此可见,作为东京回合谈判结果的9个协定在法律约束力和内容上都构成了诸边贸易协定的雏形,这表明在多边贸易体制中,这种"仅有部分成员进行谈判和签署协定,且协定只约束签署方"的诸边模式在多边贸易体制中自有其历史渊源,其较

---

① See John H. Jackson, Jean-Victor Louis and Mitsuo Matsushita, *Implementing the Tokyo Round: National Constitutions and International Economic Rules*, Ann Arbor: the University of Michigan Press, 1984, p. 17.

② 由于东京回合谈判又被称为"多边贸易谈判",因此东京回合中的这9个协定也被称为"MTN协定"或"东京回合协定"。行动守则为签署方政府规定了与特定非关税贸易议题相关的指南和程序。这些守则并不直接与具体的某个部门相关,但为特定领域的国际贸易实践确立了普遍的"游戏规则"。具体而言,6个被称为守则的协定分别涉及政府采购、技术性贸易壁垒、进口许可、海关估价、反倾销和补贴与反补贴措施。3个部门协定是:《关于牛肉的安排》《国际乳制品安排》和《民用航空器贸易协定》。See Terence P. Stewart eds., *The GATT Uruguay Round: A Negotiating History* (1986-1992), *Volume I: Commentary*, Deventer: Kluwer Law and Taxation Publishers, 1993, p. 1013; ［澳］沃尔特·古德:《贸易政策术语词典》,张伟华等译,上海人民出版社2013年版,第493—494页。也有观点认为,在9个协定中,7个拥有充分且准确义务的协定被称为"行动守则"。其他2个协定的条款局限于规定磋商机制的发展和陈述目标,只有少数的弱条款规定了具有约束力的义务。See John H. Jackson, William J. Davey and Alan O. Sykes, Jr., *International Economic Relations Cases: Cases, Materials and Text on the National and International Regulation of Transnational Economic Relations*, Saint Paul: West Academic Publishing, Sixth Edition, 2013, p. 251.

③ See Robert Stern and Bernard Hoekman, "The Codes Approach", in J. Michael Finger and Andrzej Olechowski, eds., *The Uruguay Round: A Handbook on the Multilateral Trade Negotiations*, Washington, D.C.: The World Bank, 1987, p. 59.

④ 参见赵维田《世贸组织的法律制度》,吉林人民出版社2000年版,第30页。

早的形态就是东京回合的守则方法。因此探究东京回合守则的形成过程和运行情况不仅可以证明诸边协定在多边贸易体制内可以实现，还可为设计诸边协定的相关制度提供经验资料。

1. 守则方法的含义与作用

（1）守则方法的含义

东京回合的守则方法是指这些协定在谈判、协定内容、生效和适用方式等方面体现出的独特的方法，它是一种多边外交的重要工具。各方通过守则方法达成有关贸易协定，其特点在于：第一是实体规则自由化程度更高。由于守则方法是在 GATT 原有的规则制定模式难度增大时推动进一步自由化的方法，因此守则方法所制定的规则的自由化程度比 GATT 原有规则高。第二是仅约束签署方。守则方法下，协定只对签署方有效，但也存在协定利益适用于全体缔约方的情形。第三是每个守则都有其制度框架。守则规定缔约方共同派出代表成立相应的委员会以监督守则的执行情况、解决缔约方间因守则而产生的争端并对守则条文进行解释。第四是守则方法下的协定还具有不断更新的性质。[①] 守则方法是 GATT 体制决策模式的例外，其结果构成了对最惠国待遇原则的侵蚀。在 9 个东京回合协定中，尽管只有 6 项被称为守则，但其他 3 项部门协定与 6 项守则采取了相同的谈判和决策模式，因此此处所指的守则方法并不局限于东京回合的 6 项守则的谈判。

（2）守则方法的作用

通常来讲，学者们倾向于认为守则方法造成了多边贸易体制规则体系的混乱，其作用是相对消极的。从历史上看，守则方法的采用是美国意欲改革 GATT 决策模式的一种尝试。赵维田教授的研究表明，美国在东京回合针对非关税措施的谈判中提出单独制定由缔

---

① See Robert Stern and Bernard Hoekman, "The Codes Approach", in J. Michael Finger and Andrzej Olechowski, eds., *The Uruguay Round: A Handbook on the Multilateral Trade Negotiations*, Washington, D. C.: The World Bank, 1987, pp. 59-66.

约方自愿参加的守则,① 其目的是保证贸易大国在这些谈判中的主导地位。②

守则方法在短期内或许起到了消极作用,但在更长的时间范围内起到了拓展多边贸易体制调整领域的作用。如果仅将目光置于东京回合结束直至乌拉圭回合结束之前,守则方法确实对多边贸易体制的规则体系造成了混乱。但东京回合协定开拓了多边贸易规则从未涉及过的领域,这些协定构成了乌拉圭回合谈判的基础,部分东京回合协定的内容被《WTO 协定》所接受。一直以来,东京回合的最大成就被认为是在多边贸易体制中启动了针对非关税措施的自由化进程。在 GATT 内,除了肯尼迪回合对反倾销守则的谈判,东京回合之前的 6 轮谈判主要处理的是关税问题,这意味着多边贸易体制在东京回合之前并未深入 GATT 缔约方内部保护主义的法律结构中。与之形成对比的是,东京回合走的更远,涉及了多种的贸易限制方式,触及了缔约方进行国内管辖的主权权利。③ 因此,如果我们将视域所及的时间线延长,可发现东京回合协定成为了 GATT 缔约方在新领域的试验田,他们通过东京回合守则方法所制定的协定对

---

① 美国国会在《1974 年贸易法》中授权行政部门代表在东京回合谈判中,把 GATT 决策机制列为优先课题,并一度主张效仿国际货币基金组织那样的"加权表决制",按在国际贸易总额中所占份额分配表决权,或者按照欧共体那样按成员国家的大小、实力强弱来分配表决权。但在多边贸易体制中,各国进出口贸易额是处于不断变化的状态,无论是"加权"还是表决票数的分配都难以获得一个稳定的基础。因此,效仿国际货币基金组织的加权表决制行不通。美国转而寻求将把东京回合达成的 9 个涉及非关税措施的协议与 GATT 分立,各自单独构成守则,由 GATT 缔约方和非缔约方自愿选择参加。由于这些守则涉及的大都是贸易大国的利益,从而由它们组成了 20—40 个数目不等的签署方,这样无形中形成了这些贸易大国在决策中的特殊地位。从实际效果来看,守则方法因守则的特殊法律地位引起了诸多法律上的问题,招致诸多非议,未收到加强贸易大国决策地位的效果。赵维田教授对守则方法的评价是"偷鸡不成蚀把米"。参见赵维田《世贸组织的法律制度》,吉林人民出版社 2000 年版,第 39—40 页。

② 参见赵维田《世贸组织的法律制度》,吉林人民出版社 2000 年版,第 30 页。

③ See Gilbert R. Winham, *International Trade and the Tokyo Round Negotiation*, Princeton: Princeton University, 1986, p. 9.

于多边贸易体制实有"开疆拓土"的作用。

守则方法是多边贸易体制拓展新领域的现实选择。守则方法的一个重要特点是观点相似的缔约方在多边贸易规则尚未调整的领域就相关规则进行谈判，进而达成只约束协定签署方。全体缔约方不能就某个领域的贸易规则达成一致主要源于两个方面的因素：GATT 缔约方众多以及各项议题的争议数量多且分歧烈度高。另外，国际贸易的现实情形需要相关规则进行调整，从而保证相关领域国际贸易的可预期性。因此，选择一种方式针对新的领域制定规则成为相关缔约方需要解决的课题。在前述的两个因素中，议题的争议数量可能受谈判参与方数量的影响，因此减少谈判参与方数量可在一定程度上降低谈判的难度。守则方法因而成为了在新领域制定规则的现实选择。当然，这种方式对于降低议题分歧烈度的作用并不明显，欧共体与美国在补贴与反补贴措施守则谈判中的分歧就是例证。此外，也不能排除一些缔约方利用守则方法变相将其他缔约方并不赞同的议题纳入多边贸易体制中的可能。

2. 作为东京回合的结果的协定——行动守则

东京回合的 9 个协定具有较为独特的法律特点。第一，9 个协定各自均属单独的国际条约，它们具有各自的条约签署条款，大多设立了具有一定权力的由签署方组成的委员会和争端解决机制。第二，9 个协定由签署方选择性地参加，协定仅对签署方具有约束力。

前述特点引发了一系列的问题。首先，在理论上，未签署这些协定的 GATT 缔约方并不受协定的约束，这些协定的条款也不能改变未签署缔约方在 GATT 项下的权利。然而，由于 GATT 项下的义务包含了最惠国待遇条款，当 9 个协定中的某个协定提供的贸易待遇比 GATT 更优惠，那么这种待遇可以被要求惠及未签署这些协定的 GATT 缔约方。其次，在 9 个协定中，部分协定的名称中包含了 GATT 的具体条款，如果这类协定被视为 GATT 缔约方对 GATT 条款的实践，那么这种"实践"就可能构成对 GATT 的条约本身的演化解释。如此一来，未签署这些协定的 GATT 缔约方就可能受这些解释 GATT 条款协定的约束。① 最后，9 个协定的签署方中还有不属于 GATT 缔约方的国家，由于 9 个协定大多涉及的是 GATT 某些条款的补充或修改，故这些非 GATT 缔约方的签署方在这些协定的适用上将会是比较困难的。

（二）乌拉圭回合中的东京回合守则

当我们回溯乌拉圭回合时，关注的重点往往聚焦于农业、知识产权、服务、纺织品乃至争端解决机制等领域，但作为东京回合谈判结果的各项守则却在当时的国际贸易实践中发挥着重要作用，并且由于国际贸易中的关税水平已经大幅度下降，东京回合守则主要调整的非关税措施的重要性随即增加。

东京回合守则在实际运行了数年后，国际贸易市场与相关贸易实践也发生了相应变化，因此 GATT 全体缔约方决定在乌拉圭回合中对所有东京回合守则的运行情况进行复审，复审工作的焦点是这些守则的充分性和实效性，同时考察影响相关缔约方接受这些守则的主要障碍。② 正是在此背景下，东京回合守则进入了乌拉圭回合的视野。

建立 WTO 的历史功绩使乌拉圭回合在后世受到的关注高于东京回合。在此大背景下，4 个进入《WTO 协定》附件 4 的诸边贸易协定反而成了未能取得成功的谈判而被人们所忽视。若非作为诸边贸易协定的《政府采购协定》在 WTO 成立后成为了少数国家的谈判焦点，且政府采购是发达国家意欲加入多边贸易谈判的议题，随着《国际奶制品协定》以及《国际牛肉协定》的失效以及《民用航空

---

① See John H. Jackson, William J. Davey and Alan O. Sykes, Jr., *International Economic Relations Cases: Cases, Materials and Text on the National and International Regulation of Transnational Economic Relations*, Saint Paul: West Academic Publishing, Sixth Edition, 2013, pp. 250-251.

② See Terence P. Stewart eds., *The GATT Uruguay Round: A Negotiating History (1986-1992), Volume I: Commentary*, Deventer: Kluwer Law and Taxation Publishers, 1993, p. 1018.

器贸易协定》事实上未被大量适用,诸边贸易协定将始终处于被忽视的境地。然而,无论是否符合谈判各方的初衷,诸边贸易协定是东京回合中的"守则方法"的延续,并在《WTO 协定》中保留下来。探究诸边贸易协定未能成为多边贸易协定的原因有助于加深我们对诸边协定的理解。

需要指出的是,东京回合守则的签署方主要是发达国家。然而,除了关于技术性贸易壁垒的守则,几乎没有发展中国家签署东京回合守则。因此,乌拉圭回合的一项目标即为促使参与东京回合守则成员数量扩大,特别是吸引发展中国家的参与。[1]

二 《政府采购协定》的形成与发展

(一)《政府采购协定》的形成过程

1.《政府采购协定》的雏形——东京回合政府采购守则

(1) 东京回合政府采购守则谈判基本过程

政府采购守则[2]的谈判主要分为两个阶段。第一阶段是调整各签署方政府采购实践的规则谈判。这一阶段一直持续到 1978 年年中。关于守则的条款,谈判各方根据各方政府的建议,在 OECD 草案文本的基础上进行了诸多修改,并在 1977 年 12 月由 GATT 秘书处提交了一份《政府采购谈判整合文本(草案):秘书处记录》(Draft Integrated Text for Negotiation on Government Procurement: Note by the Secretariat)。尽管草案文本中依然包含诸多的方括号,但文本形式与最终的政府采购守则基本一致。第二阶段涉及的是前述政府采购规则

---

[1] See Terence P. Stewart eds., *The GATT Uruguay Round: A Negotiating History (1986 - 1992)*, *Volume I: Commentary*, Deventer: Kluwer Law and Taxation Publishers, 1993, p. 1015.

[2] 作为东京回合谈判结果,调整政府采购的协定的正式名称为《政府采购协定》(Agreement on Government Procurement),其名称与作为 WTO 诸边贸易协定的《政府采购协定》完全一致。为示区别,本文将东京回合的《政府采购协定》称为"政府采购守则"。

所适用的政府机构的范围，与现行 WTO《政府采购协定》谈判中"采购实体"问题相似。该阶段启动于 1978 年 7 月，最终于 1979 年 4 月完成。

（2）政府采购守则谈判由贸易大国主导

第一，作为谈判基础文件的 OECD 政府采购草案文本完全体现了发达国家的意志。东京回合政府采购守则的谈判始于 1977 年 1 月，但该项谈判却是以欧共体、美国、加拿大以及日本等主要贸易大国为推动者，以 1976 年在 OECD 部分完成的政府采购协定草案文本为蓝本进行的。这意味着，谈判的议题已经被限定，随后政府采购守则的基本框架、核心定义乃至文字表述均由贸易大国事先确定下来。[①]

第二，政府采购守则体现了贸易大国国内规则输出的特点。就东京回合政府采购谈判而言，这主要体现在美国与欧共体在政府采购程序上的分歧。欧共体意欲将欧共体内部的政府采购原则注入政府采购守则，而美国认为其国内政府采购程序更加透明，因此更为公平且更具竞争性，故其他国家应该接受美式政府采购规则。最终双方达成了妥协，即招标程序由欧共体领衔，但欧共体接受更具透明度的程序。[②]

第三，政府采购守则谈判的的主要分歧存在于贸易大国之间。在政府采购层面，欧共体是几个主要贸易大国中相对较为保守的一方，他们愿意接受的政府采购市场的开放程度相对更低。在政府采购合同的门槛价问题上，欧共体与包括美国在内的其他国家之间出现了较大的分歧。考虑到已经谈成的政府采购守则中的透明度条款，欧共体认为如果再将门槛价设置得太低，势必会造成更多麻烦。美

[①] Gilbert R. Winham, *International Trade and the Tokyo Round Negotiation*, Princeton: Princeton University, 1986, p. 189.

[②] Gilbert R. Winham, *International Trade and the Tokyo Round Negotiation*, Princeton: Princeton University, 1986, p. 192.

国、加拿大与日本乃至发展中国家均采取了出口导向的观点，赞同设置更低的门槛价。这一问题在 1979 年 1 月得到了最终解决，欧共体接受了美国与其他国家所提出的 150000 特别提款权（以下称为"SDR"），在当时约等于 190000 美元。①

第四，美国在政府采购谈判中具有主导性作用。如果要更加确切地理解东京回合政府采购守则谈判的大国主导特点，那么美国的主导性作用应当是其核心内容。在整个谈判过程中，美国始终是大国中的主导力量，利用 GATT 的谈判场合维护自身出口利益是美国在政府采购谈判中的基本原则。除了前述美国与欧共体之间的纷争，美国与日本间就政府采购实体范围的争端或许更能体现美国的强势作用。在政府采购实体的范围问题上，政府采购守则谈判采取正面清单的方式。此类清单最初是以清单中的采购实体总购买力（the gross purchasing power of the entities included on the lists）为衡量标准进行评估的。以此为标准，美国的出价是 160 亿 SDR，欧共体的出价为 100 亿 SDR，而日本的出价仅为 35 亿 SDR。美欧双方均认为日本的出价与其国民生产总值不相匹配，要求日本提高出价。随后，美欧分别将其出价修改为 125 亿 SDR 和 106 亿 SDR，但日本依然未修改出价。美国要求日本将出价提升至 70 亿—80 亿 SDR，并特别要求日本将其国有的日本电报电话公司纳入到采购实体中，因为这家公司占据了 35 亿 SDR 的政府采购额度。这一要求引发了日美之间的长久争议，甚至持续到东京回合结束之后。美国之所以如此坚决地单独提出日本电报电话公司的问题，是因为美国认为自身在电信设备方面相较于日本拥有比较优势，日本的现行保护主义政策侵害了美国的出口利益。此外，由于电信产业是高科技产业，日本的保护政策将使其未来在这一重要产业可能拥有更大竞争力。随后，美国在此问题上穷追不舍，东京回合结束时该问题也未解决。直至 1980

---

① See Gilbert R. Winham, *International Trade and the Tokyo Round Negotiation*, Princeton: Princeton University, 1986, p. 230.

年 12 月，日本最终同意将其出价提升至 80 亿 SDR 之上，日本电报电话公司也纳入了采购实体。这一事件以美国的胜利而告终。[1]

如果将目光延伸至《政府采购协定》，可以发现在发达国家的主导下，国际贸易领域的政府采购的相关规则经历了从无到有的过程。协定的最初文本起源于主要由工业化国家组成的 OECD，东京回合的政府采购守则只是填补了这一领域的空白。经过 40 余年的发展，更多的发展中国家已经成为了 WTO《政府采购协定》的签署方，也成为了规则的接受者。显然，贸易大国在这一领域对国际规则的引领作用是持续而深远的。

（3）发展中国家的参与度

相较于补贴与反补贴和海关估价这些领域的守则谈判，发展中国家在政府采购谈判中的参与度是相对较高的。这是因为发展中国家可能在谈判中获得倾斜性收益。当然，守则给予发展中国家的这类特殊与差别待遇是相当有限的，这不仅难以满足发展中国家的要求，同时也不会要求发达国家作出影响过大或成本较高的承诺。显然，发展中国家的边缘化地位在政府采购领域依然没有改变，签署政府采购守则的发展中国家数量极为有限。

2.《政府采购协定》的形成过程

（1）守则委员会中的谈判

东京回合的结束并不是政府采购领域自由化进程的终结，而是各方不断进行自由化谈判的开始。东京回合政府采购守则的执行情况并不能令参与方满意，政府采购守则所带来的出口增量未满足各方预期，并且一些特定的部门以及服务的采购均被排除在了守则调整范围之外，采购实体的范围也相对有限。因此各方对政府采购规则进行进一步谈判的意愿持续存在。另外，参与方在东京回合结束时即意识到政府采购守则的相关工作尚未结束，因此在守则中加入

---

[1] See Gilbert R. Winham, *International Trade and the Tokyo Round Negotiation*, Princeton: Princeton University, 1986, pp. 231-232.

了第 9 (6) b 条，规定在该守则生效后 3 年内必须进行扩展和改进守则的谈判。① 无论是基于现实需要还是政府采购守则的规定，政府采购贸易规则的进一步谈判都势在必行。该谈判是对政府采购守则的更新，也在事实上成为了生成 WTO《政府采购协定》的谈判。因此，为行文方便，特将该阶段的谈判统称为"《政府采购协定》谈判"。

值得一提的是，《政府采购协定》谈判的主要进程是在政府采购守则委员会的主持下进行的，这一特点是《政府采购协定》最终成为"诸边贸易协定"的主要原因之一。东京回合守则谈判是乌拉圭回合谈判的组成部分，包括反倾销守则、补贴与反补贴守则、进口许可守则、技术性贸易壁垒守则以及海关估价守则等五项守则的谈判均向 GATT 全体缔约方开放，这 5 个领域的协定也最终成为了《WTO 协定》中的多边贸易协定，约束 WTO 全体成员。②《政府采购协定》谈判则只在政府采购守则的签署方间展开，作为谈判最终结果的《政府采购协定》成为了《WTO 协定》中的诸边贸易协定，仅约束签署该协定的 WTO 成员。

《政府采购协定》谈判分为两个阶段。第一阶段始于 1984 年，结束于 1986 年 11 月 21 日，并于 1988 年 2 月 14 日起执行。在该阶段，委员会的工作聚焦于守则的扩展、服务采购和对守则的改进。③

第二阶段谈判开始于 1987 年，最终于 1993 年 12 月达成协定，

---

① See Terence P. Stewart eds., *The GATT Uruguay Round: A Negotiating History* (*1986 – 1992*), *Volume I: Commentary*, Deventer: Kluwer Law and Taxation Publishers, 1993, p. 1035.

② See Patrick F. J. Macrory, Arthur E. Appleton, Michael G. Plummer (eds.), *The World Trade Organization: Legal, Political and Economic Analysis* (*Volume I*), New York: Springer Science and Business Media Inc., 2005, p. 1134.

③ See Terence P. Stewart eds., *The GATT Uruguay Round: A Negotiating History* (*1986 – 1992*), *Volume I: Commentary*, Deventer: Kluwer Law and Taxation Publishers, 1993, p. 1036.

并于 1994 年 4 月 15 日正式签署。① 除政府采购守则委员会外，各方还于 1995 年在委员会之下成立了非正式工作组（the Informal Working Group）。② 非正式工作组在随后的谈判中发挥着重要作用。该阶段的谈判依然围绕第一阶段的三个方面展开谈判，但谈判内容更加深入，各方的分歧也日益凸显和激化。③ 特别是在 1990 年，由于各方代表认为与乌拉圭回合的最终谈判阶段同步是《政府采购协定》谈判达成主要结果的机会窗口，故此时的谈判工作更加紧密地展开了。④ 到了 1991 年下半年，各方在谈判的一般性问题上形成了实质性的共识，这些问题包括提高透明度、招标异议机制的执行、纳入更多采购实体的意愿以及将服务采购纳入协定范围等。美欧之间在采购实体范围和特定部门是否纳入政府采购协定范围的问题上产生了严重分歧，致使《政府采购协定》谈判始终未能达成一致。

(2) 乌拉圭回合框架下的谈判

一直以来，《政府采购协定》谈判都在政府采购守则委员会的主

---

① Gerard de Graaf and Matthew King, "Towards a More Global Government Procurement Market: The Expansion of the GATT Government Procurement Agreement in the Context of the Uruguay Round", *The International Lawyer*, Volume 29, Nunber 2, 1995, p. 435.

② 非正式工作组的功能包括：1. 重新起草政府采购守则的修改建议；2. 参与扩展守则、改进守则和服务采购这三个领域的谈判；3. 制定和完善详细的工作计划，并对委员会提出建议。因此，非正式工作组实际上成为了就守则修改进行谈判的主要场所。

③ 其中较为激烈的分歧存在于美国与欧共体之间，主要体现为两方面。其一为采购实体范围上的分歧。1988 年 10 月 7 日，非正式工作组会议将采购实体分为了 4 个组别（groups）。A 组（Group A）是指中央政府实体；B 组为区域与地方政府实体；C 组为采购行为实质上受区域或地方政府控制或影响以及依赖区域或地方政府的其他实体；D 组为采购行为实质上不受区域或地方政府控制或影响也不依赖于区域或地方政府的其他实体。A 组、B 组和 C 组是谈判各方意欲纳入《政府采购协定》调整范围的三类实体。在采购实体的问题上，美欧双方各有其主张。当时美国的公用事业通常是私有公司掌控，而欧共体中的公用事业属于国有。美国认为不是政府所有但受到政府重要影响的实体进行的采购应当受《政府采购协定》的调整，欧共体的观点与之相反。其二为电子通信设备和重型电力设备的采购是否纳入协定调整范围的问题。

④ See Terence P. Stewart eds., *The GATT Uruguay Round: A Negotiating History (1986–1992)*, *Volume I: Commentary*, Deventer: Kluwer Law and Taxation Publishers, 1993, p. 1043.

导下展开,这导致该项谈判在体制上独立于乌拉圭回合。但在名义上,乌拉圭回合处理政府采购谈判的谈判小组是"多边贸易谈判"谈判小组(the MTN Negotiation Group)①。谈判的参与各方也意识到《政府采购协定》谈判与乌拉圭回合的谈判结果密切相关,因此政府采购守则委员会主席多次将政府采购的谈判进展通报了"多边贸易谈判"谈判小组。其中非正式工作组主席在1990年11月向"多边贸易谈判"谈判小组通报的进展较为全面。在"多边贸易谈判"谈判小组所主持的政府采购谈判中,其主要谈判工作涉及的是《政府采购协定》的准入程序,特别是如何鼓励和吸引更多的缔约方成为协定的签署方。② 此部分谈判形成了新的准入机制,并有了相应的文本,但此文本最终并未被采纳。

(3)《政府采购协定》的最终命运

1990年,由于GATT全体缔约方未能在布鲁塞尔部长级会议上就乌拉圭回合整体协议达成一致,因此全体缔约方决定对乌拉圭回合的所有领域进行总体评估以便考虑是否在各议题开展有意义的技术性工作。在这一评估工作中,政府采购领域的工作被认为在乌拉圭回合框架内是并非必要的。因此,进入乌拉圭回合最终谈判结果的《政府采购协定》与1990年在布鲁塞尔部长级会议

---

① 该小组的全称为"乌拉圭回合关于多边贸易谈判协定和安排的谈判小组(Uruguay Round Negotiating Group on MTN Agreements and Arrangements)",其职责是审查东京回合守则和协定的相关议题,在乌拉圭回合中有单独谈判小组进行谈判的议题除外。关于反倾销守则的谈判就是单独进行的。值得一提的是,在乌拉圭回合中,没有单独的谈判小组对政府采购守则进行谈判,相关的谈判大多在乌拉圭回合之外进行,但该谈判又与乌拉圭回合的完成间接联系。See Terence P. Stewart eds., *The GATT Uruguay Round: A Negotiating History* (1986–1992), *Volume I: Commentary*, Deventer: Kluwer Law and Taxation Publishers, 1993, p. 83.

② See Terence P. Stewart eds., *The GATT Uruguay Round: A Negotiating History* (1986–1992), *Volume I: Commentary*, Deventer: Kluwer Law and Taxation Publishers, 1993, p. 83.

上达成的文本相同。①《政府采购协定》最终作为诸边贸易协定被纳入《WTO 协定》附件 4 中。

3.《政府采购协定》的现状

(1) 协定概况

《政府采购协定》（Agreement on Government Procurement，以下称为 GPA）起源于东京回合政府采购守则，经过不断谈判和修改后于 1995 年正式纳入《WTO 协定》附件 4 中，成为了"诸边贸易协定"。该协定自 WTO 成立以来经历了 2006 年与 2012 年两次修改，最新版本为 2012 年版的《政府采购协定》。

(2) 诸边性质

《政府采购协定》自其在东京回合起源以来，均属一项具有诸边性质的协定，即只对参与方或参与成员有效，对非参与成员既不产生义务也不产生权利。因此，其在约束力上不同于 ITA，不存在"诸边约束、多边受益"的特点。现阶段《政府采购协定》有 19 个参与方共 47 个参与成员。另有 29 个成员作为观察员参加了该协定项下的委员会。还有 9 个成员正在加入该协定的过程中。《政府采购协定》由协定文本和参与成员的市场准入承诺表组成。②

(3) 政府采购委员会

《政府采购协定》设置了政府采购委员会（The Committee on Government Procurement，以下称为"GPA 委员会"）以监督协定的执行。委员会由全体参与成员的代表、具有观察员身份的 WTO 成员和非政府组织的代表组成。委员会将选举一位主席，在 WTO 秘书处的协助下组织活动。委员会定期举行会议，大约 1 年 4 次，这给予了参与成员就涉及协定执行和运行的任何问题进行磋商。委员会还

---

① See Terence P. Stewart eds., *The GATT Uruguay Round: A Negotiating History (1986 - 1992)*, *Volume I: Commentary*, Deventer: Kluwer Law and Taxation Publishers, 1993, p. 1066.

② 参见 https://www.wto.org/english/tratop_e/gproc_e/gp_gpa_e.htm。

要完成参与成员交办的其他工作。委员会每年向 WTO 总理事会通报其活动和协定执行与运行的进展情况。①

（4）协定的准入

在协定的准入方面，意欲加入《政府采购协定》的成员需提交一份加入申请。申请加入的成员需要与现有的参与成员就其出价范围进行谈判，同时还要证明其政府采购立法与协定要求相符。在准入条件上，发展中国家享有特殊与差别待遇。一旦申请加入的成员与现有参与成员就准入条款达成一致，GPA 委员会就将作出一个邀请该成员加入《政府采购协定》的决定。该决定要列明准入条款和参与成员向 WTO 总干事缴存准入文件的期限。②

（5）争端解决

在争端解决方面，《政府采购协定》规定了两种机制。第一种是国内复审机制（domestic-review mechanism）。国内复审机制是由参与成员在其国内设立的，主要用于处理供应商对违反《政府采购协定》及协定相关国内立法规定的争议。第二种是 WTO 争端解决机制，《政府采购协定》参与成员之间因该协定产生的争端将提交 WTO 争端解决机制解决。③

三 《民用航空器贸易协定》的形成过程

（一）民用航空器贸易守则

民用航空器贸易守则④是一项致力于解决影响民用航空器生产和

---

① 参见 https：//www.wto.org/english/tratop_e/gproc_e/gpa_committee_e.htm。
② 参见 https：//www.wto.org/english/tratop_e/gproc_e/memobs_e.htm。
③ 参见 https：//www.wto.org/english/tratop_e/gproc_e/disput_e.htm。
④ 作为东京回合谈判结果，调整民用航空器贸易的协定的正式名称为《民用航空器贸易协定》（Agreement on Trade in Civil Aircraft），其名称与作为 WTO 诸边贸易协定的《民用航空器贸易协定》完全一致。为示区别，本书将作为 WTO 诸边贸易协定的《民用航空器贸易协定》称为"《民用航空器贸易协定》"；使用"民用航空器贸易守则"指代东京回合的《民用航空器贸易协定》。

贸易的关税与非关税措施的协定，它的谈判启动于 1978 年 7 月的波恩经济峰会，于 1979 年 4 月 12 日结束谈判。该协定还设置了民用航空器贸易委员会以对其进行管理。

1. 民用航空器贸易守则是一项以"部门方式"开展谈判的协定

民用航空器贸易守则是东京回合中唯一一个针对某个具体部门谈判成功的协定，它采用了针对具体产业部门的"部门方式（sector approach）"。① 民用航空器产业的特殊性是导致这种部门方式被采用的重要原因。在东京回合谈判的时代，民用航空器产业只有少数主要的全球性的供应商，最终产品的销售量较小，产品本身极为复杂，因而价格昂贵。此外，该产业还天然地与政府的军事和国防需求联系紧密。这些特点导致政府对该产业的所有层面进行干预，从产品的基础研发、制造到最终产品的采购都概莫能外。显然，民用航空器的贸易不同于普通产品的贸易，一般的 GATT 规则很难调整这类产品的贸易。因此，这一产业需要单独的规则对其产品的国际贸易进行调整。②

2. 民用航空器贸易守则是美国与欧共体妥协的产物

美国是民用航空器贸易守则谈判的主要推动方。在东京回合谈判时，美国是整个民用航空器产业的领先者，在民用航空器国际贸易领域拥有绝对的出口利益。在不计算苏联数据的情况下，美国生产了全球 85% 的商用喷气式航空器以及超过 95% 通用航空器。1978 年美国航空器及部件出口额达 100 亿美元，而进口额为 9.43 亿美元。然而，此时美国的领先地位已经开始受到威胁。由欧洲多家航空公司于 1969 年开始共同组建而成的空中客车公司在欧共体各成员政府的资助下迅速发展起来，并在 1974 年正式进入了商

---

① See Bernard M. Hoekman and Michel M. Kostecki, *The Political Economy of the World Trading System: the WTO and Beyond*, New York: Oxford University Press, 2009, p. 526.

② See Gilbert R. Winham, *International Trade and the Tokyo Round Negotiation*, Princeton: Princeton University, 1986, p. 238.

用航空器市场。① 显然，欧共体成员政府对空中客车公司乃至航空器产业的扶持政策不但减小了美国产品在欧洲市场的占有率，同时还将会为美国的民用航空器产业培养力量日益强大的竞争对手。这一欧美竞争态势在 20 世纪 90 年代后已经形成并延续至今。在当时的美国执政当局看来，需要制定相关规则遏制欧共体对其民用航空器产业的各项干预政策，降低阻碍美国产品进入欧洲市场的关税和非关税贸易壁垒。

欧共体意欲拓展美国市场，因此也具有参与民用航空器贸易守则谈判的动机。美国市场是当时全球最大的民用航空器市场，欧洲的相关产业要进一步发展，必须在这一市场争得一席之地。欧洲民用航空器产业同时面临着关税和非关税壁垒的阻碍。在关税方面，美国在民用航空器方面维持的关税税率为 5%，但由于民用航空器高昂的造价，其关税绝对值较高，提高了欧洲民用航空器的成本。在非关税壁垒方面，由于军事方面的飞行器研究可以轻易地适用于民用航空器，因此美国政府给予军用飞行器研发的补助会在实质上影响到民用航空器领域，构成了变相的补贴。

总体而言，在民用航空器贸易守则的谈判中，美国的核心立场是规制其他国家在民用航空器贸易领域对非关税措施的使用，欧共体则希望消除美国市场的关税。② 民用航空器贸易守则正是这两种观点的妥协产物。

3. 民用航空器贸易守则中的补贴与技术性贸易壁垒问题

如何限制政府利用非关税措施对民用航空器产业进行干预是美国进行民用航空器贸易守则谈判的主要目的。补贴与技术性贸易壁垒是民用航空器领域中常见的非关税措施。由于东京回合中有专门

---

① See Nina Pavcnik, "Trade Disputes in the Commercial Aircraft Industry", *The World Economy*, Volume 25, 2002, p. 735.

② See Gilbert R. Winham, *International Trade and the Tokyo Round Negotiation*, Princeton: Princeton University, 1986, p. 240.

的守则针对补贴与技术性贸易壁垒进行专门的谈判,因此民用航空器贸易守则直接对前述两个领域的守则进行了适用,从而实现了对民用航空器领域的该类非关税措施的调整。然而,由于东京回合补贴与反补贴措施守则的谈判未取得重大进展,直接导致民用航空器贸易守则无法禁止该领域中补贴的使用,美国的目的未能实现。[①]

(二)《民用航空器贸易协定》的形成

1. 形成过程

东京回合结束后,由于在约束政府补贴上缺乏力度,民用航空器贸易守则并未达到缓解美欧双方在民用航空器贸易领域紧张关系的目的;同时,对于加拿大和巴西这类较小的生产国,它们之间的冲突同样没有得到遏制。[②] 在 20 世纪 80 年代,民用航空器贸易委员会就守则附件中的产品范围扩围和适用协调编码制度命名达成一致,各方签署了一份议定书对守则进行了修改以替代原有的附件,并于 1988 年 1 月 1 日生效。民用航空器贸易守则未能成为乌拉圭回合的谈判主题。在 1993 年到 1994 年间,曾有签署方作出努力寻求达成一个新的守则文本以替代原守则,或对原文本进行修改,以便守则内容与 WTO 的框架相适应。这些努力最终未能取得成功。[③] 因此,民用航空器守则最终以 1988 年修改后的版本被纳入《WTO 协定》附件 4 中成为了诸边贸易协定。

值得一提的是,尽管《民用航空器贸易协定》被列于 DSU 附录 1 中构成 DSU 的涵盖协定,但《民用航空器贸易协定》的参加方不能依据该协定在 WTO 争端解决机制中提起争端。这是因为根据 DSU 附录 1 的规定,DSU 对诸边贸易协定的适用应由每一协定的参加方

---

① See Bernard M. Hoekman and Michel M. Kostecki, *The Political Economy of the World Trading System: the WTO and Beyond*, New York: Oxford University Press, 2009, p. 527.

② See Bernard M. Hoekman and Michel M. Kostecki, *The Political Economy of the World Trading System: the WTO and Beyond*, New York: Oxford University Press, 2009, p. 527.

③ 参见 https://www.wto.org/english/res_e/booksp_e/analytic_index_e/aircraft_01_e.htm#gA。

通过列出 DSU 对各协定适用条件的决定，包括已通知 DSB 的、包括 DSU 附录 2 中的任何特殊或附加规则和程序。从 1993 年至 1997 年，民用航空器贸易委员会在多个场合讨论了修改协定的可能条款，包括适用 DSU 程序和规则的条款。由于委员会未能达成这样的决定，截至 2011 年 9 月 30 日，DSU 依然不适用于《民用航空器贸易协定》项下的争端。①

2. 基本内容

《民用航空器贸易协定》共有 9 条内容，包括"产品范围""关税和其他费用""技术性贸易壁垒""政府指导的采购、强制分包合同和利诱""贸易限制""政府支持、出口信贷和航空器营销"等内容。

由于民用航空器贸易领域较为独特的市场环境，调整民用航空器贸易的主要安排并非《民用航空器贸易协定》，加之民用航空器贸易中的某些问题直接适用 GATT1994、《技术性贸易壁垒协定》以及《补贴与反补贴措施协定》等协定的相关条款，因此该项协定尽管依然处于生效状态，但并未得到大规模适用。

四 诸边贸易协定的主要特点

（一）发达国家是诸边贸易协定的主要参与方

从东京回合起，《政府采购协定》与《民用航空器贸易协定》及其前身的主要参与方均为发达国家。谈判的推动完全由发达国家所主导。这是因为诸边贸易协定所涉的议题都关乎发达国家的贸易利益，发展中国家参与意愿不高，因而只能以诸边的方式订立协定。

（二）诸边贸易协定项下的机构具有重要作用

在诸边贸易协定从东京回合的守则谈判开始，具体协定项下的机构对协定的执行与谈判发挥了至关重要的作用。时至今日，GPA

---

① 参见 https：//www.wto.org/english/res_e/booksp_e/analytic_index_e/aircraft_01_e.htm#gA。

委员会依然负责监督《政府采购协定》的执行并组织谈判,对协定的有效运行具有重要作用。

(三) 诸边贸易协定只对签署成员产生权利和义务

在法律效力上,诸边贸易协定只约束签署成员,对非签署成员既不产生权利也不施加义务。诸边贸易协定所产生的权益并不依照最惠国待遇原则适用于全体 WTO 成员,这是诸边贸易协定与以 ITA 为代表的诸边协定是重要差别。

(四) 诸边贸易协定具有持续更新的特质

从发展历程看,诸边贸易协定一直处于不断更新的过程中。在东京回合结束后,协定的参与方即启动了更新谈判工作,直至乌拉圭回合谈判结束。WTO 成立后,《政府采购协定》的更新谈判依然没有停止,协定文本已经完成了两次修改。这里的更新既包括参与成员数量的扩充,也包括协定实体内容的更新。

(五)《WTO 协定》对诸边贸易协定的产生采取了贬抑的态度

从始自东京回合的谈判实践来看,《政府采购协定》和《民用航空器贸易协定》最终成为诸边贸易协定均是相关成员既无法完成多边化谈判,又不愿放弃既有谈判成果的妥协产物。因此,诸边贸易协定只是 WTO 条约体系中的一种例外类型,也是一项贸易协定迈向多边协定过程中的中间形态。本书第一章详细地分析了《WTO 协定》中有关诸边贸易协定的所有条款,其中《WTO 协定》第 10 条第 9 款的规定体现了对诸边贸易协定"严进宽出"的态度。在产生新的诸边贸易协定可能性极低的情况下,诸边贸易协定可能的发展态势包括:维持诸边贸易协定的状态、实现多边化或从《WTO 协定》附件 4 中删除,其中后两者都意味着诸边贸易协定数量的减少。因此,WTO 成员如欲通过诸边贸易协定的方式制定新的诸边协定,在现阶段难度极高。

第二节　ITA 式的诸边协定

ITA 是 WTO 体制中一类具有独特性质的诸边协定。该协定经历了谈判发起、谈判、协定签署与生效、协定执行、协定更新谈判等较为完整的过程，对于研究 WTO 贸易规则制定的诸边化趋势具有重要的理论与实践意义。如果说 ITA 开启了一种诸边协定的类型——ITA 式的诸边协定，那么嗣后启动且正在谈判中的 EGA 则标志着这一类型的正式确立，并进一步丰富了该类型的具体内容。

一　《信息技术协定》谈判与适用的基本情况

ITA 并非《WTO 协定》附件 4 中的"诸边贸易协定"。ITA 具有"由部分 WTO 成员在 WTO 体制内发起谈判并签署协定"的特征，因此代表了诸边协定的新类型。对于 WTO 而言，ITA 是一项具有里程碑意义的协定。首先，该协定是首次由发展中国家与发达国家共同同意在一个部门实行全面的贸易自由化；它证明 WTO 可以在不启动一轮官方的多边贸易谈判的情况下作为市场开放的谈判场所。[①] 其次，ITA 在 2015 年底完成了协定的更新谈判，不仅展现了诸边协定不断完善的新特点，还构成了 2015 年内罗毕部长级会议的重要谈判成果，对改革 WTO 贸易规则制定模式具有启发意义。因此，对 ITA 的内容和谈判过程进行深入的实证分析对于本文的研究具有重要价值。

（一）ITA 的主要内容

1. 协定结构与参与成员

ITA 是 WTO 条约体系中一项非典型的协定。从与《WTO 协定》

[①] See WTO, 15 *Years of the Information Technology Agreement*, 2012, p. 8. Available at: https://www.wto.org/english/res_e/publications_e/ita15years_2012full_e.pdf.

的关系而言，ITA 不是乌拉圭回合的谈判成果，并不在《WTO 协定》的附件之中。从协定的形式来看，它也不似《WTO 协定》及其各附件中的协定那样，以一个标准协定的方式呈现。1996 年的新加坡部长级会议通过了《关于信息技术产品贸易的部长宣言》①（以下称为《ITP 宣言》），该宣言就是 ITA 的最初版本。《ITP 宣言》主要由两个部分组成。第一部分为正文起宣誓性作用，同时指明了附录（Annex）与附件（Attachments）的作用和地位。第二部分是附录，题为"模式与产品范围（Modalities and Product Coverage）"。在附录之下又列有两个附件，其中附件 A 是协调制度税目清单（list of HS headings），附件 B 是产品清单（list of products）。

ITA 起初有 29 个成员参与，经过新的成员加入和扩围谈判后，ITA 至今已经涵盖了 81 个 WTO 成员，涉及的信息技术产品的贸易量占全球信息技术产品贸易量的 97%。ITA 要求每一个参与的成员将在该协定中列明的产品的关税削减至零。

2. ITA 的产品范围

（1）原有范围

ITA 的产品范围是这一协定的核心内容之一，无论是在协定谈判之初还是谈判达成之后，产品范围一直是各参与成员关注的焦点所在。ITA 最初的产品范围的具体明细列于《ITP 宣言》的附录（Annex）中。②其范围涵盖了大量的高技术产品，包括电脑、通信设备、半导体、半导体制造与测试设备、软件、科学仪器以及这些产品绝大多数的部件和附件。

具体而言，ITA 的产品范围实际上是由《ITP 宣言》附录中的附件 A 与附件 B 共同确定的。附件 A 通过世界海关组织的商品名称及

---

① See Ministerial Declaration on Trade in Information Technology Products, WT/MIN (96)/16.

② See Ministerial Declaration on Trade in Information Technology Products, WT/MIN (96)/16, pp. 3-13.

编码协调制度（即HS）中的HS编码来对产品进行明确的划分。但实践中，仅仅通过HS编码还不能完全反映类型众多的信息技术产品。因此，谈判各方又加入了附件B，直接列入那些无法通过传统方法划分的产品或谈判各方认为需要单独列入的产品。附件A与附件B的内容共同构成了ITA的产品范围。

根据《ITP宣言》附录第3段的规定，参与成员应当定期会面以对该宣言附件（Attachments）中的产品范围进行复审。该规定的目的是为了使ITA能够适应科学技术的进步与各成员在适用关税减让的过程中积累的经验，同时能够反映协调制度中商品名目的变化。这一规定实际上为ITA产品范围的扩大预留了空间，成为了ITA扩围谈判的主要法律依据。

（2）扩围后的范围

在经历了漫长的讨价还价过程之后，在2015年12月举行的内罗毕部长级会议上，54个WTO成员完成了ITA的扩围谈判，达成了《关于扩大信息技术产品贸易的部长宣言》①（以下简称《扩围部长宣言》），该宣言的主要内容是对WTO总理事会于2015年7月28日通过的《关于扩大信息技术产品贸易的宣言》（以下简称《扩围宣言》）②的认可与支持，《扩围宣言》被作为附录纳入了《扩围部长宣言》之中。该谈判涵盖了新增的201项产品，③其价值超过了每年1.3万亿美元。至此，ITA的扩围谈判结束，同时进入了新产品范围内的关税削减的执行阶段。《扩围部长宣言》与原有的《ITP宣言》共同构成了新的ITA。

具体而言，作为《扩围部长宣言》附录的《扩围宣言》由正文和两个附件组成。根据正文第1段的规定，参与成员应当约束和消

---

① Ministerial Declaration on the Expansion of Trade in Information Technology Products, WT/MIN（15）/25.
② Declaration on the Expansion of Trade in Information Technology Products, WT/L/956.
③ 这些产品包括了通信技术产品、全球定位系统、通信卫星、高科技医疗仪器、仪表、芯片制作机床以及新一代的半导体及生产设备。

除针对列于附件 A 和附件 B 中所有产品的关税或其他类型的税费。前述两个附件构成了 ITA 扩围后的产品范围。附件 A 使用了 2007 版的协调制度税目对产品的分类来列明了产品种类。附件 B 则通过直接列举的方式规定了受到约束的产品。这是该宣言的核心实体义务。

对于税费的削减方式，《扩围宣言》作了较为详细的规定。关税的削减分阶段进行，在 2016 年 7 月 1 日前、2017 年 7 月 1 日前、2018 年 7 月 1 日前以及 2019 年 7 月 1 日前分别进行一次关税削减。对于关税以外的其他税费则应在 2016 年 7 月 1 日前完成削减。前述的关税及其他类型税费的削减所必需的国内程序要求也应当在前述规定的期限内完成。

关于减让表的修改，《扩围宣言》还要求参与成员提交修改后的减让表草案，该草案经参与成员以协商一致的方式复审通过后，参与成员应当提交一份已经满足了其国内程序要求的减让表，以作为对原有减让表的修改。《扩围部长宣言》第 2 段与《扩围宣言》第 7 段再次重申了 ITA 作为一项临界数量协定的性质，即当以协商一致的方式通过了复审和批准的减让表代表了信息技术产品全球贸易量的 90% 时，各参与成员就应当执行《扩围部长宣言》中规定的相关关税削减义务。此外，此次扩围谈判并没有涉及非关税措施，更新后的 ITA 依然针对是 ITA 产品范围内产品的关税削减。

3. ITA 的法律约束力

ITA 的法律约束力是其重要特点之一。由于关于 ITA 的减让包含在参与成员的关税减让表中，因此 ITA 产品的关税削减根据最惠国待遇原则执行。这意味着，没有加入 ITA 的成员也能从 ITA 关税减让所创造的贸易机会中获益。经过此种处理，ITA 虽未约束未参加的成员，但在最惠国待遇的基础上具备了溢出效应。

值得一提的是，ITA 并不在 DSU 的附录 1 所列的涵盖协定（covered agreements）范围内，这似乎意味着成员间基于 ITA 而产生的争端不适用于 WTO 的争端解决机制。但事实上，由于《ITP 宣言》附录第 1 段规定每一个参与成员应当将该宣言第 2 段中所描述的措施纳入到其在 GATT1994 的减让表中,① 而根据 GATT1994 第 2 条第 7 款的规定,关税减让表构成属于 GATT1994 的组成部分。因此,只要参与成员在加入 ITA 后依据相关法律文件②的规定对其减让表进行修改,则根据 ITA 谈判结果修改后的减让表就构成了 GATT1994 的部分,由此产生的争端可援用 WTO 争端解决机制予以解决。还需说明的是,按照最惠国待遇原则,GATT1994 适用于 WTO 全体成员,因此未参与 ITA 的成员可以依据 GATT1994 向已根据 ITA 修改了其关税减让表的参与成员在 WTO 争端解决机制中提起争端。

(二) ITA 的谈判历程

1. ITA 的发起谈判

(1) ITA 谈判的推动力:产业部门的倡议与重要国家领导人的推动

ITA 谈判的启动离不开相关产业的不懈努力。在乌拉圭回合中关于电子产品关税削减的努力失败后,美国的电脑制造商于 1994 年重新集结在一个叫信息技术产业理事会(the Information Technology Industry Council)的组织名下,旨在说服美国政府和其他国家的产业集团以追求进一步的自由化。他们在 1995 年的一份《关税削减提议》中呼吁在尽可能多的经济体之间就《信息技术协定》③ 展开谈判,以在 2000 年之前削减针对电脑硬件、半导体、集成电路和电脑软件的关税。1996 年的新加坡部长级会议只是他们推动前述协定的几个可能的场所之一,该提议也出现在了四国集团和 OECD 之中。随后,信息技术产业理事会相继说服了欧洲、日本和加拿大的相关产业集团,他们共同呼吁七国集团政府立即消除在信息技术部门所有的贸易、投资和技术壁垒。

---

① Each participant shall incorporate the measures described in paragraph 2 of the Declaration into its schedule to the General Agreement on Tariffs and Trade 1994.

② Modification and Rectification of Schedules of Tariff Concessions, BISD 27S/25.

③ 该团体使用了 Information Technology Agreement 的名称,但其与本书所讨论的 ITA 并无直接联系。

重要国家的领导人极大地推动了 ITA 谈判。1995 年 4 月，美国克林顿当局率先表达了寻求信息技术协定谈判的意愿，随后加拿大、欧盟及日本附议。四国政府之所以对信息技术产品的自由化抱有如此热情，主要基于以下原因：其一，在 20 世纪 90 年代初，信息技术产品贸易经历爆炸性增长，增长率远超其他产业，故而其成为了自由化的首要目标。其二，信息技术产品本身具有正面的效应，它能够提高商业效率和制造效率，增强一个经济体的总体竞争力。其三，从政治角度考量，上述四国政府意图在后乌拉圭回合时代找到贸易自由化的新契机，一个互利且敏感度低的部门显然是合适之选，信息技术产品符合这一条件。①

针对特定部门达成协定在多边贸易体制中具有历史传统。尽管多边贸易体制自 GATT 起主要针对的是所有货物贸易的自由化问题，但随着时间的发展 GATT 缔约方逐步制定了一些应对个别产品和部门的规则。例如，肯尼迪回合和东京回合中就出现了一些针对特定部门的协定，乌拉圭回合的成果中也包含了针对农业、纺织品、民用航空器、牛奶和奶制品的多边或诸边协定。② 这种针对特定产品或部门而启动的谈判和达成的协定成为了 ITA 产生的历史基础，也成为了多边贸易体制中的一项重要的谈判路径。

（2）ITA 的核心内容是通过俱乐部模式决策的结果

ITA 谈判的启动由美国、加拿大、欧盟与日本这四方推动，带有俱乐部模式的特点。在四方内部，他们在协定的形式和产品范围两个方面出现了分歧。各方在通过反复的谈判消除了分歧并基本形成统一意见后，才就此与更多的国家或单独关税区进行谈判。这是典型的俱乐部模式。亚洲国家在信息技术产品这一部门迅速成为了重要参与者，亚洲太平洋经济合作组织（Asia-Pacific Economic Co-

---

① See WTO, 15 Years of the Information Technology Agreement, 2012, p. 8.
② 产业部门对这类协定谈判的推动可参见 Gilbert R. Winham, International Trade and the Tokyo Round Negotiation, Princeton: Princeton University, 1986。

operation，以下称为"APEC"）成为了四方推行 ITA 大交易的重要场所。由于注意到欧美之间存在严重分歧，亚洲国家对 ITA 持观望的态度，直到时任美国总统克林顿和日本首相桥本龙太郎的直接干预，APEC 才确定支持 ITA。①

（3）ITA 以临界数量作为生效条件

ITA 是典型的临界数量协定，其目的是要最大限度地避免"搭便车"的问题。根据《ITP 宣言》附录第 4 款的规定，当代表了信息技术产品 90%的全球贸易量的参与成员通知其接受该协定时，参与成员应当执行宣言中提及的行动。该比例的数据由 WTO 秘书处依据会议举行时可获得的最近数据计算得出。美、加、欧、日四方的参与对于 ITA 谈判来说是必要条件，但并非充分条件。这是因为 ITA 的关税减让体现在参与成员的关税减让表中，那么这种减让将依据最惠国待遇原则适用于所有 WTO 成员。由此产生了搭便车的问题。美国提出的解决办法就是将从 ITA 中获益最大的成员尽可能地吸引为 ITA 的参与成员。因此，澳大利亚、智利、中国、中国香港、印尼、韩国、马来西亚、墨西哥、新西兰、菲律宾、台澎金马单独关税区以及泰国就成为了主要的吸纳对象。② 这是《ITP 宣言》出现临界数量要求的最现实动因。

2. ITA 扩围谈判

如前所述，《ITP 宣言》附录第 3 段为 ITA 的扩围谈判提供了法律依据，但扩围谈判正式启动却迟至 2012 年 5 月。加拿大、日本、韩国、台澎金马单独关税区、新加坡以及美国等 6 个成员于 2012 年 5 月共同向 ITA 委员会提交了一份旨在扩大 ITA 产品范围和参与成员数量的概念文件（concept paper），标志着 ITA 扩围谈判的正式启动。③ 2012 年 6 月，33 个 WTO 成员发起了旨在启动

---

① See WTO, 15 *Years of the Information Technology Agreement*, 2012, p. 15.
② WTO, 15 *Years of the Information Technology Agreement*, 2012, p. 15.
③ 参见 https：//www.wto.org/english/news_e/news12_e/ita_15may12_e.htm。

ITA 扩围谈判的非正式程序。该程序设立了一个独立于 ITA 委员会的技术工作小组（a technical working group）。扩围谈判总共进行了 17 轮，直至 2015 年 7 月接近达成了最终文本。① 在 2015 年 12 月的内罗毕部长级会议上，当中美之间的分歧最终消除后，扩围谈判正式完成。②

（三）ITA 的监督与执行机构——ITA 委员会

ITA 拥有负责该项协定相关工作的专门机构。ITA 委员会（The ITA Committee）的全称为"参与成员关于扩大信息技术产品贸易的委员会（The Committee of Participants on the Expansion of Trade in Information Technology Products）"，由 ITA 的参与成员于 1997 年 3 月 26 日共同建立的，其目的是执行 ITA 协定附件的第 3 段、第 5 段至第 7 段。ITA 委员会负责监督前述内容的运行，同时作为参与成员按照 ITA 委员会的程序要求举行会晤和集体磋商的论坛。参与成员全体同意委员会的所有决定都应当以协商一致的方式做出。同年 3 月 29 日，ITA 委员会举行了第一次正式会议，自此以降，ITA 委员会的主要任务包括：（1）对 ITA 的执行情况进行审查；（2）对产品范围进行审查；（3）就 IT 产品贸易的非关税壁垒进行磋商；（4）对 IT 产品的分类所产生的分歧进行考量；（5）鼓励更多的成员参与 ITA。③

（四）中国参与 ITA 的基本路径选择

中国是 ITA 扩围谈判的主要利益攸关方，中国目前已经发展成

---

① 参见 https：//www.wto.org/english/tratop_e/inftec_e/itaintro_e.htm。

② 中美之间的分歧是 ITA 扩围谈判的焦点所在。相关资料参见 https：//ustr.gov/about-us/policy-offices/press-office/press-releases/2013/july/amb-froman-disappointment-ita；https：//ustr.gov/about-us/policy-offices/press-office/speeches/transcripts/2014/March/Ambassador-Punke-Statement-ITA-Expansion-Meeting-at-WTO-ITA-Committee；http：//www.ftchinese.com/story/001057102；http：//finance.ifeng.com/a/20131126/11159768_0.shtml；http：//www.mofcom.gov.cn/article/ae/ai/201311/20131100401490.shtml；http：//www.mofcom.gov.cn/article/ae/ai/201411/20141100793324.shtml。

③ See WTO, *15 Years of the Information Technology Agreement*, 2012, p.26.

为全球信息技术产品第一大生产和出口国、第二大进口国，是信息技术产品全球价值链的重要参与方。中国在扩围产品全球贸易额中占比约为四分之一，位居全球第一。① 因此，中国在 ITA 扩围谈判方面具有重大利益。

中国于 2003 年正式加入 ITA，于 2012 年参与了 ITA 的扩围谈判，中美之间在 ITA 扩围谈判上达成的谅解是推动 ITA 扩围谈判成功的重要步骤。2014 年 11 月 10 日，中国商务部与美国贸易代表办公室宣布中美就 ITA 下主要技术产品的范围达成一致，此次谈判对于陷入僵局中的 ITA 扩围谈判具有重大的推动作用。② 2015 年 12 月 16 日，时任中国商务部部长高虎城和美国贸易代表迈克尔·弗罗曼就 ITA 扩围谈判进行沟通，达成共识并发表共同声明。③ 中美之间的主要分歧消除后，所有参与成员在 WTO 内罗毕部长级会议上，就扩围谈判达成全面协议。自 2012 年 5 月启动，谈判历时 3 年半，经过近 20 轮磋商，共有 53 个 WTO 成员参加，参与成员扩围产品的全球贸易额达 1.3 万亿美元，占相关产品全球贸易额的约 90%。

扩围谈判达成协议后，将有助于中国相关产品扩大出口，也有利于降低有关元器件和设备的进口成本，为企业用户和消费者带来福利。同时，协议的达成有利于巩固中国在全球价值链中的地位，推动中国信息技术产品向全球价值链高端延伸。此外，中国积极参与扩围谈判，是继续推动改革开放的具体体现，将有利于进一步增强外资对华投资信心，提高对外开放水平。④

自 2016 年 9 月 15 日起，中方已对《中华人民共和国加入世界

---

① 参见 http：//www.mofcom.gov.cn/article/ae/ah/diaocd/201609/20160901396948.shtml。

② 参见 http：//www.natlawreview.com/article/major-breakthrough-chinese-information-technology-agreement-expansion-talks。

③ 参见 http：//www.mofcom.gov.cn/article/ae/ai/201512/20151201211998.shtml。

④ 参见 http：//english.mofcom.gov.cn/article/zt_cv/lanmua/201602/20160201262325.shtml。

贸易组织关税减让表修正案》附表所列的 201 项信息技术产品的最惠国税率实施了首次降税。这些产品对应我国税则中 480 多个税号，包括新一代多元件集成电路、触摸屏、半导体及其生产设备、视听产品、医疗器械及仪器仪表，生产信息技术产品所需的专用零部件及原材料等。①

（五）ITA 的主要借鉴意义

1. ITA 由 WTO 成员在 WTO 体制中发起谈判、达成并运行协定

ITA 并非乌拉圭回合的谈判成果，但其谈判在 WTO 成立后立即启动，《ITP 宣言》的签署在 WTO 第一次部长级会议上即完成。ITA 的正式谈判过程以及协定最终达成都是在 WTO 体制中完成的。ITA 谈判的发起方为美国、加拿大、欧盟与日本，该四方均为 WTO 成员。谈判过程中，某些谈判的参与方虽非 WTO 正式成员，但已经处于入世谈判过程中，与 WTO 具有高度紧密的联系。ITA 的运行充分利用了 WTO 的基础设施。例如对于 90% 这一临界数值的界定，最终数据由 WTO 秘书处提供。成员因 ITA 而产生的争议可诉诸于 WTO 争端解决机制。ITA 的扩围谈判依然在 WTO 体制中进行，WTO 始终是 ITA 扩围谈判的场所，该谈判最终在内罗毕部长级会议上取得突破。ITA 的发展历程也证明，在 WTO 体制中进行诸边协定谈判是可行的。

此外，在谈判的推动方面，贸易大国具有至关重要的作用。美国与中国在信息技术产品的出口方面具有重大利益。如果扩围成功后的 ITA 得到全面执行，美国每年价值 1800 亿美元的技术出口在全球重要市场将不再面临关税负担。② 中国是全球信息技术产品第一大生产和出口国、第二大进口国。ITA 扩围谈判完成后，在最终形成

---

① 参见 http：// www.mofcom.gov.cn/article/ae/ah/diaocd/201609/20160901396948.shtml。

② 参见 https：//ustr.gov/about－us/policy－offices/press－office/press－releases/2016/july/us-and-wto-partners-begin。

的 201 项产品范围清单，中国利益产品占清单产品的 20%—30%，中国官方认为最后达成的清单已经充分反映了中国的利益诉求。① 与此相对应的是，ITA 扩围谈判的最终完成取决于中美之间合意的达成。

2. ITA 是一项具有开放性的协定

首先，协定的开放性体现在成员方面。ITA 的协定文本明确将吸引更多的成员参与作为目标，并在具体条款中表明协定向其他 WTO 成员开放，ITA 委员会致力于这项扩大参与成员范围的工作。②

其次，协定的开放性体现在其调整范围的不断扩展，这既包括产品范围的扩展，也包括从关税措施向非关税措施的扩展。根据《ITP 宣言》附录第 3 段的规定，ITA 具有了不断更新的可能性，各参与成员就 ITA 产品范围的扩大进行谈判具有了法律依据。较之其他类型的产品，信息技术产品对科技发展具有高度的敏感性，人类自 20 世纪 90 年代以来取得了较大的科技进步，新的信息技术产品层出不穷，原有的产品范围可能在很短的时间内过时。这在客观上要求 ITA 能够有不断更新的可能性。ITA 是一项具有生命力的协定，其背后蕴含的这一套机制和理念使得该协定乃至 WTO 在该部门的贸易自由化方面具有与时俱进、自我进化的可能性。此外，各方已经开始对涉及信息技术产品的非关税措施予以足够的关注，未来的 ITA 议题可能进一步扩展至非关税措施。③

---

① 参见 http：//www.mofcom.gov.cn/xwfbh/20150819.shtml。

② 《ITP 宣言》第 4 条及其附录第 10 条；《扩围部长宣言》第 4 条及《扩围宣言》第 9 条。

③ 早在 2000 年 11 月，ITA 就制定了针对非关税措施的三步走的工作计划（three-phase work programme）。ITA 委员会于 2015 年 5 月组织了关于信息技术产品非关税措施的研讨会，其目的在于让产业部门与政策制定者就信息技术产品非关税措施交流经验，同时能够就如何使信息技术产品市场准入更为便利提供可行的建议。参见 https：//www.wto.org/english/tratop_e/inftec_e/workshopmay15_e/workshopmay15_e.htm。

3. ITA 是一项部门减让协定

ITA 针对的是单个部门的减让。① ITA 的所有内容都围绕着信息技术产品展开，核心环节是针对信息技术产品的关税削减。当然，信息技术产品本身并不是一个确定的概念，它并无一个恒定的外延范围。正是基于此，ITA 的产品范围系人为划定，由谈判各方通过谈判而形成。

4. ITA 是一项具有利益外溢性质的诸边协定

ITA 本是由部分 WTO 成员达成的诸边协定，但因为对相关产品的关税削减需要体现在每个参与成员的关税减让表中，则这种关税削减就依据最惠国待遇原则适用于 WTO 所有其他成员。ITA 的这种技术处理使得该协定具有了利益外溢的性质，同时也可能产生搭便车的问题。但由于 ITA 同时又是一个典型的临界数量协定，信息技术产品的主要贸易国家几乎都加入了该协定，搭便车问题的负面影响被降至最低。

5. ITA 是一项典型的临界数量协定

临界数量协定以参与成员在相关领域的贸易权重为标准来作为协定生效的标准，实际上反应了特定领域内贸易大国主导协定谈判的特征。究其根源，还在于相关贸易大国在信息技术产品领域具有较大的利益。ITA 谈判的发起是由美国的电脑制造商推动的，随后美、欧、日、加的相关产业对推动 ITA 谈判的正式启动发挥了巨大作用。当然，不同成员在具体产品的类型上存在不同利益，这也导致各参与成员就 ITA 产品范围展开了较为激烈的谈判。

二 《环境产品协定》谈判的基本情况

EGA 谈判是一项由部分 WTO 成员在 WTO 体制中发起并进行的贸易协定谈判，具有诸边性质。现阶段 EGA 谈判的参与成员有 18

---

① 参见傅星国《WTO 决策机制的法律与实践》，上海人民出版社 2009 年版，第 219 页。

个，代表着 46 个成员，其涵盖的环境产品的贸易份额接近环境产品全球贸易量的 90%。从已进行的谈判进程来看，EGA 在诸多方面与 ITA 高度相似，它的出现表明 ITA 式的诸边协定作为一种 WTO 中的协定类型真正形成，ITA 所体现的一种诸边协定的模式具有可复制性和可操作性。尽管具有极高的相似性，但 EGA 谈判却有其独特的发展进程，它肇始于 APEC 这一平台，但最终实现了向 WTO 的回归，EGA 谈判进一步丰富了 ITA 式的诸边协定模式的内容。

（一）EGA 谈判的由来

EGA 最初是多哈发展议程的一部分，但与整个多哈回合谈判相似，它的谈判也陷入了僵局。有些成员对这一协定具有格外的动力，遂在 WTO 以外的 APEC 平台上发起了一项新的关于环境产品协定的谈判，并得到了诸多国家的响应。随后，该项谈判被正式接纳为一项 WTO 体制中的诸边协定谈判。

1. EGA 谈判的雏形——多哈发展议程中的环境产品与服务谈判

WTO 第四次部长级会议（即多哈会议）《部长宣言》（以下称为《多哈宣言》）第 31 段第（iii）项规定："为了加强贸易与环境间的相互支持，我们同意在不预判结果的前提下，就以下方面进行谈判：……（iii）削减或酌情消除环境产品和服务的关税与非关税壁垒。"[①] 该段规定实质上对 WTO 成员就环境产品与服务的贸易壁垒谈判给予了授权，该项谈判成为了多哈发展议程的组成部分。因此，在此阶段环境产品及服务的谈判各方是 WTO 全体成员，谈判是多边谈判的组成部分，具有多边性质。

环境产品及服务谈判拥有了制度性的专门场所。1995 年，WTO 贸易谈判委员会（TNC）授权设立了常设的贸易与环境委员会（the Trade and Environment Committee），该委员会是各成员政府就贸易政策对环境的影响以及环境政策对贸易的影响展开对话的场所。与此同时，WTO 成员在多哈回合中就贸易与环境之间某些特定联系展开

---

① Ministerial Declaration, WT/MIN（01）/DEC/1, para. 31.

了谈判，特别是 WTO 各项协定与其他机构之间的关系，以及环境产品和市场准入问题。这些谈判在贸易与环境委员会的"特别会议（Special Sessions）"中进行。①

根据 WTO 官方的表述，多哈发展议程中的环境产品与服务谈判的目的是要创造一种贸易、环境以及发展"三赢"的局面。对于贸易而言，该项谈判可以通过削减或消除关税与非关税壁垒以使贸易便利化。国内的购买者能够以更低的成本获取环境技术。此外，对环境产品贸易的自由化将鼓励对环保技术的使用，进而促进技术的创新和转让。就环境而言，该项谈判可以通过增加各国获取高质量环境产品的机会，进而增加对环境正面影响。通过营造一个更加清洁的环境，为获取安全用水、卫生系统或清洁能源提供更好的渠道，以直接提高所有国家公民的生活质量。使用环境产品可以减少那些损害环境且危害人体健康的负外部性，也可以更有效地利用能源。最后，就发展而言，环境产品和服务贸易的自由化还可以协助发展中国家获取解决关键性环境问题的工具，从而使这些国家的发展受益。② 当然，"环境"与"发展"这两个目标显然是着眼于长远，其效果的产生有待谈判完成且协定签署并执行之后，并且是否能够达致这样的目标尚且有待观察。因此最为现实的问题，也是谈判主要解决削减或消除环境产品与服务的关税与非关税壁垒的问题。

多哈回合谈判中的环境产品和服务谈判进展颇为曲折。首先，各方在谈判之初即遇到了一个基础性的问题：何为"环境产品"？③ 事实上"环境产品"并非一个确定无疑的概念，其内涵与

---

① 参见 https：//www.wto.org/english/tratop_e/envir_e/envir_e.htm。
② 参见 https：//www.wto.org/english/tratop_e/envir_e/envir_negotiations_e.htm。
③ 需指出的是，在多哈发展议程中，环境产品与服务谈判一直以来是以一个整体出现的。但是无论是在多哈回合谈判中还是在诸边协定 EGA 的谈判中，环境服务都被置于相对次要的地位，谈判的重心主要集中于环境产品。有谈判官员指出，EGA 谈判的第一阶段目标是大面积地消除环境产品的关税。第二阶段是解决非关税壁垒问题和环境服务问题。参见 https：//www.wto.org/english/news_e/news14_e/envir_08jul14_e.htm。

外延均处于不确定的状态。有鉴于此，各成员都倾向于选择一种列举清单的方式，但具体的方法又各有差异。如此一来，全体成员在"环境产品"范围的问题上无法达成一致，这是该项谈判陷入了僵局的最重要原因。在僵持了数年之后，WTO 成员于 2011 年年初在环境产品与服务谈判上取得了一定的突破，谈判代表们同意组合成较小的谈判小组，讨论关于环境产品贸易协议的细节，并进入案文起草阶段。① 但在 WTO 中的谈判最终没有取得有效进展。

此外，其他一些因素也对有关环境产品和服务的谈判停滞有所影响。首先，多哈回合陷入僵局的大环境无助于全体成员在环境产品和服务谈判上达成一致。相较于农业、非农产品市场准入等核心议题，环境产品和服务谈判毕竟属于相对边缘的问题。在一揽子承诺这种"全有或全无"的模式下，核心议题无法达成一致就意味着环境产品和服务这类议题即便能够形成共识，谈判也无法完成，这间接减弱了各成员在环境产品和服务谈判中解决问题的意愿和动力。其次，一些发展中成员在谈判中提出特殊与差别待遇，对某些产品进行豁免，保持自身政策弹性，要求发达成员提供技术援助，未能与发达成员取得一致。②

2. EGA 谈判的新生——APEC 平台下的环境产品谈判

（1）APEC 环境产品清单的出台

多哈发展议程中的环境产品与服务谈判陷于停滞，其核心原因是各成员无法就"环境产品"的界定和范围达成一致，这种情况促

---

① 此次会议为今后数月环境产品和服务的密集磋商设定了议程。所涉议题包括待遇的模式、灵活性和支持绿色产业发展的特殊和差别待遇，以及"环境"产品的确定这一核心但悬而未决的问题（例如多用途产品、精确的 HS 分类和描述的必要性、明确的例外和环境合理性的澄清等）。参见 http：//www.ictsd.org/bridges-news/桥/news/wto 环境产品贸易谈判有所突破-0。

② See Mark Wu, "Why Developing Countries Won't Negotiate: the Case of the WTO Environmental Goods Agreement", *Trade, Law and Development*, Volume 6, 2014, p. 107.

使有意愿的成员采取了"场所转换"(forum shifting)的策略,在其他平台寻求对环境产品的关税减让谈判。APEC 成为了相关成员的选择。

2012 年 9 月 9 日,在俄罗斯海参崴举行的 APEC 第 20 次领导人非正式会议(the 20th APEC Economic Leaders' Meeting)上,各参与方的领导人签署了共同声明,此项声明的附件 C(Annex C)列举了"APEC 环境产品清单"(APEC List of Environmental Goods),全体领导人对该清单表达了支持。21 个 APEC 经济体领导人同意在自愿的基础上对清单中的 54 项环境产品进行关税削减,即在考虑各经济体经济状况且不影响各经济体在 WTO 中承诺立场的前提下,于 2015 年底之前将适用税率削减至 5% 或更低。[①] APEC 环境产品清单的出台是环境产品贸易自由化谈判进程的重要突破,为后续的自由化努力奠定了基础。

(2)环境产品谈判在 APEC 取得突破的原因

环境产品谈判最终会在 APEC 这一平台上首先取得重大突破主要基于以下 3 个方面的原因。第一,气候变化、环境保护以及可持续发展一直都是 APEC 各经济体的关注焦点。在此大背景下,环境产品就逐步成为了相关经济体所关注的问题。[②] 第二,在环境产品与

---

① 参见 http://www.apec.org/Meeting-Papers/Leaders-Declarations/2012/2012_aelm/2012_aelm_annexC.aspx。

② 在 2007 年第 15 次领导人非正式会议上,全体领导人承诺要避免对那些追求清洁和可持续发展的贸易与投资施加贸易壁垒,同时启动一项行动议程以削减在这一领域内的贸易壁垒,包括促进环境产品与服务。在 2009 年第 17 次领导人非正式会议上,APEC 各经济体通过支持"APEC 关于环境产品和服务的工作计划"以帮助 APEC 就以下内容达成一致:支持可持续的增长、提高对环境产品和服务的利用和传播、削减现有的针对环境产品与服务方面的贸易与投资的壁垒、避免增加新的壁垒以及增进各经济体增强各自环境产品与服务部门的能力。在 2011 年第 19 次领导人非正式会议上,全体领导人共同同意采取切实的措施促进环境产品与服务方面的贸易与投资,其中一项措施就是形成一个 APEC 环境产品清单,这一目标最终在 2012 年 APEC 第 20 次领导人非正式会议上实现。参见 http://mddb.apec.org/Pages/BrowseLeadersDeclarations.aspx?Setting=browseLeadersDeclaration&DocType="Leaders%27%20Declaration"。

服务方面拥有重要贸易利益的多为亚太地区的经济体，包括美国、中国、澳大利亚、中国香港、日本、韩国、新西兰、新加坡、台澎金马单独关税区等 EGA 谈判参与方均属 APEC 成员。第三，APEC 平台下的承诺执行不具有刚性。APEC 本为一个较为松散的国际组织，各经济体达成的合意并不当然地具有法律约束力，加之 APEC 环境产品清单中相关义务的执行以自愿为基础，这在一定程度上减轻了各经济体在执行上的顾虑，有助于合意的达成。

（3）APEC 环境产品清单的基本内容

APEC 环境产品清单所解决的核心问题就是对哪些产品属于环境产品进行划分，其采用的基本方法是利用《商品名称及编码协调制度》（The Harmonized Commodity Description and Coding System，以下称为"HS"）对产品的分类代码来划定环境产品的范围，APEC 环境产品清单使用的是 6 位代码。[1] 从列表结构来看，APEC 环境产品清单的列表主要包含 4 列内容。第 1 列为 HS 代码，表中同时列举了 2002 年、2007 年和 2012 年共 3 个版本的代码；第 2 列为"HS 代码描述（HS Code Description）"；第 3 列为"关税例外/附加产品规格（EX‐OUT / ADDITIONAL Product Specification）"；第 4 列为"备注/环境效益（REMARKS / ENVIRONMENTAL BENEFIT）"。采取这种结构的原因在于，如果仅使用 6 位 HS 代码对环境产品进行分类，其范围将过于宽泛，产品种类远超 APEC 环境产品清单的 54 种产品。为了进一步缩小范围，该清单就引入了关税例外（ex‐out）的方式，即将部分符合 APEC 经济体所列明的备注或环境效益的产品从 6 位 HS 代码产品中明确指出，成为可以享受关税减让的产品。这就意味着，这种被选出的产品只是某类 6 位 HS 代码产品中的一部分。例如太阳能热水器就是从 HS 代码为 821919 的产品（非电热水器）中明确抽出的一种产品，

---

[1] 例如 HS 代码为 840690 的产品是蒸汽和其他蒸汽轮机的零件及蒸汽轮机的零件。

享受环境产品关税减让的待遇。①

（4）APEC 环境产品清单的达成具有重要意义

首先，它体现了一种模式的可行性，即对于在多边贸易体制中众多成员无法达成一致的问题，由数量较少的部分成员能够获得更有意义的结果。并且，APEC 环境产品清单的达成为随后 WTO 中的 EGA 谈判创造了良好的条件，部分 WTO 成员可依据该清单展开 EGA 谈判。这种模式可能为后续的其他诸边协定谈判所效仿。其次，APEC 环境产品清单证明了清单模式（list-approach）的可行性，这也对随后的 EGA 谈判产生了重要影响。

3. 回归 WTO 框架内的 EGA 谈判

14 个 WTO 成员②于 2014 年 1 月 24 日在瑞士达沃斯发表《关于环境产品的共同声明》，宣布他们将力图实现环境产品的贸易自由化，同时承诺将与其他作出相似自由化承诺的 WTO 成员共同协作以启动在该领域的谈判工作。声明还对新协定的基本特点进行了概括。首先，新的环境产品协定的结构将对以规则为基础的多边贸易体系具有补强作用；协定将惠及所有 WTO 成员，其方式包括：使协定囊括所有主要贸易方，同时适用最惠国待遇原则；协定将在参与成员达到临界数量时生效。其次，谈判工作将以 APEC 环境产品清单以及相关关税削减为基础，探索更广泛的环境产品范围；并且协定还应当是以未来为导向的，能够解决本部门的其他问题，并对未来技术的变革作出回应。③ 声明中的这些内容在随后的 EGA 谈判中得到

---

① See Rene Vossenaar, "The APEC List of Environmental Goods: an Analysis of the Outcome and Expected Impact", International Centre for Trade and Sustainable Development, 2013, p. 3.

② 14 个 WTO 成员包括：澳大利亚、加拿大、中国、哥斯达黎加、欧盟、中国香港、日本、韩国、新西兰、挪威、新加坡、瑞士、中国台北以及美国。它们也被称为 EGA 谈判的创始成员。

③ Joint Statement Regarding Trade in Environmental Goods. Available at: http://trade.ec.europa.eu/doclib/docs/2014/january/tradoc_152095.pdf.

了充分体现。

2014年7月8日,前述14个WTO成员在日内瓦发表《关于启动环境产品协定谈判的共同声明》,宣布他们正式启动EGA谈判,并将定期在日内瓦展开密集的谈判,就包括产品范围在内的协定的实质内容进行讨论。①

(二) EGA谈判的主要进程和核心内容

1. EGA谈判的主要进程②

从现有情况来看,EGA谈判大致可以分为三个主要阶段。

(1) 第一阶段:EGA产品的提名阶段

第一阶段涵盖了第1—5轮谈判。在该阶段中,参与成员各自对其认为属于环境产品的产品进行提名(nomination),形成了一份可能的EGA产品清单,这一清单范围较为广泛,属EGA产品范围的雏形,将成为各成员在随后谈判的主要焦点。与此同时,参与成员还与来自于国际组织、政府机构、学术界和产业界的专家进行了密切的沟通。参与成员在提名的同时,还要提供对这些产品所涉技术的详细解释并说明这些产品背后的环保机理。③ 具体而言,第1轮谈判中,参与成员对谈判结构进行了富有成果的讨论,包括如何在APEC环境产品清单基础上展开谈判以及如何确保产品提名的环境信誉(environmental credibility)。参与成员一致同意在最初的几轮谈判中将焦点集中于环境产品的具体种类,这意味着谈判将围绕着那些可以解决特定环境问题或挑战的产品进行。此外,参与成员还对

---

① Joint Statement Regarding the Launch of the Environmental Goods Agreement Negotiations. Available at: http://eeas.europa.eu/archives/delegations/wto/documents/press_corner/final_joint_statement_green_goods_8_july_2014.pdf.

② 本部分根据加拿大政府和欧盟委员会披露的谈判资料总结。相关资料参见:http://www.international.gc.ca/trade-agreements-accords-commerciaux/topics-domaines/env/joint-statement-env-declaration-commune-env.aspx?lang=eng; http://trade.ec.europa.eu/doclib/press/index.cfm?id=1116。

③ EGA Statement by the Chair, 2015. Available at: https://www.wto.org/english/news_e/news15_e/egastatementmc10_e.pdf.

产品提名的技术性问题和如何吸纳新成员参与的问题进行了讨论。随后的 4 轮谈判围绕着首轮谈判定下的基调依计划展开。

后续的 4 论谈判针对不同的产品类型进行提名和谈判。第 2 轮谈判的核心就是围绕大气污染控制与固危和危害管理（solid and hazardous waste management）两个方面的产品进行，各参与成员提出了各自的产品提名。第 3 轮谈判中，参与成员针对废水管理和水处理（wastewater management and water treatment）、除噪与除震（noise and vibration abatement）以及环境修复和清除（environmental remediation and clean up）这三方面提出了各自的产品提名，并就此展开了讨论。第 4 轮谈判讨论的是清洁和可再生能源（cleaner and renewable energy）、能源效率（energy efficiency）方面的产品提名。此外，本轮谈判还邀请了一些独立的专家，对能源部门的经济趋势以及减少能源生产的碳密集程度的技术进行了介绍。这些介绍旨在向 EGA 谈判各方强调具体的环境挑战以及指明特定的技术如何应对这些挑战。值得一提的是，以色列在本轮谈判中加入了 EGA 谈判，成为第 15 个 EGA 谈判的参与成员。第 5 轮谈判中的产品提名聚焦于环境监测分析及评估（environmental monitoring, analysis and assessment）与资源效率（resource efficiency）方面的产品，以及环境偏好型产品（environmentally-preferable products）。本轮是参与成员在前几轮中进行产品提名的最后机会，各参与成员提交的产品提名清单将成为最终版本。土耳其与冰岛也在本轮加入了 EGA 谈判，参与成员数量达到了 17 个。

（2）第二阶段：EGA 产品清单锁定阶段

第二阶段包含了第 6—13 轮谈判。根据谈判各方的预期，EGA 在环境产品的范围上采取了清单模式，协定最终将形成一个环境产品清单，参与成员对清单中的产品实施关税削减。第一阶段谈判的主要目的是收集参与成员各自提出的产品提名，由于限制条件不多，因此该阶段所形成的提名产品清单范围十分广泛，涵盖了超过 650 种产品。第二阶段谈判各方的核心工作就是在提名产品清单的基础上对 EGA 产品清单进行讨论，通过相互妥协、凝聚共识，最终形成 EGA 产品清单。

在第 6 轮谈判中，参与成员对提名产品清单进行了复审，并开始对其各自具有兴趣的环境产品表达支持意见。此外，参与成员还对各类提名产品的环境信誉（environmental credibility）进行了具有建设性的技术讨论，也对相关的海关执行问题进行了磋商。第 7 轮谈判是对前一轮谈判工作的延续，参与成员在某些产品领域形成了共识，而在其他一些领域还有待进一步的考量。各方明确，参与成员应当确保最终的 EGA 产品清单中的产品符合以下要求：在环境保护方面是可信赖的、海关官员易于执行、对消费者和生产者都具有意义。在第 8 轮谈判中，为了将谈判焦点集中于受到广泛支持的产品，参与各方对所有提名产品进行了最终的详式复审，集中精力找出具有共同利益的产品。值得一提的是，本轮谈判还首次讨论了 EGA 草案文本。

随后的第 9—13 轮谈判继续对更集中的环境产品清单进行了讨论，排除了一小部分对某些参与成员较为敏感的产品，但依然未形成最终清单。各参与成员相互交换了各自认为应当包含在 EGA 内的产品清单，同时在不同场合寻求共识。在此期间，相关领域的专家和海关官员也参与到谈判中，对用以描述某些提名产品的具体用语开展了技术性工作，以便海关官员更加便捷地识别环境产品。第 9 轮谈判中，各方讨论的产品清单所涵盖的产品种类已经缩减到了 450 种，在第 11 轮时这一数字降低到了 370 种，第 12 轮为 340 种。在第 12 轮谈判中，参与成员讨论了 EGA 协定的草案文本，着重研究了关税取消的时机和过渡期问题，这也被称为"分阶段模式（staging modalities）"。各方还研究了一种复审机制，以便在未来加入新的产品，以及扩大参与成员数目的相关问题。此外，各方还讨论了一项关于非关税壁垒问题的工作计划。在第 13 轮谈判中，参与成员对"分阶段清单（staging lists）"进行了详细研究。这种清单包括三类产品：在 EGA 生效后立即进行自由化的产品；在某个过渡期届满之后进行自由化的产品；其他产品，包括已经明确保留了的产品。各方以双边或小团体等不同方式比较了各自的"分阶段清单"，找到了具有共同利益的产品，并讨论了敏感产品。

值得一提的是，在 13 轮谈判中，EGA 谈判主席为尚未参与 EGA 谈判的 WTO 成员举办了一场扩大的透明度会议，其目的是向这些成员通报 EGA 谈判的进展情况。

(3) 第三阶段：EGA 谈判的收官阶段

第三阶段自第 14 轮谈判起，迄今持续到第 18 轮，EGA 谈判未能在 2016 年之内结束。经过前两个阶段的谈判，EGA 产品清单的范围已经得到了大幅度地缩小，各参与成员表达了结束 EGA 谈判的强烈意愿。值得一提的是，部分参与成员在其他场合对 EGA 谈判进行了卓有成效的推动。在第 14 轮谈判之前，澳大利亚、加拿大、欧盟、日本、韩国、新西兰和美国这 7 个参与成员的贸易部长在巴黎会面，共同承诺在 2016 年 9 月的 20 国集团（以下称为"G20"）峰会前结束 EGA 谈判。在第 14 轮谈判中，参与成员分别以双边或小团体的等不同的方式展开会晤，对 EGA 最终产品清单进行了谈判，取得了"令人振奋的"进展。

在上海举行的 G20 贸易部长会议间隙，包括中国、美国、澳大利亚等国在内的 10 个参与成员的贸易部长在此次会议的声明中共同指出，EGA 参与成员应当在 2016 年 9 月的杭州 G20 峰会前达成 EGA 谈判的"着陆区"（a landing zone），在 2016 年年底举行 EGA 部长级会议以结束谈判。第 15 轮谈判时 EGA 产品清单的产品数量已减少至 303 种，各参与方按照前述 G20 贸易部长会议的精神对"着陆区"进行了密集的谈判。

2016 年 9 月，G20 领导人在杭州峰会的公报中再次重申了于 2016 年底完成 EGA 谈判的目标。① 随后的第 16 轮谈判在此宣言的指导下进行，主要讨论的问题依然是产品清单和协定草案。在第 17 轮

---

① 参见 http://news.xinhuanet.com/world/2016-09/06/c_1119515149_3.htm。

谈判中，为了能在 2016 年内结束谈判，各方的讨论集中在了最具敏感性的产品上，在谈判主席的主持下，这些讨论由每个产品的关键支持者和反对者组成小组进行。

2016 年 11 月底，该年内最后一次谈判，即第 18 轮谈判在日内瓦进行。尽管各方再次讨论了最具敏感性的产品，并且谈判主席进一步划分了"最可能获得广泛共识的产品"和"分歧最大的产品"来推动谈判，依然未能取得共识。该轮谈判结束之后，18 个参与成员的贸易部长和资深官员再次讨论了 EGA 谈判的进展情况，认为各方分歧还难以弥合，仍需进一步谈判。

2. EGA 谈判的核心——环境产品的含义

对于 EGA 谈判而言，一个影响深远的事实是，EGA 谈判的参与各方对"环境产品（environmental goods）"并无确切的定义。由于现阶段各方焦点集中于环境产品的范围问题，故本部分拟将分析重点放在环境产品。

（1）类似概念的定义

在环境产品成为 WTO 贸易谈判的议题之前，有关环境产品的讨论已经展开。尽管某些讨论的对象并非完全使用了"环境产品"的用语，但这些讨论对于理解环境产品的概念具有借鉴意义。

OECD 与欧洲统计局（Eurostat）的非正式工作组（the OECD/Eurostat Informal Working Group）曾在 20 世纪 90 年代对环境产品与服务产业给出了定义，尽管这一定义并非直接针对环境产品，却有助于对环境产品的理解。非正式工作组认为，"环境产品与服务产业由这样的活动组成：环境产品和服务的作用在于处理对水、空气或土壤产生的环境问题，以及与水、噪声和生态系统相关的问题，其具体处理的方式包括对这些问题进行衡量、阻止、限制或纠正，或将这些问题最小化"。就外延而言，这一定义囊括了那些能够减少环境风险，并且使污染和资源使用最小化的更清洁的技术、产品和服务。在对环境产品和服务产业进行分类时，该工作组认为由于环境产品和服务产业变化很快，分类应当保持灵活性，以适应这种变化。

为此，他们提出了两个分类的指导原则：第一，环境产品和服务产业所供给的产品或服务具有清晰的环境目标；第二，分类易于对相关产品和活动进行数据方面的评估。根据上述两条原则，工作组将环境产品和服务分为了三类：第一类是污染控制类（the pollution management group），它包括那些仅因环保目的而供给的产品和服务，它们对污染的排放具有重要作用，并且在统计上易于识别。第二类是更清洁的技术与产品类（cleaner technologies and products group），它包括那些虽然供给并非基于环境目的，并且在统计评估方面具有争议、困难或成本昂贵，但在减少或消除负面环境影响方面具有作用的产品和服务。第三类是资源管理类（resource management）主要包括那些虽然主要目的并非环境保护，但能与环境保护相联系的产品和服务。[1]

联合国贸易和发展会议在一份报告中提出了"环境偏好产品"（environmentally preferable products）的概念，并将其定义为："在其寿命周期内的某个阶段对环境产生的危害比用以达到相同目的的可替代产品小得多的产品，或者其生产和销售对于环境的保护具有重要作用的产品。"[2]

世界银行的一份报告总结，"对环境产品的定义方式大致有两种。第一种是传统的狭义概念，这种概念着眼于通过使用某项产品或服务来解决某个特定的环境问题。例如污水处理设备就是解决一项具体的环境问题，这就是典型的环境产品。第二种是广义的概念，强调产品在生产、使用乃至处置阶段对环境产生的效益"[3]。

---

[1] OECD and Eurostat, *The Environmental Goods and Services Industry: Manual for Data Collection and Analysis*, 1999, pp. 9–11. Available at: http://unstats.un.org/UNSD/envaccounting/ceea/archive/EPEA/EnvIndustry_Manual_for_data_collection.pdf.

[2] UNCTAD, Environmental Goods: Trade Statistics of Devleping Countries, 2003.

[3] World Bank, International Trade and Climate Change: Economic, Legal and Institutional Perspectives, 2008, pp. 75 – 76. Available at: http://documents.worldbank.org/curated/en/226251468339560610/pdf/41453optmzd0PA101OFFICIAL0USE0ONLY1.pdf.

(2)"环境产品"定义难的原因

尽管有了这些讨论,但环境产品的确切定义尚未得出。环境产品的定义问题之所以困难,其原因是多方面的,最根本的问题是:在确定何为环境产品时应考虑哪些因素?

第一,如果考虑产品的用途,某些产品具有双重用途乃至多重用途,从功能角度对环境产品进行定义存在困难,这是最显著的原因。例如,管道既可用于废水处理,也可用于传输那些与环境保护无关的物质,甚至是原油。对于海关而言,难以判断这种产品是否对环境有益。此类既可以用于环境目的,也可以用于非环境目的的产品,必然会对环境产品的定义造成困难。除了此类定性上引发的困难,对环境的有益程度也会造成定义的困境。如果某类产品的确可用于环境目的,但这种对环境的正面效应非常小,这类产品是否应当被认为是环境产品?[1] 有学者甚至指出,具体的国家在环境产品贸易的目的方面还与具体国家的环境问题和环境政策密切联系。[2]

第二,如果考虑产品的生产过程,这对环境产品的定义也会产生影响。如果某些产品的生产过程对环境产生的危害更小,这类产品是否应当被认为是环境产品?从这个角度出发来划定某产品属于环境产品与否,可能使环境产品的定义变得更加困难。以电解铝为例,生产过程所用的电力来自于可再生能源还是以煤为燃料的火电,将会决定由此生产的电解铝是否属于环境产品。然而,对于海关而言,要通过生产环节的环境友好程度来辨别铝是否属于环境产品显然是不可能的。[3]

---

[1] See Mark Wu, "Why Developing Countries Won't Negotiate: the Case of the WTO Environmental Goods Agreement," *Trade, Law and Development*, Volume 6, 2014, pp. 102–103.

[2] See Veena Jha, "Environmental Priorities and Trade Policy for Environmental Goods: A Reality Check", International Centre for Trade and Sustainable Development, 2008, p. 2.

[3] See World Bank, "International Trade and Climate Change: Economic", Legal and Institutional Perspectives, 2008, p. 76.

第三，环境产品在使用完毕后的处置阶段还可能产生环境效益，而这类产品很可能在生产和使用阶段并无任何环境效益。如果综合考虑某类产品在生产、使用和处置环节的环境效益，是否需要对三个阶段的环境效益进行量化处理，最终得出一个综合性环境效益，从而以此来判断某产品是否为环境产品？现阶段尚无可操作的方法来实现这一目标。此外，从部门分类的角度而言，现阶段环境产品涵盖的均为工业制成品，那么具有环境效应的农业产品是否应当被认为是环境产品？

显然，"确定何为环境产品"时需要考虑的因素众多，并且要将这些因素逐一考量并综合评估在现有技术条件下不仅难度大，耗费的成本也高。此外，不同国家具有当地的环境诉求，这直接影响着这些国家对待环境产品的态度。因此，在现阶段对环境产品下一个确切的定义可能性不大。

（3）环境产品种类划分方法之争

面对定义困难的问题，WTO 成员的选择是以清单列举的方式绕开精确定义。WTO 成员曾在贸易与环境委员会的特别会议上对环境产品的定义问题展开过讨论，但最终诸多成员选择不就环境产品的定义问题展开争论，[1] 而直接对哪些产品应当被纳入环境产品的范畴内展开讨论。根据 WTO 的统计，各方在 2005 年提交的环境产品候选清单中涵盖了数百种产品，其种类横跨 47 个 HS 章节。[2]

根据学者的总结，WTO 成员在多哈回合谈判中总共提出了四种推进环境产品和服务谈判的方法。第一种重要方法是清单列举法（the list approach）。清单列举法允许 WTO 成员提交其各自认为可作

---

[1] See Mahesh Sugathan, "Lists of Environmental Goods: An Overview", International Centre for Trade and Sustainable Development, 2013, p. 1.

[2] See Aaron Cosbey, "Breathing Life into the List: Practical Suggestions for the Negotiators of the Environmental Goods Agreement", 2015, p. 4. Available at: http://ssrn.com/abstract = 2577270.

为环境产品进行关税削减的产品清单，以此为基础进行关税谈判。① 各国在清单列举法方面也提出了不同的建议。美国最早提出的方法是分别列出核心清单（a core list）和补充清单（a complementary list）。其中核心清单中是那些用于环境修复、污染防治以及代表了清洁技术的产品，该清单中的产品应当全部取消关税；补充清单中则是那些未取得广泛共识的产品，仅对该清单中一定比例的产品削减关税。中国也提出了设立两类清单，但内容有所不同。两类清单分别是共同清单（a common list）和发展清单（a develop list）。共同清单包含的是全体 WTO 成员已经达成共识构成环境产品的产品；发展清单包含的是发展中国家与最不发达国家可以做出更小幅度的关税削减承诺的产品，即特殊与差别待遇。巴西则提出了一个单一清单，这种方法要求清单中的产品必须符合 WTO 的"三赢"标准，即促进贸易、环境改善和减少贫困。2009 年 10 月，全部由发达成员组成的谈判集团"环境产品之友"共同提出了一项环境产品的建议清单，涵盖了 153 项产品。该清单随即遭到了阿根廷、巴西、印度、中国和南非等主要发展中成员的批评，他们认为清单中的诸多产品是用于非环境目的的，其目的是增进发达国家的市场准入利益。WTO 成员未就最终清单达成一致，最终 WTO 贸易与环境委员会主席发布了一份参考纲要，列举了 408 类谈判参与成员提出的产品。②

第二种方法是印度提出的"环境计划法（environmental project approach）"。在此种方法下，先由某成员的一个国内机构制定环境计划，然后将该成员意欲实行自由化的产品纳入该计划中，临时性地降低这些计划中产品的关税。这种环境计划由成员的国内机构根

---

① See Robert Howse and Petrus B. Van Bork, "Options for Liberalising Trade in Environmental Goods in the Doha Round", International Centre for Trade and Sustainable Development, 2006, p. 18.

② See Mark Wu, "Why Developing Countries Won't Negotiate: the Case of the WTO Environmental Goods Agreement," Trade, Law and Development, Volume 6, 2014, pp. 104-105.

据 WTO 制定的标准编制，它们可以是基于国内目的，也可是基于满足双边或多边环境协定的目的。[1]

第三种方法是阿根廷提出的综合型（integrated）或混合型（hybrid）方法。这种方法允许 WTO 成员指定其境内特定的公共和私营实体，由这类实体来从事 WTO 全体成员均认可的环境活动（environmental activities）。这些实体进口的所有产品享受优惠的关税。[2]

第四种方法是巴西提出的"出价与还价（request-and-offer）"方法，它是 GATT/WTO 关税谈判中所使用的经典方法。按照这种方法，WTO 成员可以双边地互相作出具体的自由化承诺，然后将他们认为合适的关税削减适用于所有 WTO 成员。[3]

对于使用上述四种方法中的哪一种，WTO 成员并未在多哈回合谈判中达成一致，这也导致了环境产品与服务谈判的僵局。为此，相关参与方采取了"曲线救国"的方式来做出选择，即由部分成员在 APEC 平台上采取清单列举法，经过谈判形成了前文提及的 APEC 环境产品清单。随后，由部分 WTO 成员发起 EGA 诸边协定谈判，谈判以 APEC 环境产品清单为基础进行。如此一来，清单列举法就被采纳为 EGA 谈判的基本方法，进入到了 WTO 之内。EGA 谈判的参与方以此为基础展开了多轮谈判，并不断缩小了最终环境产品清单的范围，谈判已经接近尾声。如谈判顺利，清单列举法将很可能成为 EGA 协定文本采用的法定方法。

（三）中国与 EGA

中国全面参与了环境产品贸易自由化谈判的三个阶段，是 EGA

---

[1] See Veena Jha, "Environmental Priorities and Trade Policy for Environmental Goods: A Reality Check," International Centre for Trade and Sustainable Development, 2008, p. 3.

[2] See Mark Wu, "Why Developing Countries Won't Negotiate: the Case of the WTO Environmental Goods Agreement," *Trade, Law and Development*, Volume 6, 2014, p. 106.

[3] See Veena Jha, "Environmental Priorities and Trade Policy for Environmental Goods: A Reality Check," International Centre for Trade and Sustainable Development, 2008, p. 3.

谈判的发起方和重要推动者之一。在环境产品自由化方面，中国既具有一定的出口利益，同时也面临着开放压力，中国充分利用参与 EGA 谈判的机会，尽可能的维护自身利益。

1. 中国在环境产品方面具有重大的贸易利益

总体而言环境产品贸易处于逆差状态，部分环境产品税率较高，开放压力大。根据学者依据 2012 年的统计数据进行的研究，中国在 APEC 环境产品清单的 54 项环境产品中，拥有明显优势的仅 1 项，处于相对优势的 21 项，处于相对劣势的 25 项，处于绝对劣势的有 7 项。[①] 就 APEC 环境产品清单中的 54 项产品而言，中国的平均税率在 5%左右。

一方面，中国在诸多环境产品方面具有一定的出口利益，但同时国内环境产品的出口面临各类贸易壁垒，这需要通过 EGA 谈判将中国具有出口利益的产品纳入其中，降低中国出口产品面临的关税壁垒。另一方面，中国拥有广大的环境产品市场，是环境产品重要的进口方。

2. 中国政府高度重视 EGA 谈判工作

第一，中国政府积极参与到了 APEC 环境产品清单的谈判工作。根据前中国商务部部长陈德铭的介绍，在 APEC 环境产品清单的谈判过程中，中方所提出的环境产品清单得到了多数国家的认可。2012 年 APEC 第 20 次领导人非正式会议通过的环境产品清单中的产品，有 54%由中国提出，这是中方比较具有竞争力的；也有一些产品是西方国家具有竞争优势的。[②]

第二，中国政府在 EGA 谈判中发挥着重要作用，也作了较为充分的准备。中国参与 EGA 谈判的团队构成并不限于商务部门，同时包含了国家发改委、财政部、工业和信息化部以及海关总署的官员，

---

① 参见屠新泉、刘斌《环境产品谈判现状与中国谈判策略》，《国际经贸探索》2015 年第 3 期。

② 参见 http://www.mofcom.gov.cn/article/ae/ai/201209/20120908330214.shtml。

这种复合型团队有利于中国谈判团队及时作出反应，协调部门职责，体现了中国政府对 EGA 谈判的高度重视。① 中国商务部于 2014 年 10 月向中国的各单位、企业发起了关于 EGA 的企业问卷调查，其目的是为调查企业对环境产品协定的意见与建议，向中国的商务主管部门提供谈判参考资料。② 在谈判过程中，中国政府在相关产业的调研工作也在紧锣密鼓地进行。如在 2016 年 5 月 16—20 日，由环保机械行业协会牵头，商务部、工信部、财政部、国务院发展研究中心等部门的官员共同赴瓦房店轴承集团、沈阳鼓风机集团、上海电气集团、霍尼韦尔（中国）、上海凌桥环保设备等企业开展了环境产品产业调研工作。这类调研工作的开展有利于中国政府了解相关产业的实际情况，同时充分认知中国相关产业界的实际需求，从而使中国的谈判团队更加有的放矢地参与到 EGA 谈判中，在国际规则的制定过程中维护中国的产业利益。③

第三，中国政府在 EGA 谈判过程中即已开始履行在 APEC 环境产品清单中所作出的关税削减承诺。中国政府在 2016 年将实施税率高于 5% 的 27 项环境产品税率降至 5%，主要有污泥干燥机、垃圾焚烧炉、太阳能热水器、风力发电机组等。④中国在环境产品相关承诺履行方面负责任的态度有利于 EGA 谈判的顺利推动。

（四） EGA 谈判的借鉴意义

1. EGA 以 ITA 为模板，标志着 ITA 模式的进一步丰富

EGA 谈判一直以来将 ITA 作为成功的范例。EGA 谈判的正式启动与进行完全是在 WTO 体制中进行的，尽管内容差异巨大，但是谈判的基本模式和协定的特征则体现了对 ITA 模式的高度借鉴。除均

---

① 参见 http：//sms.mofcom.gov.cn/article/hjtp/201605/20160501324315.shtml；http：//sms.mofcom.gov.cn/article/hjtp/201603/20160301270601.shtml。

② 参见 http：//www.mofcom.gov.cn/article/huiyuan/xuehuidongtai/201410/20141000769790.shtml。

③ 参见 http：//sms.mofcom.gov.cn/article/cbw/201605/20160501324313.shtml。

④ 参见 http：//tzswj.mofcom.gov.cn/article/f/201512/20151201213422.shtml。

属 WTO 体制内进行的诸边协定谈判外，在具体内容上，二者的相似度颇高。第一，在关税减让方面，二者都采取了清单模式来列举实施关税减让的产品范围；EGA 在现有谈判中借鉴了 ITA 扩围后采取的分步实施关税减让的方式；EGA 很可能采用 ITA 的方式，协定在参与成员的相关贸易量达到临界数量后协定生效，[①] 协定产生的利益适用于所有 WTO 成员。第二，在协定的开放性上，二者都表现出对其他 WTO 成员的欢迎态度。第三，二者都存在产品清单进一步发生变化的可能，因而具有持续更新的性质。第四，在协定约束对象方面，二者都是针对具体的产品部门，并非综合性的贸易协定。第五，虽然现阶段二者均未涉及非关税壁垒，但相关参与方已经将削减非关税壁垒作为下一步自由化努力的目标。

2. 多场合推动谈判

EGA 的酝酿过程经历了从 WTO 内到 WTO 外，再从 WTO 外回归的曲折历程，参与成员在多种场合对该项谈判进行了推动，体现了相关成员持续推动环境产品贸易自由化的强烈意愿。这种多平台、高级别的谈判推动方式在贸易谈判中有其深厚的历史，当谈判在贸易官员这一层级出现问题时，在贸易部长乃至国家领导人的层级寻求支持以推动谈判是今后的贸易谈判中可资借鉴的方式。

3. EGA 谈判参与度不高，需吸引发展中成员参与

在 EGA 谈判进行的初期，仅有中国和哥斯达黎加为发展中国家。包括印度、南非、俄罗斯、墨西哥、尼日利亚等经济体量较大的发展中成员均未参与到 EGA 谈判之中。众所周知，EGA 促进环境产品贸易的目的之一是保护和改善环境。在全球变暖的认知前提下，

[①] 有必要说明的是，由于谈判尚未结束，EGA 文本也未最终形成，EGA 是否以达到临界数量未生效条件尚不确定。本书在此处所得之或然性结论，仅以一些参与成员对该问题少量论述为基础。相关内容可参见：http://trade.ec.europa.eu/doclib/press/index.cfm?id=1116；https://ustr.gov/about-us/policy-offices/press-office/press-releases/2014/January/USTR-Froman-remarks-on-new-talks-towards-increased-trade-environmental-goods。

诸如印度、墨西哥这样的温室气体主要排放国如未能参与到谈判中，势必会影响 EGA 能否达到其环境目标。

4. 非关税壁垒和环境服务是下一步自由化的目标

如果说 EGA 在第一阶段谈判时几乎照搬 ITA 的模式，那么 EGA 则在调整的事项上比 ITA 更进一步。ITA 仅通过削减关税来实现信息技术产品的自由化具有极大的局限性，全球贸易的关税水平在 GATT 时期即有了大幅度的降低，但非关税贸易壁垒却并未得到有效遏制，成为了阻碍贸易的重要因素。从肯尼迪回合起，非关税壁垒即成为了多边贸易谈判的关注内容，在东京回合中成为了各方谈判的焦点，并形成了多项只约束签署方的协定。这些协定在乌拉圭回合中多数演变为多边规则，成为《WTO 协定》的一部分。尽管如此，非关税壁垒对贸易的阻碍效应并未因此减弱。所以诸边协定如果仅涉及关税削减，其自由化效果将十分有限。WTO 成员在 EGA 中对削减非关税贸易壁垒的尝试代表了诸边自由化的新趋势。此外，EGA 还计划将调整范围从工业制成品扩展至服务领域。这一计划一旦实现，将会进一步丰富诸边协定的实践。EGA 的谈判与发展需要持续关注。

三 ITA 式的诸边协定的主要特点

（一）该类协定均属临界数量协定

临界数量协定的核心特点是将特定领域的贸易权重作为协定生效的条件，其主要目的是尽可能降低"搭便车"情形所带来的负面影响。现阶段无论是 ITA 还是正在谈判中的 EGA，均被设计为临界数量协定。

（二）该类协定是涉及具体部门的协定

ITA 式的诸边协定现阶段都属于部门自由化的协定。部门减让涉及的是特定产业部门（sector）的关税的削减。有学者甚至将诸边协定与部门减让的协定放在同一个框架进行讨论。这是因为部门减让是在自愿的情形下进行的，只要自愿承诺部门减让的成员少于 WTO 全体成员，则由此形成的部门减让协定就具有了诸边性质。ITA 即属此列。① 值得一提的是，进行部门减让则意味着 ITA 式的诸边协定在现阶段所调整的是工业制成品，尚未涉及非关税措施。但根据现有的谈判情况，在完成现阶段只针对环境产品关税的谈判后，EGA 的调整范围可能扩展至非关税措施和环境服务。

（三）诸边约束，多边受益

ITA 式的诸边协定为部分 WTO 成员设定义务，但协定产生的利益依据最惠国待遇原则适用于全体 WTO 成员，具体方式是通过参与成员修改其各自的关税减让表。通过这样的方式，诸边协定的非参与成员可以享受诸边协定带来的利益，在一定程度上可以减轻这些成员对诸边协定的担忧，同时多边贸易体制的统一也得到了维护。

（四）ITA 式的诸边协定具有高度开放性

与诸边贸易协定不同，ITA 式的诸边协定具有程度较高的开放性。首先，无论是在协定的谈判过程中还是在运行过程中，这类诸边协定始终接纳新成员的加入，并且不设置高于参与成员的义务。其次，协定本身也处于不断更新的状态中，ITA 扩围谈判的完成是这类协定自我更新的成功例证。现有的 ITA 与 EGA 实践表明，诸边协定的调整范围不仅可能从关税扩展至非关税壁垒，还可能从工业制成品的贸易延伸至服务贸易。诸边协定实践存在进一步丰富的可能。

（五）该类协定在 WTO 中的法律地位尚不明确

前文已经提及，ITA 式的诸边协定并未规定在《WTO 协定》中，但却属于 WTO 条约体系的组成部分。WTO 部长级会议多次提及允许 WTO 成员尝试多边以外的方法（approach）进行贸易规则的制定。但由于依然有 WTO 成员对诸边的贸易规则制定方式持保留意

---

① 参见傅星国《WTO 决策机制的法律与实践》，上海人民出版社 2009 年版，第 219—222 页。

见，故 WTO 并未明确赋予其合法地位。因此，贸易规则制定的诸边方法应被视为一种尝试，WTO 成员尚在观察其具体效果。现阶段尚无 WTO 成员和 WTO 法律文件明确指出 ITA 式的诸边协定非法，ITA 扩围谈判的成功与 EGA 谈判的启动也受到了 WTO 总干事的高度关注和认可。

第三节　WTO 电子商务诸边谈判

WTO 电子商务诸边谈判是 WTO 体制内新近启动的一项诸边谈判。该项谈判对诸边协定及其代表的贸易规则制定模式具有重要意义。首先，尽管谈判尚未完成，但该谈判体现了"从区域到诸边"的贸易规则生成路径。其次，相较于已有的诸边贸易协定和 ITA 式诸边协定，该谈判呈现出不同的议题领域和协定模式。最后，该谈判是在 WTO 面临重大危机的背景下启动和进行的，表明 WTO 成员在 WTO 框架内进行贸易规则制定的意愿，体现了 WTO 在争端解决机制面临瘫痪的情况下依然具备活力。本节拟对电子商务诸边谈判的基本情况进行初步梳理，以总结该项谈判对 WTO 诸边协定实践的新发展。

一　电子商务诸边谈判的启动

2019 年 1 月 25 日，76 个 WTO 成员发表共同声明（以下称为《2019 年共同声明》），他们将针对与贸易有关的电子商务[①]启动 WTO 谈判。[②] 事实上，在 2017 年 12 月的布宜诺斯艾利斯部长级会

[①] 本书将 WTO 中与贸易有关的电子商务简称为"WTO 电子商务"，将由《2019 年共同声明》启动的 WTO 中与贸易有关的电子商务谈判简称为"WTO 电子商务诸位边谈判"。

[②] See Joint Statement on Electronic Commerce, WT/L/1056, 25 January 2019.

议上，71个成员已共同声明，他们将针对未来在 WTO 中进行的与贸易有关的电子商务谈判启动"探索性工作（exploratory work）"。① 基于该声明，各成员纷纷向总理事会提交文件，以进行"探索性工作"为名义，② 启动了 WTO 电子商务谈判的筹备性工作，阐述了各成员对该项谈判所应包含内容的意见，其实质为 WTO 电子商务谈判的议程设置。③ 因此，现阶段正在进行的 WTO 电子商务谈判直接以始自布宜诺斯艾利斯部长级会议的探索性工作为基础。经过近两年的谈判工作，各方于 2020 年 12 月形成了 WTO 电子商务谈判合并案文。

电子商务规则谈判在 RTAs 中进行的如火如荼，④ 且已经形成了相对固定的规则内容。⑤ 此外，美国、欧盟及其他国家正致力于新的

---

① See Joint Statement on Electronic Commerce, WT/MIN (17)/60, 13 December 2017.

② 根据日本代表的表述，此项"探索性工作"的主要目的是消弭各成员在理解上的分歧，以便为将来进行的与贸易有关的电子商务谈判做准备。See Proposal for the Exploratory Work by Japan, JOB/GC/177, 12 April 2018, p. 1.

③ 向总理事会提交文件的成员包括：阿根廷、巴西、美国、欧盟、澳大利亚、新西兰、日本、加拿大、俄罗斯、中国台湾、柬埔寨等。

④ 在概念使用上，电子商务与数字贸易（digital trade）间的关系需特别说明。WTO 将电子商务定义为"通过电子方式对货物和服务的生产、分销、营销、销售或交付的活动"。美国在其提交至 WTO 总理事会的文件中认为，电子商务的通常含义仅指"以互联网实现的货物贸易"。因此，美国倾向于使用"数字贸易"的表述。数字贸易可以更为清晰地涵盖以电子方式进行的商务活动中与贸易有关的所有方面。美国在其新近签订的 USMCA 中的第 19 章亦采此表述。这与美国主导的 TPP 第 14 章使用"电子商务"的做法发生了重大变化。由于本书以 WTO 中的电子商务诸边谈判为视角，故以"电子商务"规则包含诸多 RTAs 中以"数字贸易"为名，或在"数字贸易"章节项下的规则。但这样的处理方法并不意味着笔者否认"电子商务"与"数字贸易"两概念间存在的区别及各方的不同意见。See Work Programme on Electronic Commerce, WT/L/274, 25 September 1998, para. 1.3; Communication from the United States, JOB/GC/178, 12 April 2018, footnote 1.

⑤ 参见王秋雯《区域主义路径下互联网贸易规则的新发展与中国对策》，《华中科技大学学报》（社会科学版）2018 年第 5 期。

电子商务规则的制定尝试。[1] 与此相对应的是，各成员在 WTO 中进行的电子商务规则制定的工作虽在 1998 年即正式启动，但随着多哈回合多边贸易谈判的停滞，此项"边缘性"议题暂未取得重要进展。[2] 随着部分成员表达了在 WTO 框架内探索制定电子商务相关规则的意愿，这一需求变得较为紧迫。

二 WTO 电子商务规则制定的路径选择

（一）从"多边独行"到"双轨并行"

1. 多边工作的启动与发展

WTO 成员以 1998 年《电子商务工作计划》为基础的多边努力并未取得实质性成果。在 WTO 框架内，各成员在电子商务领域的多边合作肇始于 1998 年。根据 1998 年 5 月 20 日由日内瓦部长级会议通过的《关于全球电子商务的宣言》的精神，WTO 总理事会于 1998 年 9 月 25 日出台了《电子商务工作计划》（以下称为《1998 年工作计划》）。该计划从制度安排与工作内容两个方面作出了规定。在制度层面，总理事会将对涉及全球电子商务的所有与贸易有关的议题进行审查，并向部长级会议报告进展；同时将服务贸易理事会、货物贸易理事会、与贸易有关的知识产权理事会以及贸易与发展委员会纳入工作计划中，赋予其相应的职责。形成了总理事会负总责，其他四大机构协助的"一体四翼"的制度安排，并延续至今。该计

---

[1] 以 2018 年谈判完成的 USMCA 为例，在该协定第 19 章"数字贸易"中出现了诸多较新的条款，其中第 19.17 条规定的"交互式计算机服务（Interactive Computer Services）"和"政府数据开放（Open Government Data）"相较于美国参与的其他 RTAs 而言是新出现的内容。

[2] 在 WTO 框架内，电子商务议题的重要性不及多哈回合中的其他议题。作为当时总理事会的"主席之友"，时任巴拿马驻 WTO 大使 Alfredo Suescum 在其起草的电子商务工作计划的进展报告中透露，某成员代表向其指出，该电子商务工作计划已经并入多哈发展议程，电子商务的优先性较低，无法优先于多哈发展议程中的其他更为重要的议题。See Alfredo Suescum, Review of Progress of Work Programme on Electronic Commerce, WT/GC/W/692, 8 December 2014, para. 1.10.

划以前述四个机构为区分依据，划定了具体的工作内容。① 由此形成了 WTO 体制中电子商务工作的"1998 年工作计划制度"。随着该制度的建立，WTO 在电子商务规则制定上的努力由此正式启动。

在 2001 年的多哈部长级会议上，电子商务进入了《多哈宣言》从而正式成为了多哈发展议程的一部分。② 由于多哈回合谈判的进行、结束以及谈判结果的生效共同构成一揽子承诺，③ 因此 WTO 成员如欲在多哈回合项下针对电子商务进行规则谈判，均将受制于整个谈判回合的进展。随后，在维持既有制度安排不变的情况下，电子商务作为总理事会的一项日常工作展开。④ 接下来进行的 2005 年、2009 年、2011 年、2013 年、2015 年及 2017 年的部长级会议均就电子商务作出了相关决定，虽然在具体内容上有所变化，但均未脱离"议题审查"和讨论的阶段。相较于多哈回合中的其他议题，电子商务领域的规则尚处于未启动谈判的阶段。WTO 未能制定电子商务规则深受多哈回合僵局的影响。

然而，多哈回合的失败并未导致 WTO 内电子商务规则制定努力的终结，其发展反而呈现出愈发勃兴的态势。⑤ 2016 年以来，WTO 电子商务规则制定的多边努力有了更为切实的进展。⑥ 由于电子商务

---

① 将四大机构纳入电子商务工作计划，意味着在 WTO 框架内，电子商务涉及服务贸易、货物贸易、知识产权及贸易与发展四大领域。See Work Programme on Electronic Commerce, WT/L/274, 25 September 1998.

② See Ministerial Declaration, WT/MIN (01) /DEC/1, 14 November 2001, para. 34.

③ WTO 语境下的一揽子承诺通常被理解为"在所有事项全部达成一致之前，无任何一致达成"。See Matthew Kennedy, "Two Single Undertakings-Can the WTO Implement the Results of a Round?," Journal of International Economic Law, Volume14, Issue 1, 2011, p. 79; 徐泉:《WTO "一揽子承诺"法律问题阐微》,《法律科学》2015 年第 1 期。

④ See Alfredo Suescum, Review of Progress of Work Programme on Electronic Commerce, WT/GC/W/692, 8 December 2014, para. 1. 10.

⑤ See Henry Gao, "Digital or Trade? The Contrasting Approaches of China and US to Digital Trade", Journal of International Economic Law, Volume 21, Issue 2, 2018, p.297.

⑥ 美国代表即指出，自内罗毕部长级会议以来 WTO 成员对电子商务或数字贸易重拾关注。See Non-paper from the United States, JOB/GC/94, 1 July 2016, para. 1. 1.

成为了 2017 年布宜诺斯艾利斯部长级会议的重要内容，诸多成员向总理事会提交文件，阐述其对电子商务的意见；部分成员单独或联名提交了有关电子商务的部长级会议宣言的草案。直至此时，WTO 中关于电子商务的工作计划依然是以多边形式进行的。

2. 双轨并行体制的确立

2017 年的布宜诺斯艾利斯部长级会议对 WTO 成员间关于电子商务的工作具有重要意义，此次会议形成的部分文件使电子商务工作呈现了多边与诸边努力双轨推进的趋势。在多边层面，根据 2017 年 12 月 13 日部长级会议的决定，WTO 全体成员将依然在"1998 年工作计划制度"下延续相关工作。多边努力依然得以继续。① 另一方面，WTO 部分成员作出《关于电子商务的共同声明》（以下称为《2017 年共同声明》），使得 WTO 内有关电子商务的诸边工作得以启动。《2017 年共同声明》首次提及了"与贸易有关的电子商务谈判"，并启动了具有筹备性质的探索性工作。② 各成员随即在该声明的框架下，以电子商务谈判为目标，展开了更为深入的讨论。《2019 年共同声明》的发布标志着双轨并行体制的正式确立。③

（二）WTO 电子商务规则制定诸边路径可行性分析

诸边协定已有成熟实践，相较于成为 WTO 诸边贸易协定，与贸易有关的电子商务规则以 ITA 式诸边协定的形式生成更具可行性。《2019 年共同声明》标志着 WTO 内与贸易有关的电子商务谈判正式启动，从该声明的表述看，这一谈判在启动时便显现了诸边性质。参与成员在声明中指出，他们将在现行 WTO 协定和框架的基础上，寻求达成高标准的结果，并尽可能多地争取 WTO 成员的加入。这首

---

① See Ministerial Decision of 13 December 2017, WT/MIN（17）/65.

② See Joint Statement on Electronic Commerce, WT/MIN（17）/60, 13 December 2017.

③ 《2019 年共同声明》并未提及该谈判对《1998 年工作计划》的继承，这或许可从侧面证明有《2019 年共同声明》所启动的电子商务谈判与《1998 年工作计划》项下的多边工作在性质上存在差别。

先意味着与贸易有关的电子商务谈判不得与 WTO 现行规则相抵触，谈判结果所体现的标准不得低于现有的 WTO 规则，谈判将在 WTO 框架内利用 WTO "基础设施"进行。其次，谈判应当保持开放性，以尽可能多地吸引未参与的 WTO 成员加入。这可引申出两项推测：该谈判可能在谈判进行阶段即转换为多边谈判；参与成员可能不会对未参与成员设置加入门槛。

此外，谈判的部分参与成员对规则制定的路径已有倾向性表达，电子商务议题具有通过诸边协定制定规则可能性。例如，美国在其向总理事会提交的文件中指出，美国乐于同"志同道合"的成员一道开展数字贸易谈判的探索性工作。[1] 志同道合成员之间的合作正是诸边谈判的典型特征。

三 WTO 电子商务诸边谈判启动前的主要工作

WTO 电子商务诸边谈判已经启动。在此之前，由于 WTO 电子商务多边工作的积累（包括 WTO 成员的提案），以及各成员在 RTAs 中进行的相关规则制定尝试，为 WTO 电子商务诸边谈判提供了素材。

（一）2017 年部长级会议前 WTO 中的已有共识

如前所述，WTO 体制内针对电子商务的工作始自《1998 年工作计划》。自 1998 年的日内瓦部长级会议至 2017 年的布宜诺斯艾利斯部长级会议期间，该工作计划项下的电子商务工作取得了一定成果，也有学者将其现状描述为"奄奄一息"。[2]

根据 WTO 成员自 1998 年至 2017 年在《1998 年工作计划》项下做出的与该计划有关的部长级会议决定或声明以及总理事会文件，

---

[1] See Communication from the United States, JOB/GC/178, 12 April 2018, p. 1.
[2] See Jane Kesley, "How a TPP – Style E – commerce Outcome in the WTO would Endanger the Development Dimension of the GATS Acquis (and Potentially the WTO)", *Journal of International Economic Law*, Volume 21, Issue 2, p. 274.

WTO 成员在该计划项下的电工商务工作共分为四个阶段。第一阶段为 WTO 电子商务工作的初始阶段。《1998 年工作计划》明确了"电子商务"的具体含义，确立了"一体四翼"的制度安排，划定了四大机构的工作职责，电子商务工作涉及服务贸易、货物贸易、知识产权以及贸易与发展等四个领域。①

第二阶段为多哈回合影响下的密集讨论阶段。该阶段形成了在总理事会主持下的"专门讨论"（dedicated discussion）制度。在总理事会的主持下，各成员针对电子商务所设的交叉（cross-cutting）议题提交各自的提案，并构成了 2001 年 6 月 15 日首次详细讨论的议程。这些议题包括：电子传输内容的归类、与发展有关的议题、电子商务的财政影响、电子商务与传统商务形式间的关系（及可能的替代性影响）、对电子传输的关税征收、竞争、管辖权与可适用的法。② 2001 年 12 月，电子商务议题进入了《多哈宣言》。③ 自多哈部长级会议起，直至 2003 年 7 月，在总理事会主持下针对涉及电子商务的交叉议题进行了五次专门讨论，所涉内容在范围上与首次专门讨论列出的议题相比无重大变化，但讨论更为深入。④

第三阶段是电子商务工作的相对停滞阶段，从 2005 年 11 月起至 2013 年 11 月，"专门讨论"的工作制度虽然得以延续，但仅在 2005 年 11 月、2009 年 11 月、2011 年 11 月及 2013 年 11 月举行了四次。电子商务工作并未完全停止。特别是 2011 年的部长级会议作出决定，明确提及要重振电子商务工作计划。⑤ 此后，在 2013 年与

---

① See Work Programme on Electronic Commerce, WT/L/274, 25 September 1998.

② See Dedicated Discussion of Electronic Commerce under the Auspices of the General Council on 15 June 2001, WT/GC/W/436.

③ See Ministerial Declaration, 14 November 2001, WT/（01）/DEC/1, para. 34.

④ 例如，在电子传输内容的分类方面，各方在 2003 年讨论电子送达的产品能否适用 GATT1994 的问题。See Fifth Dedicated Discussion of Electronic Commerce under the Auspices of the General Council on 16 May and 11 July 2003, p. 2.

⑤ See Work Programme on Electronic Commerce, Decision of 17 December 2011, WT/L/843.

2015 年的部长级会议上,电子商务议题都得到了一定程度的关注,一些新的具体议题也进入 WTO 的视野。①

第四阶段是电子商务工作的重启阶段。为了准备 2017 年的布宜诺斯艾利斯部长级会议,WTO 成员纷纷向总理事会提交了工作文件,阐明其在电子商务问题上的关切。例如,2016 年 7 月 1 日,美国提交了非正式文件,罗列了一系列对通过电子和数据手段繁荣贸易有意义的贸易相关政策,包括:禁止针对数字产品的关税、确保基本的非歧视原则(针对数字产品)、数据跨境流动、促进自由和开放的互联网、禁止本地化壁垒、强制技术转让、保护关键源代码、保障技术选择、创新认证方法、保证网络竞争、培育加密产品、建立适宜数字贸易的框架、保护市场驱动的标准及其全球适用性、确保更加快速透明的通关程序、提升利益相关者参与规章和标准制定的透明度和参与权以及合格评定程序。② 由于主要经济体已在各自参与的 RTAs 中进行了电子商务规则的制定尝试,已形成较为明确且具有特色的立场。③

---

① 例如在 2005 年的《部长宣言》中,首次提及了电子商务工作计划项下的与发展有关的议题,同时还讨论了以电子方式送达的软件的贸易待遇问题;2011 年部长级会议的决定首次提及了加强互联网的连通性,提及了对信息、电信技术和公共网站的获取;2013 年的部长级会议决定中则首次出现了云计算以及对保密数据、隐私及消费者的保护。See Ministerial Declaration, WT/MIN (05) /DEC, Adopted on 18 December 2005, para. 46; Work Programme on Electronic Commerce, Decision of 17 December 2011, WT/L/843; Work Programme on Electronic Commerce, Ministerial Decision of 7 December 2013, WT/MIN (13) /32.

② See Non-Paper from the United States, Work Programme on Electronic Commerce, JOB/GC/94, 4 July 2016.

③ 有学者总结了中国与美国在数字贸易方面的规则制定立场。其中,美国的方法聚焦于数字贸易的数字性质,因而更为关注边境后壁垒,特别是互联网公司提供的线上服务所面临的壁垒;中国的方法倾向于从传统的贸易观点来处理数字贸易的议题,因而更为关注关税和边境议题,特别是通过线上交易、线下送达的实体货物贸易的便利化问题。See Henry Gao, "Digital or Trade? The Contrasting Approaches of China and US to Digital Trade", *Journal of International Economic Law*, Volume 21, Issue 2, 2018, pp. 297-321.

（二）RTAs 中电子商务规则的最新进展

除了在 RTAs 中进行规则制定尝试，部分成员还可能将 WTO 电子商务谈判作为将其规则主张多边化的过渡手段。① RTAs 中的电子商务规则在内容与深度上有较大差别。针对 RTAs 中电子商务规则的深度和广度，有学者提出一种谱系思维加以概括：在谱系的一端，部分 RTAs 处理了范围较为广泛的数字贸易议题；在谱系的另一端，部分 RTAs 则仅涉及电子商务交易的关税义务和监管合作等事项。截至 2017 年 9 月，RTAs 中的电子商务规则主要涉及以下方面：一般性条款、市场准入、促进数字贸易、对电子商务使用者的保护、跨境信息流动、数据本地化及源代码待遇等前沿性议题、电子商务的合作与争端解决、知识产权条款。② USMCA 则将章节名称定为"数字贸易"，与 TPP 相比，除章节名称由"电子商务"变为"数字贸易"外，USMCA 并无颠覆性变化，只是在具体内容上对 TPP 的深化。③

四　WTO 电子商务诸边谈判的主要内容

WTO 电子商务诸边谈判各参与方在 2020 年 12 月形成了合并案文。④ 尽管该案文并不具备实在的法律效力，且在后续谈判中可能有条款的增减乃至某些成员对特定条款的不接受或不适用，但案文阶段性地集中反映了谈判各方的意见和主要共识，是该项谈判重要的

---

① 除了单独为 WTO 体系供给规则外，诸边协定的另一项功能即是将 RTAs 中运行成熟且取得较广泛共识的规则纳入 WTO 体系。电子商务规则有可能成为此项功能实现的首个案例。参见钟英通《WTO 改革视角下的诸边协定及其功能定位》，《武大国际法评论》2019 年第 1 期。

② See Mark WU, "Digital Trade-Related Provisions in Regional Trade Agreements: Existing Models and Lessons for the Multilateral Trade System", *RTA Exchange*, *ICTSD and IDB*, Nov. 2017.

③ 例如 USMCA 在第 19.16 条"源代码"的条款中加入了"算法"。

④ See WTO Electronic Commerce Negotiations - Consolidated Negotiating Text, INF/ECOM/62/Rev. 1 December 2020.

阶段性成果，对理解谈判进展具有重要意义。

案文主要由 6 个条款（Section A-F）和 1 个附件（Annex 1）组成。A 条是促进电子商务的条款，包含电子交易便利化和数字贸易便利化与物流两个部分。各方对该条所涉及的内容分歧不大。① B 条是开放与电子商务，包含非歧视与责任、信息流动、电子传输关税以及互联网与数据访问等内容。该条包含了前期谈判中争议较大的一些内容，其中有代表性的是跨境数据流动与本地化要求。② 从案文情况来看，美国、欧盟、日本、韩国、加拿大等成员的意见得到了反映。C 条是信赖与电子商务（trust and electronic commerce），包含消费者保护、隐私和商业信赖（business trust）。D 条是交叉议题，包含了三项内容，除网络安全和能力建设外，还有"透明度、国内监管与合作"条款。E 条是电信，包含了升级《WTO 电信服务参考文件》和网络设备与产品两项内容。F 条是市场准入，涉及服务、人员和货物的准入问题。附件 1 名为"范围和一般条款"，涉及定义、范围、一般例外、安全例外、争端解决等内容。

五　中国与 WTO 电子商务规则谈判

WTO 框架内的电子商务规则谈判形成了多边与诸边并行的双轨体制。诸边谈判已经启动，中国正参与其中。但回顾已有实践，中国并非电子商务规则制定活动的积极参与者。内外环境的变化，使得中国必须面对已形成一定规则共识且已进入多边贸易体制的电子商务议题，中国正愈发积极地参与到 WTO 电子商务诸边谈判中。

（一）中国积极参与 WTO 电子商务谈判的必要性分析

1. 参与电子商务规则的塑造进程

主要经济体已就电子商务规则的制定展开了尝试，并已逐步形

---

① 参见贺小勇、黄琳琳《WTO 电子商务规则提案比较及中国之应对》，《上海政法学院学报》2020 年第 1 期。

② 各方提案基本情况可参见石静霞《数字经济背景下的 WTO 电子商务诸边谈判：最新发展及焦点问题》，《东方法学》2020 年第 2 期。

成了"基本内容稳定、新内容不断涌现"的成套规则。在科技巨头的强力推动下，美国在电子商务规则的制定方面已经抢占先机，形成了 TPP 式的电子商务规则。① 美国在 TPP 乃至 USMCA 中推行的数字贸易规则，在日本与欧盟的支持下，俨然形成了一套全球性规范的雏形。② 美国依然是全球电子商务规则的主要推动者和倡导者。③

WTO 内的电子商务谈判，无论性质为诸边抑或多边，其代表性与影响力均非 RTAs 可比拟。各国在 RTAs 所进行的有关电子商务的规则制定尝试，其最终归宿很可能是进入 WTO 框架内，成为约束范围更广、执行力度更强的规则。有鉴于此，2019 年年初启动的 WTO 电子商务谈判将为未来全球电子商务规则设定基准。从现有的政策实践和各成员在 WTO 中提交的各类文件来看，各方关注的重点、规则制定的思路以及谈判的预期均存在较大差异。在发展中成员方面，以非洲集团为代表的一些成员则对在 WTO 中推动电子商务议程持抵制态度；还有部分发展中成员则支持以发展为导向的电子商务议程。④

综上所述，中国积极参与 WTO 电子商务谈判具有必要性和紧迫性。在电子商务规则制定方面，发达国家已经占得先机。以美国为代表的发达国家已通过 RTAs 这一渠道形成了以 TPP 数字贸易章节为蓝本的较为固定的电子商务规则体系，并有在 WTO 框架内加以推

---

① See Jane Kesley, "How a TPP‐Style E‐commerce Outcome in the WTO would Endanger the Development Dimension of the GATS Acquis (and Potentially the WTO)", *Journal of International Economic Law*, Volume 21, Issue 2, pp. 277–281.

② TPP 在电子商务规则的形成过程中至关重要。美国、澳大利亚和新加坡在 RTAs 中扩散了电子商务章节，超过 30 个 WTO 成员首次签署包含电子商务章节的 RTAs 时的对象涉及美澳新三国之一。三国又恰为 TPP 的签署方。See Mark WU, "Digital Trade-Related Provisions in Regional Trade Agreements: Existing Models and Lessons for the Multilateral Trade System", *RTA Exchange*, ICTSD and IDB, Nov. 2017, p. 7.

③ See Susan Ariel Aaronson, "The Digital Trade Imbalance and Its Implications for Internet Governance", *Centre for International Governance Innovation Papers*, Number 25, 2016, p. 1.

④ See Jane Kesley, "How a TPP‐Style E‐commerce Outcome in the WTO would Endanger the Development Dimension of the GATS Acquis (and Potentially the WTO)", *Journal of International Economic Law*, Volume 21, Issue 2, p. 274.

动的强烈意图。结合《全面与进步跨太平洋伙伴关系协定》（以下称为"CPTPP"）USMCA 以及欧盟、日本参与的其他 RTAs，这套规则体系已获得了较为广泛的规则共识，且规则接受者中不乏发展中国家。已经启动的 WTO 电子商务诸边谈判极有可能成为发达国家将其电子商务规则的立场植入多边贸易体制的通道。为避免成为单纯的规则接受者，同时要表达中国的主张，展现中国因其电子商务市场规模所应有的话语权，中国应当在 WTO 电子商务诸边谈判中发挥建设性作用。

2. 外部因素的助推

全球经贸规则正处于重塑期，中国与主要经贸伙伴间的经贸谈判不可避免地将会触及电子商务议题，并且中国的部分谈判对手很可能以 TPP 式的数字贸易章节为蓝本与中国进行谈判。这些谈判的进行和终结可能促使中国转变在电子商务规则方面的立场，进而导致中国更为积极的参与到 WTO 电子商务谈判中。

首先，数字贸易已成为了中美经贸谈判的重要内容。为落实中美两国元首于 2018 年 12 月布宜诺斯艾利斯会晤的相关内容，中美双方谈判团队启动了较为密集的经贸谈判。数字贸易曾是谈判焦点之一。[①] 如前所述，依据其在 RTAs 中的实践，美国在电子商务规则上强调"数字"维度，注重数据流动、数据存储本地化等规则，而这些内容是当时中国已签署的 RTAs 尚未涉及的。

其次，中国参与的重要 RTAs 谈判也可能涉及电子商务规则。已经达成的 RCEP 即包含了电子商务条款。除与美国的双边经贸谈判外，中国还积极参与到中日韩自由贸易协定的谈判中。韩国与日本均为两项谈判的重要参与方。与此同时，日韩两国还是 CPTPP 的成员，是 TPP 式电子商务规则的接受者。其中，日本在美国退出 TPP 之后成为了 TPP 式电子商务条款的重要推广者，并在其参加的各类

---

① 参见金融时报中文网：数字贸易成中美贸易谈判症结，2019 年 3 月 26 日，http://www.ftchinese.com/story/001082022?archive。

RTAs 谈判中进行推广。① 因此，中国与周边国家的 RTAs 谈判中，电子商务都极可能成为谈判内容，且诸多谈判参与方已作为 CPTPP 的缔约方接受了 TPP 式的电子商务规则。

最后，TPP 式的电子商务规则并非唯一的规则蓝本。例如，《欧盟—加拿大综合经济与贸易协定》的"电子商务"章节在内容上与《中国—澳大利亚自由贸易协定》颇为相似。在贸易协定中，欧盟特别注重对用户个人信息的保护。② 同为 WTO 的重要成员，中国与欧盟在电子商务规则方面存在规则共识。尽管 TPP 式电子商务规则在全球范围内具备一定的规则共识，但是否能在 WTO 框架内获得广泛共识还有待观察。

3. 中国自身发展的内在需求

中国作为电子商务大国，既有重大贸易利益，也具备一定的竞争优势。③ 随着改革开放进程的深入，中国势必要进行国内监管方式的改革。以《电子商务法》为基础，中国正逐步形成电子商务国内法律体系。与此同时，《网络安全法》等其他法律法规也对在中国境内进行的电子商务活动有相应的调整。中国拥有庞大的电子商务市场，④ 对外国

---

① See Jane Kesley, "How a TPP-Style E-commerce Outcome in the WTO would Endanger the Development Dimension of the GATS Acquis (and Potentially the WTO)", *Journal of International Economic Law*, Volume 21, Issue 2, pp. 280-281.

② 欧盟对个人数据的保护体现在联盟内外两个层面。在联盟内部，欧盟委员会于 2015 年发布了《欧盟单一数字市场战略》，并于 2016 年出台了《一般数据保护条例》。在外部，欧盟与美国达成了《隐私盾》协议，保护基于商事目的将欧盟公民个人数据传输到美国的数据主体的基本权利。参见金晶《欧盟〈一般数据保护条例〉演进、要点与疑义》，《欧洲研究》2018 年第 4 期。

③ 参见李杨等《数字贸易规则"美式模板"对中国的挑战及应对》，《国际贸易》2016 年第 10 期。

④ 根据麦肯锡全球研究院的统计，2017 年中国电子商务交易的价值已占全球电子商务的 40%。See McKensey Global Institute, *Digital China: Powering the economy to global competitiveness*, December 2017, https://www.mckinsey.com/~/media/McKinsey/Featured%20Insights/China/Digital%20China%20Powering%20the%20economy%20to%20global%20competitiveness/MGI-Digital-China-Report-December-20-2017.ashx.

科技巨头拥有巨大的吸引力。有选择性地借鉴或接受国际规则中的相关内容，有助于国内监管方式的改革，营造法治化国际化的营商环境。① 与此同时，适当地与更多国家建立电子商务规则共识，有利于中国企业海外业务的拓展。

（二）中国参与 WTO 电子商务规则谈判的现状分析

1. 过往参与意愿不强

无论是在 WTO 框架内，还是在 RTAs 中，② 中国均非电子商务贸易规则制定活动的积极参与者。如仅依据提交至总理事会的公开文件来看，中国过去参与 WTO 电子商务规则制定工作的意愿不强。例如，中国并未联署《2017 年共同声明》，且在随后进行的 WTO 电子商务谈判的"探索性工作"中也未提交相应的文件；只是在 2019 年 1 月联署《2019 年共同声明》，正式加入电子商务的诸边谈判。在布宜诺斯艾利斯部长级会议召开前，作为该次会议筹备工作的一部分，中国就电子商务应当涉及的内容向 WTO 提交了意见。③ 前述文件中的内容与中国参与的 RTAs 中电子商务章节的内容高度重合。

在 RTAs 中，中国对电子商务规则也采取了较为审慎的态度，但在 RCEP 电子商务章节中有所转变。从数量来看，中国仅在与韩国、澳大利亚和智利的自由贸易协定以及 RCEP 中设置了电子商务章节。中国在规则内容上较为谨慎，具体规则内容与 TPP 式的电子商务规则还存在较大差异。④ 针对 RTAs 中电子商务规则的深度和广度，

---

① 例如，中国可在自由贸易试验区中试行电子商务规则所要求的监管规则，评估规则运行情况。

② 为行文便利，本书在类型上将自由贸易协定视为 RTAs 的一个子类。

③ See Communication from China, E-Commerce for MC11, JOB/GC/142, JOB/CTG/9, JOB/SERV/271, JOB/DEV/49, 18 October 2017.

④ 例如，《中国—澳大利亚自由贸易协定》第十二章"电子商务"共计 11 条内容，分别包括：目的和目标、定义、关税、透明度、国内监管框架、电子认证和数字证书、网络消费者保护、在线数据保护、无纸化贸易、电子商务合作以及争端解决（转下页）

前文已述及有学者提出一种谱系思维。从已设置电子商务章节的自由贸易协定的规则来看，中国参与的自由贸易协定在前述谱系中的位置更靠近"涉及电子商务交易的关税义务和监管合作事项"一端。值得一提的是，RCEP代表了中国对电子商务规则态度的转变。在RCEP电子商务章节中，第四节"促进跨境电子商务"是中国在以往的RTAs中未涉及的内容，包含了"计算机设施的位置"和"通过电子方式跨境传输信息"这两项在电子商务诸边谈判中存在争议的内容。这无疑为中国深度参与该谈判奠定了基础。

在过往实践中，中国参与WTO电子商务谈判的意愿不强，其原因可能主要来自两个方面。首先，可能是因为中国对电子商务相关议题没有紧迫的需求，或者与其他成员存在重大差异。从现有实践看，中国更为关注电子商务中的"贸易"维度，即电子商务中的货物贸易因素。例如，在中国提交至总理事会的文件中，主要提及了对电子传输免征关税、包含各类便利化措施的跨境电子商务的贸易便利化、无纸化贸易、电子签名和认证、透明度以及监管机构合作等。[①] 此外，中国在电子商务中关注的内容已在多

（接上页）规定。除去不包含具体权利义务的条款，本章的实质内容涵盖范围有限，部分内容只是对双方在WTO框架内已承担义务的复述（如关税），且一些条款的表述体现的刚性约束较少（"电子商务"章节的条款还不得援引该协定的争端解决条款）。《中国—韩国自由贸易协定》第十三章"电子商务"则仅有9条内容，包括：一般条款、与其他章节的关系、海关关税、电子认证和电子签名、电子商务中的个人信息保护、无纸贸易、电子商务合作、定义和争端解决不适用。《中国—智利自由贸易协定》经《中华人民共和国政府和智利共和国政府关于修订〈自由贸易协定〉及〈自由贸易协定关于服务贸易的补充协定〉的议定书》的修订加入了"电子商务"章节，其内容包括：一般条款、国内电子交易框架、电子认证和签名、网上消费者保护、网上个人信息保护、无纸化贸易、合作以及争端解决不适用。综观三项自由贸易协定的电子商务章节，尽管存在细节上的差异，但三者内容相似度较高，总体条文数量和内容较少，且对缔约方设定的义务并不高。

① See Communication from China, E-Commerce for MC11, JOB/GC/142, JOB/CTG/9, JOB/SERV/271, JOB/DEV/49, 18 October 2017.

边层面得到解决。暂停实施电子传输的关税是 WTO 成员多年坚持的实践，通关便利化措施则受到《贸易便利化协定》的调整。如果中国要在短时间内全盘接受 TPP 式电子商务规则涵盖的广泛内容，将会涉及中国国内监管法律体系的改革，需要进行审慎的考量和渐进式推动。

其次是中国对诸边协定所代表的规则制定方式非常谨慎。在 WTO 走入自身发展的十字路口并亟待改革之时，中国提出了改革 WTO 的立场文件，表达了坚持非歧视原则和协商一致决策机制的立场。[1] 尽管中国参与了 ITA 扩围谈判和 EGA 谈判，同时联署具有诸边性质的《2019 年共同声明》，但中国并非规则制定诸边模式的倡导者。在多哈发展回合陷入困局的诸多原因中，发达国家未能对发展中国家在乌拉圭回合中的让步作出补偿的事实不应被忽视。在发展中国家最为关注的多哈发展回合无以为继时，过于活跃地推动各类诸边谈判，极有可能面临来自发展中国家的正当性质疑。有鉴于此，中国在是否参与诸边谈判方面，也需结合其他领域的利益通盘考虑。

2. 深度参与电子商务诸边谈判

随着近年来国际局势的剧烈变化，特别是诸多意外因素的叠加，WTO 面临前所未有的困境。主要成员已纷纷转向区域场所制定贸易规则，WTO 如不能有所作为，将面临彻底离开国际贸易治理中心的危险。既往面临合法性与正当性问题的诸边模式已经逐步被更多的 WTO 成员所接受。这为中国更加积极主动地参与电子商务诸边谈判提供了契机。

从现有的实践来看，中国已经深度参与到电子商务诸边谈判中，且在立场方面具有明显的侧重点。中国分别于 2019 年 4 月 23 日、5 月 9 日和 9 月 23 日进行了三次提案，基本立场是改善跨境电子商务

---

[1] 中国关于世贸组织改革的立场文件，2018 年 11 月 23 日，http://www.mofcom.gov.cn/article/i/jyjl/k/201812/20181202818736.shtml。

的贸易环境。① 4 月提案对美国等成员颇为关注的数据流动和存储及数字产品待遇等问题表达了审慎立场。② 5 月提案则涉及了电子认证、电子合同、垃圾邮件等方面的常规议题。③ 中国的 9 月提案特别值得关注。该提案体现了中国利用电子商务诸边谈判解决现实问题，试图利用多边框架内的诸边谈判应对少数国家单边主义行径的明显意图。无论是在中国的先前提案以及其他成员的提案中，9 月提案所涉及的内容均未出现，属于中国在实践中面临的新问题。④ 中方利用"与电子商务有关"的措辞将网络设备和产品纳入电子商务诸边谈判中来，加之美国也是谈判参与方，理论上存在通过该谈判最终解决中国企业面临的紧迫问题的可能性。当然，案文只是阶段性反映各方意见的谈判文本，既无法律效力，也不意味着案文中的内容就必然会被参与成员接受。中方的提案内否最终成为协定文本的一部分，还有待后续谈判。

9 月提案的内容主要涉及对信息通信技术产品（ICT 产品）的非歧视待遇，反映在了合并案文第 E 条中，名为"与电子商务有关的网络设备和产品"。该条第 1 段对"与电子商务有关的网络设备和产品"进行了较为宽泛的定义。第 2 段规定缔约方承认与电子商务有关的网络设备和产品及为确保电子商务可持续发展的供应链的重要

---

① 参见石静霞《数字经济背景下的 WTO 电子商务诸边谈判：最新发展及焦点问题》，《东方法学》2020 年第 2 期。

② See Joint Statement on Electronic Commerce-Communication from China，INF/ECOM/19，24 April 2019.

③ See Joint Statement on Electronic Commerce-Communication from China，INF/ECOM/32，9 May 2019.

④ 2018 年以来，美国行政当局对包括华为、中兴在内的通信设备制造商实施了包括"断供"在内的制裁措施，试图阻断其供应链，对相关市场造成了重大影响。例如，2019 年 5 月，时任美国总统特朗普签署行政命令，宣布美国进入"国家紧急状态"，美国企业不得使用对国家安全构成风险的企业所生产的电信设备。美国商务部工业和安全局把华为公司列入出口管制"实体名单"。2019 年 10 月，美国商务部又将海康威视、大华股份和科大讯飞等企业列入"实体清单"，禁止这些实体购买美国产品。

性。第 3 段则规定了非歧视待遇，包括影响与电子商务有关的网络设备和产品的生产、供应、租赁、销售、出口和进口的所有措施。第 4—6 段则规定了禁止缔约方作出的行为。第 4 段规定缔约方不得排除和限制来自其他缔约方的网络设备和产品，也不得排除和限制来自其他缔约方企业的正常业务运营。第 5 段规定缔约方不得阻止公共电信网络及其服务供应商选择网络服务的支持技术，也不得阻止其选择与这些技术相关的与电子商务有关的网络设备和产品。第 6 段规定缔约方不得阻断与电子商务有关的网络设备和产品的供应链，特别是基于长期商业合作的供应链。阻断的方式包括切断或禁止向其他缔约方企业在必要原材料、组件、部件、软件、技术及其升级方面的供应。案文基本反映了 9 月提案的相关内容。[1]

六 WTO 电子商务诸边谈判对诸边模式的新发展

（一）议题已突破传统的货物贸易领域

电子商务诸边谈判在议题领域有新突破，进而使谈判内容具有了综合性。在 WTO 框架内，电子商务诸边谈判之前的已有诸边实践主要围绕货物贸易领域，ITA 与 EGA 均属部门协定，具有显著的议题单一性。电子商务诸边谈判在议题领域方面进行了突破，新加入的内容使谈判具有较强的综合性。这是诸边模式的新发展。该谈判在提案阶段采用了类似于 EGA 谈判中的提名阶段，即由各方提出其认为应反映在 WTO 电子商务规则中的内容，为后续谈判提供文本基础。各方随即依据自身关切向 WTO 提交了提案。相较于《WTO 协定》对贸易领域的划分，电子商务横跨货物贸易、服务贸易及知识产权等领域，同时包含了数据跨境流动、消费者保护等 WTO 未曾调整过的领域，是 WTO 框架内的新议题。此外，合并案文在附件 1 中列入了一般例外和安全例外，进一步增进了谈判内容的综合性。整

---

[1] See Joint Statement on Electronic Commerce-Communication from China, INF/ECOM/40, 23 September 2019.

体来看，谈判有将诸边模式所涉规则领域从边境措施拓展至边境后措施的趋势。

(二) 高度借鉴 RTAs 中的电子商务规则

RTAs 中的电子商务规则在合并案文中得到体现，证明诸边协定正在实践中可能发挥沟通 WTO 与 RTAs 的功能。例如，美国在 2019 年 4 月的提案中明确以"数字贸易"概念取代"电子商务"，[①] 反映了其在 TPP 到 USMCA 中的转变；数据流动和数据本地化措施是美国已在 TPP 和 USMCA 中确立的核心内容；USMCA 中新出现的"交互式计算机服务"和"政府数据开放"集中反映在了合并案文的 B 条中。再如，电子商务便利化方面的规则（如电子合同、电子签名和电子认证、无纸化贸易、电子发票）已较为普遍地反映在各类 RTAs 电子商务规则中，这些内容也成为合并案文中共识程度相对较高的部分。

(三) 电子商务诸边谈判参与度较高

与已生效的诸边协定相比，现有的电子商务诸边谈判呈现出参与度较高的特点。不仅参与成员的绝对数量接近 WTO 成员总量的半数，且发展中成员也表现出较高的积极性，与已有的诸边协定谈判形成较为鲜明的对比。较高的参与度预示着该项谈判一旦达成协定，其在 WTO 框架内进一步实现多边化的可能性极高。

1. 谈判启动时参与成员数量多

在谈判启动时，成员数量多，且发展中成员的参与积极性更高。电子商务诸边谈判的参与成员数量达到了 76，而 1997 年的 ITA 仅有 14 个参与成员，EGA 谈判的的创始成员数量同为 14。电子商务诸边谈判启动时的参与度是 WTO 框架内已有诸边谈判中最高的，这既反映了数量众多的成员对电子商务议题的关注，也体现了更多成员对诸边模式的认可。

---

① See Joint Statement on Electronic Commerce–Communication from the United States–WTO Agreement on Digital Trade, Restricted, INF/ECOM/23, 26 April 2019.

2. 发展中成员参与度较高

从参与成员的分类而言，电子商务诸边谈判的 76 个参与成员中至少有 60 余个属发展中成员。与此形成对比的是，ITA 谈判发起初期，主要推动者为美国和日本，发展中成员也仅包含印度尼西亚和土耳其等；EGA 谈判的创始成员中也仅有中国与哥斯达黎加属发展中成员。发展中成员对电子商务诸边谈判的参与是实质性的。巴西、阿根廷、印度等发展中成员积极提交工作文件，表达其在电子商务方面的意见。[①] 众多非洲成员组成的非洲集团也提交了相关文件，特别强调了电子商务的发展议程。[②] 总体而言，从电子商务诸边谈判启动前各成员的实践来看，发展中成员对电子商务工作的参与度具有超过既有诸边协定谈判的趋势。

（四）合并案文设定了明确的制度性条款

合并案文以附件形式明确规定了制度性条款，是对既有诸边协定模式的延续和发展。

1. 延续诸边协定谈判的既有做法，设立专门的委员会

无论是 GATT 时期的东京回合守则，抑或是 WTO 中的诸边贸易协定与 ITA 式的诸边协定，多边贸易体制中具有诸边性质的协定均设置了单独的委员会来处理协定的谈判和执行。根据合并案文的规定，拟设立的与贸易有关的电子商务委员会履行总理事会赋予的职责并向其报告；负责监督协定的运行和执行；委员会向所有缔约方开放，选任委员会主席和副主席。

2. 对既有模式的创新

第一是明确规定了争端解决条款。过去仅有诸边贸易协定设定了争端解决相关的条款，ITA 则未专门作出规定。合并案文规定产

[①] See Electronic Commerce and Copyright, JOB/GC/113/Rev. 1, JOB/IP/19/Rev. 1; Communication from India, the Work Programme on Electronic Commerce, JOB/GC/153, 17 November 2017.

[②] See Statement by the African Group, the Work Programme on Electronic Commerce, JOB/GC/144, 20 October 2017, p. 4.

生于电子商务诸边协定的争端适用 DSU 的规定。

第二是明确了电子商务诸边协定与 WTO 其他协定之间的关系。合并案文在该部分第 1 段规定，缔约方确认其在 GATS、GATT1994 和《与贸易有关的知识产权协定》项下的权利，表明了对 3 项协定的承认。第 2 段则有两个不同的版本。版本 1 基于加拿大和日本的提案，规定措辞为："本协定不应被解释为削减或影响缔约方在《WTO 协定》附件 1A 到 1C 以及附件 4 所列协定项下的权利和义务。"版本 2 由中方提出，规定措辞为："本协定应当以现行 WTO 协定和框架为基础。如本协定与《WTO 协定》附件 1 所列协定的条款不一致，则附件 1 优先。"两个版本的重要区别是版本 2 未列入诸边贸易协定。第 3 段则特别澄清，本协定不得被解释为对 GATS 和 GATT1994 中市场准入承诺的修改。其原因在于，GATS 和 GATT1994 的市场准入系多边承诺，而电子商务诸边协定的市场准入承诺仅适用于该协定的缔约方。

WTO 内有关电子商务的规则制定工作始于 1998 年，经历了从"多边独行"到"双轨并行"的转变。诸边性质的电子商务谈判已经启动，《1998 年工作计划》项下的多边工作可能暂时停滞。迄今为止，WTO 框架内的电子商务规则制定工作并无实质性成果。根据《WTO 协定》的现行规定和已有实践，未来的电子商务诸边谈判既可能在谈判阶段即转为多边性质，亦可能达成诸边协定，按照 ITA 的模式予以适用。就程序而言，已经启动的电子商务诸边谈判具有在 WTO 框架内继续进行并合法适用的既有路径。在谈判内容上，各方间的分歧不小。以美国、欧盟和日本为代表的发达经济体很可能将其在 RTAs 中较为满意的条款纳入谈判中；部分发展中成员则较为谨慎，更为关注电子商务谈判中的发展问题。

从已经形成的合并案文来看，电子商务诸边谈判充分借鉴了 WTO 体制内既有诸边协定谈判的成功模式，同时注意对重大体制性问题的解决，是迄今为止贸易规则制定诸边模式的最新进展。当然，该项谈判尽管已经形成合并案文，能否最终形成一项新的诸边协定还有待观察。EGA 谈判本已进入尾声，却未能取得决定性进展正是前车之鉴。WTO 是一个成员驱动的国际组织，该谈判能否顺利推进依然取决于各方意愿。

第四节　WTO 体制外具有诸边性质的协定分析

《服务贸易协定》（Trade in Services Agreement，以下称为"TISA"）① 是一个由部分 WTO 成员在 WTO 之外发起的以服务贸易自由化为目的的贸易协定。由于 TISA 谈判尚处于 WTO 体制外，现阶段不属于本书所定义的诸边协定，但是，对 TISA 谈判实践的分析于诸边协定的研究依然具有重要意义。不仅 TISA 常被认为是一项"诸边协定"，② 且更为重要的是 TISA 存在进入 WTO 体制内成为诸边协定的可能。TISA 的参与方均为 WTO 成员，部分成员明确表达了将 TISA 多边化的意图，并且各成员在 TISA 谈判中注重协定内容和结构与 GATS 的衔接。这种情况一旦出现，诸边协定的实践将会得到进一步丰富。由此可能产生一种贸易规则进入 WTO 框架的新模式，即由部分成员在 WTO 体制外针对某单一议题达成协定，最终通过某种方式将其纳入 WTO。当然，本部分内容对诸边协定的研究而言具有一定的前瞻性与或然性，其主要目的是为诸边协定的外延扩展进行理论准备。因此本节对 TISA 谈判的介绍力求简明，将重点放

---

① "服务业挚友"（Really Good Friends of Services，RGF）最初商定的协定名称为《国际服务协定》（International Services Agreement），但在 2013 年 3 月的服务贸易理事会会议上，RGF 宣布其谈判目标是达成一个《服务贸易协定》，即 TISA，自此该谈判的名称被正式确立为 TISA 谈判。参见陈德铭等《经济危机与规则重构》，商务印书馆 2014 年版，第 334 页。

② 参见石静霞《国际贸易投资规则的再构建及中国的因应》，《中国社会科学》2015 年第 9 期；Pierre Sauve, "A Plurilateral Agenda for Services? Assessing the case for a Trade in Services Agreement（TISA）", *Swiss National Centre of Competence in Research Trade Relation Working Paper*, No. 2013/29。

在 TISA 谈判的基本模式及其与 WTO 间的关系上。

一 TISA 谈判的基本概况

（一）TISA 谈判的缘起及其动因

TISA 谈判的缘起经历了一个较长的过程，鉴于多哈回合在服务贸易谈判上的僵局，学界、产业界以及相关成员的政府都逐渐意识到只能通过诸边的方式来推进服务贸易议程。华威委员会（the Warwick Commission）在其 2007 年和 2010 年的报告中均建议服务贸易的谈判应当以诸边为基础来进行。澳大利亚服务业圆桌会议（the Australian Services Roundtable）于 2008 年提出了达成一个单独的服务协定的设想。世界经济论坛全球贸易议程理事会（the World Economic Forum's Global Agenda Council on Trade）在其报告中主张通过一种诸边的"俱乐部之俱乐部"的进路对 WTO 进行改革，其中服务贸易正是采取这种进路的主要议题之一，随后该理事会于 2010 年向参加达沃斯峰会的各国领导人提交了一份包含前述内容的立场文件。主要服务出口国的产业界也支持在服务贸易谈判中推行诸边进路。除了前文提及的澳大利亚服务业圆桌会议，香港服务业联盟（the Hong Kong Coalition of Services）、全球服务业联盟（the Global Services Coalition）、英国的服务贸易自由化委员会（the Liberalization of Trade in Services）以及美国服务委员会联盟（the US Coalition of Services Committee）分别在 2009—2011 年提出了通过诸边进路推进服务贸易谈判的主张。在政府方面，美国驻 WTO 大使在 WTO 第 8 届部长级会议上提出了服务贸易谈判的诸边进路。[1]

在各界的诸多呼吁之下，第一次关于服务贸易的会议于 2012 年 1 月 17 日在日内瓦召开，16 个成员的代表在会上对如何在 GATS 框架内、多哈回合发展议程之外设计一份国际服务协定进行了探讨。

---

[1] See Gary Clyde Hufbauer etc., "Framework for the International Services Agreement", *Peterson Institute for International Economics Policy Brief*, No. PB12-10, 2012, pp. 9-11.

这 16 个成员即被称为"服务业挚友"（Really Good Friends of Services，以下称为"RGF"）。① RGF 集团经过七轮磋商之后于 2012 年 12 月制定了《服务贸易协定谈判框架》。② 谈判于 2013 年 3 月正式启动。

TISA 谈判产生的原因是多方面的。客观上，科学技术的发展带来的服务业升级，新的服务类型不断涌现，服务提供的方式也在不断更新。另外，作为调整国际服务贸易的主要多边规则，GATS 的规定相对落后，多哈回合的服务贸易谈判几无进展，这使得现实中服务业快速发展而带来的对规则的迫切需求无法在多边层面得到满足。服务贸易已经成为了国际贸易的重要组成部分。此外，TISA 谈判的启动也是某些 WTO 成员根据自身在服务贸易方面的比较优势主动推动的结果。包括美国、澳大利亚及欧盟在内的 WTO 发达成员在服务贸易方面具有巨大优势，并且服务产业在其国民经济所占比重较高，因此制定新的国际经贸规则成为其相关产业开拓市场的必然选择。③

（二）TISA 与 WTO 之间的关系

TISA 常被理解为一项"诸边协定"，但其实质上指代的是 RTAs。例如，皮埃尔·索维（Pierre Sauve）认为，"TISA 是一种《北美自由贸易协定》意义上的诸边协定，而非《政府采购协定》意义上的诸边协定"。索维强调的这两类"诸边协定"分别是 RTAs 与诸边贸易协定。他作出这一判断的理由在于：TISA 并没有获得

---

① See Gary Clyde Hufbauer etc., "Framework for the International Services Agreement," *Peterson Institute for International Economics Policy Brief*, No. PB12-10, 2012, pp. 9-11.

② 参见李伍荣、周艳《〈服务贸易协定〉的发展路向》，《国际经济评论》2014 年第 6 期。

③ 美国在服务业和服务贸易方面拥有巨大的优势。美国服务业产值占其国民经济产出的比重超过 75%，所创造的就业数量超过了私营部门总的就业数量的 80%。美国还是世界上最大的服务贸易出口国，美国一直保持着超过 2000 亿美元的服务贸易顺差。参见 http://servicescoalition.org/negotiations/trade-in-services-agreement；欧盟作为一个整体是世界上最大的服务贸易出口方，服务业占欧盟 GDP 和就业市场的四分之三。参见陈德铭《经济危机与规则重构》，商务印书馆 2014 年版，第 331 页。

WTO 成员广泛的正式同意；谈判虽然在日内瓦举行，但却并不在 WTO 内；WTO 秘书处没有介入该谈判；谈判在 RGF 这一集团中进行，谈判相对封闭。基于上述特征，TISA 这种在 WTO 之外进行谈判，却寄望于 WTO 成员接受的设想是不可行的，应当将 TISA 定位为 GATS 第 5 条项下的经济一体化协定（EIA）。[①]

胡安·马切蒂（Juan A. Marchetti）与马丁·罗伊（Martin Roy）列举了 TISA 可能出现的四种形态。第一类是以最惠国待遇为基础的"GATS 议定书"（GATS Protocol）模式。这种模式是由 TISA 参与成员通过签署议定书的形式将 TISA 中新的承诺纳入其各自的 GATS 承诺表中，据此这些承诺所产生的利益将由全体 WTO 成员所享有。议定书采用"临界数量"的形式，即只有当签署成员所代表的贸易量达到某个比例时，议定书方可生效。由于 TISA 中的新承诺进入了各参与成员的承诺表中，则 TISA 实际上就完成了多边化的进程。这种方式在现实中已经得到了应用，WTO 成员在金融服务、自然人移动以及基础电信等方面的谈判均采用了此方法。第二类是一种单边模式，即由 TISA 参与成员根据 TISA 的谈判结果单独修改自己的 GATS 承诺表，从而适用于全体 WTO 成员。这种模式是一种纯单边的行为，其缺点是不能确保其他 TISA 参与成员作出相同的承诺。第三类是以诸边贸易协定的形式存在。这意味着 TISA 必须按照《WTO 协定》第 10 条第 9 款的规定以全体成员协商一致的方式被纳入《WTO 协定》的附件 4 中，成为一项与《政府采购协定》和《民用航空器贸易协定》并列的诸边贸易协定。这一方式的最大困难是满足《WTO 协定》所规定的协商一致的要求，非 TISA 参与成员可能会对此表示反对。第四类被称为"WTO 外的诸边协定"，这种协定实际上就是 GATS 第 5 条所规定

[①] See Pierre Sauve, "A Plurilateral Agenda for Services? Assessing the case for a Trade in Services Agreement（TISA）", *Swiss National Centre of Competence in Research Trade Relation Working Paper*, No. 2013/29, pp. 6–7.

的经济一体化协定。①。

就现状来看，TISA 是部分 WTO 成员在 WTO 以外针对服务贸易进行的一项谈判，但该协定的谈判结果将以何种形式呈现尚无定论。因此，如果 TISA 的参与成员意欲在短时间内将谈判成果落实，那么其最终性质很可能是 GATS 第 5 条项下的经济一体化协定。至于 TISA 是否能够成功地实现多边化，则将是 TISA 谈判完成后下一个阶段的问题。

从体制上而言，现阶段 TISA 与 WTO 的紧密程度并不高，甚至与多哈发展议程中的服务贸易谈判互无关联。但 TISA 谈判在规则上与 WTO 又具有非常紧密的联系。例如，TISA 文本大量地借鉴了 GATS 的布局形式和基本原则，并且将 GATS 的关键条款纳入其中。② 这种现状实际上为最终将 TISA 纳入 WTO 框架内提供了现实条件。规则的相近有助于 TISA 在进入 WTO 框架内之后与 GATS 的顺利衔接。在 TISA 谈判的各参与方中，欧盟始终强调 TISA 与 WTO 之间的联系，将 TISA 的多边化作为最终目标。③ 而作为另一个主要推动方的美国却并未表现出对 TISA 多边化的积极态度，其更关心 TISA 能否最终实现达成一个高雄心水平协定的目标。④ 当然，要使 TISA 完成这一转身，最根本地取决于各成员的意愿，一些技术层面的问题同样有待解决。TISA 与 WTO 之间关系的核心问题是 TISA 谈判结果是否应在 WTO 框架内。无论以何种形式存在，TISA 最终应当与 WTO 保持高度的关联性。

---

① Juan A. Marchetti and Martin Roy, "The TISA Initiative: an Overview of Market Access Issues," *WTO Economic Research and Statistics Division Staff Working Paper*, ERSD-2013-11, 2013, pp. 24-27.

② See Rachel F. Fefer, "Trade in Services Agreement (TISA) Negotiations: Overview, and Issues for Congress," *Congress Research Service*, R443543, 2016, p. 7. Available at: http://www.fas.org/sgp/crs/misc/R44354.pdf.

③ 参见 http://europa.eu/rapid/press-release_MEMO-13-107_en.htm。

④ 参见陈德铭等《经济危机与规则重构》，商务印书馆 2014 年版，第 335 页。

（三）TISA 谈判的模式与进程

现阶段 TISA 谈判在 23 个成员之间展开，迄今为止已进行了 21 轮谈判。谈判由参与成员以协商一致的方式推动。谈判的格局是非正式的，并且谈判由轮值主席进行协调，轮值主席在澳大利亚、美国和欧盟之间轮替。[1] 谈判的模式与通常的自由贸易协定的谈判模式相似，由不同的工作组同时推进谈判。尽管谈判中也包含了大使级的会议，但谈判的主要部分涉及的是技术层面的内容。会议通常在轮值主席的外交代表处进行，轮值主席发挥着谈判秘书长的作用。[2] 在会晤方式上，既有全体成员参与的全会，也有双边的会议。

（四）TISA 的协定雏形

尽管 TISA 谈判正在进行中，但根据已经披露的信息，该协定主要可能包含以下四方面的内容。[3]

---

[1] 根据澳大利亚外交贸易部的统计，第 1 轮至第 21 轮谈判的轮值主席分别为：1. 美国；2. 欧盟；3. 澳大利亚；4. 美国；5. 欧盟；6. 澳大利亚；7. 美国；8. 欧盟；9. 澳大利亚；10. 美国；11. 欧盟；12. 澳大利亚；13. 美国；14. 欧盟；15. 美国；16. 澳大利亚；17. 欧盟；18. 澳大利亚；19. 美国；20. 欧盟；21. 澳大利亚。根据欧盟委员会的统计，第 9 轮谈判的轮值主席为欧盟，第 10 轮谈判的轮值主席为澳大利亚，第 14 轮至第 21 轮谈判的轮值主席分别为：美国、欧盟、美国、澳大利亚、欧盟、澳大利亚、美国、欧盟。由此可见，澳大利亚与欧盟对于 TISA 谈判的轮次的统计上并未使用统一的标准，并且轮值主席的担任并无确定的顺序。例如，于 2016 年 4 月 10 日至 15 日举行的一轮 TISA 谈判，澳大利亚认为是第 16 轮，欧盟认为是第 17 轮。根据笔者的比对研究，欧盟与澳大利亚之所以会在轮次的统计上产生不同结果，是因为欧盟方面认为的第一轮谈判发生于 2013 年 3 月，而澳大利亚认为第一轮谈判举行于 2014 年 4 月 27 日至 5 月 3 日，这就造成了随后双方在谈判轮次统计上出现了错位。参见 http://dfat.gov.au/trade/agreements/trade-in-services-agreement/news/Pages/news.aspx；http://ec.europa.eu/trade/policy/in-focus/tisa/；http://trade.ec.europa.eu/doclib/press/index.cfm?id=1026。

[2] See Elina Viilup, "The Trade in Services Agreement (TISA): An End to Negotiations in Sight?", *European Parliament Directorate-General for External Policies*, October 2015, p. 16. Availableat: http://www.europarl.europa.eu/RegData/etudes/IDAN/2015/570448/EXPO_IDA(2015)570448_EN.pdf.

[3] See Elina Viilup, "The Trade in Services Agreement (TISA): An End to Negotiations in Sight?", *European Parliament Directorate-General for External Policies*, October 2015, pp. 17-18.

1. 第一部分包含平行适用条款和该协定的各项原则。该部分遵循了 GATS 的基本结构，并在原则上沿用了 GATS 的各项定义。采用 GATS 结构的用意即在于为将来 TISA 的多边化创造有利条件。

2. 第二部分包含了各参与成员在市场准入和国民待遇方面的承诺。各方在此方面采用了所谓的"混合模式"（hybrid approach），即在市场准入承诺方面采取了正面清单，即只有列于该清单中的部门才予以开放；在国民待遇方面采取负面清单，即除列入清单中的部门外，其他部门原则上全部开放。

在瑞士的建议下，TISA 谈判还针对国民待遇引入了冻结条款（standstill clause）和棘轮条款（ratchet clause）。冻结条款是指各谈判成员的具体承诺在原则上以目前的承诺为基础，而非以当时各成员的 GATS 减让表为准。这种条款实质上就是禁止新的限制。棘轮条款是指一成员未来任何取消歧视性措施的做法将被自动锁定，不得倒退并使其具有永久效力。其实质就是禁止成员重新引入其先前已经单方面取消的贸易壁垒。[①]

3. 第三部分包含的是具体部门监管的附件（sectoral annexes），这些基于部门而单列的附件可能在随后的谈判中成为 TISA 的各个章节。各参与成员提出了数量众多的附件，主要包括：国内监管、透明度、模式 4（即自然人移动）、电信、电子商务、当地化要求、金融服务、海上运输、航空运输、公路运输、快递服务、分销或直销、专业服务、能源、环境服务、政府采购等。尽管数量众多，但并不意味着所有的附件均会进入协定中。

4. 第四部分是制度性条款，主要规定 TISA 如何运作、协定修改程序、新成员如何加入、争端解决的基本规则。此外，TISA 之中将不会出现国家与投资者间的争端解决机制。

---

① 参见彭德雷《国际服务贸易协定（TISA）谈判与中国路径选择》，《亚太经济》2015 年第 2 期。

（五）TISA 谈判的主要分歧点

在 TISA 谈判中，某些议题因为与特定成员的利益密切相关，因而成为各方争论的焦点。

1. 公共服务

公共服务（public services）[①] 的例外是欧盟非常关注的议题。欧盟在公共服务的保留方面具有重大利益，因此在其出价中提出了范围非常广泛的公共服务保留。[②] 欧盟在出价中提出的保护公共服务的方式是采用横向保留（horizontal reservations），将公用事业（public utilities）划在公共垄断（public monopoly）或授予私营运营者独占权利的范围内。这种保留适用于除电信和电脑及相关服务以外的所有部门。欧盟委员会还在其 TISA 承诺中进一步排除了以下服务：公共资助的健康和社会服务；公共资助的教育；水的收集、净化、输送和管理服务；电影、电视和其他视听服务；航空运输服务（除地面服务与航空器维修服务以外）。[③]

2015 年 3 月时任欧盟委员会贸易委员与美国贸易代表发表了美欧关于公共服务的共同声明。双方共同确认，美欧的贸易协定并不阻止任何层级的政府提供或支持诸如水务、教育、健康、社会服务等领域的服务；不要求政府对任何服务进行私有化，或阻止政府扩

[①] 在欧盟法上，公共服务并非一个具有明确定义的概念，这一概念的外延随着欧盟法律实践的不断增多正在不断地发生变化。《罗马条约》第 90 条有"市场化的公共利益服务"这一概念，第 77 条有"公共服务"这一概念。后来在欧盟条约中又出现了"公共利益服务"这一概念。参见刘路《欧盟法上"公共利益服务"制度体系研究》，《武大国际法评论》2015 年第 18 卷第 1 期。

[②] 正如欧洲议会的议员们所言，"正在进行中的 TISA 谈判所达成的协议应当使欧盟的公司进入国际市场更加容易，但同时不能迫使欧盟、欧盟成员国内及地方当局开放公共服务方面的竞争，或限制这些当局在公共利益方面的规制权"。参见 http://www.europarl.europa.eu/news/en/news-room/20160129IPR11904/tisa-must-protect-eu-firms-abroad-and-public-services-at-home-say-meps。

[③] See Elina Viilup, "The Trade in Services Agreement (TISA): An End to Negotiations in Sight?", *European Parliament Directorate-General for External Policies*, October 2015, p. 20.

展其向公众提供服务的范围；不阻止政府提供先前由私营服务提供者所提供的服务。将一项公共服务外包给私营服务提供者并不意味着该服务不可逆转地成为了商业部门的一部分；不阻碍政府维持某些规章以确保服务的高质量和维护重要的公共利益目标（如保护健康、安全和环境）。双方同时还强调了私营部门在公共服务领域的补充性角色。美欧双方将在 TTIP 和 TISA 谈判中遵循上述态度和方法。[1] 该声明实际上表明美欧双方在公共服务的保留方面达成了共识，美国支持欧盟在公共服务方面的立场。由于美欧是 TISA 谈判中两个最重要的参与方，双方在公共服务领域的这一共同立场对于其他参与方具备极强的影响力，TISA 最终的协定文本在公共服务方面很可能全面体现欧盟在其出价中的基本立场。

2. 自然人存在

自然人存在（presence of natural persons）是美国在 TISA 谈判中非常关切的问题之一，其原因在于移民制度在美国政界是非常敏感的问题。弗罗曼曾在针对 TPP 发表意见时指出，"TPP 将不会对美国的移民法律或政策以及签证体制产生影响"[2]。美国国内的反对者提出，TISA 不应当是一项扩展 GATS 的协定，而应当扭转 GATS 条款对美国政府、州政府以及地方政府在规制服务方面权威的损害。他们提出的其中一项主张就是在 TISA 中排除模式 4（即自然人存在）。[3] 美国在这一问题上的立场深受美国国内政治格局的影响。

此外，欧盟在自然人存在方面也做出了保留，加之欧盟在难民政策方面屡遭诟病，很难期望欧盟在此方面的立场会发生根本性逆

---

[1] See EU-US Joint Statement on Public Services. Available at: https://ustr.gov/about-us/policy-offices/press-office/press-releases/2015/march/eu-us-joint-statement-public-services.

[2] See Rachel F. Fefer, "Trade in Services Agreement (TISA) Negotiations: Overview, and Issues for Congress", *Congress Research Service*, R443543, 2016, p. 8.

[3] See Rachel F. Fefer, "U.S. Trade in Services: Trends and Policy Issues", *Congress Research Service*, R43291, 2015, pp. 24-25.

转。尽管如此，其他成员在自然人流动方面的利益是多元化的。例如在低技能劳工输出方面，一些发展中国家就具有相应的出口利益。有学者提出 TISA 谈判在自然人存在方面的焦点不能仅仅局限于专业服务提供者，可以在一定程度上对这种范围进行扩大，只需严格规定其离境的条件即可。如中国与新西兰之间的自由贸易协定第 125 条就列举了五类自然人：商务访问者、合同服务提供者、技术工人、公司内部流动人员、机器设备配套维修和安装人员。

总体而言，美国在自然人存在方面具有十分强硬而保守的立场，这不仅需要美方谈判人员的妥协，更需要美国政府的立法和行政分支对移民政策调整，因此在自然人存在方面取得进一步自由化的难度是较高的。

3. 数据保护

在 TISA 谈判中，数据保护（data protection）的问题[1]主要存在于美国与欧盟之间。2016 年，美欧之间在个人数据保护方面达成了

---

[1] 信息技术的发展使服务的跨境提供更加便捷，服务种类愈加广泛。随着信息技术的高度发展，服务的跨境提供更多地借助于信息技术，跨境数据流动（cross-border data flows）成为了诸多跨境服务提供的基本要素。全球范围内的跨境服务贸易因信息技术的发展在量和范围上都有了较大程度的发展，诸如数据处理、后台管理（back office）、电信、电脑与相关服务、金融分析、建筑与设备设计、保险索赔处理、教育、出版、医疗服务以及种类繁多的专业服务都可以通过信息技术实现跨境提供。诸多种类服务的跨境提供需要实现跨境数据交换，对数据跨境流动的限制在一定程度上就构成了对服务提供的限制。显然，减少对数据跨境流动的限制是实现服务贸易自由化的必然要求。另外，正如政府基于不同理由对货物的跨境流通进行限制，数据的跨境流动也会引发一些现实问题，从而引发各国政府对数据的跨境流动进行必要的限制，常见的理由包括：隐私保护、消费者保护、网络安全、网络犯罪、本国文化保护等。其中对个人数据的保护受到欧盟的特别重视，被其视为"增进公民基本权利的重要步骤"。因此，如何在促进数据的跨境流动的同时保护包括个人隐私在内的相关数据成为以美国和欧盟为代表的发达经济体的关注焦点。当然，这一问题已被调整至 WTO 电子商务诸边谈判解决。参见 Gary Clyde Hufbauer etc., "Framework for the International Services Agreement," *Peterson Institute for International Economics Policy Brief*, No. PB12-10, 2012, p. 41; Transatlantic Data Restoring Trust through Strong Safeguards, Communication from the Commission to the European Parliament and the Coucil, COM（2016）117 final, February 2016, p. 7。

《隐私盾协定》（The EU – U. S. Privacy Shield）和《保护伞协定》（The Umbrella Agreement），为 TISA 谈判在数据保护的问题上扫清了最大障碍。① 提供跨境服务的大型跨国公司往往储存了服务使用者大量的个人信息，这使得该类企业利用消费者的个人信息损害公众利益成为可能。因此，对于这类存储了大量个人信息的企业进行某种程度的法律规制，规范其使用消费者个人信息的行为成为各国政府十分关心的问题。但在监管的具体态度上，不同国家的政府采取了不同的态度。美国作为拥有脸书、亚马逊等与数据跨境流动密切相关的大型跨国公司的经济体，倾向于推动数据流动的自由化。② 欧盟则将个人隐私视为公民的基本人权，特别注重对个人隐私数据的保护。

根据欧盟委员会公布的谈判资料，数据保护问题在 TISA 谈判中被置于电子商务章节之下进行讨论。在 2015 年 10 月举行的第 14 轮谈判中，关于数据流动问题，许多参与成员支持避免对数据流动设置不必要的限制，但也强调对相关义务的讨论应当同时考虑个人数据保护的例外。③ 在 2016 年 1 月 31 日至 2 月 5 日举行的第 16 轮谈判中，各参与成员讨论了数据流动的议题，但未取得太多进展。值得

---

① 《隐私盾协定》主要处理的是美国与欧盟之间基于商业目的个人数据交换问题。《保护伞协定》主要处理的是美国与欧盟之间关于数据保护方面的执法问题。

② 根据《2015 年两党国会贸易优先与责任法》（Bipartisan Congressional Trade Priorities and Accountability Act of 2015）的规定，美国在"货物与服务的数字贸易以及跨境数据流动"方面的主要谈判目标是：（A）确保 WTO、双边及区域贸易协定下现行的义务、规则、纪律和承诺适用于货物与服务的数字贸易与跨境数据流动。……（C）确保政府不得执行那些阻碍货物与服务的数字贸易、限制跨境数据刘东或要求在本地进行数据储存或处理的与贸易相关的措施。（D）就前述（A）至（C）段而言，当正当的政策目的要求对货物与服务的数字贸易或跨境数据流动进行规制时，应获得这样的承诺：该等规制的贸易限制效力是最小的、非歧视的且透明的，并且应促进一个开放的市场环境。Available at：https：//www.congress.gov/bill/114th-congress/senate-bill/995/text。

③ See Report of the TISA Negotiation Round Taking Place 6 – 13 October 2015, 29/10/2015, pp. 3 – 4. Available at: http://trade.ec.europa.eu/doclib/docs/2015/october/tradoc_153917.15.pdf.

一提的是，一些成员提出了有必要在 TISA 文本中为公共政策目标设置强有力的例外条款。① 在此后的第 17 轮至第 21 轮谈判中，数据流动的议题被暂时搁置。

二 中国与 TISA 谈判

中国于 2013 年正式提出了加入 TISA 谈判的申请，包括欧盟在内的多数参与成员对中国的加入表示欢迎，但以美国为代表的少数参与成员却对中国的加入表示疑虑。中国最早是由时任商务部部长高虎城在 2013 年 8—9 月与弗罗曼的会晤中直接表达的加入意愿。弗罗曼对中国加入 TISA 设置了 5 个评估因素：（1）中国在与美国之间的双边投资协定谈判中的立场；（2）上海自贸试验区投资改革状况；（3）十八届三中全会可能宣布的潜在的改革政策；（4）中国在过去谈判中作出高规格服务承诺的意愿；（5）中国执行 WTO 电子支付案裁决的情况。② 对于谈判达成后协定的执行，美国也表示了担忧，美国及一些参与成员正在对中国对贸易协定的执行情况进行评估。③ 显然，美国对于中国加入 TISA 谈判的意愿以及雄心水平持怀疑态度，同时担心中国的加入会破坏美国意欲建立的高规格的服务贸易规则。

另一方面，以欧盟为代表的一些参与成员却认为中国的加入将会对 TISA 谈判带来诸多好处。首先，中国的服务贸易量将会使 TISA 参与成员的服务贸易总量达到全球服务贸易总量的 90%，从而满足普遍认为的"临界数量"的要求，有利于 TISA 进一步的多边化。其次，中国的加入将会对印度等新兴经济体产生示范效应，从而进一步增强 TISA 的代表性。此外，欧盟委员会认为应当鼓励

---

① See Report of the 16th TiSA Negotiation Round, 19/12/2016, p. 3. Available at: http://trade.ec.europa.eu/doclib/docs/2016/february/tradoc_154306.doc.pdf.
② 参见 http://fta.mofcom.gov.cn/article/shidianyj/201311/14340_1.html。
③ See Rachel F. Fefer, "U. S. Trade in Services: Trends and Policy Issues", *Congress Research Service*, R43291, 2015, p. 25.

和支持中国在多边贸易体制和诸边谈判中扮演更重要的角色，以使中国承担起与其从开放的贸易体系中所获得的利益相匹配的责任。①

中国加入 TISA 谈判挑战与机遇并存，加入谈判是符合中国利益的政策选项。2014 年，中国的服务贸易首次位居世界第二。2015 年，服务贸易总额 7130 亿美元，同比增长 14.6%。其中，进口增长 18.6%，明显高于出口。2015 年逆差由 2013 年的 1185 亿美元扩大到 1366 亿美元。② 或许中国应对 TISA 影响更为重要的手段是加快国内服务业的发展，提高国内服务业的水平。

三　TISA 谈判的借鉴意义

（一）体制外的贸易协定进入 WTO 的潜在模式

TISA 的最终命运可能存在三种情况，其一是作为诸边协定被纳入 WTO 体制中；其二是成为 GATS 项下具有诸边性质的协定；其三是作为 GATS 第 5 条项下的经济一体化协定而存在。其中前两类情况意味着 TISA 进入了 WTO 体制中。

1. ITA 的模式

在现有的 WTO 体制中，TISA 可能以三种方式进入 WTO 体制内。一种方式是采用类似 ITA 的模式，由 TISA 参与成员将谈判结果按照最惠国待遇的原则适用于全体 WTO 成员。当然这种方式既可以是由参与成员达成临界数量协定的方式来修改各自承诺表，也可以是各参与成员单方面对其具体承诺表进行修改。另一种方式是根据《WTO 协定》第 10 条第 9 款的规定以诸边贸易协定的方式进入《WTO 协定》的附件 4，但这种方式需要全体 WTO 成员以协商一致的方式作出决定。第三种方式是，如果 TISA 一直于 WTO 之外进行

---

① See European Commission, *Trade for All: Towards a More Responsible Trade and Investment Policy*, 2015, p. 31.

② 参见 http://sms.mofcom.gov.cn/article/u/aa/201607/20160701368262.shtml。

谈判，并最终按照欧盟等参与成员的意愿完成多边化的进程，被纳入 WTO 的条约体系之中，那么 TISA 很可能成为一项谈判过程完全发生在 WTO 体制外，最终结果却存在于 WTO 体制内的协定。显然这种模式可能存在诸多缺陷，未参与谈判的成员很可能对这一进程表示反对，这将会对 TISA 纳入 WTO 的过程造成负面影响。

2. GATS 项下具有诸边性质的协定模式

TISA 还可能成为 GATS 项下的诸边协定。在乌拉圭回合谈判行将结束之际，各谈判方意识到包括金融服务和基础电信服务在内的一些服务部门的谈判明显无法完成，遂决定在 WTO 成立之后继续这些服务部门的谈判。

《金融服务协定》是以 GATS 附件的形式存在的。对该协定的谈判起始于乌拉圭回合，但直到 1997 年才达成协定文本，并最终在 1999 年生效。在协定达成时，有 56 个 WTO 成员作出了承诺。《金融服务协定》之所以被视为诸边协定，是因为该协定仅对自愿作出承诺的部分 WTO 成员具有约束力。[1] 该协定最大的意义在于将金融服务的自由化纳入 WTO 框架，并为进一步自由化创造了政策空间。

《基础电信协定》与《金融服务协定》特点类似。在 1994 年的马拉喀什部长级会议上，一部分 WTO 成员同意启动关于电信服务的协定。谈判启动时，仅有 8 个成员开放了电信市场。但到了 1997 年该协定签署时，有 69 个成员承诺取消 GATS 框架内电信网络和服务的壁垒。[2]《基础电信协定》也具有诸边协定的基本特点。

《金融服务协定》与《基础电信协定》在 WTO 成员自愿承诺的

---

[1] 参见傅星国《WTO 决策机制的法律与实践》，上海人民出版社 2009 年版，第 218 页。

[2] See Bernard M. Hoekman and Michel M. Kostecki, *The Political Economy of the World Trading System: the WTO and Beyond*, New York: Oxford University Press, 2009, pp. 349–350.

基础上实施,因而也被一些学者认为属于"诸边协定"。① 尽管具有一定的相似度,但该类协定不属于本书所界定的诸边协定。这是因为,在形式上它们是 GATS 的附件,因而在 WTO 内具有合法性。尽管《金融服务协定》与《基础电信协定》具有一定的独立性,但依然属于 GATS 的一部分。《金融服务协定》与《基础电信协定》的存在形式是正在谈判中的《服务贸易协定》进入 WTO 框架的可能选项。②

(二) 大国意愿是推动国际贸易规则谈判的最主要动力

在服务贸易自由化方面,多哈回合的服务贸易谈判是得到全体 WTO 成员授权的一项谈判,具有高度的合法性和正当性。与此同时,RTAs 的大量涌现已经对 WTO 造成了巨大冲击,在多哈回合之外乃至 WTO 之外另起炉灶进行一项影响力巨大的贸易协定谈判,势必会进一步削弱 WTO 在国际贸易领域中的地位。有鉴于此,在 TISA 谈判启动之初的 2012 年,中国、尼日利亚、印度以及南非都对该项谈判进行了批评,他们认为这一谈判将会扰乱多哈发展议程中市场准入方面的平衡,可能使多哈回合谈判实际上失去完成的可能。③

通过梳理各方在 TISA 谈判中的分歧点可以发现,正如整个 TISA 谈判是由美国、欧盟以及澳大利亚等在服务贸易方面具有重大关切的成员所推动进行的,谈判中的某些足以影响谈判全局的重要分歧点同样存在于这些成员之间。④ 一方面这些成员不断标榜 TISA

---

① See Bernard M. Hoekman and Michel M. Kostecki, *The Political Economy of the World Trading System: the WTO and Beyond*, New York: Oxford University Press, 2009, pp. 348 – 349.

② See Juan A. Marchetti and Martin Roy, "The TISA Initiative: an Overview of Market Access Issues", *WTO Economic Research and Statistics Division Staff Working Paper*, ERSD – 2013-11, 2013, pp. 24-27.

③ See Gary Clyde Hufbauer etc., "Framework for the International Services Agreement", *Peterson Institute for International Economics Policy Brief*, No. PB12-10, 2012, p. 11.

④ 例如美国所关注的敏感点主要在于移民和网络安全,这实质上涉及的就是对自然人流动和数据流动这两个议题。

在推动服务贸易自由化方面的高雄心水平,一方面在涉及自身重大利益的时候采取了非常保守的态度,与单纯的自由化理念背道而驰。这种看似矛盾的态度实际上有一根一以贯之的准绳,那就是维护本国利益。事实上,TISA 谈判就是一个大国强力推动下而进行的国际经贸规则谈判,是少数服务贸易大国为维护自身的贸易利益和产业利益从而在服务贸易领域率先制定规则的行动。

(三) TISA 具有极高的封闭性

TISA 谈判的封闭性较高,是典型的俱乐部模式。谈判达成的协定对新成员开放性还有待观察。TISA 的封闭性极有可能降低其在短时间内实现多边化的可能。尽管以欧盟为代表的 TISA 参与成员尽可能地保证 TISA 谈判的透明度,并尽量地公开谈判相关的信息,但总体而言该项谈判是秘密进行的,且具有较高程度的封闭性。这种秘密性质是传统的贸易谈判模式的延续,具有其自身的合理性。但如果 TISA 以最终的多边化为目标,这种封闭的谈判进程势必会对多边化进程造成不利影响。在协定达成以后,其对新成员的开放程度也是值得担忧的,这一点从美国对于中国加入 TISA 谈判的消极态度来看可见一斑。

(四) TISA 可能构成对多边协定的诸边修改

TISA 所涉及的服务贸易是 WTO 现有多边协定已经调整领域,一旦 TISA 作为诸边协定进入 WTO 体制中,势必构成对 GATS 这一多边协定的诸边修改。这意味着在 TISA 与 GATS 相重合之处,对于 TISA 的签署成员,其在 GATS 项下承担的原有义务可能被修改,而这种修改仅针对签署了 TISA 的部分 WTO 成员。[1] 如果说 ITA 式的诸边协定属于对多边协定的间接修改,那么 TISA 可能构成对多边协定的直接修改。这可能在 WTO 体制中开启通过诸边协定修改多边协定的先河。

---

[1] See Jo Feldman and David Brightling, "Imaging a Post-Doha Future: The Future Stability of the Global Trading System", *New Zealand Journal of Public and International Law*, Volume 10, 2012, pp. 127-136.

本章小结

一 诸边模式演化实践的主要特点

本章试图对现有的诸边协定及诸边谈判实践进行梳理。WTO 贸易规则制定诸边模式的演化实践及其扩散趋势值得关注。综合考虑东京回合守则、诸边贸易协定、ITA 式诸边协定、电子商务谈判以及 WTO 体制外的 TISA 谈判，WTO 贸易规则制定的诸边模式演化出以下特点。

（一）贸易权重在诸边谈判中具有重要性

已经生效实施的 ITA 采取了以贸易权重为标准的生效条件，谈判中的 EGA 亦呈现此特点。采取该方法的重要动因是避免搭便车的现象。如贸易权重的标准设置得足够高，协定可以在所涉部门内实质性解决市场开放问题，带有"解决问题必要最少数"的少边主义特征。

（二）议题领域的突破

首先是对议题单一性的突破。无论是东京回合守则、诸边贸易协定还是 ITA 式诸边协定，均调整的是单一部门或领域的贸易问题。但从 WTO 电子商务诸边谈判的发展实践来看，这种单一性的现状有所突破。

其次是拓展了 WTO 管辖范围的边界。多边贸易体制中贸易规则制定的诸边模式客观上产生了拓展管辖领域的作用，这在东京回合守则那里体现得尤为明显。电子商务横跨货物贸易、服务贸易及知识产权等领域，同时包含了数据跨境流动、消费者保护等 WTO 未曾调整过的领域。当然，电子商务诸边谈判议题范围的综合性是有限的。现阶段还不能认为议题领域的新突破反映了成员意欲通过诸边方式达成综合性贸易协定，电子商务诸边谈判反映出的议题突破可能更多是由电子商务本身内容的丰富性所决定的。

最后，议题领域的突破反映出诸边协定调整的范围由边境措施向边境后措施转向。既有的诸边实践主要处理的是产品的市场准入问题；但电子商务诸边谈判已超越传统上认为的边境措施，涉及国家或地区境内监管范围内的诸多领域。边境后措施是 RTAs 已广泛涉及的领域，有关内容进入 WTO 电子商务诸边谈判体现了该类议题进入 WTO 框架的新渠道。

(三) 诸边模式具有开放性

基于正当性的考虑，在 WTO 体制内，贸易规则制定的诸边模式体现了较高的开放性。已经生效实施的诸边贸易协定与 ITA 均致力于吸纳其他成员加入。ITA、EGA 与电子商务诸边谈判均向 WTO 全体成员开放，亦未对嗣后加入的成员设定加入门槛。

(四) 诸边模式制定的规则可持续更新

通过诸边模式达成的协定体现出持续更新的特点。由于不受多边规则的约束，部分成员在特定领域达成协定后，如有更新规则的需求，只要获得足够成员的同意就可直接在诸边协定的框架下展开规则更新的谈判。ITA 扩围谈判的成功进行表明这一路径是可行的。在 EGA 谈判中，由于对环境产品的定义不清晰，且考虑到环境产品的范围可能随着技术革新而不断扩展，各方在谈判中预留了扩展环境产品范围的可能性。

二 诸边模式的扩散趋向

诸边模式在成员实践中演化出的新特点对 WTO 成员越发具有吸引力。在 WTO 的规则制定、争端解决与监督执行等核心功能陷入瘫痪之际，对 WTO 的存续具有较大关切的成员纷纷寻求改革之道，诸边模式受到欧盟等诸多成员的重视。更多的成员加入诸边谈判实践，客观上造成了诸边模式的扩散趋势。该趋势主要呈现出以下内容。

(一) 诸边模式渐受重视

在当前的历史条件下诸边模式被更多 WTO 成员接受的事实是不

容忽视的。在多边贸易体制历史上，对贸易规则制定诸边模式的接受程度体现出明显的南北分歧。诸边模式带有俱乐部模式的特点，常被发达成员作为推动贸易规则制定的工具，发展中成员的参与程度不高。这一现象在电子商务诸边谈判中有所转变，发展中成员的参与度与积极性有所提高。当然，这种转变与谈判所涉具体议题不无关系。WTO 成员对诸边模式的逐步接受可能产生体制性影响，其后续发展值得关注。

（二）诸边模式的内外联动

诸边模式体现出沟通 WTO 体制内外的重要特点。本书在第二章阐释了诸边协定连接 WTO 与 RTAs 的重要功能。从 2020 年 12 月的合并案文来看，各方在 WTO 电子商务诸边谈判的出价大多来自其在 RTAs 中的已有实践，体现出规则制定过程在 WTO 框架的内外联动。事实上，ITA 与 EGA 也表现出不同的内外联动特点。ITA 最初是在 WTO 体制外由部分成员发起和推动。EGA 更是经历了"WTO（多边）到 APEC 再回归 WTO（诸边）"的谈判历程，且 G20 平台对谈判的推动亦发挥了重要作用。

（三）诸边模式的约束缺位

根据本书的已有讨论，在 WTO 现行框架内通过诸边协定进行贸易规则制定主要有两种路径。第一种路径是订立新的诸边贸易协定，但须满足 WTO 全体成员协商一致的要求。第二种路径是 ITA 模式，即由部分 WTO 成员在 WTO 框架内发动和进行谈判，达成的协定在 WTO 体制内运行。WTO 及其他成员对这类协定的合法性进行追认，或默认协定的存在并利用 WTO 的基础设施。第二种路径更具可行性。

第二种路径缺乏 WTO 多边规则的约束，可能导致诸边模式的恶性扩散，进而对 WTO 产生体制性影响。在该路径下 WTO 成员可以不受节制地推动诸边协定谈判，如不尽快以多边纪律加以约束，不仅将降低诸边模式正当性，甚至可能产生瓦解 WTO 体制的负面作用。现阶段对第二种路径的约束还主要依靠成员对 WTO 现行法律框架的自觉遵守。例如参与成员在电子商务谈判的合并案文中，自觉纳入制度性条款，强调未来产生的诸边协定应当以《WTO协定》为准。从美国破坏争端解决机构的行径来看，这种单纯依赖成员自我约束的"君子协定"式的软规则并不如正式的多边规则可靠。

第 五 章

诸边协定的主要规则设计

本章试图提出有关诸边协定的初步规则设计。在 WTO 法律体系内,除有关诸边贸易协定的零星条款外,缺少针对诸边协定的多边规则。如果诸边协定在 WTO 体制中的数量增多,其本身存在的问题将对 WTO 带来不可忽视的负面影响,因此有必要针对这些问题,并结合本文其他章节对诸边协定的研究,提出有关诸边协定的规则设计,以确保 WTO 的整体稳定和良性革新。由于涉及对 WTO 规则体系的改革,本章所提出的规则设计需要 WTO 部长级会议或总理事会通过协商一致的方式形成 WTO 体制中的正式多边规则。理论上,本书本应提出一套较为完整且可行的有关诸边协定的制度规则。但由于 WTO 自身规则的建设面临着复杂的发展进程,形成一套规则体系不仅需要完善的理论作为指导,还需要长期的实践作为检验,现阶段诸边协定仅有少数的实践,且理论建构尚处于初步探索阶段,很难短期内在 WTO 成员之间形成共识,故本章的规则设计聚焦具体的重点问题。

第一节 诸边协定的主要法律症结

诸边协定代表了 WTO 贸易规则制定的补充手段,在 RTAs 与

WTO 新型关系下，诸边协定将起到沟通 RTAs 与 WTO 的桥梁作用，这将有利于破解 WTO 面临的贸易规则供给难题，同时也能积极应对 RTAs 的激增对 WTO 带来的挑战，最大限度地确保 RTAs 与 WTO 同向发展。如果诸边协定要发挥这种桥梁作用，将意味着诸边协定在 WTO 体制中得到更加广泛的应用，它所带来的潜在法律问题很可能会随着数量的增加而逐步显现，如不加以重视并采取制度化的方式予以解决，不仅难以实现缓解 WTO 危机的目的，甚至可能导致 WTO 的混乱，偏离了利用诸边协定维持 WTO 相关性的初衷。

一 诸边协定的议题选择

（一）议题选择的范围

1. 诸边协定议题选择范围有限的观点

有观点认为可通过诸边协定进行调整的议题是有限的。这是因为诸边协定往往涉及的是单个议题，许多成员参与谈判的动力来自范围广泛的一揽子多议题。为单个议题耗费谈判成本不具有吸引力。[1]

另一种担忧来自诸边协定可能缩限议题交换的空间。议题交换实际上是 WTO 决策机制中一揽子承诺的谈判方式所带来的重要结果。诸边协定的使用是对一揽子承诺的逆反，当某个诸边协定的谈判仅针对某特定议题时，参与诸边协定谈判的成员就无法利用其他领域的谈判来与该诸边协定的谈判进行议题交换。

2. 议题选择的广泛空间

多哈回合谈判的事实证明，在多边场合进行多议题的广泛谈判很难产生实质性的结果。与此不同的是，针对单个议题进行谈判的诸边协定则依然存在相对广阔的议题选择空间。赫夫鲍尔认为可通

---

[1] See Robert Wolfe, "The WTO Single Undertaking as Negotiating Technique and Constitutive Metaphor", *Journal of International Economic Law*, Volmue 12, Number 4, 2010, p. 850.

过诸边协定调整的议题包括：服务自由化、货币低估、气候与能源、互惠基础上的具体部门的关税削减以及国有企业。① 戴维·冈茨（David Gantz）则认为，可能的诸边协定议题包括：医疗产品与服务、电子商务、投资保护协定、竞争规则和反假冒协定。② 当然，这些议题很可能都只符合某些特定国家的利益，所需注意的是选择诸边协定议题的程序，而非可供诸边协定选择议题有限。

（二）诸边协定可能成为争议议题被纳入 WTO 体制的工具

尽管可供诸边协定选择的议题范围较广，但并非所有的议题都适于通过诸边协定进行调整。印度就曾表达过担忧，认为诸边协定可能成为部分成员将诸如劳工标准或环境标准这类有争议的议题纳入 WTO 体制的工具。③ 任何一个成员在贸易谈判中提出的议题都是基于自身国家利益的考量，任何一个议题都可能存在争议。只有当不同的成员在同一问题上达成一定程度的共识时，具体的诸边协定才是可能的。争议议题是否能够成为诸边协定的议题最终取决于 WTO 成员的意愿，WTO 只能设计相应的规则保证全体 WTO 成员的意见表达和决策参与。

（三）诸边协定可能造成 WTO 成员在特定议题上的中长期分歧

诸边协定是破解 WTO 决策机制僵局的一种补充手段。多哈回合的僵局从体制上讲受困于协商一致原则与一揽子承诺的谈判方式，但实质原因是谈判各方无法在农业、非农产品市场准入等重要领域

---

① See Gary Hufbauer and Jeffrey Schott, "Will the World Trade Organization Enjoy a Bright Future?", *Peterson Institute for International Economics Policy Brief*, PB12-11, 2012.

② See David Gantz, *Liberalizing International Trade after Doha: Multilateral, Plurilateral, Regional, and Unilateral Initiatives*, New York: Cambridge University Press, 2013.

③ See Bernard Hoekman and Petros Mavroidis, "WTO 'à la Carte' or 'Menu du Jour'? Assessing the Case for Plurilateral Agreements", *the European Journal of International Law*, Volume 26, Number 2, 2015, p. 333.

完全达成一致。这些领域的分歧在多边贸易体制内是长期存在的，如果 WTO 成员总是绕开这些议题而选择诸边协定来制定新的规则，将会使这些影响重大的议题长期搁置，无法解决 WTO 内含的分配性问题，依然不利于 WTO 的稳定与发展。

（四）与 WTO 其他协定间的关系

诸边协定的议题选择取决于相关 WTO 成员的意愿。对于意欲发起诸边协定谈判的成员而言，其拥有提出动议的权利。如果拟谈判的诸边协定所涉议题与《WTO 协定》管辖范围出现重合，势必出现诸边规则与多边规则的协调问题。现阶段主要依靠诸边谈判参与成员自觉对《WTO 协定》的遵守。由于诸边协定是 WTO 条约体系的一部分，酝酿中的诸边协定能否处理特定的议题需要受到 WTO 以及全体成员的监督，未参与诸边协定谈判的成员拥有表达反对意见的权利。

二 诸边协定与最惠国待遇

诸边协定是最惠国待遇原则的例外情形，如果对诸边协定的发展和适用采取不加节制的放任态度，这类协定将对最惠国待遇造成侵蚀，进而对 WTO 产生负面影响。

（一）体制性的负面影响

诸边协定的大量出现将可能造成 WTO 多边规则被边缘化。根据多边主义的要求，多边规则对 WTO 成员统一适用应为常态。由于历史原因，在 GATT1947 签订之初，关税同盟和自由贸易协定作为最惠国待遇原则的例外情形进入了多边贸易体制，并最终在 WTO 中的保留下来，时至今日 WTO 也缺乏对 RTAs 的有效控制。WTO 在现阶段面临的最大威胁也来自 RTAs 数量的激增。诸边协定与 RTAs 相似，也属于最惠国待遇原则的例外。如不加以限制，诸边协定也有可能对 WTO 造成冲击。但有所不同的是，由于诸边协定实践在 WTO 体制内进行，WTO 有可能对诸边协定进行管理和控制，这需要

WTO 制定规范诸边协定的相应规则。

(二) 规则上的负面影响

诸边协定还可能在 WTO 内部造成"法律迷宫"。但这一问题的影响相对较小。这是因为，在 WTO 体制内一直存在着成员承担不同义务的情况。针对发展中国家的特殊与差别待遇就是典型例证。诸边协定所造成的这一问题属于法律技术问题，对这类问题的解决在 WTO 与各成员的技术官僚和专业人士能力范围之内。从现有实践来看，诸边协定谈判的参与方也注重在谈判过程中对显著的技术问题进行讨论和解决。例如，在 EGA 谈判中，参与各方即要求有关专家和海关官员对环境产品清单的确定提供专业意见，以保证最终形成的协定规则能够在实践中有效实施。

三　诸边协定与俱乐部模式

(一) 造成部分成员在具体领域提前制定游戏规则

诸边协定的基本属性是部分观点相似的成员构成的小集团，诸边协定所承载的相关条款就构成了这些成员在具体领域制定的规则。由于这些规则往往涉及《WTO 协定》尚未触及的领域，加之诸边协定还具有多边化的可能，那么当这个领域的议题最终进入多边贸易谈判的视野之中时，诸边协定中的一些规则势必会成为多边谈判的重要参考，甚至会构成谈判蓝本。诸边协定就实质上成为了部分成员提前制定游戏规则的方式。无论是多边贸易体制中的绿屋会议还是 OECD 中的《多边投资协定》谈判都带有这样的倾向，遭受了来自民主正当性方面的诘难。

(二) 可能的封闭性

诸边协定作为一项工具，其使用效果如何很大程度上取决于其使用方式和目的。诸边协定可能被一些成员作为排除某些特定成员的工具。典型的方式就是由参与成员设定较高的加入门槛。《政府采购协定》即具有这样的倾向。此外，在 TISA 谈判中，美国就认为中国可能反对服务市场的进一步自由化，因此对中国参与 TISA 谈判采取阻挠的态度，甚至提出了对中国加入谈判的"五点要求"。TISA 虽非本书所界定的诸边协定，但这样的例证是很可能出现在其他诸边协定的谈判中。现阶段 ITA 等诸边协定及其谈判的开放性依赖的是参与成员的自行保证。

四 诸边协定与发展中成员参与

历史上诸边协定的主要推动方均为发达成员，发展中成员的参与度相对较低，这一趋势只是在电子商务诸边谈判中才有所改变。根据诸边协定在多边贸易体制内的已有实践，无论是东京回合守则、WTO 诸边贸易协定抑或是以 ITA 式诸边协定，其参与成员都以发达成员为主，发展中成员参与的意愿较为缺乏，其原因是多方面的。首先，发展中成员在 WTO 成立后的主要关切是《农业协定》和非农产品市场准入等多边贸易谈判的重要议题，它涉及的是发展中成员在乌拉圭回合中所作出的让步未能在 WTO 成立后得到相应的补偿。这一事实不仅影响着发展中成员对诸边协定的立场，也是 WTO 成立后包括新加坡议题在内的诸多新议题未能得到发展中成员响应的重要原因。其次，由于诸边协定的谈判发起方多为发达成员，其发起谈判是为了提高这些成员具有贸易利益的部门或产品贸易的自由化程度，发展中成员在这些议题上并无紧迫的贸易利益，因此缺乏谈判的动力。最后，有些发展中成员的技术能力和人力资源较为有限，他们较难支撑冗长的贸易谈判。

第二节 诸边协定规则设计的指导原则

在法学研究中，基本原则是一项重要内容，它彰显着某个法律体系的基本价值理念和追求，这种理念与追求贯穿于该法律体系的所有部分，既能作为条文解释的指导原则，还可在法无明文规定时起到填补法律空白的作用。在国际法中,"文明各民族公认的一般法律原则"是国际法的渊源之一,并得到了国际法院与法庭的广泛适用。[①] 原则不同于规则。规则本质上具有实用性,而且具有约束力;而原则指导我们的行为,作为我们生活中各种行为的理论依据,并且其适用于现实产生特定的后果。[②] 诸边协定规则设计需要相应原则作为指导,本节将探讨 WTO 体制中有关诸边协定规则设计所应秉承的指导原则。

一 协商一致原则

(一) 多边贸易体制中的协商一致原则

多边贸易体制中的协商一致原则,前文已详细论及。协商一致原则是多边贸易体制决策机制的基石。尽管它从 GATT 时期延续到了 WTO 时代,但这一原则越来越受到批评。这种批评的来源往往是以 WTO 决策机制的实际效果出发作出的论断,即由于协商一致导致 WTO 决策机制进展甚微,那么这一原则就应当受到质疑。

(二) 协商一致原则是诸边协定相关决策的指导原则

WTO 的决策机制需要一定程度的改革,但这并不意味着协商一致作为其基本原则的地位被削弱。协商一致原则是诸边协定相关决策应当遵循的指导原则。这意味着 WTO 诸边协定谈判的启动、进行和结束,包括谈判进行过程中一些重大事项的决策,都需要诸边协定全体参与成员以协商一致的方式作出。在诸边协定谈判中设置的

[①] "由于当事方之间的条约、国际习惯和一般法律原则都能够提供在国际法层面上可以有效实施的规则,能够解决国际法律问题,因此,它们构成了国际法的'渊源'。……《联合国国际法院规约》第 38 条的采用实际上驳斥了这样一种理论,即只有经过正式程序创立的规则才是有效的。它支持这样一种观点,即与国内法律制度一样,国际法也包含一些不成文的原则(unformulated principles)。"参见郑斌《国际法院与法庭适用的一般法律原则》,韩秀丽、蔡从燕译,法律出版社 2012 年版,第 24—25 页。

[②] 参见郑斌《国际法院与法庭适用的一般法律原则》,韩秀丽、蔡从燕译,法律出版社 2012 年版,第 25 页。

由参与成员代表组成的相关机构中，协商一致原则也应当是决策的指导原则。诸边协定生效适用后，具体协定项下的机构也需以协商一致作为其决策主要规则。

将协商一致作为诸边协定相关决策指导原则的主要原因在于，诸边协定本就是观点相似成员间的合作，并且成员数量相对有限，这与 GATT 早期仅有少数工业化国家参与的情况非常相似，协商一致面临的决策效率问题并不显著。

（三）作为补充手段的投票机制

在现有的国际组织中，投票机制是普遍存在的。投票规则大致可以分为全体一致（unanimity）与多数决（majority）。全体一致要求所有国家都同意一项决议，因此其优点在于决策结果有很大的可能使所有国家的境况比现状更好，因此就达至帕累托最优；但其缺点也非常明显，即作出决定耗费的成本非常高，这种情况在 WTO 多哈回合谈判中体现得较为显著。多数决的优点恰好能解决全体一致最大的问题，即作出决定的成本相对较低；多数决的缺点是可能导致投票中的少数派面临被迫接受不利于己的结果的情形，从而使得最终的总体结果是无效率的。在全体一致与简单多数决之间，还可能存在更大比例的多数决，比如三分之二、四分之三等。各国在对国际组织进行制度设计时，实际上就是在全体一致与多数决各自的优缺点之间进行权衡。[①] 这意味着，实践中并不存在一个可以适用于所有情况的投票机制，只有在特定的国际组织中根据具体情形设置合理的投票机制，才可能产生相对效率更高的结果。

不同于多边贸易谈判的场合，参与诸边协定的成员的数量相对较少，并且它们往往在某个议题上具有相似观点（当然这种观点相似很可能是部分的或者只是在一些大方向而非所有细节上），在此情形下适当地引入对协商一致原则的补充性表决方式是合理的。因此，

[①] See Eric Posner and Alan Sykes, "Voting Rules in International Organizations", *Chicago Journal of International Law*, Volume15, Number 1, 2014, pp. 201-202.

在协商一致为指导原则的前提下，适当地引入投票机制将会有助于决策效率的提高。

多边贸易体制中一直存在投票机制，这为在诸边协定相关制度中设立投票机制提供了合法性支持。[1] 与此同时，相沿成习的协商一致原则自WTO成立以来成为了WTO决策效率低下的制度性因素之一，在诸边协定的环境中为投票机制的更广泛应用进行某种程度的试验性适用，可能会为WTO决策机制的改革提供第一手的经验性资料。

诸边协定中可以引入投票机制。这里投票规则主要存在于两个层面。第一个层面是参与成员贸易代表参与的全体会议。这一层级的会议涉及的是有关诸边协定的重大事项，如谈判的终结、新成员的加入、协定的修改等。第二层面是具体的诸边协定中所设立的相关委员会。这类委员会的主要任务是在参与成员全体会议的授意或相关决定之下展开协定的监督、更新谈判及其他相关的事务性工作，这类工作以事务性居多，需要较高的决策效率，因而属于投票机制的主要运用场合。

（四）大国引领是协商一致原则的重要推动力

1．"大国引领"的基本含义

大国在国际体系中始终扮演着重要作用。现实中大国的重要性或许并不如米尔斯海默所描述的那样巨大，[2] 但大国在政治和经济事务中的重要影响力是客观存在的。[3] 国际关系中的这一特质在国际贸易领域得到体现。

---

[1] 然而，WTO中协商一致的决策实践排除了投票；在GATT时代，也存在投票机制。See Peter Sutherland et al., *The Future of the WTO: Addressing Institutional Challenges in the New Millennium*, Geneva: WTO, 2004, p.63.

[2] 参见［美］约翰·米尔斯海默《大国政治的悲剧》，王义桅、唐小松译，上海人民出版社2003年版，第4—5页。

[3] 关于大国影响力的描述参见［美］西蒙·莱克、［美］理查德·勒博《告别霸权！：全球体系中的权力与影响力》，陈锴译，上海人民出版社2017年版。

大国引领一直以来是多边贸易体制决策机制的主要特征之一。按照大国掌控多边贸易谈判的程度由低到高排列，可简单划分出"大国引领"与"大国主导"或"大国垄断"这两种特质。大国引领主要强调的是大国在贸易谈判中的建设性领导地位，这主要体现在大国对相关议题谈判发起的倡议，为谈判设置议程和框架并提供相关的信息与智力支持，引导其他参与方积极地加入谈判，以及在执行谈判结果方面发挥示范作用。同时大国在必要时还要承担相应的制度供给成本。当然，这其中不可避免地会出现大国利己行为，并且其他国家在非完全自愿情况下接受的谈判结果。但在大国引领原则之下，这种属性是相对次要的。

与此相对应的是，大国主导或大国垄断不仅包含了大国引领的意涵，这二者还进一步蕴含了大国不顾其他参与方的意见的单边主义倾向，这通常体现为大国在谈判的核心阶段排除其他参与方，在小圈子内基本达成一致之后强迫其他参与方接受某些谈判结果。由此可见，大国引领与大国主导或大国垄断的区别主要在于大国对待其他国家的态度以及大国影响谈判的程度上。

在发展中国家广泛参与多边贸易体制之前，大国主导或大国垄断是多边贸易体制决策机制的主要特征。随着大国相对实力的下降以及发展中国家的崛起，多边贸易体制中大国主导或大国垄断的特征逐步减弱，大国引领的特质逐步显现。

2. 大国引领的不可或缺性

历数 GATT1947 临时适用以来的历史，贸易大国的推动是多边贸易谈判得以推进的重要动力。

（1）美国的引领作用

自第二次世界大战以来成为世界第一强国的美国始终是多边贸易谈判的推动者。首先，美国是 GATT 体制建立的最主要推动力量。早在 1943 年各方在战场上激战正酣之际，美国与英国根据《租借法案》第 7 条的规定召开会议，展开了热烈的讨论，会议是非正式性质的，其目的是双方就战后的经济政策交换意见。会议的讨论结果为随后

GATT/ITO①的谈判打下了基础。② 此后，为加快推进其多边自由贸易的计划，美国与英国展开了一系列的财政与贸易谈判，在双方的博弈中，美国一直处于主导地位。1945 年 9 月，美国总统批准了"关于建立国际贸易组织的计划"，以此作为美国与英国展开的华盛顿谈判的基础。1945 年 12 月，美国政府在与英国签订了《美英财政协定》的同时，公布了"扩展世界贸易和就业计划"，标志着美国"多边自由贸易计划"的正式确立，并为 GATT 制度奠定了原则基础。1946 年 2 月，美国国务院拟定了《ITO 宪章》的第一个草案文本，并于同年 9 月公布了"联合国国际贸易组织宪章建议案"（即 the Suggested Charter，以下称为"宪章建议案"）。1946 年 10 月至 11 月召开了筹备委员会第一次会议，即伦敦会议。美国的"宪章建议案"成为此次会议的谈判基础，与会方就其大部分条款达成共识。③ 此后的三次会议均在美国的计划内逐步推进，尽管历经波折，但最终形成的 GATT 文本正是美国国际经贸规则制定权与话语权的体现。

ITO 建立的失败也几乎完全取决于美国国内政治形势。美国的行政当局本拟于 1948 年年初在哈瓦那会议结束之后立即将《ITO 宪章》提交国会审议，但由于各种原因，被推迟至 1949 年 4 月提交。随着 1947 年 3 月杜鲁门主义的出台，ITO 的筹建已不再是美国行政当局在对外战略中的关注重点，如何采取遏制政策应对共产主义阵营并促进欧洲复兴是美国的当务之急。1948 年获得延期的《互惠贸易协定法》有效期为 1 年，自 1948 年 6 月 26 日起算，至 1949 年 6 月到期。④ 美

---

① ITO 系国际贸易组织（International Trade Organization）的英文首字母缩写。

② See Robert E. Hudec, *The GATT Legal System and World Trade Diplomacy*, New York: Butterworth Legal Publishers, 1990, p. 9.

③ 参见舒建中《多边贸易体系与美国霸权：关贸总协定制度研究》，南京大学出版社 2009 年版，第 81、89—90、113、118、126、129 页。

④ See John H. Jackson, William J. Davey and Alan O. Sykes, Jr., *International Economic Relations: Cases, Materials and Text on the National and International Regulation of Transnational Economic Relations*, West Academic Publishing, Sixth Edition, 2013, p. 91, note 25.

国行政当局面临着将新的贸易法还是《ITO 宪章》提交国会审议的选择，由于即将到期的《互惠贸易协定法》是 GATT 进一步谈判的基础，其需要更为迫切，加之选举因素的影响，故而行政当局选择了将新的贸易法提交国会审议，将《ITO 宪章》的提交推迟到国会的下一个会期。

值得一提的是，《互惠贸易协定法》的延期在美国国会审议时也面临了极大的阻力，体现了国会[①]对美国行政当局力图推行多边贸易体制的态度，这为随后《ITO 宪章》审议的搁置埋下了伏笔。在美国行政当局延迟将《ITO 宪章》提交美国国会期间，美国国内的反对意见大幅增加。传统的贸易保护利益集团的反对自不待言，对《ITO 宪章》伤害更大的是自由贸易利益集团的反对。他们认为宪章的禁止性规定过于羸弱，有人指出 ITO 的例外规定为他们希望禁止的那些行为赋予了合法性。[②] 待到 1948 年 11 月民主党重新赢得参众两院多数席位之时，《互惠贸易协定法》的延期问题凸显，行政当局不得不再次在《互惠贸易协定法》延期与《ITO 宪章》之间做出选择，而美国行政当局再次选择了前者。[③] 公众受国际环境的影响而对 ITO 逐渐失去了兴趣。在战争期间及结束初期，人们普遍认为两次世界大战之间的国际贸易乱局是造成第二次世界大战的主要动因之一，因此建立起多边贸易体制使国际贸易规范化进而促进世界和平是不少人对 ITO 的主要期冀。然而，随着铁幕的落下，世界被划分为两个敌对阵营，朝鲜战争也随之爆发，来之不易的世界和平再度面临威胁。更为重要的是，冷战的发生似乎与贸易并无关系，这就

[①] 历来反对《互惠贸易协定法》的共和党在 1946 年的中期选举中赢得了国会参众两院的多数席位。参见舒建中《多边贸易体系与美国霸权：关贸总协定制度研究》，南京大学出版社 2009 年版，第 192 页。

[②] See Robert E. Hudec, *The GATT Legal System and World Trade Diplomacy*, New York：Butterworth Legal Publishers, 1990, pp. 59-60.

[③] 由此可见，对 ITO 的放弃并不意味着对多边贸易体制的放弃，《互惠贸易协定法》延期正是为了维护因 GATT 的临时适用而已经运转起来的多边贸易体制。

很难将多边贸易体制与世界和平联系起来，ITO 的吸引力大大降低。① 这样一来，美国国会批准《ITO 宪章》的可能性微乎其微。1950 年 12 月，美国国务院发布了新闻稿，报告了总统不再进一步考虑 ITO 的决定。② 这意味着美国行政当局决定不将《ITO 宪章》提交美国国会审议，至此 ITO 的筹建实质上宣告失败。

正是因为美国在整个 GATT 谈判过程中举足轻重的作用，如果最终谈判成果没有得到美国的认可，这种多边贸易谈判很难取得成功。这一阶段将美国在多边贸易体制中的地位称为"大国主导"或"大国垄断"亦不为过。

其次，自 GATT1947 临时适用起至 20 世纪 70 年代以前，美国依然是多边贸易体制的主导力量。在这一阶段，美国的贸易政策服务于美国"在自由世界经济秩序的基础上建立自由世界同盟"的更宏大对外政策上，其核心就是要帮助欧洲与日本重建。③ 因此，美国在多边贸易体制中推动降低关税的同时，对于欧洲与日本这些重要贸易伙伴采取了一边倒的扶持政策。在 1950 年至 1970 年间，世界出口价值从 600 亿美元增长到了约 3000 亿美元。针对欧洲和日本，美国还给予了单方面的优惠，一方面加大援助力度，一方面允许其贸易伙伴针对美国产品的数量限制措施。在美国的大力支持下，欧洲与日本都取得了巨大的经济进步。欧洲组建了欧洲经济共同体和欧洲自由贸易联盟，在 1960 年至 1970 年这十年间，欧洲经济共同体内部的贸易翻了四倍。日本在 1950 年至 1970 年间创造

---

① 对两次世界大战的反思促使美国政治精英意识到向商业开放的世界可以带来世界和平。例如美国国务卿科德尔·赫尔（Cordel Hull）就认为，"毫无阻碍的贸易有利于和平，高关税、贸易壁垒和不公平的经济竞争则会导致战争"。参见［美］戴斯勒《美国贸易政治》，王恩冕、于少蔚译，中国市场出版社 2006 年版，第 15 页。

② See Robert E. Hudec, *The GATT Legal System and World Trade Diplomacy*, New York: Butterworth Legal Publishers, 1990, pp.59-60.

③ 参见［美］戴斯勒《美国贸易政治》，王恩冕、于少蔚译，中国市场出版社 2006 年版，第 19 页。

了史无前例的经济表现，年均增长率均在10%以上。日本的经济增长是出口主导的。日本1960年的出口占世界总出口的3.6%，而这一数字在1969年变为了6.6%。日本在20世纪60年代的年均增长率达到了19%。① 当然，欧洲与日本的经济崛起逐渐形成了对美国贸易的威胁，美国的贸易顺差逐步缩小，美国产品在欧洲与日本市场所面临的各种壁垒以及欧洲与一些发展中国家之间的区域贸易安排逐渐引起美国国内贸易保护集团的担忧，从而导致美国在国际贸易政策方面的转向，如何消除关税与非关税壁垒成为了美国重要的政策考量。

进入20世纪70年代之后，随着美国在经济上相对地位的下降，多边贸易体制主要成为了美国、欧共体、日本以及其他发达工业国家之间竞争的舞台，但美国依然具有不可撼动的引领地位。无论是在东京回合还是在乌拉圭回合中，美国始终扮演着谈判重要推动者的角色。

WTO成立以来，美国的引领作用也十分明显。WTO中的多边贸易谈判，特别是多哈回合并未获得显著进展，致使国际贸易新规则的供给出现短缺。2007年爆发金融危机以来，美国对外政策和贸易政策出现了转向。美国将贸易谈判的主要精力放在了制定新一代国际经贸规则上，其目的就是要继续掌握经贸规则制定权，保持其引领地位。TPP和TTIP这样的超大型RTAs的谈判正是美国实现这一目的的重要手段。与此同时，美国还在特定的领域和贸易部门展开谈判，《政府采购协定》谈判、TISA谈判以及ITA与EGA等协定的谈判也是美国重要的发力方向。显然，规则制定的场所并非美国首要考虑的问题，通过经贸谈判扩大市场、增加本国就业、促进经济增长是才是美国的政策目标。

---

① See Joan E. Twiggs, *The Tokyo Round of Mlutilateral Trade Negotiations: A Case Study in Building Domestic Support for Diplomacy*, Washington, D. C.: The Institute for the Study of Diplomacy, Lanham and London: University Press of America, 1987, pp. 2-3.

(2) 欧盟（欧共体）具有重要作用

自 20 世纪 60 年代起，欧共体在多边贸易体制的贸易谈判中发挥着重要作用，美欧双方的交锋成为了诸多谈判的主旋律。时至今日，欧盟不仅与美国之间就 TTIP 展开了密集的谈判，还不断拓展和中国、加拿大以及其他发展中国家的双边关系，成为了国际贸易领域不可或缺的参与者和推动者。

3. 大国引领是软性的推动

大国引领并不意味着强制（coercion），也与绿屋会议和多边投资协定谈判所体现的俱乐部模式存在重大差异，它建立在充分尊重其他国家的基础之上。强制导致的是不平等条约，这种类型的条约在现代国际系统中已难觅踪迹。俱乐部模式是由一小部分成员先就相关协定基本达成一致，再将这些一致意见提交至多边平台，此时这一部分成员已经形成了攻守联盟，加之其经济权重较大，因此将在事实上迫使其他国家基本接受这一小部分国家已经取得一致的意见。

4. 多边贸易体制中的诸边协定谈判也体现了大国引领的特征

前文已经论及，无论是东京回合守则的谈判，还是 WTO 成立后的诸边协定谈判，大国引领始终是这些谈判得以推进的力量之源。特别是当 ITA 采取了"临界数量"的方式之后，实质上确认了贸易权重在特定协定谈判中的决定性作用。

5. 大国领导人的独特作用

值得一提的是，在大国引领这一特征之下，大国领导人对谈判的推动通常具有特别的决定性作用。贸易协定的谈判更多是一个复杂的政治过程，大国领导人在某些焦点问题上的决策将会一举打破原本的谈判僵局，极大地推动谈判进程。例如，在 ITA 的谈判启动前，正是在美国总统克林顿和日本首相桥本龙太郎的直接干预下，APEC 成员对 ITA 的观望态度得以改变，他们转而表达了对启动 ITA 谈判的支持。

二 善意原则

（一）国际法中的善意原则简述

善意原则是一项国际法的一般原则。[①] 由于善意原则并不是一个可以进行先验定义的术语，郑斌教授在分析相关国际条约和国际司法判例的基础上对善意原则[②]进行了较为详尽的总结。

首先是条约关系中的善意原则。例如，对于已经签署但尚待批准的条约，善意原则要求每一方避免从事任何会损害另一方在已签署条约中权利的行为。条约生效后，善意原则要求缔约方有约必守。在条约义务的履行方面，善意原则要求缔约方根据条约缔结时当事方共同真实意图即条约的精神而非仅仅是条约的字面意思履行条约义务，同时缔约方都要避免滥用条约授予的权利。其次是权利行使中的善意原则，也即禁止权利滥用理论在权利行使中的适用。例如，善意原则禁止恶意行使权利，即纯粹是为了对另一方造成损害而行使权利是被禁止的。最后是善意原则在其他方面的适用，包括通知政策变化的义务、维持现状的义务、自相矛盾的人不予听取（即禁止反言）、没有人应从自己的不法行为中获益以及欺诈使一切归于无效。[③]

以上内容是郑斌教授采取归纳法，根据国际司法机构的判例总结而来，这意味着国际法中的善意原则并无确切定义，其内涵与外

[①] See Marion Panizzon, *Good Faith in the Jurisprudence of the WTO*, Oxford: Hart Publishing, 2006, p.11.

[②] 善意原则中的"善意"一词来源于英文"good faith"，中文学界对该词的翻译尚无统一意见。郑斌教授与赵维田教授认为应译为"诚信"，周鲠生教授将其译为"信义"，而李浩培教授与王铁崖教授则采用"诚信"的译法，与联合国官方网站的译文相同。本书采纳"善意"的译法。但本书所引用的其他中文文献将保留原文的译法。参见郑斌《国际法院与法庭适用的一般法律原则》，韩秀丽、蔡从燕译，法律出版社2012年版，中文版序言第6页。

[③] 参见郑斌《国际法院与法庭适用的一般法律原则》，韩秀丽、蔡从燕译，法律出版社2012年版，第100—165页。

延是在国家实践中不断演进和发展的。有学者即总结善意原则包含了国家诚实履行国际义务并且在行使权利时符合特定标准。此外，该原则还包含有约必守、禁止反言（证据效力方面）、防止权利滥用乃至 WTO 法中的合理预期利益保护等具体的表现形式。①

（二）诸边协定中的善意原则

善意原则在诸边协定的制度中主要体现为"禁止权利滥用"，并且具体体现在谈判中善意。在一般国际公法中，谈判中的善意义务包括禁止恶意谈判与不得欺诈。② 如前所述，诸边协定可能沦为部分成员的某种策略工具。

诸边协定的善意原则首先是要避免 WTO 成员随意发起诸边协定的谈判。诸边协定在 WTO 贸易规则制定方面具有补充性，不能成为规则制定的主要场所。有鉴于此，应当对诸边协定的发起设立相应的门槛，避免 WTO 成员随意发起诸边协定谈判。

其次是阻止 WTO 成员恶意地开展竞争性的诸边协定谈判。当一部分成员就某个议题展开谈判时，可能会有其他成员对此持有反对意见。当该部分成员计划启动或已经启动诸边协定谈判后，如果持反对意见的成员在无法阻止前述谈判启动的情况下，又不愿意参与这项谈判，就可能选择发起另一项议题相同的诸边协定谈判，造成两个涉及相同议题的平行谈判。

最后是约束参与成员在诸边协定谈判中的行为，避免某些成员加入谈判之后恶意阻碍谈判进程。诸边协定谈判是向全体 WTO 成员开放的，某些持反对意见的成员可能利用这一机制加入谈判，然后恶意阻挠谈判进程，致使谈判瘫痪。因此应当设立相关规则避免此种情况的泛滥。

---

① 参见刘敬东《WTO 法律制度中的善意原则》，社会科学文献出版社 2009 年版，第 40—41 页。

② See Marion Panizzon, *Good Faith in the Jurisprudence of the WTO*, Oxford: Hart Publishing, 2006, p. 74.

三 开放原则

（一）谈判过程应当具有较高的透明度

诸边协定来源于 GATT 东京回合行动守则，带有俱乐部模式的倾向。俱乐部模式最大的弊端即为其封闭性。为了控制诸边协定的这一缺陷，应当把较高的透明度作为规制诸边协定的重要工具。诸边协定谈判过程的透明度既针对诸边协定的参与成员，也针对其他 WTO 成员。开放原则在这一阶段意味着所有与谈判相关的资料应当及时告知参与成员，有关谈判进展也应当及时以书面形式通报 WTO 秘书处及全体 WTO 成员。诸边协定谈判还应当保证 WTO 工作人员的参与。

（二）协定谈判及生效后的协定向 WTO 成员开放

诸边协定的开放原则还体现在谈判过程允许 WTO 成员的加入和协定生效后向 WTO 成员开放。这样的开放需要以遵守既有谈判成果为前提条件，既不能允许新加入的成员要求对整个谈判和协定改弦易辙，也不允许参与成员对新加入成员收取"入门费"。

四 协调原则

（一）诸边协定应当与 WTO 现行法律体系相协调

诸边协定与 WTO 现行法律体系相协调既要考虑到实体规则的协调，也要考虑到与 WTO 制度的协调。前者强调的是诸边协定的议题要符合《WTO 协定》的规定（即与贸易有关），且诸边协定的开放水平不得低于《WTO 协定》附件中的既有协定。后者则强调的是诸边协定不与 WTO 现行体制出现根本性冲突，一些可能产生的不符之处亦需要适度调整。WTO 成员已在电子商务诸边谈判合并文本中对此有专门规定。

（二）诸边协定与区域贸易协定的规则协调

此处的协调并非将 RTAs 的规则作为衡量诸边贸易协定的准则，

而是指诸边协定需要承担起沟通 RTAs 和 WTO 的桥梁作用，这里的沟通超越了现有体制中 RTAs 只是向 WTO 通报的现状，而是从规则层面对 RTAs 的吸纳。要达到此目的，可以考虑采取渐进的方式，首先以诸边协定为载体把此类规则先行引入 WTO 体制，再通过设计相关机制将诸边协定多边化，最终完成 RTAs 规则向 WTO 多边规则的转化。

（三）诸边协定谈判与其他规则制定场所的协调

国际经贸规则的谈判以技术官僚的工作为主干，但国家元首和政府首脑的政治推动是促使谈判进行的关键动力。[①] G20 领导人峰会、G7 领导人峰会、OECD 峰会、APEC 峰会以及达沃斯论坛等具有重要影响的最高领导人会议是推动谈判的重要契机，国家元首和政府首脑之间的双边与多边会晤极有可能推动谈判进步，达到技术官僚层面的谈判无法达到的效果。此外，特定国家间的领导人会面也可以在一定程度上推动诸边协定的谈判。这种方式在已有的诸边谈判中已经得到不同程度的应用。调整诸边协定的规则应当鼓励诸边协定谈判的多场合推动。

五　规则设计的路径选择

（一）诸边协定的两种可能路径

现阶段，WTO 体制中的诸边协定有两类：其一为诸边贸易协定，包括《政府采购协定》和《民用航空器贸易协定》，被列于《WTO 协定》的附件 4 中；其二为 ITA 式的诸边协定，其典型代表是已经完成扩围谈判的 ITA 以及谈判正在进行中的 EGA。本文在相关章节已经阐明，上述两类协定的法律性质有所不同，这直接影响

[①] 例如，有学者对未来全球治理提出了"G20+1 模式"，强调 G20 承担政治领导责任，联合国专门机构发挥咨询实施作用。这一观点体现了国家政治领导人推动国际合作的关键作用。参见秦亚青《合作：命运共同体发展的铁律》，《国际问题研究》2020 年第 3 期。

到诸边协定生成的具体路径。虽然本文涉及诸边协定相关规则的最终目标是将诸边协定多边化,但如何达到这一目的却至少存在两条路径。

1. 诸边贸易协定的路径

第一条路径是先将包括 ITA 在内的所有出现于 WTO 内的具有诸边性质的协定"合法化"为"诸边贸易协定",则在诸边协定谈判完成后,该协定应当依据《WTO 协定》第 10 条第 9 款的规定由部长级会议以协商一致的方式作出将其纳入附件 4 的决定。这一路径需要克服的最大障碍就是达到协商一致的要求。欧盟在其 WTO 改革建议中指出可以增设"附件 4B"来涵括新的诸边协定,即属于这一路径。

2. ITA 式的路径

第二条路径是通过在《WTO 协定》以外制定规则或直接修改《WTO 协定》来建立调整诸边协定的新规则,则新的诸边协定将不需要获得"诸边贸易协定"的身份而直接取得在 WTO 内的合法地位。ITA 可能采取第二条路径,正在谈判中的 EGA 也将很有可能循此而行。有的学者对诸边协定的分析是沿着第一条路径进行的,他们研究的最终目的是将诸边协定依照《WTO 协定》的相关规定纳入附件 4 中。[①] 当然,由于《WTO 协定》对诸边贸易协定的规定过于简略,因此有关诸边协定从谈判发起到谈判结束乃至协定的适用和运行实际上都无明文规定,如此一来,两条路径的最根本区别即在于是否将诸边协定纳入《WTO 协定》附件 4。

(二) 以 ITA 式的路径为基础

第一条路径实现的可能性较小。这不仅因为《WTO 协定》第 10 条第 9 款对新的诸边贸易协定生成的协商一致要求,并且 ITA 式的

[①] See Bernard M. Hoekman and Petros C. Mavroidis, "WTO 'à la Carte' or 'Menu du jour'? Assessing the Case for More Plurilateraln Agreements", *The European Journal of International Law*, Volume 26, Number 2, pp. 319-343.

诸边协定与《WTO 协定》第 2 条第 3 款对诸边贸易协定的界定不相符。这也是霍克曼不将 ITA 式的贸易协定视为诸边协定的原因。总体而言，《WTO 协定》对诸边贸易协定作出了"严进宽出"的规定，体现了较为显著的贬抑态度。

相较而言，未来在 WTO 体制中出现的新的诸边协定更可能采取第二条路径。在 WTO 多哈回合面临困境的情况下，由于无须满足《WTO 协定》第 10 条第 9 款所规定的协商一致的要求，第二条路径拥有了较大的发展空间，这使得将第二条路径纳入本书的考量范围颇为必要。《WTO 协定》并未对诸边协定的谈判及运行相关制度作出详细规定，留下了法律空白。出现这种情形有其历史原因，即诸边贸易协定是 WTO 接纳乌拉圭回合谈判中那些未能实现多边化但又不能放弃的协定的权宜之计。在那个多边主义盛行的时代，或许 WTO 设计者眼中所有的规则都应当是多边的，诸边贸易协定的最终归宿也应当是多边协定。因此，在《WTO 协定》中并未对诸边贸易协定的谈判、修正、生效、适用和运行等作出单独的规定，仅特别规定了纳入新的诸边贸易协定的决定需要部长级会议以协商一致的方式作出，此外《WTO 协定》的规定还给予了诸边贸易协定参与成员较大的自由裁量权。出乎 WTO 设计者们预料的是，另一种类型的诸边协定在 WTO 成立之后立即出现了，ITA 在未进入《WTO 协定》附件 4 的情况下生效并运行。这一新类型的协定在多哈回合面临困境的情况下有了进一步的发展。WTO 成员新的诸边协定实践表明，诸边协定并非必须通过成为"诸边贸易协定"而在 WTO 内获得合法性。

通过以上分析，第一条路径实现的可能性较低。对于第二条路径中的诸边协定，《WTO 协定》并未明确其地位，但成员和 WTO 官方的实践却赋予了其事实上的合法性。但对于某个诸边协定的谈判和协定生效后的运行，WTO 体制中并无相应规则进行约束，本书将沿着第二条路径进行分析调整诸边协定的主要运行规则。

第三节　诸边协定的主要运行规则

一　诸边协定谈判的主要规则

(一) 谈判的启动

1. 谈判的筹备与筹备委员会

从贸易谈判的角度而言，谈判并不是一个事件，而是一个过程。谈判通常具有三个阶段：谈判的筹备、参与谈判和执行谈判结果。[1] 谈判的筹备对于谈判的顺利进行乃至成功具有至关重要的作用。为了确保诸边协定的谈判能够有序进行，同时降低谈判过程的时间和人力成本，设立相应规则使谈判的筹备阶段机制化是必要的。

第一，应当成立具体诸边协定的筹备委员会进行协定谈判的筹备工作。某个诸边协定谈判最初的创议和初步的准备工作显然是在相关成员内部进行的，但当一些成员确定将要向 WTO 推出其创议时，就需要成立正式的筹备委员会负责谈判的筹备工作。筹备委员会由参与成员的代表组成，并可以吸纳新的成员进入。

第二，筹备工作的基本内容应当确定。这里主要包括相关议题与 WTO 现有规则的相符性、议题设置的初步计划、相关议题的贸易数据搜集及筹备情况的通报。筹备委员会应当定期召开会议，负责将相关的信息和数据定期通报 WTO 秘书处和成员政府，同时开展相关的磋商工作，消弭这些创始成员间可能存在的分歧，尽可能形成较为统一的意见，进而形成确定的议题范围和诸边协定的初步规划蓝图。筹备阶段的另一项重要工作就是达成诸边协定启动的门槛。在筹备工作进行到一定阶段时，如果筹备委员会认为启动诸边协定

---

[1] See Joan E. Twiggs, *The Tokyo Round of Mlutilateral Trade Negotiations: A Case Study in Building Domestic Support for Diplomacy*, Washington, D. C.: The Institute for the Study of Diplomacy, Lanham and London: University Press of America, 1987, p. 19.

谈判的条件已经成熟,就将形成包含上述内容的筹备委员会报告,提交 WTO 的相关机构审议。

第三,筹备委员会报告的通过。报告的通过不仅意味着诸边协定谈判的启动,也构成了诸边协定谈判的法定授权。当筹备委员会向 WTO 诸边协定委员会(拟设立,后文详述)提交启动诸边协定谈判的报告,该报告需要经过诸边协定委员会审查(诸边协定委员会的审查主要包括对议题的审查和对启动门槛的审查),并交由部长级会议或总理事会讨论和决策,全体 WTO 成员拥有表决权。推动诸边协定的成员可以陈述启动该协定谈判的合理理由,其他成员则拥有充分表达反对意见的权利。在决策规则上,可借鉴《WTO 协定》第 9 条第 1 款的规定,对于是否同意特定诸边协定谈判的启动,如无法通过协商一致进行决策,则采取投票决定。此处的投票规则建议适用绝对多数决。如果启动诸边协定谈判的议案获得通过,则筹备委员会自动成为具体诸边协定的谈判委员会,该项诸边协定谈判也自此正式启动。

2. 谈判的启动门槛

有关谈判启动门槛的内容应当列于筹备委员会报告中,是 WTO 部长级会议或总理事会的决策对象之一。诸边协定作为一种贸易规则制定的补充手段,其使用应当受到严格的限制,只有当诸边协定谈判启动的门槛足够高的时候,谈判方能启动。此外,设定较高的启动门槛,也可确认该项谈判具有继续进行的充分理由。这里的启动门槛应当是可以量化的数字,如所涉领域贸易量占全球贸易量的一定比例,由诸边协定的参与成员共同确定。

3. 议题选择与议程设置

议题选择与议程设置是筹备委员会报告的主要内容,也是部长级会议与总理事会的决策对象。对于任何一项谈判而言,谈判所涉的议题是整个谈判的核心问题,它不仅影响着参与成员在相关领域的贸易利益,关系着谈判能否进行,同时也关系着谈判结果能否得到执行。然而,议题的选择不应当是随意的,有必要制定一系列规则以使议题的选择机制化和规范化。由于诸边协定只是 WTO 贸易规则制定的补充手段，其所涉议题与 WTO 规则的关系事关 WTO 的法纪统一，故而颇为重要。

（1）议题的实体内容符合 WTO 的基本任务，具有贸易相关性

根据《WTO 协定》前言，WTO 是一个通过削减贸易壁垒、消除贸易歧视、以贸易促发展而增进 WTO 成员福利的国际组织。因此，在 WTO 体制中的诸边协定的议题应当具有贸易相关性。[1] "与贸易有关"至少应当包含"减少贸易壁垒、促进市场开放、带动整体性福利提升"的含义。当然，由于"与贸易有关"这一用语具有模糊性，因而无法仅通过字面理解完全知晓其确切含义，或者对于该用语的理解取决于 WTO 成员的意愿。从 WTO 已有的实践来看，例如环境政策、竞争政策和劳工标准等议题受到了一些成员的激烈反对，是否具有切实的贸易相关性存在争议，作为正式议题进入 WTO 谈判之中有难度。只有当 WTO 成员对某个议题与贸易的相关性取得广泛共识时，这类议题才可被理解为 WTO 语境下的"与贸易有关"，进而可能成为 WTO 诸边协定的议题。

（2）诸边协定之间相同或相似议题不能重复

当 WTO 体制中出现多个诸边协定时，新启动的诸边协定所涉的议题是否可以和既有诸边协定相重合是一个需要考虑的问题。启动新的诸边协定是 WTO 成员的权利，但当将要启动的诸边协定的议题与既有诸边协定出现重合时，WTO 成员的这种权利应当受到限制。这是因为，已经达成的诸边协定应当得到尊重，由于诸边协定既开放加入也设置了更新谈判的机制，那么意欲在相同议题上设立新规则的 WTO 成员完全有渠道实现规则的变更。并且，如果允许这种情况的出现，将会导致平行的诸边协定，进而造成 WTO 规则的进一步

---

[1] See Robert Z. Lawrence, "Rule Making Amidst Growing Diversity: A Club—of Clubs Approach to WTO Reform and New Issue Selection", *Journal of International Economic Law*, Volume 9, Number 4, p. 826.

混乱。

还可能出现的一种情况是某个诸边协定的谈判尚未结束,部分成员已开始提议启动另一个相同议题的诸边协定,此类情况应当予以禁止。当然,有一种情况是值得我们注意的,即虽然拟谈判的诸边协定与既有诸边协定的议题重合,但具体规则却有差异,这种情况也值得思考。例如,假设诸边协定 EGA 谈判成功后涉及的是环境产品的关税壁垒,尚未触及非关税壁垒。此时如有成员欲就环境产品的非关税壁垒发起新的诸边协定谈判,这种情形是否允许存在是需要考虑的问题。

事实上,在诸边协定采取了"临界数量"作为生效标准的前提下,在相关议题上具有重大贸易利益的成员几乎均已参与其中,出现议题重复的诸边协定的可能性已大大降低,即便嗣后的诸边协定可以启动,要达到"临界数量"的可能性微乎其微。

作为最后的救济手段,如果相关成员就将要启动的诸边协定所涉议题是否与既有诸边协定涉及的议题重复产生分歧时,应由部长级会议或总理事会作出最终的决断。

(3) 议题与《WTO 协定》的关系

在确认诸边协定的议题应当与贸易有关后,接下来的问题是这些议题与《WTO 协定》的关系。劳伦斯认为诸边协定所包含的议题不应当与已经属于 WTO 一揽子承诺之部分的议题重合。[①] 但霍克曼与马夫罗伊迪斯的讨论值得借鉴。他们在讨论诸边协定的议题问题时,将议题分为两类:已受 WTO 纪律调整的事项和尚未受 WTO 多边规则调整的事项,前者被称为"WTO+",后者则被称为"WTO-X"。如果诸边协定调整的是"WTO+"议题,则这将导致 WTO 规则的进一步碎片化,无论诸边协定的重心是对特定政策规定纪律还是

---

① See Robert Z. Lawrence, "Rule Making Amidst Growing Diversity: A Club—of Clubs Approach to WTO Reform and New Issue Selection", *Journal of International Economic Law*, Volume 9, Number 4, p. 826.

前述成员相互间授予歧视性的市场准入。调整"WTO-X"议题的诸边协定则属于在空白领域制定规则，但不会出现碎片化和最惠国待遇减损的问题。因此，没有必要对这类议题予以限制，只要其与贸易相关。对于"WTO+"议题，霍克曼与马夫罗伊迪斯将其分为两类，其一是涉及歧视性市场准入减让的议题，其二是涉及监管承诺和监管合作的议题。涉及歧视性市场准入减让的议题是具有指向性且范围狭窄的，这正是 RTAs 的相关规定所要阻止的情形，因此应当限制涉及这类议题的诸边协定。至于涉及监管承诺和监管合作的议题（如贸易便利化），这类协定虽然也具有歧视性，但涉及这类议题的诸边协定往往要求签署成员设置特定的程序、作出必要的政策改革和投入，因此事实上提升了市场准入的条件。[1]

（4）议程设置

对于任何一项国际谈判而言，议程设置在一定程度上直接决定了最终的谈判结果。议程的设置应当由参与成员共同作出，为了避免某些成员以阻挠谈判为目的加入某个诸边协定的筹备和谈判，议程的最终确定将由全体参与成员就议程草案进行投票决定，具体投票通过的比例应当高于简单多数。对于各国通过投票方式决定的议程设置存有异议的参与成员可以选择退出诸边协定谈判。

（二）谈判的组织与进行

1. 谈判的主持者

谈判启动时，参与某个诸边协定谈判的成员将设立该协定的谈判委员会，各方派出具有足够授权和级别的固定代表组成该委员会。谈判委员会首先要产生一名委员会主席负责主持和协调诸边协定的整个谈判进程。谈判委员会主席[2]的任期由具体诸边协定谈判的参与

---

[1] See Bernard Hoekman and Petros Mavroidis, "WTO 'à la Carte' or 'Menu du Jour'? Assessing the Case for Plurilateral Agreements", *EUI Working Paper*, RSAS 2013/58, p. 16.

[2] 如无特别说明，本章所指的"谈判委员会主席"特指在本文提出的规则设计中，具体诸边协定谈判的谈判委员会主席。这与 WTO 多边贸易谈判中的贸易谈判委员会（TNC）主席并不相同。

成员依据谈判的具体情况确定。可资借鉴的方式大致有两类：其一为各参与成员按照特定期限或谈判轮次进行主席的轮值担任；其二，由全体参与方共同推举或选举产生谈判主席，并规定相应的任期。

谈判委员会主席的职责包括但不限于：第一，负责对谈判进展情况进行总结，形成每次谈判的会议记录。第二，在谈判的中后期，主席将依据历次谈判的情况形成协定草案文本，并根据嗣后的谈判情况对草案文本进行修改。当然，谈判委员会主席的工作必须在工作人员的协助下展开，因此设立一个谈判委员会主席主持下的工作小组是必要的。① 第三，谈判委员会主席还是具体诸边协定谈判与WTO 沟通的重要联络人，负责向 WTO 及其他成员汇报诸边协定的谈判情况，同时就事务性的安排与 WTO 进行协调。第四，担任具体诸边协定谈判的新闻发言人，负责向媒体和公众通报谈判情况，并回应外界的关切。

2. 确立谈判会议的召开规则

诸边协定的谈判由正式和非正式的谈判磋商机制组成，此处所设想的规则主要针对正式的谈判会议。正式谈判会议的召开时间应当设定固定的期限，具体的期限由参与成员自行根据实际情况确定。按照现有的诸边协定谈判实践，全体参与成员之间的正式谈判均按轮次进行。每轮谈判结束时将会确定下一轮谈判的主要内容与时间。这种按轮次进行的谈判实际上就是正式谈判会议。谈判的会期乃至整个谈判的计划应由全体成员的代表以协商一致的方式决定。

整个谈判过程是将参与成员的提案转化为最终协定文本的过程。在诸边协定谈判的初期，全体参与成员将有权根据自身情况提出其

---

① 诸边协定的谈判必然涉及相关成本的问题。诸边协定的谈判应尽可能地使用 WTO 的"基础设施"，在诸边协定数量有限的情况下，利用 WTO 工作人员参与诸边协定谈判工作在专业性、与 WTO 的协调乃至保证谈判透明度等方面都有益处。当然，笔者的设想并未建立在对 WTO 的人力资源情况进行详细考察的基础上，因而其现实可能性存在疑问。退而求其次的方法是由诸边协定的参与成员直接承担相应成本，相关工作人员依然以聘请具有 WTO 相关工作经验的人员为宜。

提案或出价。这一阶段的提案是各成员最初的意见表达，因而内容可能显得非常庞杂无序。该阶段谈判会议的主要事项是在各成员提案的基础上对议题进行提炼与筛选，逐步形成取得各方共识诸边协定具体议题，并就具体的议题展开谈判。当谈判进行到中段时，谈判委员会主席应组织力量起草诸边协定的草案文本，草案文本构成随后谈判会议的谈判资料。原则上草案文本的最初版本应充分反映参与各方提出的意见。当参与成员就协定草案文本达成一致后，工作小组将起草最终的协定文本。

在正式的谈判会议进行过程中，谈判委员会主席应有高度的自由裁量权组织小范围的磋商，以便有针对性地解决谈判中的具体问题。这种磋商可以在全体参与成员参加的正式会议上进行，也可在会议间歇进行。

3. 谈判进展通报机制

为了保证谈判的透明度，每次正式谈判会议结束后，由谈判委员会主席向 WTO 诸边协定委员会通报该次会议的谈判情况。通报文书应当详尽到何种程度，则属尚需斟酌的问题。现阶段，欧盟、加拿大以及澳大利亚均在一定程度上向公众通报了其参与的诸边协定的谈判情况。在 TISA 谈判中，欧盟的通报具体到每次会议涉及的具体议题，但达成了什么结果并未通报。澳大利亚公布的内容相对简略，只涉及会议的大致情况。在 EGA 谈判中，欧盟采取了和 TISA 相同的信息公开方式。加拿大的公布方式比较详细，不仅有该次会议的具体谈判情况，同时节略性地摘录了部分参与方的观点，同时对之后的谈判计划进行通报。WTO 秘书处应当派专员参与诸边协定的谈判，了解谈判的基本情况，在必要时针对诸边协定与 WTO 之间的关系等重要问题发表意见。为了保证诸边协定的透明度，谈判委员会向 WTO 的通报内容应当足够详细，不仅包括各方的出价、要价和其他观点，同时应当详细记录谈判进程及取得的成果，总结重要分歧点，提出下一步谈判工作的计划。

4. 多元化的磋商机制

在 WTO 体制中，两个或两个以上的部分参与成员间可进行小范围磋商，交换意见，形成共识。这是多边贸易体制中历来通行的行动模式。这种小范围的磋商方式既有"绿屋会议"，也有后来形成的谈判集团。在诸边协定谈判中，谈判委员会主席拥有足够的权限组织多元的非正式磋商，例如，谈判委员会主席与具体的成员代表单独沟通，或者谈判委员会主席将立场冲突的成员召集在一起进行有针对性的磋商。在 WTO 体制外，参与成员还可寻求其他平台就相关议题进行磋商。例如 EGA 谈判就充分利用了 AEPC 与 G20 平台这两个重要场合。

（三）谈判的终结

1. 谈判结果的达成

当诸边协定参与成员就相关诸边协定的具体议题谈判基本完成后，全体参与成员将集中对草案文本进行最后的商讨。这种商讨既包括对具体措辞的调整，也包括对协定结构的设计和完善。当全体成员对协定的草案文本达成一致后即可形成协定的最终文本，谈判结果自此固定下来。需特别说明的是，尽管这里采用协商一致的方式，但为避免有些成员的恶意阻挠，对协定文本表示反对的成员必须向谈判委员会及全体参与成员提交书面报告，并详细地说明反对的理由。

2. 协定的生效方式

诸边协定最终文本达成之后，将进入各参与成员对协定的批准阶段。ITA 式的诸边协定采取了"临界数量"的生效方式，即将诸边协定所涉相关贸易的贸易权重作为协定的生效依据。这样的方式使协定涵括了相关方面的主要贸易方，搭便车的效应被大幅度降低，虽然在参与方数量上属于"诸边"，但实际上形成了多边的效果。这种方式的问题在于，某些类型议题可能较难以某个与贸易有关的数据来划定生效标准；在可以找到这种数据的情形下，如果仅考虑贸易权重，可能会引发某些成员的异议。因此，应当将协定生效的方式的选择权交给具体诸边协定的参与成员行使。

(四) 更新谈判

1. 更新谈判的既有经验

诸边协定的更新谈判一直存在于多边贸易体制中,诸边协定具有不断演化的特点。东京回合结束后,政府采购守则第 9（6）b 条规定在该守则生效后 3 年内必须进行扩展和改进守则的谈判。事实上在该守则委员会的主持下,扩展和改进政府采购守则的谈判切实展开。这一过程持续到乌拉圭回合启动,并最终在乌拉圭回合结束时形成了诸边贸易协定之一的《政府采购协定》。WTO 成立之后,《政府采购协定》的进一步谈判并未停止,并在 2012 年完成了最新版本的谈判。此外,东京回合中的一些守则经过进一步的更新谈判后最终成为了《WTO 协定》中的多边贸易协定。ITA 在 1996 年完成谈判之后,又于 2012 年启动了扩围谈判,并在 2015 年完成,达成了新版的 ITA,是诸边协定更新谈判的最新成功范例。现有的诸边协定实践表明,诸边协定具有不断更新的特点。

2. 更新谈判的基本规则

诸边协定所涉议题并不确定,设想中的诸边协定制度暂时只能笼统地允许成员对协定展开更新谈判,更新谈判的规则可以直接适用前述诸边协定谈判的规则。在何种情况或条件下可以启动诸边协定的更新谈判,则由参与成员自行通过诸边协定的相关条款进行约定。

二　监督诸边协定运行的主要规则

(一) 多边贸易体制中监督协定执行的委员会

在多边贸易体制中,一直存在着负责监督某项协定执行的相关委员会。东京回合各单独协定都拥有各自的委员会,负责监督守则的执行、评审参与成员对守则的执行情况并给予指导、解决争端以及推动守则的更新谈判。WTO 成立后,相关机构的设置更为复杂。

部长级会议是 WTO 的最高权力机构，总理事会则在部长级会议休会期履行部长级会议的职能。此外，总理事会还同时扮演了争端解决机构、贸易政策评审机构以及多哈发展议程中的贸易谈判委员会的角色。总理事会之下设有多个理事会及其他单独工作机构。其中货物贸易理事会和服务贸易理事会下又设立了多个委员会或工作组负责具体方面的工作。其他单独工作机构则包括贸易与环境委员会、贸易与发展委员会、区域贸易协定委员会、国际收支限制委员会、预算、财务与行政委员会以及一些工作小组等。WTO 中的这些委员会对于 WTO 的组织运行具有至关重要的作用。

委员会治理在一些 WTO 成员的内部决策程序中具有重要作用。例如，欧洲议会的大部分活动是在专门委员会展开的，所遵循的是一种先进的分工逻辑。大部分磋商、技术性工作及谈判是在各专门委员会及党团内进行的，而不是在全会上进行。一些分析人士由此称欧盟是一种"委员会治理"体系：他们所指的是欧洲理事会中的工作小组和委员会、欧盟委员会中的协商委员会以及欧洲议会中的专门委员会所发挥的核心作用。[①] 美国国会中的委员会也发挥着重要作用，委员会是国会立法进程的核心。国会需要处理类型多样且内容复杂问题，委员会为此提供了专业分工。参议院财政委员会与众议院筹款委员会就分别在两院中负责国际贸易事务。委员会在其各自领域拥有巨大的议程控制能力，成为政策的创制者。[②]

(二) 诸边协定委员会的职责

应当设立一个统筹协调所有诸边协定谈判与运行的"诸边协定委员会"，该委员会设在 WTO 总理事会之下，由 WTO 全体成员的代表组成。WTO 总干事或秘书处将在该委员会中占据一席之地，负责

[①] 参见 [法] 奥利维耶·科斯塔、[法] 娜塔莉·布拉克《欧盟是怎么运作的》，潘革平译，社会科学文献出版社 2016 年版，第 150 页。

[②] See Gilibert Winham, "An Institutional Theory of WTO Decision-Making: Why Negotiation in the WTO Resembles Law—Making in the U. S. Congress", *Munk Centre for International Studies Occasional Paper*, Number 11, 2006, pp. 15-16.

监督和协调委员会的运转情况。WTO 秘书处应当为诸边协定委员会的运作提供协助。

争端解决的职能已经由争端解决机构所承担，因此诸边协定委员会的职责包括：负责监督协定执行；对参与成员的协定执行情况进行监督并提供及时的指导；推动协定的更新谈判；对协定条文进行解释，这种解释应当采取绝对多数通过的方式作出；定期向 WTO 报告诸边协定的执行情况和更新谈判的情况。

三　诸边协定适用的主要规则

（一）诸边协定的适用

1. 适用的一般原则

原则上诸边协定的规则统一适用于全体参与成员。无必要强制性地对协定利益是否延伸至非参与成员作出规定，这个决定应当由参与成员自行在诸边协定中约定。这意味着本书的制度设计并不必然要求诸边协定采取 ITA "诸边约束、多边适用"的模式。对协定内容进行具体设计的权利应当属于参与成员。

2. 例外规定

国际条约中常设置差异化的条款以满足缔约方的特殊需求，该现象通常表现为相关规则在适用对象、实体内容、议题涉及领域、时效范围或地理界限等方面以不统一的方式适用。[①] 如前所述，如何吸引发展中成员和欠发达成员是诸边协定面临的难题。调整诸边协定的相关规则应当为欠发达成员留下政策空间，即为这些成员提供特殊与差别待遇，同时提供技术援助。此外，还可向有意参加诸边协定但能力尚不足的成员提供技术援助，以便其最终达到正式加入协定的要求。对于在具体诸边协定中的实体权利义务方面向这类成员给予的倾斜性保护，则应由参与成员自行通过谈判确定。

---

① 参见钟英通《国际经贸规则适用的差异化现象及其法律应对》，《环球法律评论》2019 年第 3 期。

（二）诸边协定的加入

1. 开放性

诸边协定必须是向 WTO 全体成员开放的。本书的规则设计假设任何参与成员和意欲加入诸边协定谈判或已经生效的诸边协定的成员都是善意的。诸边协定的开放性涉及的是诸边协定生效后的加入问题，它意味着任何有加入愿意并接受诸边协定约束的成员均可加入诸边协定。

2. 自愿原则

诸边协定的加入必须是自愿的，不受其他行为体的强制。与此同时，诸边协定加入的自愿原则还意味着加入的自动性，即只要某成员愿意接受诸边协定的全部条款，即成为诸边协定的参与成员，无须其他参与成员的同意，这意味着非参与成员的加入不需要支付入门费。并且，诸边协定本身也不得设定变相收取"入门费"的规定。这样一来，在入世谈判中所出现的"超 WTO 条款"问题将在诸边协定准入中被禁止。

（三）诸边协定的争端解决

总体而言，诸边协定的争端解决将完全使用 WTO 争端解决程序，但仍有两个问题须有特别规定。

1. 争端的提起

只有诸边协定的参与成员以其他参与成员为对象，就他们都属于参与成员的诸边协定而产生的争议，方可提交 WTO 争端解决机制。这意味着，如果争端的某一方不是某个具体诸边协定的参与成员，那么该方既不能作为以该具体诸边协定规则为诉求的争端的申请方，也不能作为被申请方。电子商务诸边谈判合并案文已体现此倾向。

但须说明的是，在特定的诸边协定中，非参与成员也可间接地依据特定类型的诸边协定向参与成员提起争端。如果具体诸边协定的参与成员依据该协定所进行的减让是通过修改其关税减让表或具体承诺表进行的，由于这些内容是依据最惠国待遇原则适用于全体 WTO 成员的，因此非诸边协定的成员是可以间接地依据诸边协定的规定对诸边协定参与成员提起争端。但该项争端所提出诉求（claim）是GATT1994或GATS，而非诸边协定条款本身，诸边协定只是参与成员修改其各自关税减让表或具体承诺表的理由。

2. 裁决执行

裁决的执行适用DSU的有关程序。这里主要涉及的是是否允许交叉报复的情形。在诸边协定的争端中，应当禁止交叉报复，只允许争端参与方就诸边协定所规定的议题内进行中止减让。

第四节 诸边协定临时适用的法律问题

除前文提及的内容外，本书对诸边协定适用的规则设计还包含了有关"诸边协定临时适用"的规定，其目的是给予有意向参与诸边协定的成员以及非参与成员接受诸边协定约束的缓冲期，在一定程度上缓解一些成员对WTO贸易规则刚性约束的担忧，同时加深各方对诸边协定的了解，从而为相关成员的决策提供有益的经验支撑。尽管临时适用在多边贸易体制中具有悠久的历史，但鉴于国际条约临时适用有关的理论问题较为复杂，本节将首先对该问题进行全面的理论梳理，进而提出有关诸边协定临时适用的主要规则设计。

一 国际条约临时适用的起源

国际条约的临时适用（provisional application）[1]是国际条约中一项早已存在的条约实践。《维也纳条约法公约》（以下称为

---

[1] 根据本文的观察，"provisional application"在国际法的不同领域，其译法不尽相同。在条约法领域，因有联合国官方中文文本，故其通常被译为"暂时适用"；在国际贸易法领域，有学者采用了"临时适用"的译法。本文更倾向于使用"临时适用"这一译法，后文中除引用相关原文外，均采"临时适用"的译法。参见李浩培《条约法概论》，法律出版社2003年版，第178页；赵维田《最惠国与多边贸易体制》，中国社会科学出版社1996年版，第6页。

"VCLT")第 25 条将条约的临时适用纳入了现代条约法体系中，但事实上，临时适用的条约实践在 VCLT 制定与生效之前已经存在。① 联合国国际法委员会（以下称为"ILC"）在 1949 年第一届会议上将条约法选为优先编纂的专题之际②，GATT1947 已经进入了临时适用的阶段。ILC 主张在 VCLT 中保留"临时适用"条款，其理由是："实践需要在草案条款得到反映。如不能将临时适用保留在公约中，可能导致一些人推测这一早已存在的实践并不存在。"在维也纳会议上，这一实践得到了接受，并获得了数量可观的票数支持。③

2012 年 ILC 第 64 届会议决定将"条约的暂时适用"专题列入工作方案，并任命胡安·曼努埃尔·戈麦斯·罗夫莱多先生为专题特别报告员。经过多年的编纂工作，特别报告员在其第五次报告中提出了拟建议的《示范条款草案》。④ ILC 于 2018 年一读通过了《条约的暂时适用指南草案案文》。⑤

国家寻求条约的临时适用可追溯至 1840 年或更早。根据学者的总结，人们对国际条约临时适用的关注可分为四个阶段。第一个阶段属于既无意识亦未提及的阶段。在此阶段，一些学者在私人著述中探讨了与临时适用密切相关的问题，但并未用"临时适用"对这一机制予以概括。第二个阶段是模糊地提及临时适用的阶段。在此阶段，一些法典的草案中出现了对临时适用潜在或模糊的涉及，例如哈佛大学于 1935 年拟定的条约法公约草案。这些草案的起草者们

---

① See Oliver Corten and Pierre Klein (eds.), *The Vienna Conventions on the Law of Treaties: A Commentary Volume* 2, Oxford: Oxford University Press, 2001, p. 642.

② http://legal.un.org/avl/pdf/ha/vclt/vclt_ph_c.pdf.

③ See Oliver Corten and Pierre Klein (eds.), *The Vienna Conventions on the Law of Treaties: A Commentary Volume* 2, Oxford: Oxford University Press, 2001, p. 640.

④ 参见胡安·曼努埃尔·戈麦斯-罗夫莱多《关于条约的暂时适用的第五次报告》，A/CN.4/718。

⑤ 参见联合国国际法委员会《国际法委员会报告》，A/73/10，2018，第 204 页。

意识到了与临时适用相似的机制。第三个阶段属于明确提及的阶段。此时临时适用的实践已经得到了注意,但对这些条约的理论研究进路与当下对临时适用的理解依然不尽相同。第四个阶段是临时适用作为条款出现在条约法法典之中。作为 ILC 第三任条约法特别报告员,菲茨莫里斯首次将关于临时适用的条款列于条约法法典的草案中。[①]

从上述过程可见,国际法学界与实务界对条约临时适用的认识经历了一个从模糊到清晰的过程,伴随着相关条约实践的不断丰富,条约临时适用的轮廓逐渐清晰地呈现出来。在历经反复讨论之后,条约临时适用最终被纳入 VCLT 之中,成为了现代条约法的组成部分。ILC 已经启动了关于条约临时适用的国际法编纂工作,并已形成了《示范条款草案》文本和《条约的暂时适用指南草案案文》。

二 国际条约的临时适用及法律约束力

（一）条约的临时适用的含义

1. VCLT 下临时适用的含义

VCLT 第 25 条对条约的"暂时适用"作出了规定。但该条并未对"暂时适用"给予明确的界定。迄今为止,条约的临时适用已是一个被广泛践行的条约实践,但由于 VCLT 的定义不明,学界对此也存在争论,二者之间的这种紧张关系可能会在实践中引发一系列法律问题。

VCLT 第 25 条之规定主要强调了以下几层含义：其一,就时间范围而言,条约的临时适用在该条约生效之前；其二,就方式而言,临时适用可通过缔约方在条约中直接规定,也可以其他方式协议处理；其三,就适用的条款范围而言,既可临时适用条约的全部内容,也可是部分内容；其四则涉及的是临时适用的终止方式。鉴于 VCLT

---

① See Anneliese Quast Mertsch, *Provisionally Applied Treaties: Their Binding Force and Legal Nature*, Leiden: Koninklijke Brill NV, 2012, pp. 22-28.

在现代条约法中的重要地位，该条所包含的内容是条约临时适用的核心要素。

2. 临时适用的目的

条约临时适用的目的是为应对某种特殊情况而使条约在生效前适用，这类情况大致包括紧急情况、提供灵活性和预防性以及向条约生效过渡等。例如，有学者认为临时适用的目的是给予条约所有或特定实体条款立即的效力而无须等待条约满足正式生效的条件。[1] Yukos 案的仲裁庭则认为，国家同意临时适用一项条约的根本理由是在使条约生效所必要的国内程序完成前立即承担义务。[2] 还有学者认为，条约临时适用的主要目的是在条约生效前立即地适用起来，从而使在条约谈判中形成的势头与合作关系得以继续下去。如果成功的谈判成果可以得到立即的法律保护，对于达到此目的将是极有帮助的。[3] 关于临时适用的理由，"紧急情况"被着重强调，有学者即认为，"条约的暂时适用，一般涉及需要批准的条约。当一个条约一方面需要批准另一方面又有某种继续付之执行的原因时，缔约国就采取暂时适用的措施"[4]。此处的"紧急情况"的范围较为广泛，例如应对某种正在发生或将要发生的危机[5]；抑或某条约即将到期而与此相关的新条约生效尚需时日，需要条约的临时适用来保

---

[1] See Oliver Corten and Pierre Klein (eds.), *The Vienna Conventions on the Law of Treaties: A Commentary Volume* 2, Oxford: Oxford University Press, 2001, p. 640.

[2] See Yukos Universal Limited (Isle of Man) v. The Russian Federation, PCA Case No. AA 227, Interim Award on Jurisdiction and Admissibility, 30 November 2009, para. 313.

[3] See Martin A. Rogoff and Barbara E. Gauditz, "The Provisional Application of International Agreements", *Maine Law Review*, Volume 39, Number 29, 2007, p. 33.

[4] 参见李浩培《条约法概论》，法律出版社 2003 年版，第 178 页。

[5] 如 OECD 为应对 1973 年的阿拉伯石油禁运而签署的 Agreement on an International Energy Programme 以及国际原子能机构为应对切尔诺贝利核电站泄露事故而签署的 IAEA Convention on Early Notification of a Nuclear Accident。See Alex M. Niebruegge, "Provisional Application of the Energy Charter Treaty: The Yukos Arbitration and the Future Place of Provisional Application in International Law", *Chicago Journal of International Law*, Volume 8, Number 1, 2007, p. 358.

证该条约所建立起的国际组织的延续性。① 综合以上论述，条约临时适用的目的都是因某种较为紧急的情势而有必要在条约生效之前临时适用相关条约，从而使得条约条款得以适用，条约切实地运行起来。当然，各签署国同意此种适用方式的背后究竟有何真实原因可能难以考量。

3. 临时适用的性质

临时适用是一种条约适用机制。关于条约临时适用的性质，有学者将其视为一种真正的条约适用形式。也有学者指出，临时适用构成了一种暂时的体制（transitory system）。Yukos 案的仲裁庭也认为条约的临时适用是一项条约机制。② 有学者在考虑前述要素的基础上对临时适用的含义进行了总结，"临时适用是一种机制（mechanism），它允许国家在条约生效之前，通过将条约条款适用于相关的行为、事实和情况以给予条约效力"③。

4. 条约生效后的临时适用

条约实践进一步丰富了对条约临时适用的理解。无论是 VCLT 第 25 条还是前述观点的总结，条约临时适用的时间范围均在条约生效之前，而新的条约实践却使得条约在生效之后依然临时适用成为了可能。《能源宪章条约》（以下称为"ECT"）于 1994 年 12 月签署，直至 1998 年 4 月生效，由于 ECT 第 45 条规定了"临时适用"制度，作为签署国的俄罗斯自 1994 年起至 2009 年始终处于临时适用 ECT 的状态，这意味着 ECT 在生效后依然被俄罗斯临时适用。当然，须指出的是，如果我们将此处的生效理解为"对俄罗斯生效"，

---

① Oliver Corten and Pierre Klein (eds.), *The Vienna Conventions on the Law of Treaties: A Commentary Volume 2*, Oxford: Oxford University Press, 2001, p. 643.

② Yukos Universal Limited (Isle of Man) v. The Russian Federation, PCA Case No. AA 227, Interim Award on Jurisdiction and Admissibility, 30 November 2009, paras. 216, 135, 315.

③ Anneliese Quast Mertsch, *Provisionally Applied Treaties: Their Binding Force and Legal Nature*, Leiden: Koninklijke Brill NV, 2012, pp. 7–8.

那么由于俄罗斯一直未作出此等意思表示，故也可将此处的临时适用的时间范围理解为条约生效之前。

综上所述，本文将条约"临时适用"理解为一种条约适用的机制，其含义可概括为：条约签署国在条约对其生效前根据条约的规定或全体签署国之间其他形式的合意，将条约的全部或部分条款适用于与该条约相关的行为、事实和情况。有必要指出的是，鉴于现代条约法不断发展的特性，此处的总结是归纳性的，新的条约实践可能突破前述内容。

(二) 临时适用的法律效果

临时适用的法律效果主要涉及的是被临时适用的条约是否具有法律约束力的问题，这直接影响着被临时适用的条约是否应当得到同意临时适用的签署国的履行。关于这一问题，学界与实务界讨论颇多，尚存争议。

1. 条约临时适用与条约生效

《条约的暂时适用指南草案案文》准则6规定，条约临时适用"产生适用该条约或条约之一部分的具有法律约束力的义务，犹如该条约已在有关国家或国际组织之间生效"。这表明条约的临时适用与条约的生效（entry into force）有着紧密的联系。

(1) 二者具有较强的相似性。在VCLT起草工作进行之时，在实践中已经存在多种对临时适用这一机制的不同表述[1]，其中"临时生效"与"临时适用"是使用最为频繁的术语。[2] 就VCLT的文

---

[1] 例如早期实施（early implementation）、事实上的适用（application on a de facto basis）、适用（application）、具有临时效力（to have provisional effect）、临时性生效（come into force provisionally）、如批准文件已经交换一般具有完全的效力（do as if the instruments of ratification had already been exchanged）。See Oliver Corten and Pierre Klein (eds.), *The Vienna Conventions on the Law of Treaties: A Commentary Volume 2*, Oxford: Oxford University Press, 2001, pp. 646–647.

[2] See Oliver Corten and Pierre Klein (eds.), *The Vienna Conventions on the Law of Treaties: A Commentary Volume 2*, Oxford: Oxford University Press, 2001, p. 647.

本而言，对于表达条约临时性适用这一机制的术语，经历了从"临时生效"到"临时适用"的更迭，其更迭过程也引发了热烈的讨论。① 究其原因，还要归结于各国在实践中使用临时适用的机制，即在条约未生效的情况下让条约实质上运行起来，条约的条款被临时性地适用于同意临时适用的签署国的相关行为、事实或情形。由此看来，被临时适用的条约是具有约束力的。这导致的结果就是被临时适用的条约与生效条约具有较强的相似性。在 Kardassopoulos 案中，仲裁庭在讨论 ECT 的临时适用条款时指出，"由于在（ECT）生效前的适用是临时性的，这暗示 ECT 将如其将要或已经确定性生效的那样得到适用"；"……这种临时适用意味着如该条约全部条款已经生效那样对该条约全部条款的适用，即便该条约适当或确定性的生效尚未达成"②。

（2）二者区别明显。根据条约的有效解释原则，VCLT 第 25 条的内容明显区分了临时适用与生效，这表明起草者对其区别进行了确认。此外，条约的生效即意味着对缔约各国具有法律约束力，但这并不必然意味着条约就同时得到适用。或者说，条约的生效与条约的适用是不同的概念。Kardassopoulos 案的仲裁庭也认为，临时适用与生效并不相同。③

2. 临时适用的条约是否具有法律约束力

（1）临时适用的条约具有约束力

ILC 在讨论 VCLT 草案中"临时生效"（entry into force provisionally）条款时指出，"毋庸置疑的是，这类条款（即规定

---

① See Oliver Corten and Pierre Klein (eds.), *The Vienna Conventions on the Law of Treaties: A Commentary Volume 2*, Oxford: Oxford University Press, 2001, pp. 647-648.

② Ioannis Kardassopoulos v. Georgea, ICSID Case No. ARB/05/18, Decision on Jurisdiction, 6 July 2007, paras. 210, 219.

③ Ioannis Kardassopoulos v. Georgea, ICSID Case No. ARB/05/18, Decision on Jurisdiction, 6 July 2007, para. 209.

'临时生效'的条款）具有法律效力且使得条约临时性生效"①。

特别报告员在对《条约的暂时适用指南草案案文》准则6的评注中专门指出，条约的暂时适用与其生效仍然是不同的，因为暂时适用不受所有条约法规则的约束。因此，关于暂时适用"产生适用该条约或条约之一部分的具有法律约束力的义务，犹如该条约已……生效"的措辞并不意味着暂时适用与生效具有相同的法律效果。提及"具有法律约束力的义务"是为了更加确切地描述暂时适用的法律效果。②

在Yukos案中，各方专家对该问题也进行了讨论。克劳福德认为，某条约的临时适用是一种真正的条约适用形式，临时适用的条约条款可以具有法律效果（may have legal effect）。他在VCLT的缔约史中发现了两个论据以确认其观点。其一，在维也纳会议上，条约草案纳入了第35条第2款以规定临时适用条约的终止规则。其二，草案文本用"临时适用"替换了"临时生效"（enter into force provisionally），这一修改的意图即在于澄清"临时"一词涉及的是条约适用的时间而非条约在临时适用期间的法律效力（force）或效用（effectiveness）。他认为，临时适用之所以具有法律效果，是因为临时适用是条约各方所同意的。条约可以几乎正式的方式（more or less formal means）生效。米夏埃尔·瑞斯曼（W. Michael Reisman）认为，一个可临时适用的条约构成了国家之间具有约束力且可实施的法律文件。马尔蒂·科斯肯涅米（Martti Koskenniemi）认为，当国家同意临时适用时，是为了采取立即的行动以支持条约的目的。临时适用构成了一种暂时的体制，以填补条约签署与条约生效之间的时间间隔。这意味着关于临时适用的条款

---

① Yearbook of the International Law Commission, 1966 Volume. II, p. 210. http：//legal. un. org/docs/? path = .. /ilc/publications/yearbooks/english/ilc_1966_v2. pdf&lang = EFS, 访问于2015年12月28日。

② 参见联合国国际法委员会《国际法委员会报告》，A/73/10，2018，第217页。

就是通常的条约条款，理由是它们为条约各方设定了义务，以使主条约的运行更容易启动。与临时适用有关的条款也具有例外性，理由是它们暂时性地中止了将条约根据正常的宪法程序提交批准、接受和同意。Yukos 案的仲裁庭同意 Kardassopoulos 案的仲裁庭的观点，[1] 即 ECT 的临时适用是签署国在第 45 条第（1）款中同意的，它因此是一个法律义务的问题。[2]

还有学者在讨论 Yukos 案时认为临时适用的条约具有实证的约束力。其理由是俄罗斯签署了包含临时适用条款的 ECT 之后，在 ECT 对其临时适用期间享受了该条约所带来的各项利益，基于国际法中"不履行义务即不得享有相应权利"的原则，俄罗斯就应当在该期间承担相应的义务。[3]

（2）否认临时适用的条约具有约束力的观点

根据学者的总结，认为临时适用的条约不具有约束力的观点的主要论点是临时适用的条约是更接近于软法协定而非条约。这种软法的性质主要体现在以下两个方面：其一，缔约方拥有单方终止临时适用的权利[4]；其二是引用与临时适用的条约相冲突的国内法来阻止其适用。[5] 临时适用所允许的这种自由裁量并不必然排除临时适用

---

[1] See Yukos Universal Limited (Isle of Man) v. The Russian Federation, PCA Case No. AA 227, Interim Award on Jurisdiction and Admissibility, 30 November 2009, para. 135、216-217、224-225、230、314. 值得一提的是，Kardassopoulos 案由解决投资争端国际中心审理的（以下称为"ICSID"）审理，Yukos 案由常设国际仲裁院（以下称为"PCA"）审理。

[2] See Ioannis Kardassopoulos v. Georgea, ICSID Case No. ARB/05/18, Decision on Jurisdiction, 6 July 2007, para. 209.

[3] See Alex M. Niebruegge, "Provisional Application of the Energy Charter Treaty: The Yukos Arbitration and the Future Place of Provisional Application in International Law", *Chicago Journal of International Law*, Volume 8, Number 1, 2007, p. 371.

[4] 如 VCLT 第 25 条第（2）款与 ECT 第 45 条第（2）款。

[5] 如 ECT 第 45 条第（1）款所规定的"在该等临时适用不与签署国宪法、法律或规章不相一致的范围内"。

的条约的法律约束性质,也没有表达出不受其约束的意图。①

(3) 本书的研判

综上所述,基于现有的学术观点和条约实践,应当认为临时适用的条约具有法律约束力。无论在学术文献中还是在实践中,临时适用的条约不具有法律约束力的观点都属于少数。相似的,临时适用条约的约束力可有可无的观点在实践中也难找到支撑。相反,认为临时适用的条约具有约束力的观点无论在学术界还是在实践中都拥有最多的支持。② 由于条约实践是不断发展的,很难断言学界和实务界对临时适用的看法是否会延续当下的趋势。即便是条约的临时适用本身,作为一种特殊的条约机制也是因相关条约实践的增加方才引起了某些国家政府、学者和 ILC 的注意,进而最终被规定在VCLT 第 25 条之中。因此,对临时适用这种条约实践的研究路径应当是归纳式的,即应当通过观察和搜集相关的经验事实,根据前人积累的理论成果,运用归纳法得出相应的结论。临时适用的条约是具有约束力的,针对反对方的论据,无论是"缔约方单方终止临时使用的权利"还是"引用与临时适用的条约相冲突的国内法来阻止其适用的权利",都体现了对国家主权的尊重,这是现行国际法体系由主权国家构成且不存在超国家机构这一现实的必然结果。如果条约的缔约国是现代法治国家,国际条约的生效都面临着国内法律程序的要求,如果没有基于国家主权的限制,临时适用的条约很难顺利地运转起来。就此而言,条约的临时适用不可避免地与缔约国国内法联系起来。

(三) 条约的临时适用与国内法的关系

条约的临时适用所面临的另一个问题是其与国内法的关系,这

---

① See Anneliese Quast Mertsch, *Provisionally Applied Treaties: Their Binding Force and Legal Nature*, Leidon: Koninklijke Brill NV, 2012, p. 237.

② See Anneliese Quast Mertsch, *Provisionally Applied Treaties: Their Binding Force and Legal Nature*, Leidon: Koninklijke Brill NV, 2012, pp. 242-243.

主要体现了国际法与国内法之间的关系问题。关于这一问题，国际法学界主要存在一元论、二元论与协调论三类观点。① 在这些观点中，本文倾向于协调论，或可将此种关系称为"有区别但有联系的共生关系"。

条约的临时适用应当充分尊重缔约方的国内法。根据前文的阐述，条约的临时适用是条约适用的一种非常状态，具有例外性，正常情况下条约应当以生效的状态对各缔约国产生法律约束力。临时适用的条约具有法律约束力，但条约的临时适用毕竟不同于条约的生效，大多数临时适用的条约都以其本身或主条约的最终生效为目标。由于这种非常状态通常是为了绕开条约确定性生效所需要满足的国内法程序，其在一定程度上减损了签署国的国家主权，也无法确保条约权利义务的稳定性，故有必要对其加以限制，因此将保护国家主权的意涵体现在整套临时适用的机制中，方能保证其顺利运行并为更多国家所效法。根据 VCLT 第 25 条的规定，条约签署国拥有单方终止临时适用的权利，但其并未直接体现对签署国国内法的态度。实践中，某些临时适用的条约对国内法的态度进行了规定。例如 GATT《临时适用议定书》第 1 条（b）款的规定，GATT 第二部分的临时适用在最大限度内不与现行立法相违背。② ECT 第 45 条第（1）款亦规定规定的 ECT 的临时适用应在不与签署国宪法、法律或规章不相一致的范围内。

（四）条约临时适用的类型

尽管 VCLT 是现代条约法的主要渊源，但这并不意味着它是唯一的渊源。有学者指出，"现代条约法已经在 VCLT 及与其平行的 1986 年关于国际组织缔结条约的公约中权威性地作出了规定。然

---

① See James Crawford, *Brownlie's Principles of Public International Law*（8th edition）, Oxford: Oxford University Press, 2012, pp. 48-50.

② See John H. Jackson, *The Jurisprudence of GATT and the WTO: Insights on treaty law and economic relations*, Cambridge: Cambridge University Press, 2000, pp. 25-27.

而，它们不但远不是一个关于这一主题的完全法典，并且对它们确实涉及的一些事项也一直是存在争议的。此外，如同经常的情况一样，在主要的 VCLT 缔结时没有预见的一些新问题也产生了"①。随着条约缔结数量的增加，条约实践更加丰富，条约的临时适用类型也逐步超出了 VCLT 第 25 条所规定的类型。

总结各国的实践，国际条约的临时适用主要有三种类型。第一种类型是 VCLT 第 25 条所规定的临时适用，即在条约签署之后、在条约生效前的临时适用。第二种类型是条约已经获得批准（ratification）但在条约生效之前的临时适用。② 第三类是条约签署之后且已经生效的情况下的临时适用，ECT 即属于此列。

三 《关税与贸易总协定》的临时适用实践

GATT1947 的临时适用是各国际法主体在国际条约法历史上就条约的临时适用进行的一项重要实践，尽管有学者认为这是一个"最著名的但也是非常不典型的例子"。③ 探究 GATT1947 临时适用的原因及法律效果，不仅有助于对条约临时适用的进一步理解，也证明了临时适用在多边贸易体制中有迹可循。④

---

① 参见［英］阿瑟·瓦茨《序言》，载［英］安东尼·奥斯特《现代条约法实践》，江国青译，中国人民大学出版社 2005 年版，第 7 页。

② 例如《关于禁止使用、储存、生产和转让杀伤人员地雷及销毁此种地雷的公约》第 18 条规定：任何国家可以在批准、接受、核准或加入本公约时宣布，在本公约生效之前，它将临时实施（apply provisionally）本公约第 1 条第 1 款。须说明的是，上述汉译为联合国官方中文译本。

③ 参见［英］安东尼·奥斯特《现代条约法实践》，江国青译，中国人民大学出版社 2005 年版，第 152 页。

④ 临时适用在 WTO 中也常被提及乃至使用。《多哈部长宣言》第 47 段明确提及该回合谈判中"早期达成的协定可以通过临时或确定的方式得到执行"。《关于区域贸易协定透明度机制的决定》（WT/L/671）作为 WTO 总理事会于 2006 年作出的一项决定，也处于临时适用的状态。

（一）GATT1947 临时适用的国家实践

GATT1947 的临时适用既是无奈之举，也在不经意间成就了国际法上的一项创举。GATT1947 的谈判与《ITO 宪章》的谈判曾交织在一起。包括 GATT1947 文本在内的《ITO 宪章》草案已经拟就，但由于诸多原因，最终 ITO 筹建失败。

随着 GATT1947 谈判的基本结束以及协定草案的拟就，GATT/ITO 谈判面临着两难的境地。一方面，各方想要尽快使关税减让生效，从而避免市场的混乱与猜测，也可避免关税减让的细节在 GATT1947 生效前泄露或成为公开信息。另一方面，与此目的相冲突的是，某些国家需要修改立法以与 GATT1947 的相关部分相符。[①] 在日内瓦会议期间，关税谈判工作小组要求各方代表向其告知代表们的所属国家使 GATT1947 生效的步骤。一些代表指出要使 GATT1947 确定生效，会花费较长时间。为了避免关税减让的延迟适用，同时向世界证明现行谈判的成果，关税谈判工作小组所起草的 GATT1947 的草案全文（包括第 32 条）临时适用。[②]

各方想到的临时适用的解决方案，是通过签署一份《临时适用议定书》来实现 GATT1947 相关条款的临时适用。具体而言，根据《临时适用议定书》第 1 条之规定，签署该议定书的 8 个国家应当在 1947 年 11 月 15 日之前签署，并于 1948 年 1 月 1 日起临时适用 GATT1947 第一部分和第三部分，以及在不违反现行立法的最大范围内适用 GATT1947 第二部分。[③]

（二）GATT1947 临时适用的法律效果

《临时适用议定书》经各方签署生效，GATT1947 的相关条款依

[①] See John H. Jackson, *The Jurisprudence of GATT and the WTO: Insights on treaty law and economic relations*, Cambridge: Cambridge University Press, 2000, p. 24.

[②] WTO, *Analytical Index of the GATT*, 1995, p. 1072.

[③] WTO, *Analytical Index of the GATT*, 1995, p. 1071.

据《临时适用议定书》对各方临时适用。关于 GATT1947 临时适用的法律效果，杰克逊的描述是《临时适用议定书》生效，GATT1947 临时适用。① 赵维田教授则认为，GATT1947 并未正式生效，只是通过《临时适用议定书》临时适用。《临时适用议定书》属于国际条约分类中的"行政协议"，其生效无须立法机关批准，仅需行政部门签署即可。②

《临时适用议定书》本身的生效需要签署各方获得相应的授权。各签署方因国内体制不同，其取得国内授权的方式亦不相同，现仅从美国国内法的规定详述之，以期呈现《临时适用议定书》生效的法律过程。《临时适用议定书》属于行政协议或行政协定（executive agreements），这是一个较为独特的概念，其与条约的区分见诸美国法。对于条约而言，美国宪法要求条约的批准须经参议院三分之二票数通过，但这并不适用于行政协定。在国际法上，不存在"条约"和"行政协定"的区分，它们都被认为是国际法中的条约。在美国法中，国际协定有以下几类：其一为条约，即要求参议院三分之二票数通过的国际协定。其二为得到事先授权的国会行政协定，即国会通过立法授权总统签订的国际协定，例如贸易协定授权。其三为得到嗣后授权的国会行政协定，即协定的谈判完成后，行政当局再寻求国会授权的国际协定。其四为总统行政协定，即总统在其宪法权限范围内签订的国际协定，这种协定的签订无须国会参与，对美国具有约束力，例如在他国移驻武装力量的协定。其五为条约行政协定，是指已得到参议院批准的协定中规定了执行该协定细节，并授权行政当局嗣后就执行该协定所签订的国际协定，这种类型也可

---

① See John H. Jackson, *The Jurisprudence of GATT and the WTO: Insights on Treaty Law and Economic Relations*, Cambridge University Press, 2000, pp. 24–25.

② 参见赵维田《最惠国与多边贸易体制》，中国社会科学出版社 1996 年版，第 14 页。

被认为属于国会行政协定。①

仅就美国法而言，《临时适用议定书》的签署与执行获得了《1934年互惠贸易协定法》的授权，属于前述美国国内法上的第二类国际协定。具体而言，《1934年互惠贸易协定法》的条款不仅授权总统进行贸易协定的谈判，同时授权总统"公布"（proclaim）对关税及进口限制措施的修改。此外，在GATT1947的谈判期间及《临时适用议定书》签署之时，总统都享有这种授权。② 在此种授权下，总统即可通过《临时适用议定书》根据GATT1947条款的规定对本国的关税及进口限制措施进行修改，这在事实上使得《临时适用议定书》对美国产生了法律约束力。由此观之，《临时适用议定书》的签署并生效经历了较为复杂的国内法律程序。

从其后各国的实践来看，《临时适用议定书》的各签署方认可了GATT1947条款的法律约束力，或者可以说各签署方自愿履行载于GATT1947中的相关义务，并按该协定条款的要求行事。

四 诸边协定的临时适用规则

（一）设置临时适用规则的理由

1. 国际条约的临时适用在现行国际法体系中是具有生命力的

如上所述，临时适用的出现往往是基于某种较为紧急的情势而有必要在条约生效之前临时适用相关条约，从而使得条约条款得以适用。当这种"紧急的情势"存在时，条约的临时适用成为条约签

---

① See John H. Jackson, William J. Davey and Alan O. Sykes, Jr., *International Economic Relations: Cases, Materials and Text on the National and International Regulation of Transnational Economic Relations*, Saint Paul: West Academic Publishing, Sixth Edition, 2013, pp. 104-105.

② See John H. Jackson, William J. Davey and Alan O. Sykes, Jr., *International Economic Relations: Cases, Materials and Text on the National and International Regulation of Transnational Economic Relations*, Saint Paul: West Academic Publishing, Sixth Edition, 2013, pp. 90-91.

署方的可能选项，这对于维护缔约谈判成果具有重要意义。这也得到了学界及相关条约实践的印证。此外，尚有一项国际条约临时适用的作用未得到学界的普遍重视——当某个条约的谈判遇到困境时，通过临时适用使国际条约有效地运转起来，以使各签署国，特别是对条约效果存在担忧的签署国在临时适用期间观察条约在实际运转起来之后对本国的影响，从而为其评估是否批准该条约提供最可靠的依据。

2. 临时适用规则的设置有利于诸边协定的执行和最终多边化

临时适用可以缓解 WTO 成员对诸边协定的顾虑。多哈回合谈判陷入困境，既有议题本身矛盾尖锐这样的实体原因，也有协商一致叠加一揽子承诺谈判方式的制度原因。在实践中，各国并没有放弃新的经贸规则的制定，只是将场所转换到了 WTO 之外。各国并非不愿促进国际商业的进一步自由化，而是不愿在多边这一更广泛的范围内进行这样的自由化努力并受到 WTO 争端解决机制的刚性约束。诸边协定只约束签署成员的性质从一定程度上缓解了 WTO 成员的这种担忧，但接受协定的约束以及诸边协定的多边化则依然可能引起签署成员和其他成员的顾虑，故可以考虑借鉴国际法中的临时适用来促进诸边协定的多边化。

临时适用是一种折中的过渡方式。一方面可以使非参与成员不必担心永久性地受到诸边协定的约束，另一方面临时适用期间这些选择临时适用的成员可以充分评估协定的适用情况，对其利弊进行量化考察，为其最终决定是否签署诸边协定提供翔实的经验性资料。如果某些成员选择临时适用是因为担心协定在国内无法获得执行，则这种临时适用还可被成员方政府用以说服国内原本的反对方。

3. 临时适用是绕开成员方国内法律程序的一种变通手段

在现代宪政国家，如果某项国际条约要对该国生效，往往需要通过该国国内法律程序的批准，批准的程序因各国的实际情况而不同。由于这种国内法律程序针对的是条约对一国的生效，条约的临时适用在性质上与条约的生效又存在差异，那么临时适用将可能使条约在不经过国内批准程序的情况下对一些国家适用。这种适用可在一定程度上绕开成员国内法的障碍，同时也给予了相关国家政府观察条约实际运行情况的机会，这可能会提高临时适用的条约在国内获得认可的概率。当然，如果诸边协定的条约义务需要成员修改国内法律，这种临时适用制度的作用可能将会削弱。

（二）诸边协定临时适用规则的基本内容

1. 诸边协定临时适用的场合

（1）诸边协定运行阶段

诸边协定生效后向未参与的成员开放是其重要目标。如果只给予有兴趣参与诸边协定的成员以"是或否"的选择，可能在一定程度上降低这些成员参与的意愿。这是因为由于信息不对称，未参与成员实际上无法准确知晓协定生效后对于签署成员的影响，也无法准确地预测如果协定对其自身适用将会有何种效果。在此情形下，允许诸边协定临时适用，让有兴趣参与诸边协定的成员"先行先试"地将协定适用起来，同时保留最终选择退出的权利，将可能在一定程度上降低这些成员的顾虑，提高其参与协定的意愿。此外，临时适用还可能产生示范效应，激励更多的成员选择加入诸边协定。

（2）诸边协定的多边化阶段

诸边协定依据参与成员在协定中约定的条件而生效，协定生效后将立即对参与成员产生法律约束力。根据前文已经论及的功能定位，诸边协定是WTO决策机制的一种补充手段，这意味着诸边协定往往是多边协定的雏形，是一项协定最终成为多边协定的中间形态。因此，诸边协定多以最终实现多边化为目标。根据《WTO协定》第9条第1款的规定，某项诸边协定若要成为一项约束全体成员的多边协定，该项决定实质上将以协商一致的方式作出。[①] 诸边协定成为多边协定的难度较大，因此有必要引入临时适用规则来提高该进程实

[①] 诸边协定另一种多边化的可能是参与成员逐步积累，最终达到全体成员参与的程度。

现的可能性。

2. 诸边协定临时适用的主要规则

（1）诸边协定运行阶段

某项诸边协定生效并运行后，若有参与成员以外的成员有意参与该诸边协定，则这些成员可直接根据诸边协定的规定完善相关程序，成为签署成员。如果某些成员对诸边协定的实际效果有疑虑，也可选择将该协定对其临时适用。有必要为临时适用设置一定的期限，在临时适用期间，这些成员受到诸边协定的约束，同时享有诸边协定规定的权利。在临时适用期届满时，这些成员将最终决定是否正式签署诸边协定成为参与成员。

（2）诸边协定多边化阶段

如果某些成员认为某个诸边协定多边化的条件已经成熟，则这些成员可以向部长级会议或总理事会提出将某个已经生效的诸边协定多边化的申请，部长级会议或总理事会将就此事项进行表决。如果该项提议经协商一致得以通过，则诸边协定就可直接成为一项多边协定。如果未经协商一致通过，那么协定在达到一定条件时（如同意多边化的成员数量达到 WTO 成员全体成员数量的一定比例）就可转入临时适用的阶段。在决策过程中表示同意的成员将直接成为诸边协定的参与成员或依据前述"诸边协定运行阶段"的临时适用规则对诸边协定临时适用。对诸边协定持有疑虑的非参与成员可以选择诸边协定在一定期限内对其临时适用，以便其充分评估是否在临时适用期届满后选择签署该协定，同时保留其退出协定的权利。

本章小结

本章试图在前文研究的基础上，提出一系列调整诸边协定谈判与适用的主要规则设计。如果将诸边协定作为改革 WTO 贸易规则制定模式的一种途径，势必导致诸边协定数量的增加，这将使诸边协定的主要法律症结被进一步放大，因此在提出这种改革建议的同时需要考虑设计相关规则来调整诸边协定从谈判到适用的全过程。诸边协定的主要法律症结包括：议题选择上存在的问题、诸边协定对最惠国待遇造成侵蚀、可能带来俱乐部模式的弊端以及发展中国家对参与诸边协定的积极性低。它们构成了诸边协定相关规则所要解决的主要问题。诸边协定规则设计还应当遵循以下指导原则：协商一致原则、善意原则、开放原则和协调原则。本章针对诸边协定所进行的主要规则设计包括：诸边协定谈判、运行和适用的主要工作。此外，本书还在诸边协定运行阶段和多边化阶段引入了临时适用的规则。

结　　论

一　多边框架中的次级集团合作

WTO 是一个拥有 164 个成员的多边国际组织。在如此庞大的成员群体中，成员的数量和成员间的异质性极易造成利益诉求的多元化和该国际组织内部的集体行动困境。在 WTO 多边决策机制面临困境的情况下，部分成员启动了规则制定的诸边实践。如果将这一现象的本质一般化，那就是在拥有众多成员的国际合作框架中，部分成员组成次级集团展开合作，制定只约束这部分成员的规则。这类现象可被概括为"多边框架中的诸边模式"。类似的情形在其他国际合作中不乏实例。较为典型的是欧盟法律框架内的加强型合作（enhanced cooperation）。《欧洲联盟条约》与《欧洲联盟运行条约》以专门条款规定了欧盟的部分成员可制定仅约束加强型合作参与成员的有关制度，并已有一些实践。[①]

从实践效果看，多边框架中的诸边模式具有其合理性。诸边模式能够在制度上保证多边框架的灵活性，回应少数成员的差异化需求，确保相对刚性的制度不崩溃。多边贸易体制自有其边界，不可能在国际体系动态演化过程中始终保持稳定和高效。当原有制度适

[①] See Bruno De Witte et al., *Between Flexibility and Disintegration—The Trajectory of Differentiation in EU Law*, Edward Elgar Publishing, 2017.

宜的内外条件发生变化时，无论既有的制度设计中是否有这样的灵活性机制，多边框架的参与者都会寻求诸边模式。

WTO 框架内保留了与整个体制相兼容的诸边模式。本书第一章和第四章的研究表明，WTO 内存在诸边贸易协定和 ITA 式诸边协定两种合法推进诸边模式的路径。第一种路径由《WTO 协定》中关于诸边贸易协定的相关条款规定。通过该路径达成新的诸边协定难度较高，难以为多边贸易体制的发展提供灵活性。有成员跳出《WTO 协定》为诸边贸易协定设定的刚性约束，借鉴多边贸易体制中的已有做法，在实践中摸索出第二种路径。该路径在现有条件下具有可实现性，不仅已形成了生效运行的协定，且该路径在实践中不断演化，其合法性也尚未受到 WTO 的整体性质疑。

二 诸边模式的约束条件

WTO 体制中的诸边模式有其约束条件。诸边模式的存在以 WTO 框架的存续为前提，诸边协定本是为多边框架提供灵活性的工具，在使用这一工具时应当避免瓦解多边贸易体制。诸边模式的约束条件主要体现在其功能、生成逻辑和约束规则。

本书第二章的研究表明，随着 WTO 地位的转变，诸边协定的功能体现在为 WTO 的贸易规则提供供给渠道。这是诸边协定这一与多边主义要求有所差异的协定形式在 WTO 中能够获得正当性的基础。具言之，诸边协定应作为 WTO 与 RTAs 之间的连接器，以相对软性的方式将 RTAs 下运行成熟且得到普遍认可的经贸规则纳入 WTO 体制中来，逐步多边化，从而实现 WTO 与 RTAs 之间的同向性发展，最终实现协助 WTO 整合碎片化的国际贸易规则的功能。

本书第三章展示了诸边协定特定的生成逻辑。如前所述，WTO 自成立以来即在其内部存在诸边模式，但却长期受到忽视，直至近年来才重新受到重视。这表明诸边模式并非在任何条件下均宜被采用。只有当国际体系的演化创造出物质和观念两个维度的条件后，诸边模式的复归才成为可能。

现阶段被 WTO 成员使用的 ITA 式诸边协定的产生路径并未受到任何 WTO 多边规则的约束。与此相对应的是，这一产生路径愈发受到成员重视，表现出扩散的趋势。由于规则约束的缺失，诸边协定自身固有的局限性极易被放大，不仅可能造成 WTO 内部规则的混乱，甚至可能瓦解整个多边贸易体制。因此，本书第五章提出有必要设计一整套专门的多边规则，调整 WTO 体制内诸边协定的谈判、运行和适用。本章以已有的诸边协定实践为根据提出了这套规则的基本设想，更为完整的规则文本则只能在后续研究中完成了。

三 全球贸易治理体系的未来

前述三类约束条件的背后还隐含着一个更为根本性的假定：WTO 依然具有不可替代性。在国际结构呈扁平化趋势的当下，国际规则的制定将会更多地带有自下而上的特点，且更具竞争性，区域秩序变得更加关键。[①] 区域性的贸易规则制定活动已变得颇为活跃。随着 TPP（以及后续的 CPTPP）、USMCA 以及 RCEP 等超大型 RTAs 和其他规模的 RTAs 的相继出现，WTO 在国际贸易治理中的相关性成疑。这一问题的实质是：在现有条件下，为什么一个国家或地区要选择 WTO 而不径直寻求通过 RTAs 来解决问题？

上述问题的答案或许在于，WTO 与 RTAs 是功能互补的两类场所，各自具有相异的功能，相互取代的可能性较低。多边与多边以外的其他合作方式均属国家参与国际贸易治理的可能选项，二者在差异中共存。多边与区域场所拥有其各自的优势和局限，但却很难出现其中一者取另外一者而代之的情形。少数国家间或可达成双边或区域性质的贸易协定，但不能排除的情形是：能够达成一致的少数国家间并不存在可互相交换的市场准入或其他承诺；而相互间存在承诺交换迫切需求的国家则可能未达成双边或区域的贸易协定，此时 WTO 可以起到联系这类需求的作用。诸边协定的连接功能存在

[①] 参见唐世平《国际秩序的未来》，《国际观察》2019 年第 2 期。

有限的施展空间。

当然，二者的共存状态是动态演化的。本书所设想的以诸边协定为桥梁的 WTO 与 RTAs 的双层互动关系中，WTO 可以为全球贸易提供最低限度的规则基准，RTAs 则在规则更新和创新方面提供试验田。但这种态势只是未来发展的一种可能性。鉴于各方在 WTO 改革方案上的巨大分歧，可能出现的情形是改革后的 WTO 向去制度化方向演化。WTO 可能退化为一个松散的、软性的制度平台。

上述回答所不能回应的可能性至少有两种。其一是出现竞争性多边主义所设想的情形，即一些国家设计出与 WTO 功能类似的多边制度。如果叠加大国竞争的因素，在不同核心国家引领的情况下，甚至可能出现多轨制状态下的竞争性多边框架。其二是超大型 RTAs 间的叠加演化出新型的多边制度，直接取代现有的 WTO。在 RCEP、CPTPP、USMCA、东南亚国家联盟、南方共同市场以及非洲大陆自由贸易区等区域合作制度均正式运行的态势下，如果中美、中欧和欧美之间也达成双边或区域贸易协定，则 WTO 中的主要成员就被涵括在规则内容相似的 RTAs 体系中，具备了抛弃 WTO 建立新的多边体制的条件。

无论采取何种制度形式，未来国际贸易治理必须解决分配性问题。美国阻挠 WTO 正常运转的根本原因是其无法再通过该组织获取其在原有国际结构下可以获得的收益。其他成员相对实力的增强使其意欲寻求获得更多的收益。一些成员将 WTO 的危机归结为某些技术性问题，抑或是 WTO 无法约束少数成员的独特体制，[1] 这不过是模糊了问题的焦点。WTO 自其成立时就内含的分配性矛盾是使其陷

---

[1] 例如，欧盟委员会认为"中国加入 WTO 并未促使其向市场经济转型"是 WTO 出现危机的一个关键原因。See European Commission, "Reforming the WTO: Towards a Sustainable and Effective Multilateral Trading System", *Annex to Communication from the Commission to the European Parliament, the Council, the European Economic and Social Committee and the Committee of the Regions*, COM (2021) 66 final, 2021. Available at: https://trade.ec.europa.eu/doclib/docs/2021/february/tradoc_159439.pdf.

入困局的主因。① 如果真正以共同体思维来看待未来国际贸易治理体系，秉持共商、共建、共享的理念，那么注重收窄发展的鸿沟，在形式上更加体现国际关系的民主化，在实质上更加反映发展中成员的利益关切，或可走出一条新路。否则，尽管其内含的规则在不断迭代，全球贸易体制或依然会陷入一种"分合交替"的循环中。

---

① See Rémi Bachand, "What's Behind the WTO Crisis? A Marxist Analysis", *The European Journal of International Law*, Volume. 31 Nomber. 3, 2020, pp. 857-882.

参考文献

一 中文类参考文献

（一）著作类

［英］安德鲁·海伍德：《政治学的核心概念》，吴勇译，中国人民大学出版社 2014 年版。

［英］安东尼·奥斯特：《现代条约法实践》，江国青译，中国人民大学出版社 2005 年版。

［美］保罗·R. 克鲁格曼、［美］茅瑞斯·奥伯斯法尔德：《国际经济学：理论与政策》（上册），中国人民大学出版社 2011 年版。

［英］彼得·狄肯斯：《社会达尔文主义：将进化思想和社会理论联系起来》，涂骏译，吉林人民出版社 2005 年版。

陈德铭等：《经济危机与规则重构》，商务印书馆 2014 年版。

［美］恩斯特·迈尔：《进化是什么》，田洺译，上海科学技术出版社 2009 年版。

［美］弗朗西斯·福山：《大断裂：人类本性与社会秩序的重建》，唐磊译，广西师范大学出版社 2014 年版。

［美］弗朗西斯·福山：《历史的终结与最后的人》，陈高华译，广西师范大学出版社 2014 年版。

［美］弗朗西斯·福山：《政治秩序的起源：从前人类时代到法国大革命》，毛俊杰译，广西师范大学出版社 2014 年版。

［美］弗朗西斯·福山：《政治秩序与政治衰败：从工业革命到民主全球化》，毛俊杰译，广西师范大学出版社 2014 年版。

傅星国：《WTO 决策机制的法律与实践》，上海人民出版社 2009 年版。

龚清华：《环境产品贸易自由化研究》，华中师范大学出版社 2015 年版。

［美］海伦·米尔纳：《利益、制度与信息：国内政治与国际关系》，曲博译，上海人民出版社 2015 年版。

韩立余：《既往不咎——WTO 争端解决机制研究》，北京大学出版社 2009 年版。

［英］赫德利·布尔：《无政府社会：世界政治中的秩序研究》，张小明译，上海人民出版社 2015 年版。

［美］加布里埃尔·A. 阿尔蒙德、小 G. 宾厄姆·鲍威尔：《比较政治学：体系、过程和政策》，曹沛霖等译，上海译文出版社 1987 年版。

贾康等：《中国加入〈政府采购协议〉的挑战与策略》，立信会计出版社 2015 年版。

［美］贾格迪什·巴格沃蒂：《今日自由贸易》，海闻译，中国人民大学出版社 2004 年版。

［美］贾格迪什·巴格沃蒂：《贸易体制中的白蚁——优惠贸易协定如何蛀蚀自由贸易》，黄胜强译，中国海关出版社 2015 年版。

［美］肯尼思·华尔兹：《国际政治理论》，信强译，上海世纪出版集团 2008 年版。

［美］肯尼思·华尔兹：《人、国家与战争———种理论分析》，倪世雄等译，上海译文出版社 1991 年版。

［法］雷蒙·阿隆：《国际关系理论》，朱孔彦译，中央编译出版社 2013 年版。

李浩培：《条约法概论》，法律出版社 2003 年版。

刘建飞、秦治来：《"非极化"的挑战：世界格局走势及其对大国关系的影响》，国家行政学院出版社 2013 年版。

刘志云：《现代国际关系理论视野下的国际法》，法律出版社 2006 年版。

［美］罗伯特·基欧汉：《霸权之后：世界政治经济中的合作与纷争》，苏长和等译，上海人民出版社 2001 年版。

［美］罗伯特·基欧汉、［美］约瑟夫·奈：《权力与相互依赖》，门洪华译，北京大学出版社 2012 年版。

［美］罗伯特·杰维斯：《系统效应：政治与社会生活中的复杂性》，李少军等译，上海人民出版社 2008 年版。

［美］罗尔斯：《正义论》，何怀宏等译，中国社会科学出版社 2001 年版。

［美］曼瑟尔·奥尔森：《集体行动的逻辑》，陈郁等译，格致出版社、上海人民出版社 2014 年版。

秦亚青：《权力·制度·文化：国际关系理论与方法研究文集》，北京大学出版社 2005 年版。

［加拿大］斯蒂文·伯恩斯坦、［加拿大］威廉·科尔曼：《不确定的合法性：全球化时代的政治共同体、权力和权威》，丁开杰等译，社会科学文献出版社 2011 年版。

宋雅琴：《中国加入 WTO〈政府采购协议〉问题研究：站在国家利益的角度重新审视国际制度》，经济科学出版社 2011 年版。

苏长和：《全球公共问题与国际合作：一种制度的分析》，上海人民出版社 2009 年版。

孙振宇：《日内瓦倥偬岁月》，人民出版社 2011 年版。

唐世平：《我们时代的安全战略理论：防御性现实主义》，北京大学出版社 2016 年版。

唐世平：《制度变迁的广义理论》，北京大学出版社 2016 年版。

王铁崖：《国际法》，法律出版社 1995 年版。

［澳］沃尔特·古德：《贸易政策术语词典》，张伟华等译，上海人民出版社 2013 年版。

[美] 西蒙·莱克、[美] 理查德·勒博：《告别霸权！：全球体系中的权力与影响力》，陈锴译，上海人民出版社 2017 年版。

徐泉：《国家经济主权论》，人民出版社 2006 年版。

杨国华：《世界贸易组织与中国》，清华大学出版社 2016 年版。

[美] 约翰·H.杰克逊：《国家主权与 WTO：变化中的国际法基础》，赵龙跃等译，社会科学出版社 2009 年版。

[美] 约翰·鲁杰主编：《多边主义》，苏长和等译，浙江人民出版社 2003 年版。

[美] 约翰·米尔斯海默：《大国政治的悲剧》，王义桅、唐小松译，上海人民出版社 2003 年版。

赵维田：《世贸组织的法律制度》，吉林人民出版社 2000 年版。

赵维田：《最惠国与多边贸易体制》，中国社会科学出版社 1996 年版。

庄惠明：《多边贸易体制的理论与实践》，厦门大学出版社 2014 年版。

（二）论文类

陈金池：《论 WTO 诸边协定中之政府采购协定》，中国政法大学博士学位论文，2005 年。

陈文：《中国加入 GPA 的挑战及其对策研究》，《时代金融》2012 年第 12 期。

陈玉刚：《金融危机、美国衰落与国际关系格局扁平化》，《世界经济与政治》2009 年第 5 期。

程大为：《诸边主义还是（大）区域主义？——解决 WTO 多边主义危机的两难选择》，《WTO 经济导刊》2014 年第 2 期。

龚柏华：《论 WTO 规则现代化改革中的诸边模式》，《上海对外经贸大学学报》2019 年第 3 期。

龚清华：《WTO 环境产品贸易自由化问题的研究综述》，《经济研究导刊》2013 年第 2 期。

龚清华、张建民：《环境产品贸易自由化对进口国的效应分析》，

《经济经纬》2014 年第 1 期。

龚清华、张建民：《我国环境产品界定及清单完善思考》，《现代商贸工业》2012 年第 19 期。

龚清华：《中国环境产品的国际竞争优势评估》，《对外经贸实务》2014 年第 2 期。

海闻等：《中国加入〈政府采购协定〉国有企业出价策略研究》，《国际贸易问题》2012 年第 9 期。

韩立余：《自由贸易协定基本关系论》，《吉林大学社会科学学报》2015 年第 5 期。

韩立余：《自由贸易协定新议题辨析》，《国际法研究》2015 年第 5 期。

韩立余：《当代单边主义与多边主义的碰撞及其发展前景》，《国际经济法学刊》2018 年第 4 期。

贺小勇、黄琳琳：《WTO 电子商务规则提案比较及中国之应对》，《上海政法学院学报》2020 年第 1 期。

李春顶：《国际贸易协定谈判的新发展与新规则》，《金融评论》2014 年第 6 期。

李巍、唐世平：《美国在反思，中国须谨慎》，《世界知识》2016 年第 12 期。

李伍荣、冯源：《〈国际服务贸易协定〉与〈服务贸易总协定〉的比较分析》，《财贸经济》2013 年第 12 期。

李伍荣、周艳：《〈服务贸易协定〉的发展路向》，《国际经济评论》2014 年第 6 期。

李扬、黄艳希：《中美国际贸易制度之争——基于国际公共产品提供的视角》，《世界经济与政治》2016 年第 10 期。

刘路：《欧盟法上"公共利益服务"制度体系研究》，《武大国际法评论》第 18 卷第 1 期。

刘毅：《"合法性"与"正当性"译词辨》，《学术评论》2007 年第 3 期。

刘毅：《现代性语境下的正当性与合法性：一个思想史的考察》，中国政法大学博士学位论文，2007年。

刘志云：《纽黑文学派：冷战时期国际法学的一次理论创新》，《甘肃政法学院学报》2007年第9期。

[美] 罗伯特·基欧汉、[美] 小约瑟夫·奈：《多边合作的俱乐部模式与世界贸易组织：关于民主合法性问题的探讨》，门洪华、王大为译，《世界经济与政治》2001年第12期。

孟晔：《中国加入WTO〈政府采购协议〉谈判分析》，《世界贸易组织动态与研究》2013年第5期。

潘德勇：《论国际法的正当性》，《法制与社会发展》2011年第4期。

彭德雷：《多边服务贸易规则的重构及其应对》，《北京理工大学学报》（社会科学版）2015年第9期。

彭德雷：《国际服务贸易协定（TISA）谈判与中国路径选择》，《亚太经济》2015年第2期。

秦亚青：《多边主义研究：理论与方法》，《世界经济与政治》2001年第10期。

任晓：《论国际共生的价值基础——对外关系思想和制度研究之三》，《世界经济与政治》2016年第4期。

石静霞：《国际贸易投资规则的再构建及中国的因应》，《中国社会科学》2015年第9期。

石静霞：《数字经济背景下的WTO电子商务诸边谈判：最新发展及焦点问题》，《东方法学》2020年第2期。

石静霞、杨幸幸：《中国加入WTO〈政府采购协定〉若干问题研究——基于对GPA2007文本的分析》，《政治与法律》2013年第9期。

宋伟：《国际结构与国际格局》，《国际政治研究》2014年第2期。

孙南翔：《认真对待"互联网贸易自由"与"互联网规制"》，《中外法学》2016年第2期。

谭观福：《WTO改革的诸边协定模式探究》，《现代管理科学》2019

年第 6 期。

唐世平：《国际政治的社会进化：从米尔斯海默到杰维斯》，《当代亚太》2009 年第 4 期。

唐世平：《国际政治理论的时代性》，《中国社会科学》2003 年第 3 期。

唐世平：《社会科学的基础范式》，《国际社会科学杂志》2010 年 1 期。

屠新泉、郝刚：《政府采购市场自由化的新趋势与我国加入 GPA 谈判》，《国家行政学院学报》2012 年第 5 期。

屠新泉、刘斌：《环境产品谈判现状与中国谈判策略》，《国际经贸探索》2015 年第 3 期。

屠新泉、莫慧萍：《服务贸易自由化的新选项：TISA 谈判的现状及其与中国的关系》，《国际贸易》2014 年第 4 期。

屠新泉：《我国加入 GPA 谈判的焦点问题分析》，《中国政府采购》2011 年第 9 期。

翁燕珍等：《GPA 参加方国有企业出价对中国的借鉴》，《国际经济合作》2014 年第 3 期。

肖北庚：《缔约国于〈WTO 政府采购协定〉之义务及我国因应》，《环球法律评论》2008 年第 4 期。

徐泉：《WTO "一揽子承诺"法律问题阐微》，《法律科学》2015 年第 1 期。

余楠：《新区域主义视角下的〈跨太平洋伙伴关系协定〉——国际贸易规则与秩序的动态演变及中国之应对》，《法商研究》2016 年第 1 期。

袁杜鹃：《国有企业纳入 WTO〈政府采购协定〉问题研究》，《上海大学学报》（社会科学版）2008 年第 5 期。

张建民、龚清华：《环境产品贸易自由化探析》，《国际贸易》2014 年第 6 期。

张乃根：《试析环境产品协定谈判》，《海关与经贸研究》2014 年第

5 期。

赵勇、史丁莎:《我国加入 GPA 的机遇与挑战》,《国际商务》2014 年第 3 期。

郑宇:《21 世纪多边主义的危机与转型》,《世界经济与政治》2020 年第 8 期。

周方银、王子昌:《三大主义式论文可以休矣——论国际关系理论的运用与综合》,《国际政治科学》2009 年第 1 期。

周濂:《政治正当性与政治义务》,《吉林大学社会科学学报》,2006 年第 2 期。

二 外文类参考文献

(一) 著作类

Alexander Wendt, *Quantum Mind and Social Science: Unifying Physical and Social Ontology*, Cambridge: Cambridge University Press, 2015.

Alexander Wendt, *Social Theory of International Politics*, Cambridge: Cambridge University Press, 1999.

Bernard M. Hoekman and Michel M. Kostecki, *The Political Economy of the World Trading System: the WTO and Beyond*, New York: Oxford University Press, 2009.

Chris Brummer, *Minilateralism: How Trade Alliances, Soft Law, and Financial Engineering are Redefining Economic Statecraft*, New York: Cambridge University Press, 2014.

Craig VanGrasstek, *The History and Future of the World Trade Organization*, World Trade Organization, 2013.

Gilbert R. Winham, *International Trade and the Tokyo Round Negotiation*, Princeton: Princeton University, 1986.

Hans Kelsen, *Principles of International Law*, Clark: The Law Book Exchange, LTD., 2012.

Ian Clark, *International Legitimacy and World Society*, Oxford: Oxford

University Press, 2007.

Ian Clark, *Legitimacy in International Society*, Oxford: Oxford University Press, 2005.

Jagdish Bhagwati and Mathias Hirsch (ed.), *The Uruguay Round and Beyond: Essays in Honour of Arthur Dunkel*, Springer, 1998.

John H. Jackson, Jean-Victor Louis and Mitsuo Matsushita, *Implementing the Tokyo Round: National Constitutions and International Economic Rules*, Ann Arbor: the University of Michigan Press, 1984.

John H. Jackson, *The Jurisprudence of GATT and the WTO: Insights on treaty law and economic relations*, Cambridge: Cambridge University Press, 2000.

John H. Jackson, William J. Davey and Alan O. Sykes, Jr., *International Economic Relations: Cases, Materials and Text on the National and International Regulation of Transnational Economic Relations*, Saint Paul: West Academic Publishing, Sixth Edition, 2013.

Kent Jones, *Reconstructing the World Trade Organization for the 21st Century—An Institutional Approach*, Oxford: Oxford University Press, 2015.

Marion Panizzon, *Good Faith in the Jurisprudence of the WTO*, Oxford: Hart Publishing, 2006.

Patrick F. J. Macrory, Arthur E. Appleton, Michael G. Plummer (eds.), *The World Trade Organization: Legal, Political and Economic Analysis (Volume I)*, New York: Springer Science and Business Media Inc., 2005.

Peter Sutherland et al., *The Future of the WTO: Addressing Institutional Challenges in the New Millennium*, Geneva: WTO, 2004.

Shiping Tang, *The Social Evolution of International Politics*, Oxford: Oxford University Press, 2013.

Terence P. Stewart eds., *The GATT Uruguay Round: A Negotiating History (1986–1992), *Volume I*: Commentary, Deventer: Kluwer Law and Taxation Publishers, 1993.

Thomas M. Franck, *The Power of Legitimacy Among Nations*, Oxford: Oxford University Press, 1990.

(二) 论文类

Aaron Cosbey, "Breathing Life into the List: Practical Suggestions for the Negotiators of the Environmental Goods Agreement", 2015. Available at: http://ssrn.com/abstract=2577270.

Alan Hyde, "The Concept of Legitimation in the Sociology of Law", *Wisconsin Law Review*, 1983.

Amrita Narlikar, "A Theory of Bargaining Coalitions in the WTO", in Amrita Narlikar and Brendan Vickers, eds., *Leadership and Change in the Multilateral Trading System*, Dordrecht: Martinus Nijhoof Publishers, 2009.

Barry Buzan, "Book Review on the Social Evolution of International Politics", *International Affairs*, Volume 89, Number 6, 2013.

Bernard Hoekman and Petros Mavroidis, "Embracing Diversity: Plurilateral Agreements and the Trading System", *World Trade Review*, Volume 14, Number 1, 2015.

Bernard Hoekman and Petros Mavroidis, "WTO 'à la Carte' or 'Menu du Jour'? Assessing the Case for Plurilateral Agreements", *EUI Working Paper*, RSAS 2013/58.

Bernard Hoekman and Petros Mavroidis, "WTO 'à la Carte' or 'Menu du Jour'? Assessing the Case for Plurilateral Agreements", *the European Journal of International Law*, Volume 26, Number 2, 2015.

Bernard Hoekman, "Fostering Transatlantic Regulatory Cooperation and Gradual Multilateralization", *Journal of International Economic Law*, Volume 18, Issue 1, 2015.

Bernard Hoekman, "Proposals for WTO Reform: A Synthesis and Assessment", *Minnesota Journal of International Law*, Volume 20, 2011.

Christopher A. Thomas, "The Uses and Abuses of Legitimacy in International Law", *Oxford Journal of Legal Studies*, Volume 34, Number 4, 2014.

Daniel C. Esty, "The World Trade Organization's Legitimacy Crisis", *Faculty Scholarship Series*, Paper 433, 2002.

David A Scott, "Multipolariy, Multilateralism and Beyond? EU‒China Understanding of the International System", *International Relations*, Volume 27, Issue 1, 2013.

Dominic Tierney, "Multilateralism: America's Insurance Policiy against Loss", *European Journal of International Relations*, Volume 17, Issue 4, 2010.

Elina Viilup, "The Trade in Services Agreement (TISA): An end to negotiations in sight?", *European Parliament Directorate‒General for External Policies*, October 2015. Available at: http://www.europarl.europa. eu/RegData/etudes/IDAN/2015/570448/EXPO_IDA(2015)570448_EN. pdf.

Eric Posner and Alan Sykes, "Voting Rules in International Organizations", *Chicago Journal of International Law*, Volume15, Number 1, 2014, pp. 201‒202.

Gary Clyde Hufbauer etc., "Framework for the International Services Agreement", *Peterson Institute for International Economics Policy Brief*, No. PB12‒10, 2012.

Gary Hufbauer and Jeffrey Schott, "Will the World Trade Organization Enjoy a Bright Future?", *Peterson Institute for International Economics Policy Brief*, PB12‒11, 2012.

Gerard de Graaf andMatthew King, "Towards a More Global Government Procurement Market: The Expansion of the GATT Government Procurement Agreement in the Context of the Uruguay Round", *The Interna-

tional Lawyer, Volume 29, Nunber 2, 1995.

Gilibert Winham, "An Institutional Theory of WTO Decision-Making: Why Negotiation in the WTO Resembles Law—Making in the U. S. Congress", *Munk Centre for International Studies Occasional Paper*, Number 11, 2006.

G. John Ikenberry, "Is American Multilateralism in Decline?", *Perspectives on Politics*, Volume 1, Number 3, 2003.

Harold Hongju Koh, "Is there a 'New' New Heaven School of International Law", *the Yale Journal of International Law*, Volume 32, 2007.

Ian Hurd, "Legitimacy and Authority in International Politics", *International Organization*, Volume 53, Issue 2, Spring 1999.

James Bacchus, "A Few Thoughts on Legitimacy, Democracy, and the WTO", *Journal of International Economic Law*, Volume 7, Number 3, 2004.

James Crawford, "The Problems of Legitimacy-Speak", *Proceedings of the Annual Meeting of American Society of International Law*, Volume 98, 2005.

Jamie Tijmes-Lhl, "Consensus and Majority Voting in the WTO", *World Trade Review*, Volume 8, Issue 3, 2009.

Jeffrey J. Schott, Cathleen Cimino-Isaacs, and Euijin Jung, "Implications for the Trans-Pacific Partnership for the World Trading System", *Peterson Institute of International Economics Polici Brief*, PB16-8.

J. Habermas, "Legitimation Problems in the Modern States", in *J. Habermas, Communication and the Evolution of Society*, trans. Thomas Mc Carthy, Cambridge: Cambridge: Polity Press, 1991.

Jo Feldman and David Brightling, "Imaging a Post-Doha Future: The Future Stability of the Global Trading System", *New Zealand Journal of Public and International Law*, Volume 10, 2012.

John Duffield, "What Are International Institutions?", *International*

Studies Review, Volume 9, Issue 1, 2007.

John S. Odell, "How Should the WTO Launch and Negotiate a Future Round?", *World Trade Review*, Volume 14, Number 1, 2015.

Joost Pauwelyn, "New Trade Politics for the 21st Century", *Journal of international Economic Law*, Volume11, Issue 3, 2008.

Juan A. Marchetti and Martin Roy, "The TISA Initiative: an Overview of Market Access Issues", *WTO Economic Research and Statistics Division Staff Working Paper*, ERSD-2013-11, 2013.

Judith Goldstein, Miles Kashler, Robert O. Keohane and Anne-Marie Slaughter, "Introduction: Legalization and World Politics", *International Organization*, Volume 54, Issue 3, 2000.

Kati Suominen, "Enhangcing Coherence and Inclusiveness in the Global Trading System in an Era of Regionalism", *E15 Expert Group on Regional Trade Agreements and Plurilateral Approaches—Policy Options Paper*, E15 Initiative. International Centre for Trade and Sustainable Development and World Economic Forum, 2016.

Kenneth A. Oye, "Explaining Cooperation underAnarchy: Hypotheses and Strategies", *World Politics*, Volume 38, Number 1, 1985.

Kenneth Heydon, "Plurilateral Agreements and Global Trade Governance: A Lesson from the OECD", *Journal of World Trade*, Volume 48, Number 5, 2014.

Mahesh Sugathan, "Lists of Environmental Goods: An Overview", International Centre for Trade and Sustainable Development, 2013.

Manfred Elsig and Thomas Cottier, "Reforming the WTO: the Decision-Making Triangle Revisited", in Manfred Elsig and Thomas Cottier eds., *Governing the World Trade Organization: Past, Present and Beyond Doha*, Cambridge: Cambridge University Press, 2011.

Manfred Elsig, Karolina Milwicz and Nikolas Stürchler, "Who is in love with Multilateralism? Treaty Commitment in the post—Cold War Era",

European Union Politics, Volume 12, Issue 4, 2011.

Manfred Elsig, "The World Trade Organization's Legitimacy Crisis: What Does the Beast Look Like?", *Journal of World Trade*, Volume 41, Number 1, 2007.

Mark Wu, "Why Developing Countries Won't Negotiate: the Case of the WTO Environmental Goods Agreement", *Trade, Law and Development*, Volume 6, 2014.

Martti Koskenniemi, "Miserable Comforters: International Relations as New Natural Law", *European Journal of International Relations*, Volume 15 Issue 3, 2009.

Matthew Kennedy, "Two Single Undertakings—Can the WTO Implement the Results ofa Round?", *Journal of International Economic Law*, Volume14, Issue 1, 2011.

Mattias Kumm, "The Legitimacy of International Law: A Constitutional Framework of Analysis", *The European Journal of International Law*, Volume 15, Number 5, 2004.

Michael Fakhri, "Reconstructing WTO Legitimacy Debates", *Notre Dame Journal of International & Comparative Law*, 2001.

Mithilesh Kumar, "Book Review", *Political Studies Review*, Volume 13, Issue 3, 2016.

Moises Naimi, "Minilateralism: The Magic Number to Get Real International Action", *Foreign Policy*, 2009. Available at: http://foreignpolicy.com/2009/06/21/minilateralism/.

Nina Pavcnik, "Trade Disputes in the Commercial Aircraft Industry", *The World Economy*, Volume 25, 2002.

Patrizia Nanz and Jens Steffek, "Global Governance, Participation and the Public Sphere", *Government and Opposition*, Volume 39, Number 2, 2004.

Peter Draper and Memory Dube, "Plurilaterals and the Multilateral

Trading System", *E15 Expert Group on Regional Trade Agreements and Plurilateral Approaches—Think Piece*, E15 Initiative. International Centre for Trade and Sustainable Development and World Economic Forum, 2013.

Peter Gallagher and Andrew Stoler, "Critical Mass as an Alternative Framework for Multilateral Trade Negotiations", *Global Governance*, Volume 15, Number 3, 2009.

Pierre Sauve, "A Plurilateral Agenda for Services? Assessing the Case for a Trade in Services Agreement (TISA)", *Swiss National Centre of Competence in Research Trade Relation Working Paper*, No. 2013/29.

Rachel F. Fefer, "Trade in Services Agreement (TISA) Negotiations: Overview, and Issues for Congress", Congress Research Service, R443543, 2016. Available at: http://www.fas.org/sgp/crs/misc/R44354.pdf.

Rachel F. Fefer, "U.S. Trade in Services: Trends and Policy Issues", *Congress Research Service*, R43291, 2015.

Raymond Saner, "Plurilateral Agreements Key to Solving Impasse of WTO Doha Round and Basis for Future Trade Agreements within the WTO Context", *CSEND Policy Brief Number* 7, 2012.

Rene Vossenaar, "The APEC List of Environmental Goods: an Analysis of the Outcome and Expected Impact", International Centre for Trade and Sustainable Development, 2013.

Richard N. Haass, "The Age of Nonpolarity", *Foreign Affairs*, Vol. 87, Issue 3, 2008.

Robert Grafstein, "The Failure of Weber's Conception of Legitimacy: Its Causes and Implications", *The Journal of Politics*, Volume 43, Number 2, 1981.

Robert Howse and Petrus B. Van Bork, "Options for Liberalising Trade in Environmental Goods in the Doha Round", International Centre for

Trade and Sustainable Development, 2006.

Robert Jervis, "International Primacy: Is the Game Worth the Candle?", *International Security*, Volume 17, Number 4, 1993.

Robert Keohane, "Multilateralism: An Agenda for Research", *International Journal*, Volume 45, Issue 4.

Robert O. Keohane and Joseph S. Nye, Jr., "Between Centralization and Fragmentaion: The Club Model of Multilateral Cooperation and Problems of Democratic Democracy", *KSG Working Paper*, No. 01 - 004, 2001.

Robert Stern and Bernard Hoekman, "The Codes Approach", in J. Michael Finger and Andrzej Olechowski, eds., *The Uruguay Round: A Handbook on the Multilateral Trade Negotiations*, Washington, D. C.: The World Bank, 1987.

Robert Wolfe, "The WTO Single Undertaking as Negotiating Technique and Constitutive Metaphor", *Journal of International Economic Law*, Volmue 12, Number 4, 2010.

Robert Z. Lawrence, "Rule Making Amidst Growing Diversity: A Club of Clubs Approach to WTO Reform and New Issue Selection", *Journal of International Economic Law*, Volume 9, Number 4, 2006.

Steve Woolcock, "Getting Past the WTO Deadlock: The Plurilateral Option?", *EUI Working Paper*, RSAS 2013/08.

Thomas Cottier, "The Common Law of International Trade and the Future of the World Trade Organization", *Journal of International Economic Law*, Volume 18, Issue 1, 2015.

Thomas M. Franck, "Legitimacy in the International System", *American Journal of International Law*, Volume 82, 1988.

Veena Jha, "Environmental Priorities and Trade Policy for Environmental Goods: A Reality Check", International Centre for Trade and Sustainable Development, 2008.

Wang Ping, "China's Accession to the WTO Government Procurement Agreement: Challenges and the Way Forward", *Journal of International Economic Law*, Volume 12, Number 3, 2009.

Wenwei Guan, "Consensus Yet Not Consented: A Critique of the WTO Decision—Making by Consensus", *Journal of International Economic Law*, Volume 17, Issue 1, 2014.

三 其他

世贸组织:《乌拉圭回合多边贸易谈判结果法律文本》,对外贸易经济合作部译,法律出版社,2000年版。

EGA Statement by the Chair, 2015. Available at: https://www.wto.org/english/news_e/news15_e/egastatementmc10_e.pdf.

European Commission, *Report from the 13th Round of Negotiations for an Environmental Goods Agreement (EGA)*.

European Commission, Trade for All: Towards a More Responsible Trade and Investment Policy, 2015.

EU-US Joint Statement on Public Services. Available at: https://ustr.gov/about-us/policy-offices/press-office/press-releases/2015/march/eu-us-joint-statement-public-services.

Joint Statement Regarding the Launch of the Environmental Goods Agreement Negotiations. Available at: http://eeas.europa.eu/archives/delegations/wto/documents/press_corner/final_joint_statement_green_goods_8_july_2014.pdf.

Joint StatementRegarding Trade in Environmental Goods. Available at: http://trade.ec.europa.eu/doclib/docs/2014/january/tradoc_152095.pdf.

Ministerial Declaration on Trade in Information Technology Products, WT/MIN (96) /16.

Ministerial Declaration, WT/MIN (01) /DEC/1.

Nairobi Ministerial Declaration, WT/MIN (15) /DEC.

OECD and Eurostat, The Environmental Goods and Services Industry: Manual for Data Collection and Analysis, 1999. Available at: http://unstats.un.org/UNSD/envaccounting/ceea/archive/EPEA/EnvIndustry_Manual_for_data_collection.pdf.

Panel Report, *European Communities and its Member States — Tariff Treatment of Certain Information Technology Products*, WT/DS377/R.

Report of the 16th TiSA Negotiation Round, 19/12/2016. Available at: http://trade.ec.europa.eu/doclib/docs/2016/february/tradoc_154306.doc.pdf.

Report of the TiSA Negotiation Round Taking Place 6-13 October 2015, 29/10/2015. Available at: http://trade.ec.europa.eu/doclib/docs/2015/october/tradoc_153917.15.pdf.

Singapore Ministerial Declaration, WT/MIN (96) /DEC.

Transatlantic Data Restoring Trust through Strong Safeguards, Communication from the Commission to the European Parliament and the Coucil, COM (2016) 117 final, February 2016.

UNCTAD, Environmental Goods: Trade Statistics of Devleping Countries, 2003.

World Bank, International Trade and Climate Change: Economic, Legal and Institutional Perspectives, 2008. Available at: http://documents.worldbank.org/curated/en/226251468339560610/pdf/41453optmzd0PA101OFFICIAL0USE0ONLY1.pdf.

WTO, *15 Years of the Information Technology Agreement*, 2012. Available at: https://www.wto.org/english/res_e/publications_e/ita15years_2012full_e.pdf.

WTO, *Azevêdo hails breakthrough on the WTO's Information Technology Agreement*. available at: https://www.wto.org/english/news_e/news14_e/ita_11nov14_e.htm.

WTO, *Azevêdo welcomes launch of plurilateral environmental goods negotiations*. available at: https://www.wto.org/english/news_e/news14_e/envir_08jul14_e.htm.

WTO, *DG Azevêdo congratulates TPP ministers*, available at https://www.wto.org/english/news_e/news15_e/dgra_05oct15_e.htm.

WTO, *DG Azevêdo welcomes progress in Environmental Goods Agreement*, available at: https://www.wto.org/english/news_e/news15_e/envir_14dec15_e.htm.

WTO, *Information Technology Agreement press conference: Remarks by Director-General Roberto Azevêdo*. available at: https://www.wto.org/english/news_e/spra_e/spra104_e.htm.

WTO, *The WTO and Preferential Trade Agreements: From Co-existence to Coherence*, World Trade Report 2011.

WTO, *The WTO at Twenty: Challenges and Achievements*, World Trade Organization, 2015.

WTO, *Transparency Mechanism for regional trade agreements*, Decision of 14 December 2006, WT/L/671.

索 引

B

部门协定 159，160，228

部长级会议 4，13，19，22，24，25，31，34，42，48－53，69，77，97，101，103，137，158，170，178－180，182，185－187，190，199，210－218，224，233，245，252，271，272，274，276，281，282，302

C

差异性一体化 17

D

电子商务 1，7，10，23，30，40，89，109，157，211－231，238，241，242，248－251，254，257，269，284

多边贸易体制 1－3，5，11，14，16，25，27，37，39，41，42，72，75，76，78，80，86，88，93，94，97－99，103－105，107－111，125，130，136，138，139，143－147，151，159－162，183，195，210，220，222，230，244，248，250，255－258，260，261，263－266，280，281，285，296，298，304－306

多边主义 2，6，7，21，22，25，30，57，85－87，106，108，136，139－156，255，272，305，307

东京回合 2，5，11，14，16，

索　引

39，44，49，92，93，96，103，136，142，158－168，170－177，183，209，230，248，257，265，266，269，281

F

防御性现实主义 29，30，114，121－124，126，127，134，146－148，155，156

《服务贸易总协定》9

G

关税减让表 54，55，95，181，182，184，187，189，210，284，285

关税与贸易总协定（GATT）39

国际法委员会 286，292

国际结构 30，129－139，155，306，307

国际体系 3，22，26，27，29，30，78，89，114－117，120－127，129－131，133－135，137，146－148，151，155，156，260，304，305

H

《环境产品协定》（EGA）1

J

俱乐部模式 3，14，28，31，85－87，152，183，247，250，256，266，269，303

L

临界数量协定 12，13，17，22，28，46－48，181，184，189，209，244

临时适用 31，103，261，263，264，285－303

M

贸易规则 1－4，10，23－31，33，39，40，43，53，54，56，57，77，80－82，85，88－90，95－98，100－102，105－111，113－115，125，135，136，138，142，145，151，155，157，161，162，168，178，210－212，221，223，224，226，231，232，243，246，248－250，252，253，268，274，275，285，302，305，306

《民用航空器贸易协定》33，

49，50，157－159，163，172，175-177，235，270

Q

区域贸易协定（RTAs）1，41

S

少边主义 30，145，149－156，248

社会演化 29，116－120，123－129，132，155

世界贸易组织（WTO）1

输出正当性 29，72，73，81，83-85，87，88，113

输入正当性 29，72，83－85，87-89，91，113

W

《维也纳条约法公约》285

乌拉圭回合 5，16，21，34，38，48－50，52，77，92，97，98，129，130，136－138，142，143，158，159，161，163，164，168－170，175，177，179，182，183，187，209，226，245，257，265，272，281

《WTO 协定》2，4，11，12，19，23，24，28，32－36，39，42，47－51，55，56，75，90－92，97，99，158，159，161，163，164，168，171，175，177－179，209，210，228，231，235，244，251，255，256，269－272，274-276，281，301，305

WTO 争端解决机制 15，28，38，39，41，55，56，99，100，122，145，172，175，182，187，284，300

X

协商一致 7，18－20，23，31，34，49-51，76-81，86，88，90，91，94，95，98，103，111，129，130，135，138，181，185，226，235，237，244，250，252，254，258－260，271，272，274，278，280，300-303

协调编码制度（HS）175

《信息技术协定》（ITA）1

行动守则 2，16，20，49，159，162，269

Y

一揽子承诺 5，6，16，19-21，53，77-79，90，92-95，98，102，130，135，136，138，142，192，214，253，254，276，300

优惠贸易协定 12，18，20，21，24，28，35，37，40，41，44，45，101

Z

正当性 3，25，26，28，29，31，57-89，91，93，95，97-99，101，103，105，107，109，111，113，142，152，154，226，246，249，250，256，305

《政府采购协定》7-9，11，16，33，50，96，157，158，163-165，167-172，176，177，234，235，256，265，270，281

诸边贸易协定 2-5，7，11，14，17，22，24，28，30，32-35，37，38，40，48-52，54-56，96，157-159，163，164，168，171，172，175-178，210，211，215，230，231，234，235，244，248-250，252，257，269-272，281，305

诸边协定 2-303，305-308

自由贸易协定 24，28，39，41-45，105，147，222-225，234，237，241，255

总理事会 4，19，25，31，44，48，103，172，180，212-218，224，225，230，252，274，276，282，296，302

最惠国待遇 6，11，12，23，31，35，41，45-47，52，54，93，95，104，105，107，160，162，177，181，182，184，189，195，210，235，244，255，277，284，303

后　　记

当我完成了这部书稿后方才深切地理解，那些包含在后记中的感谢定是无比真挚的。此时的我十分确信，有太多的人值得我感谢，离开了他们的帮助，本书是无法完成的。

这部书稿是在我 2017 年提交的博士学位论文《WTO 体制中诸边协定问题研究》基础上修改而成的。我要把这部书稿献给我的导师徐泉教授。我已在徐老师的指导下学习和研究十年有余，这份师徒际遇始于学术上的共同兴趣。徐老师对我的教导和影响是多方面的。在生活中，徐老师与师母赵莉萍女士对我关怀备至，在困难时我总能听到他们鼓励的声音。在学术上，徐老师强调阅读量的重要性，正是在他的鞭策下，我始终不曾松懈。徐老师长于从宏大视角分析问题，这是我期望达成的境界。徐老师还时常提醒我注意国际法与国际关系的跨学科研究，并不时分享他最新的阅读体会。这种跨学科的思维拓展了我的研究视野，让我在写作书稿时有了更加多维的思考。一直以来，徐老师始终关注 WTO 的改革和发展，WTO 及其代表的一整套实践是人类开展多边国际合作的宝贵财富，也是 WTO 法研究者的一份情怀。"诸边协定"的选题正是基于他对这一问题的思考在 2015 年提出的。在论文撰写过程中，我能感受到，徐老师始终在"导师严格指导"与"学生自由挥洒"之间寻求平衡。他一方面给予了我充分的发挥空间，另一方面不断向我强调论文涉及的一些关键命题。

书稿的形成经历了三个阶段，倾注了徐老师的心血。第一个阶段是写作博士学位论文答辩稿，该阶段于2017年初完成。此后为争取出版又对书稿做大幅修订，是为第二阶段。后经徐老师提议，我以博士学位论文为基础申请了国家社科基金优秀博士论文出版项目，立项后再进行了全面修改，此为第三阶段。这其中第二、三阶段是对原稿的再创作，在保持基本主题不变的前提下，对书稿进行了修正，体例结构与研究内容上的补正是这一时期工作的重点。增补的内容都是在与徐老师的无数次探讨中不断充实与拓展形成的。电脑中保存的几十份修改稿，见证了我们共同努力的过往。书稿虽已杀青，但远未达到徐老师的要求，其中的不足与错误自然是作者本人的责任。

在西南政法大学国际法学院求学期间，刘想树教授、邓瑞平教授、张晓君教授、丁丽柏教授、王玫黎教授、陈咏梅教授、杨丽艳教授、周江教授和张春良教授给予我悉心的指导，令我受益良多，衷心感谢诸位老师。潘国平教授已经离开了我们，但他的教诲依然深刻在我心中。感谢西北政法大学王瀚教授、暨南大学刘颖教授和重庆大学曾文革教授，诸位老师不仅对书稿的写作进行了细致而严格的指导，也在平时的课程中给予我重要的学术启迪。

在WTO法的研究领域，"诸边协定"的选题是相对冷门的。感谢杨国华教授与韩立余教授对选题给予的充分肯定。二位老师对书稿的写作进行了指点，毫无保留地提出了重要的学术建议，不仅消除了我对论文选题的疑虑，也给予了我有益的启发。

如果没有与学友之间的切磋与交流，书稿也是无法完成的。周亚光博士是我的学长，他陪伴我完成了书稿写作的全部过程。他总说我们之间的联系是一种互相学习和交流，但毫无疑问的是，我从他那里获取的更多。孙南翔博士总是能够犀利且一针见血地指出我的不足，并提出修改建议，令书稿增色。韩逸畴副教授是书稿最早的读者之一，他的鼓励与真诚的建议提升了书稿的质量。在书稿修改阶段，与徐树副教授、王鹏副教授和谭观福博士的交流令我受益。我对各位的无私帮助表示感谢。

感谢我在攻读博士学位期间的同学们，他们是：陈友春、姚铸、董威颉、王筝、梁蓉、王佳宜和谭畅。与你们在一起的时光短暂而欢乐，与你们的交流令我获益良多。正是因为你们的存在，这一段求学的经历充实而快乐。

书稿的写作与出版受益于国家社科基金优秀博士论文出版项目的资助，感谢匿名评审专家的意见和建议。感谢中国社会科学出版社宫京蕾女士的辛勤工作。感谢谭远松先生、刘涓女士和张蕊女士的帮助与鼓励。

对很多人来说，全身心地投入学术研究是一件颇为奢侈的事情。正是有了家人的帮助，我才能全力追求自己的理想。他们或许并不知道我在那间堆满书籍与资料的房间中做些什么，但他们一定感受到了我的投入与坚持。感谢外祖母的养育之恩。感谢父母让我成长在一个教师家庭，在其中我养成了良好阅读习惯，锻炼了健康的体格，更明白了要"心系天下、自强不息"。感谢岳父岳母不辞辛劳地悉心照料幼子，令我能够集中精力完成这部书稿。感谢爱人唐沁的理解与支持，共同努力营造理想中的生活始终是我们奋斗的目标。感谢皮皮小朋友为我带来的快乐，书稿写作时你尚在襁褓，书稿完成时你已步入小学。在深夜里伴着你的哭声写作是一段奇妙而难忘的经历。

钟英通

2022 年 4 月 15 日于山城重庆